COMENTÁRIOS SOBRE A LEI DE IMPROBIDADE ADMINISTRATIVA

DE ACORDO COM AS ALTERAÇÕES PROMOVIDAS PELA LEI Nº 14.230/2021

WALBER DE MOURA AGRA

COMENTÁRIOS SOBRE A LEI DE IMPROBIDADE ADMINISTRATIVA

DE ACORDO COM AS ALTERAÇÕES PROMOVIDAS PELA LEI Nº 14.230/2021

3ª edição

Belo Horizonte

FÓRUM
CONHECIMENTO JURÍDICO

2022

© 2017 Editora Fórum Ltda.
2019 2ª edição
2022 3ª edição

É proibida a reprodução total ou parcial desta obra, por qualquer meio eletrônico, inclusive por processos xerográficos, sem autorização expressa do Editor.

Conselho Editorial

Adilson Abreu Dallari
Alécia Paolucci Nogueira Bicalho
Alexandre Coutinho Pagliarini
André Ramos Tavares
Carlos Ayres Britto
Carlos Mário da Silva Velloso
Cármen Lúcia Antunes Rocha
Cesar Augusto Guimarães Pereira
Clovis Beznos
Cristiana Fortini
Dinorá Adelaide Musetti Grotti
Diogo de Figueiredo Moreira Neto (*in memoriam*)
Egon Bockmann Moreira
Emerson Gabardo
Fabrício Motta
Fernando Rossi
Flávio Henrique Unes Pereira

Floriano de Azevedo Marques Neto
Gustavo Justino de Oliveira
Inês Virgínia Prado Soares
Jorge Ulisses Jacoby Fernandes
Juarez Freitas
Luciano Ferraz
Lúcio Delfino
Marcia Carla Pereira Ribeiro
Márcio Cammarosano
Marcos Ehrhardt Jr.
Maria Sylvia Zanella Di Pietro
Ney José de Freitas
Oswaldo Othon de Pontes Saraiva Filho
Paulo Modesto
Romeu Felipe Bacellar Filho
Sérgio Guerra
Walber de Moura Agra

FÓRUM
CONHECIMENTO JURÍDICO

Luís Cláudio Rodrigues Ferreira
Presidente e Editor

Coordenação editorial: Leonardo Eustáquio Siqueira Araújo
Aline Sobreira de Oliveira

Rua Paulo Ribeiro Bastos, 211 – Jardim Atlântico – CEP 31710-430
Belo Horizonte – Minas Gerais – Tel.: (31) 2121.4900
www.editoraforum.com.br – editoraforum@editoraforum.com.br

Técnica. Empenho. Zelo. Esses foram alguns dos cuidados aplicados na edição desta obra. No entanto, podem ocorrer erros de impressão, digitação ou mesmo restar alguma dúvida conceitual. Caso se constate algo assim, solicitamos a gentileza de nos comunicar através do *e-mail* editorial@editoraforum.com.br para que possamos esclarecer, no que couber. A sua contribuição é muito importante para mantermos a excelência editorial. A Editora Fórum agradece a sua contribuição.

Dados Internacionais de Catalogação na Publicação (CIP) de acordo com a AACR2

A277c	Agra, Walber de Moura
	Comentários sobre a Lei de Improbidade Administrativa / Walber de Moura Agra. 3. ed.– Belo Horizonte : Fórum, 2022.
	389p.; 14,5cm x 21,5cm
	ISBN: 978-65-5518-340-5
	1. Direito Administrativo. 2. Direito Constitucional. 3. Direito Econômico. I. Título.
	CDD 341.3
	CDU 342.9

Elaborado por Daniela Lopes Duarte - CRB-6/3500

Informação bibliográfica deste livro, conforme a NBR 6023:2018 da Associação Brasileira de Normas Técnicas (ABNT):
AGRA, Walber de Moura. *Comentários sobre a Lei de Improbidade Administrativa*. 3. ed. Belo Horizonte: Fórum, 2022. 389p. ISBN 978-65-5518-340-5.

A José Araújo Agra, que me ensinou os valores éticos da advocacia.

SUMÁRIO

APRESENTAÇÃO..13

CAPÍTULO 1
DOS PRINCÍPIOS NORTEADORES DA PROBIDADE
ADMINISTRATIVA...15
1.1   Princípios. Aspectos gerais...15
1.2   Princípio da legalidade..19
1.2.1   A lei como fundamento de validade dos atos estatais.....23
1.3   Princípio da proporcionalidade..25
1.3.1   A proporcionalidade versus razoabilidade e o entendimento do Supremo Tribunal Federal.................................31
1.3.2   A proporcionalidade e o combate à improbidade............35
1.4   Princípio da moralidade administrativa.............................38
1.4.1   Previsão normativa..42
1.4.2   A moralidade e os elementos do ato administrativo........45
1.4.3   A moralidade administrativa na jurisprudência pátria....46

CAPÍTULO 2
CONCEITUAÇÕES E NORMAS CONTRA A IMPROBIDADE.........49
2.1   A defesa do patrimônio público como um interesse difuso..............49
2.1.1   Delineamentos da probidade..54
2.1.2   Tentativa de conceituação de improbidade.......................55
2.1.3   Conceituação de improbidade administrativa..................58
2.2   Antecedentes legislativos da improbidade administrativa..............60

CAPÍTULO 3
CONTROLE REPRESSIVO DA IMPROBIDADE
ADMINISTRATIVA...65
3.1   Formas de controle...65
3.1.1   Do controle legislativo..66
3.1.2   Do controle administrativo..69
3.1.3   Do controle jurisdicional..70

CAPÍTULO 4
SUJEITOS DOS ATOS DE IMPROBIDADE 75
4.1   Sujeitos passivos 75
4.2   Sujeitos ativos 82
4.2.1 Agentes políticos como sujeitos ativos de improbidade 85
4.3   Terceiros 88

CAPÍTULO 5
DOS ATOS DE IMPROBIDADE 91
5.1   Possibilidade de retroação da "Nova Lei de Improbidade Administrativa" (Lei nº 14.230/2021) 91
5.2   Atos administrativos e o poder discricionário 99
5.2.1 Abuso de poder e suas especificações 100
5.3   Enriquecimento ilícito 102
5.3.1 Hipóteses de enriquecimento ilícito 108
5.3.2 Lavagem de dinheiro 114
5.4   Prejuízo ao Erário 116
5.4.1 Amplitude da noção de atos lesivos ao patrimônio público 116
5.4.2 Hipóteses de prejuízo ao Erário 121
5.4.3 Comprovação do elemento subjetivo 125
5.4.4 Necessidade da efetiva ocorrência de dano 127
5.5   Violação aos princípios da Administração Pública 132
5.5.1 Princípios constitucionais e os conteúdos indeterminados 132
5.5.2 Hipóteses de violação aos princípios da Administração Pública ...137
5.5.3 Necessidade de elementos mínimos para sua contextualização 142
5.6   Elemento subjetivo nos atos de improbidade 144
5.7   Atos legislativos de improbidade 146
5.7.1 A imunidade parlamentar 147
5.8   Atos jurisdicionais de improbidade 149
5.9   Ato de improbidade pelo parecerista e contratação de escritório sem licitação 151

CAPÍTULO 6
DAS SANÇÕES 153
6.1   Possibilidade de aplicação isolada das sanções cominadas 153
6.2   Natureza jurídica das sanções 156
6.2.1 Atos de improbidade e crimes de responsabilidade 158

6.3	Perda de bens ou valores acrescidos ilicitamente ao patrimônio	...160
6.4	Ressarcimento integral do dano	162
6.4.1	O dever jurídico de não causar dano a outrem	163
6.4.2	Dano moral na improbidade administrativa	165
6.4.3	Parcelas que integrarão o montante a ser ressarcido	167
6.5	Casos de perda da função pública	170
6.6	Suspensão dos direitos políticos	179
6.7	Multa civil	183
6.8	Proibição de contratar com o Poder Público ou receber incentivos fiscais ou creditícios, direta, indiretamente, ainda que por intermédio de pessoa jurídica da qual seja sócio majoritário	187
6.9	Independência e comunicabilidade entre as instâncias penal, civil e administrativa	194
6.10	Individualização e dosimetria das sanções	199

CAPÍTULO 7
EFEITOS ESPECÍFICOS DA CONDENAÇÃO POR ATO DE IMPROBIDADE 205

7.1	Prescrição	205
7.1.1	Ação e pretensão	205
7.1.2	Prescrição aquisitiva e prescrição extintiva	212
7.1.3	Impedimento, suspensão e interrupção	213
7.1.4	Renúncia à prescrição e prescrição *ex officio*	220
7.1.5	Legitimação para arguir a prescrição	222
7.1.6	Alterabilidade de prazos	224
7.2	Decadência	224
7.3	Distinção entre prescrição e decadência segundo a doutrina clássica	227

CAPÍTULO 8
O MOMENTO INVESTIGATIVO. O INQUÉRITO CIVIL 231

8.1	Natureza jurídica e origem do inquérito civil	231
8.2	Finalidade	238
8.3	Instrumento de investigação da improbidade administrativa	239
8.4	O princípio da obrigatoriedade: conteúdo e sentido	243
8.5	Instauração do inquérito civil	247
8.5.1	Delação anônima	250
8.6	O alcance dos poderes de investigação e o seu sigilo	253

8.7	Valor probatório	258
8.8	Vícios do inquérito civil e seus reflexos na ação de improbidade administrativa	259
8.9	Encerramento, arquivamento, trancamento e desarquivamento das investigações	260
8.10	Termo de ajustamento de conduta, recomendações na seara da improbidade administrativa	263
8.11	Acordo de não persecução cível nas ações de improbidade administrativa	267
8.12	Princípio da insignificância e atos de improbidade administrativa de "menor potencial ofensivo"	268

CAPÍTULO 9
ASPECTOS PROCESSUAIS 273

9.1	Ação civil pública: hipótese de cabimento	273
9.2	O princípio da obrigatoriedade	278
9.3	Controle incidental de constitucionalidade	281
9.4	Ação civil pública e ação popular no campo da improbidade	286
9.5	Legitimação ativa *ad causam*	294
9.6	Legitimação passiva *ad causam*	300
9.7	Competência	302
9.8	Atribuição do órgão do Ministério Público	305
9.9	O pedido	307
9.10	Aspectos gerais do procedimento	309
9.11	Publicidade dos atos processuais e direito à informação	315
9.12	Confissão judicial e extrajudicial e revelia	318
9.13	Produção probatória	322
9.14	Medidas de tutela de urgência	324
9.14.1	Possibilidade de decretação de tutela de urgência *inaudita altera pars*	327
9.14.2	Prazo para o ajuizamento da ação principal	330
9.14.3	Afastamento do agente público	332
9.14.4	Tutelas de urgência patrimoniais: a indisponibilidade de bens	339
9.14.4.1	Medidas cautelares atípicas	346
9.15	Suspensão de liminares e sentenças	347
9.16	Antecipação dos efeitos da tutela de urgência	348
9.16.1	Cabimento da tutela de urgência na ação civil de improbidade	350
9.17	Requisitos da sentença na ação civil de improbidade administrativa	353

9.17.1 Sucumbência e litigância de má-fé 358
9.18 Coisa julgada 359
9.18.1 Coisa julgada nas demandas coletivas 362
9.18.2 Consequências na ação civil de improbidade e ação popular 367

REFERÊNCIAS 369

APRESENTAÇÃO

As linhas a seguir apresentadas surgiram em virtude da perplexidade com certas decisões judiciais tomadas em processos relativos à improbidade administrativa. Alguns, inclusive, dentro da própria fundamentação da sentença ostentavam grau inacreditável de paradoxos normativos.

Assim, diante dessa denominada "loteria jurisprudencial", fruto da mais completa ausência de standards, pensou-se em realizar um trabalho acadêmico em que a Lei de Improbidade Administrativa pudesse ser estudada de forma analítica, tentando-se partir de algumas premissas que pudessem ser consideradas inquestionáveis.

O primeiro ponto de partida, indubitavelmente, são os parâmetros legais, a letra da norma que hodiernamente é tão espezinhada. Qualquer operador jurídico, independente de sua legitimidade ou magnitude intelectual comporta-se como um ourives que pode retalhar uma peça bruta ao seu talante.

Sem esquece-se das questões sistêmicas e das exigências técnicas. O princípio da legalidade configura-se como a pedra angular do ordenamento, não podendo ser relegado frequentemente por voluntarismos jurídicos.

Segundo, analisar a Lei da Improbidade Administrativa inserido no contexto do microssistema dos direitos metaindividuais, mas dotando de peculiaridades que não podem ser suplantadas. A dificuldade é a ampla extensão normativa, que engloba dispositivos constitucionais e infraconstitucionais, substanciais e processuais, havendo um extenso leque de legislação que não pode ser descuidado.

Terceiro, agasalhar as informações levantadas em sólida doutrina, que proporcione ferramentas ao operador jurídico que possa delinear o alcance de seus institutos, sem recorrer a hermenêuticas que não são mais do que estratagemas capciosas, com o objetivo de impor voluntarismos casuísticos.

Quarto, vislumbrar a jurisprudência a respeito da matéria, separando, literalmente, o joio do trigo, ou seja, aquelas que têm uma trajetória de integridade sistêmica, com uma fundamentação exauriente, daquelas que não passam de meros topois, adequando-se apenas para cumprir determinadas finalidades teleológicas.

Finalmente, depois desses percursos pragmáticos, para uma melhor sistematização do trabalho, tenta-se chegar às conclusões aferidas: O Brasil se encontra em uma época de alvoroço jacobino sem limites, impulsionado por exacerbações moralistas, que faz com que o terror de processos kafkianos seja encarado como a única forma de encontrar a virtude republicana, no que marca um retorno - consciente ou inconsciente - a Robespierre. Dessa forma, atitudes como essas faz com que garantias constitucionais como a ampla defesa, o contraditório, a imparcialidade, o devido processo legal sejam relegados frontalmente.

Em verdade, o escopo do trabalho é modesto, apenas tenta perscrutar os parâmetros jurídicos que norteiam o instituto da improbidade e aplicá-lo aos casos analisados. Parte-se da premissa que a lei deve ser o espaço em que as narrativas devem ser construídas, evitando-se a impunidade e a exacerbação de reprimendas sem amparo legal.

Infelizmente, chega-se a triste constatação de que nos tempos atuais ser pós-moderno é defender a legalidade, conceito básico do nascimento do Estado Moderno.

Miami/Aventura, 20 de janeiro de 2017.
Walber de Moura Agra

CAPÍTULO 1

DOS PRINCÍPIOS NORTEADORES DA PROBIDADE ADMINISTRATIVA

1.1 Princípios. Aspectos gerais

Configura-se como uma parêmia, hodiernamente, que os valores sejam introduzidos e espraiados por todo o ordenamento jurídico por intermédio dos princípios constitucionais.[1] Essa função dos princípios, para Habermas, é exercida em virtude do seu caráter deontológico, garantindo que eles sejam universalmente obrigatórios e não apenas especialmente preferíveis. Ressalte-se, ainda, que possuem uma força jurídica de justificação que permite a calibração de valores metajurídicos.[2]

As normas jurídicas são um gênero que comporta, em meio a outras classificações,[3] duas grandes espécies, quais sejam: as regras e os princípios.[4] Há uma enorme variedade de critérios para estabelecer

---

[1] BARROSO, Luís Roberto; BARCELLOS, Ana Paula de. O começo da História: a nova interpretação constitucional e o papel dos princípios no Direito brasileiro. In: SILVA, Virgílio Afonso da (Coord.). Interpretação constitucional. São Paulo: Malheiros, 2005. p. 58 et seq.
HABERMAS, Jürgen. Entre fatos e normas: contribuições para uma teoria do discurso do Direito e da democracia. Tradução William Rehg. New York: MIT Press, 1998. p. 257.

[2] HABERMAS, Jürgen. Entre fatos e normas: contribuições para uma teoria do discurso do Direito e da democracia. Tradução William Rehg. New York: MIT Press, 1998. p. 257.

[3] As normas jurídicas comportam inúmeras classificações que para a temática vergastada desnecessita maior debruçamento.

[4] BONAVIDES, Paulo. Curso de Direito Constitucional. 15. ed. São Paulo: Malheiros, 2004. p. 271.

a distinção entre as espécies normativas, sendo a formatação de sua aplicação que modula a principal diferença entre regra e princípio.[5] As regras são cláusulas de exceção umas das outras, provocando a aplicação de uma norma e o relego de outra.[6] São mandados ou comandos definitivos e, uma vez válidos, deve-se fazer exatamente o que exigem, nem mais, nem menos. Um conflito entre regras só pode ser solucionado mediante a introdução de uma cláusula de exceção que elimine o conflito ou declare inválida ao menos uma das regras.[7]

Os princípios, por sua vez, possuem uma dimensão que as regras não têm, qual seja: a dimensão de sua incidência normativa. Podem interferir uns nos outros e, assim sendo, deve-se resolver o conflito levando em consideração a incidência de cada um.[8] Evidentemente, é inviável que tal procedimento seja realizado por meio de critérios de mensuração exatos, impondo seguir-se a indagação sobre quão importante é um princípio ou qual a sua incidência em dada situação.[9] A metodologia mais utilizada é a ponderação na aplicação das normas que podem incidir com distintos graus de intensidade em determinados casos concretos.

Por outra vertente, os princípios também podem ser compreendidos como normas que ordenam que algo seja realizado na maior medida, dentro das possibilidades fático-jurídicas existentes, consubstanciando verdadeiros comandos de otimização.[10] O grau de cumprimento do que o princípio prevê é determinado pelo seu cotejo com outros princípios e demais regras (possibilidade jurídica) e pela consideração da realidade fática sobre qual operará (possibilidade real).[11]

Para Eros Roberto Grau, os princípios de Direito são compostos por princípios explícitos, recolhidos no texto da Constituição ou da lei; pelos princípios implícitos, inferidos como resultado da análise de um

---

[5] ALEXY, Robert. *Teoría de los derechos fundamentales*. Madrid: Centro de Estudios Constitucionales, 1997. p. 81, 83.
[6] As regras são aplicadas de modo tudo ou nada. Assim, se os fatos que a regra determinar ocorrerem, tem-se que ou a regra é válida, situação em que a resposta que ela fornece deve ser aceita, ou não, hipótese em que não contribuirá em nada para a decisão. DWORKIN, Ronald. *Taking rights seriously*. Cambridge: Harvard University Press, 1997. p. 24.
[7] ALEXY, Robert. *Teoría de los derechos fundamentales*. Madrid: Centro de Estudios Constitucionales, 1997. p. 87-88.
[8] DWORKIN, Ronald. *Taking rights seriously*. Cambridge: Harvard University Press, 1997. p. 26.
[9] *Ibidem*, p. 27.
[10] ALEXY, Robert. *Teoría de los derechos fundamentales*. Madrid: Centro de Estudios Constitucionales, 1997. p. 86.
[11] *Ibidem*, p. 86-87.

ou mais preceitos constitucionais ou de uma lei ou conjunto de textos normativos da legislação infraconstitucional; e, por fim, pelos princípios gerais de Direito, também implícitos, coletados no Direito pressuposto, como o da vedação do enriquecimento sem causa.[12]

Os princípios são categoria lógica e, tanto quanto possível, universais, muito embora não possamos nos esquecer de que, antes de tudo, quando incorporados a um sistema jurídico-constitucional-positivo, refletem a própria estrutura ideológica vigente, representativa dos valores consagrados por uma determinada sociedade.[13]

Os princípios constitucionais, por sua vez, são conhecidos majoritariamente como normas abertas, de textura imprecisa quanto à sua incidência direta e concreta, presentes na *Lex Mater*, e que se aplicam como diretrizes de compreensão às demais normas constitucionais. Dotados de grande abstratividade, têm por objetivo imprimir determinado significado ou, ao menos, orientar as demais normas que se relacionam entre si, conferindo unidade à Constituição e ao ordenamento. Os princípios constitucionais, portanto, servem de vetores para a interpretação válida da Lei Maior.[14]

Começa-se a falar em princípios constitucionais principalmente a partir do segundo pós-guerra, referindo-se a um novo horizonte conjuntural, visto que a decisão judicial passa a ser estruturada e legitimada numa relação entre princípios e moral.[15] Os princípios constitucionais são a porta pela qual os valores passam do plano ético para o mundo jurídico, retirando-os da órbita secundária ou subsidiária para serem alçados ao centro do sistema jurídico.[16] De lá, irradiam-se por todo o ordenamento, influenciando a interpretação e aplicação das normas jurídicas em geral e permitindo a leitura moral do Direito.[17]

---

[12] GRAU, Eros Roberto. *Ensaio e discurso sobre a interpretação/aplicação do Direito*. 4. ed. São Paulo: Malheiros, 2006. p. 47.

[13] DANTAS, Ivo. *Princípios constitucionais e interpretação constitucional*. Rio de Janeiro: Lumen Juris, 1995. p. 59.

[14] TAVARES, André Ramos. *Curso de Direito Constitucional*. 11. ed. rev. e atual. São Paulo: Saraiva, 2013. p. 205.

[15] Nesse sentido, TARUFFO, Michele. *Las garantias fundamentales de la justicia civil em el mundo globalizado*. Páginas sobre justiça civil. Tradução Maximiliano Aramburo Calle. Madrid: Marcial Pons, 2009. p. 63-91, e ainda CAMBI, Eduardo. Neoprocessualismo e neoconstitucionalismo. *In*. *Leituras complementares de processo civil*. Salvador: Juspodivm, 2008. p. 139-171.

[16] "Every legal system is built upon principles tha reflect its fundamental conceptions and its basic values". DOLINGER, Jacob. Evolution of principles for resolving conflicts in the field of contracts and torts. *Recueil des Cours*, v. 283, p. 229, 2000.

[17] A leitura moral propõe que todos nós, sejam juízes, advogados, cidadãos, interpretemos e apliquemos estas cláusulas abstratas da Constituição na compreensão de que elas invocam

Os princípios permitem uma maior abertura dialógica entre o texto normativo e a realidade fática, possibilitando uma sintonia fina com as demandas do Estado Democrático de Direito. A teoria dos direitos fundamentais, que tem como um de seus alicerces os princípios, é concebida de forma sistêmica, onde a proporcionalidade e razoabilidade assumem relevância ímpar para dirimir eventuais antinomias e garantir maior eficácia ao ordenamento jurídico.

Vistos como integrantes da norma junto à regra, os princípios têm sido considerados espaços à "justificação" de arbitrariedades, sob o auspício de uma discricionariedade hiperbólica. Por exigir maior diálogo da norma abstrata com o caso concreto, ampliando a importância do exercício da função jurisdicional, tudo passa a ser "principializado" sob o fundamento da razão e da segurança que isso acarreta ao homem iluminado.[18] Em decorrência da multiplicação de princípios, nos tempos atuais paira imprecisão quanto ao que possa ou deva ser entendido como princípio.

Nesse diapasão, apesar da aposta na discricionariedade representada pela razão prática eivada de solipsismo em conjunto com o advento da era dos princípios constitucionais,[19] a vivência do Estado Democrático de Direito não significa o apoderamento de uma "pedra filosofal da legitimidade principiológica da qual pudessem ser retirados tantos princípios quantos necessários para solução dos casos difíceis".[20]

O operador do Direito detém uma zona de discricionariedade de modo que desde a norma escrita há um espaço para atuação livre que desemboca na norma em concreto, o que implica que a interpretação

---

princípios de decência política e de justiça. (DWORKIN, Ronald. *Freedom's law*: the moral Reading of the American Constitution. Cambridge: Harvard University Press, 1996. p. 2).

[18] "Foi com o iluminismo que o homem deixou de ser considerado como inscrito em ordens naturais (estamentos), considerado que era agora como dotado de autonomia e liberdade perante o Estado". TAVARES, André Ramos. *Curso de Direito Constitucional*. 11. ed. rev. e. atual. São Paulo: Saraiva, 2013. p. 921.

[19] Em Lenio Streck, a discricionariedade é vivida para além da noção consolidada por Dworkin nas críticas ao positivismo hartiano. Aduz o autor não desconhecer a posição pela qual o arbítrio não se insere no plano da decisão discricionária, muito embora o discrímen tenha sido durante longos anos apelo de repúdio contra atos contrários ao Direito. Argui, ademais, que a discricionariedade que combate é aquela decorrente do esquema sujeito-objeto, "da consciência de si do pensamento pensante", enfim, da subjetividade assujeitadora de um sujeito que se considera "proprietário dos sentidos (abstratos) do direito" e que nada deixa para a facticidade". (STRECK, Lenio Luiz. *Hermenêutica Jurídica e(m) crise*: uma exploração hermenêutica da construção do Direito. 8. ed. Porto Alegre: Livraria do Advogado, 2009. p. 421-422).

[20] STRECK, Lenio Luiz. *Verdade e consenso*: Constituição, hermenêutica e teorias discursivas. 4. ed. São Paulo: Saraiva, 2012. p. 517-518.

deve partir de uma realidade precisa.[21] Faz-se premente a realização de um trabalho hermenêutico comprometido, aberto e razoável, no qual a aplicação dos princípios negue o entrincheiramento e concretize mais do que mero ponto de vista, assinalando-se a procedência dos cânones do Estado Democrático de Direito, principalmente do primado da segurança jurídica.

Para evitar exacerbações hermenêuticas, impõe-se a negativa diária do que vislumbra Thomas Morus, em síntese, no que se refere à labuta dos que prestam serviços intelectuais sem amparo no contexto fático e teórico, tomando decisões apenas com base no aspecto volitivo: "Uns se calam por inépcia [...] Outros são capazes e sabem que o são; mas partilham sempre do parecer do preopinante [...]. Os outros são escravos de seu amor-próprio e escutam apenas a própria opinião, o que não é de se admirar, pois a natureza insufla cada um a afagar com amor os produtos de sua invenção".[22]

Tal contexto permitiu a explanação realizada por Juarez Freitas de que o Direito Administrativo deve ser assimilado mediante o mútuo relacionamento entre os princípios e os direitos fundamentais, permitindo uma simetria do Direito com valores morais, mas de acordo com o funcionamento do sistema jurídico.[23] Destarte, mostra-se totalmente desarrazoada a tentativa realizada por alguns operadores jurídicos para, em nome de uma conceituação hiperdimensionada do princípio da moralidade pública, enquadrar diversos fatos jurídicos como ímprobos quando lhes faltam elementos mínimos para tal subsunção. Partindo-se de ilações sem suporte material e de pós-verdades, que se alicerçam apenas em conteúdo volitivo, chega-se a alguns paradoxos, como transformar em catilinária quem sustenta os postulados de Beccaria ou de Kelsen no século XXI.

1.2 Princípio da legalidade

O princípio da legalidade apresenta o escopo de estabelecer na sociedade humana instrumentos normativos genéricos e abstratos que

---

[21] AGRA, Walber de Moura. *Curso de Direito Constitucional*. 8. ed. Rio de Janeiro: Forense, 2014. p. 107.
[22] MORUS, Thomas. *A utopia*. Tradução Luís de Andrade. Rio de Janeiro: Nova Fronteira, 2011. p. 33.
[23] FREITAS, Juarez. Princípio constitucional da moralidade e o direito fundamental à boa administração. *In*: JORGE, Flávio Cheim; RODRIGUES, Marcelo Abelha; ALVIM, Eduardo Arruda (Coord.). *Temas de improbidade administrativa*. Rio de Janeiro: Lumen Juris, 2010. p. 356.

possam proteger os cidadãos de condutas arbitrárias e imprevisíveis por parte dos governantes. Objetiva-se, com ele, alcançar um estado geral de confiança e certeza na ação dos titulares do poder, evitando a dúvida, a intranquilidade, a desconfiança e a suspeição.[24] O Direito posto decorre da necessidade de extirpação do arbítrio no desenvolvimento das relações sociais e da delimitação no regramento das atividades, asseverando que "onde existe lei, não pode haver arbítrio".[25]

Espectros do princípio surgiram na era medieval em meio às assembleias estamentais inglesas, dilatando-se no constitucionalismo anglo-saxão.[26] A priori, era utilizado na votação dos impostos a serem exigidos e na instrumentalização do sistema de penas e procedimentos penais.[27] Nesse contexto, a lei passou a ser encarada como instrumento permanente e geral, obrigando inclusive o legislador, o que impedia que a atividade do Estado tivesse tratamento diverso,[28] fazendo exsurgir uma teoria da divisão e controle recíproco dos diversos ramos da atividade estatal.[29]

A origem do princípio da legalidade cruza com a própria noção de Estado de Direito: formula-se um órgão estatal submisso ao próprio Direito, constituindo o princípio em análise um requisito inexorável para o desenvolvimento de uma sociedade alicerçada na garantia de parâmetros normativos.[30]

No século XVIII, impulsionada pelo racionalismo filosófico e pela tese do contratualismo social, a França foi cenário de incremento doutrinário do princípio da legalidade.[31] Este passou a ser vivido para além de um freio à força do poder, tendo sido tecido como instrumento cujo escopo também era fazer com que a atuação estatal realizasse apenas o que a lei estabelecesse. Posteriormente, houve a sua bifurcação em duas vertentes: uma estrita, que o considerava como sinônimo de lei ou

---

[24] BONAVIDES, Paulo. *Ciência Política*. 18. ed. São Paulo: Malheiros, 2011, p. 121.
[25] FAGUNDES, Miguel Seabra. *O controle dos atos administrativos pelo poder judiciário*. 7. ed. atualizada por BINENBOJM, Gustavo. Rio de Janeiro: Forense, 2005. p. 115-116.
[26] MIRANDA, Jorge. *Teoria do estado e da constituição*. Rio de Janeiro: Forense, 2002. p. 41-42.
[27] ENTERRÍA, Eduardo García de; FERNÁNDEZ, Tomás-Ramón. *Curso de derecho administrativo*. Madrid: Civitas Ediciones, 2002. p. 238-239.
[28] SCHMITT, Carl. *Teoría de la constitución*. Madri: Alianza, 1996. p. 150, 152.
[29] *Idem*, p. 186.
[30] BASTOS, Celso Ribeiro. *Curso de Direito Administrativo*. São Paulo: Saraiva, 1995. p. 35.
[31] BONAVIDES, Paulo. *Ciência Política*. 18. ed. São Paulo: Malheiros, 2011, p. 112.

de conjunto de regras jurídicas, e uma ampla, abrangendo os princípios jurídicos e sendo qualificado como sinônimo de sistema jurídico.³²

A superação do constitucionalismo clássico exige a transformação do papel desempenhado pelo princípio da legalidade, visto que este deve ser reafirmado não apenas como núcleo da força normativa da Constituição, mas também como núcleo axiológico dos valores plasmados na Carta *Mater*. Isso impõe limites às atividades do Poder Legislativo, que não só terá que se conformar com a imperatividade dos mandamentos constitucionais como também com a densificação dos direitos fundamentais, revalorizando o Direito pela compreensão dos preceitos metajurídicos inseridos na vivência jurídica.³³

Assim, tal qual desenvolvido por Eduardo García de Enterría e Tomás-Ramón Fernández, o princípio da legalidade administrativa, bem como o próprio Direito Administrativo, emergiu como resultado das concepções jurídicas manifestadas na Revolução Francesa e como reação direta das arbitrariedades praticadas pelos governos absolutistas. A Administração passou a consubstanciar uma criação jurídica abstrata, tendo sido afastada a ideia da pessoalidade por intermédio da vontade de um soberano. Sua atuação, ao revés, foi submetida à legalidade, o que se constituiu em um direito subjetivo dos cidadãos.³⁴

A construção do Estado Social resultou na multiplicação dos serviços a serem prestados pelo Estado, o que fortaleceu o Poder Executivo e reconfigurou a teoria da separação dos poderes. Expõe Di Pietro que a função típica legislativa passou a ser exercida mediante *standards*, produzindo-se dispositivos de formulações gerais a serem regulamentadas pelo Executivo, que também passou a poder iniciar projetos de leis.³⁵ Odete Medauar defende classificação de graus de vinculação da Administração à lei, baseada na liberdade do gestor na prática de atos ou decisões.³⁶

---

³² BITENCOURT NETO, Eurico. *Improbidade administrativa e violação de princípios*. Dissertação (Mestrado em Direito) – Faculdade de Direito, Universidade Federal de Minas Gerais, Belo Horizonte, 2003. p. 88.

³³ Em Pinto Ferreira, a Constituição é analogicamente explicada como um edifício de quatro andares, no qual cada um é ocupado, respectivamente, pela Economia, Sociologia, Filosofia e Direito, demonstrando a complexidade do universo constitucional. FERREIRA, Pinto. *Teoria geral do estado*. 2. ed. Rio de Janeiro: José Lonfino, 1957. p. 39.

³⁴ ENTERRÍA, Eduardo Garcia de; FERNÁNDEZ, Tomás-Ramon. *Curso de derecho administrativo*. Madrid: Civitas Ediciones, 2002. p. 434, 436.

³⁵ DI PIETRO, Maria Sylvia Zanella. *Discricionariedade administrativa na Constituição de 1988*. 2. ed. São Paulo: Atlas, 2001. p. 31.

³⁶ MEDAUAR, Odete. *Direito administrativo moderno*. 19. ed. São Paulo: Revista dos Tribunais, 2015. p. 137, 150-151.

José Afonso da Silva sustenta que o Estado Democrático de Direito se sujeita ao império da lei – não de uma lei que atenda apenas ao requisito da generalidade, mas também que realize os princípios da igualdade e da justiça, como forma de buscar a igualização dos socialmente desiguais. Uma lei transformadora, que opere mudanças sociais democráticas, potencializando a participação democrática.[37] Concebido o princípio da legalidade administrativa em paralelo à observância dos princípios jurídicos, impõe-se que a atuação estatal esteja em sincronia com ambos, estabelecendo-se através da inserção de valores socialmente consagrados, como instrumento de controle da atividade administrativa.

Defende Antônio Manuel Peña Freire que a vivência de um Estado Constitucional de Direito, para além do Estado de Direito propugnado, é caracterizada por possuir três fatores relevantes, quais sejam: a supremacia da Constituição, e, dentro desta, dos direitos fundamentais, sejam de natureza liberal ou social; a consagração do princípio da legalidade como subsunção efetiva de todos os poderes públicos ao Direito; e a "funcionalização" de todos os poderes do Estado para garantir o desfrute dos direitos de caráter liberal e a efetividade dos direitos sociais.[38]

Nesse sentido, previsto no art. 5º, II, da CRFB/88, que institui que "ninguém será obrigado a fazer ou deixar de fazer alguma coisa senão em virtude de lei", o princípio da legalidade também foi expressamente posto como princípio da Administração, conforme se aduz da Lei nº 8.429/92, mormente em seus arts. 4º, 9º, 10 e 11, como densificação do art. 37 da CRFB/88.

O ato ímprobo é caracterizado como um acinte ao princípio da legalidade. Todavia, nem toda ilegalidade é classificada como uma improbidade, pois a afronta aos instrumentos normativos por si só não serve para a sua caracterização. Para Eurico Bitencourt Neto, a confusão entre legalidade e moralidade decorre do fato de o abuso de poder passar a ser considerado como hipótese de ilegalidade, permitindo o controle judicial, haja vista que, *a priori*, tratava-se de questão interna da Administração em razão de uma concepção da separação de poderes.[39]

---

[37] SILVA, José Afonso da. *Curso de direito constitucional positivo*. 36. ed.. São Paulo: Malheiros, 2013. p. 123.
[38] FREIRE, Antônio Manuel Peña. *La garantía en el Estado constitucional de derecho*. Madrid: Trotta, 1997. p. 37.
[39] BITENCOURT NETO, Eurico. *Improbidade administrativa e violação de princípios*. 2003. Dissertação (Mestrado em Direito) – Faculdade de Direito, Universidade Federal de Minas Gerais, Belo Horizonte, 2003. p. 86.

A realização de um ato marcado pela desonestidade do agente ou pela deslealdade para com o Poder Público, corroborada por outros indícios, insinua violação ao princípio da probidade administrativa.[40] Como dito anteriormente, em razão de que nem toda conduta ilegal configura improbidade, como nem toda imoralidade administrativa traduz improbidade; faz-se premente graduar a disposição normativa supostamente incidente *in casu* à luz das estruturas normativas existentes, quais sejam, os arts. 9º a 11 da Lei nº 8.429/92. Deve-se, também, outorgar a máxima atenção para que a subsunção normativa possa ser efetuada, sem o perigo de perpetração de punições sem lastro legal.

O princípio da legalidade impõe que o administrador público esteja sujeito aos preceitos legais e às exigências do bem comum, não podendo afastar-se de tais ideais, de modo que a sanção para o descumprimento de tal premissa é a invalidação do ato praticado, além das possíveis sanções por ato de improbidade administrativa nas esferas disciplinar, civil e criminal.[41]

1.2.1 A lei como fundamento de validade dos atos estatais

A norma jurídica, vista sob uma perspectiva sistemática, é o fundamento de toda e qualquer ação administrativa. A submissão do Estado aos parâmetros da legalidade vai desde as disposições constitucionais, perpassando pelos termos das leis, até os atos normativos inferiores expedidos pelo Poder Público, independentemente da espécie.[42]

O administrador público está submisso aos mandamentos legais durante toda a sua atividade funcional, e não poderia ser diferente em razão do Estado de Direito, bem como às exigências dos imperativos coletivos, não podendo negligenciá-los sob pena de praticar ato inválido e expor-se às eventuais responsabilidades disciplinar, civil e criminal.

O princípio da legalidade e o controle da administração pelo Judiciário tiveram início com o advento do Estado de Direito, tratando-se de uma das principais garantias aos direitos humanos, restando estabelecidos, paralelamente à definição destes, os limites da atuação

---

[40] FREITAS, Juarez. Do princípio da probidade administrativa e de sua máxima efetivação. *Revista de Informação Legislativa*, Brasília, ano 33, n. 129, p. 60, jan./mar. 1996.
[41] MEIRELLES, Hely Lopes. *Direito Administrativo brasileiro*. 41. ed. São Paulo: Malheiros, 2015. p. 90-91.
[42] MELLO, Celso Antônio Bandeira de. *Discricionariedade e controle jurisdicional*. 2. ed. São Paulo, 2007. p. 10-11.

administrativa.⁴³ Significa, portanto, que a Administração está adstrita aos mandamentos legais, sob pena de invalidade do ato e responsabilidade do seu autor.⁴⁴

A atuação estatal é comumente formalizada em atos administrativos, exigindo-se pressupostos legais genéricos e específicos. Perquirido um ato supostamente ímprobo, a definição sobre a incidência do ato como tal exige a prévia aferição da legalidade do ato administrativo, haja vista que não é possível o julgamento de ação, em que se pugna pelo reconhecimento de ato de improbidade, sem que haja pronunciamento sobre a legalidade ou ilegalidade do ato administrativo questionado.⁴⁵

No mesmo sentido concluem Alberto Jorge de Barros e Manoel Cavalcante de Lima Neto que certos tipos de atos de improbidade trazem a necessidade de exame do ato, identificando a ofensa à legalidade como elemento integrativo da norma sancionatória, exemplificando com o art. 9º, incisos II, III, VI, X; e art. 11, incisos I, II, III, IV, V, VI, ambos da Lei nº 8.429/92.⁴⁶ Para George Sarmento, por sua vez, as tipificações do art. 10 do referido diploma configuram ilegalidade ou desvio de finalidade do ato administrativo que implicam prejuízo ao Erário.⁴⁷

Como dito, nem toda conduta ilegal configurará improbidade e nem toda imoralidade administrativa traduzirá improbidade. Por outro lado, não é possível vislumbrar improbidade sem o cometimento de ilegalidade na realização da atividade funcional.⁴⁸ E, não suficiente, para que o conteúdo do ato administrativo seja válido, deve estar em conformidade com a lei e com os princípios reitores da ordem jurídica,⁴⁹ pois, caso contrário, será considerado nulo.⁵⁰ A conduta do agente

---

⁴³ DI PIETRO, Maria Sylvia Zanella. *Direito Administrativo*. 28. ed. São Paulo: Atlas, 2015. p. 97-98.
⁴⁴ GASPARINI, Diogenes. *Direito Administrativo*. 4. ed. São Paulo: Saraiva, 1995. p. 6.
⁴⁵ STJ. REsp nº 617.851/MG. Min. Rel. Eliana Calmon. DJ de 19.12.2005.
⁴⁶ LIMA, Alberto Jorge C. de Barros; LIMA NETO, Manoel Cavalcante de. Improbidade administrativa: Estrutura Jurídica dos tipos e controle judicial – uma perspectiva dogmática para proteção dos direitos fundamentais. *Revista Eletrônica do Mestrado em Direito da UFAL: Constitucionalização dos direitos humanos fundamentais*, v. 6, n. 1, 2015.
⁴⁷ SARMENTO, George. *Improbidade administrativa*. Porto Alegre: Síntese, 2002. p. 92.
⁴⁸ OLIVEIRA, José Roberto Pimenta. *Improbidade administrativa e sua autonomia constitucional*. Belo Horizonte: Fórum, 2009. p. 260.
⁴⁹ MATTOS NETO, Antônio José. Responsabilidade civil por improbidade administrativa. *Revista de Direito Administrativo*, Rio de Janeiro, n. 210, p. 160, out./dez. 1997.
⁵⁰ MELLO, Celso Antônio Bandeira de. *Curso de Direito Administrativo*. 32. ed. São Paulo: Malheiros, 2015. p. 396.

delimitará sua responsabilização, seja por improbidade administrativa e/ou pelo cometimento de qualquer outra ilegalidade.[51]

Outrossim, a lei, posta como fundamento de validade dos atos estatais, detém validade plena até que seja considerada inconstitucional ou ilegal pelos órgãos pertinentes do Poder Judiciário. Embasando-se na eficácia do controle de constitucionalidade preventivo, de onde exsurge que todas as espécies normativas nascem em conformidade com o texto constitucional, como derivação do princípio da separação dos poderes, o princípio da presunção da constitucionalidade das leis e atos do Poder Público implica que todo ato normativo é presumidamente constitucional, tratando-se de presunção *iuris tantum*. Assim, uma vez promulgada e sancionada, a lei goza de tal presunção até que seja infirmada pela declaração contrária de órgão jurisdicional competente.[52]

Exala-se como conclusão – naquelas hipóteses em que o ato ou conduta está amparado em parâmetro legal – que para a sua caracterização como improbidade necessita-se, como requisito insofismável, que a mencionada lei seja declarada inconstitucional ou anulada. E a vigência dessa improbidade efetiva-se somente a partir da declaração de inconstitucionalidade ou da anulação do ato normativo.

1.3 Princípio da proporcionalidade

As nuances do princípio da proporcionalidade acompanham a história e evolução dos direitos fundamentais, consubstanciando uma garantia procedimental ao Estado Democrático de Direito. Trata-se de um metaprincípio de grande conteúdo valorativo, um dos alicerces do pós-positivismo, imantado nos propósitos de ponderação, moderação e equilíbrio. De caráter deontológico, tem o escopo de ordenar a proporção na melhor medida, dentro das possibilidades jurídicas e reais existentes, possuindo natureza de verdadeiro comando de otimização.

Em análise histórica da origem do princípio da proporcionalidade, aduz Francisco Fernandes de Araújo que o Código de Hamurabi foi, tecnicamente, o que primeiro forneceu a ideia de proporcionalidade. Ao prever a lei de talião, "olho por olho, dente por dente", estabeleceu

---

[51] BITENCOURT NETO, Eurico. *Improbidade administrativa e violação de princípios*. Dissertação (Mestrado em Direito) – Faculdade de Direito, Universidade Federal de Minas Gerais, Belo Horizonte, 2003. p. 96-112.
[52] BARROSO, Luís Roberto. *Interpretação e aplicação da Constituição*. São Paulo: Saraiva, 1998. p. 164-165.

a qualidade e a intensidade da pena a ser imposta ao autor de uma infração penal.[53]

De acordo com o constitucionalismo clássico, a origem do princípio da proporcionalidade está ligada à *Magna Charta Libertatum*, de 1215, que se configura como uma espécie de acordo formal entre a coroa e os senhores feudais, restando consignado que o homem livre, quando cometia um crime, deveria ser punido na proporção da gravidade do delito.[54] No século XVIII, Montesquieu, no seu livro *Do espírito das leis*, sublinhou a proporcionalidade ao exemplificar que consubstancia grande mal aplicar a mesma pena àquele que rouba em uma estrada e ao que rouba e assassina, justificando ser evidente que, para o bem da segurança pública, dever-se-ia estabelecer distinção entre as penas.[55] No mesmo sentido, estão os ensinamentos de Beccaria, em 1764, defendendo que as sanções criminais deveriam ser proporcionais à gravidade dos delitos praticados.[56] Apenas no século XIX esse princípio alcança o Direito Administrativo.

Para Suzana Barros, a pilastra principal do princípio da proporcionalidade foi a busca pela garantia da liberdade individual em face dos interesses da administração, objeto de grande deleite da doutrina francesa.[57] O princípio da proporcionalidade, mesmo sem ter sido agasalhado inicialmente em sede constitucional, já era aplicado como princípio do Direito Administrativo.[58] Era definido como exigência de

---

[53] ARAÚJO, Francisco Fernandes de. *Princípio da proporcionalidade:* significado e aplicação prática. Campinas: Copola, 2002. p. 36.

[54] REZEK NETO, Chade. *O princípio da proporcionalidade no Estado Democrático de Direito.* São Paulo: Lemos & Cruz, 2004. p. 17.

[55] MONTESQUIEU. *O espírito das leis.* Tradução Jean Melville. São Paulo: Martin Claret, 2002. p. 103.

[56] *Ad conclusum*, Beccaria em breve declaração afirma que para que a pena não seja um ato de violência, deve ser pública, pronta e necessária, arguindo que deverá ser a mais amena a ser aplicada, diante das circunstâncias, proporcional ao delito e determinada pela lei. BECCARIA, Cesare. *Dos delitos e das penas.* São Paulo: Martin Claret, 2001.

[57] BARROS, Suzana de Toledo. *O princípio da proporcionalidade e o controle de constitucionalidade das leis restritivas de direitos fundamentais.* 2. ed. Brasília: Brasília Jurídica, 2000. p. 35.

[58] Segundo a doutrina francesa, o princípio da proporcionalidade atualmente está implícito no texto constitucional, figurando em diversos diplomas revogados ou vigentes em seu ordenamento. "En droit constitutionnel français, il n'existe pas de principe général de proportionnalité qui soit imposé par les textes ou déduit d'eux. [...] Si l'on exclut le principe d'égalité présent dans tous les textes, la plupart des dispositions qui impliquent un contrôle de proportionnalité figurent dans des textes auxquels renvoie le Préambule de la Constitution de 1958; la déclaration des droits de l'homme et du citoyen de 1789; et la Charte de l'environnement de 2004". FRAISSE, Régis. *Le Conseil constitutionnel exerce un contrôle conditionné, diversifié et module de proportionnalité.* Numéro Spécial nº 46. Paris: Petites Affiches, 2009. p. 74.

adequação entre os meios empregados e os propósitos a que se prestam.[59] Nessa seara, foi inicialmente considerado como princípio geral do poder de polícia, desenvolvendo-se como evolução do princípio da legalidade – requerendo, para tanto, a criação de mecanismos capazes de controlar o Poder Executivo no exercício de suas funções, de modo a evitar o arbítrio e o abuso de poder.[60]

A constitucionalização do princípio da proporcionalidade nos termos atuais deu-se na Alemanha, posteriormente à Segunda Guerra Mundial. A preocupação universal, e, em especial, da Corte Constitucional alemã, passou a ser a proteção dos direitos fundamentais diante dos abusos do legislador, o que, além de consubstanciar a virada kantiana no sentido de pôr a dignidade da pessoa humana como epicentro dos ordenamentos jurídicos, trouxe para o Poder Judiciário (especificamente, à Justiça Constitucional) papel de absoluta relevância na densificação dos direitos fundamentais, cenário perfeito para a premência do transplante do princípio da proporcionalidade para o Direito Constitucional.

Aduz Steinmetz que a nova leitura do princípio da proporcionalidade rapidamente foi incorporada pela jurisprudência constitucional de inúmeros países, bem como pelo Tribunal Europeu dos Direitos Humanos.[61] Sob a égide da influência do direito alemão, outros países europeus começaram a acolher, em sede constitucional, o princípio da proporcionalidade. *A posteriori*, também fora transportado para o direito americano, onde tal princípio recebeu o nome de "princípio da razoabilidade", partindo da interpretação evolutiva da cláusula do devido processo legal.[62]

Salutar apontar que o princípio da proporcionalidade atualmente é empregado pela Corte Constitucional alemã não apenas em proibição ao excesso, mas também na proibição da proteção insuficiente. Nesses termos, considerar uma conduta estatal não suficiente para proteção

---

[59] "Chacun s'accorde à considérer que le principe de proportionnalité se définit de manière générale comme l'exigence d'un rapport d'adéquation entre un moyen employé et le but qui lui est assigné". X, Philippe. *Le Controle de proportionnalité dans les jurisprudences constitutionnelle et administrative françaises*. Préface Charles Debbasch. Paris: Economica, 1990. p. 499.

[60] REZEK NETO, Chade. *O princípio da proporcionalidade no Estado Democrático de Direito*. São Paulo: Lemos & Cruz, 2004. p. 15-17.

[61] STEINMETZ, Wilson Antônio. *Colisão de direitos fundamentais e princípio da proporcionalidade*. Porto Alegre: Livraria do Advogado, 2001. p. 146.

[62] TAVARES, André Ramos. *Curso de Direito Constitucional*. 11. ed. São Paulo: Saraiva, 2013. p. 637.

adequada e eficaz nada mais é, do ponto de vista metodológico, do que considerar a referida conduta como desproporcional em sentido estrito.[63]

Hodiernamente, o princípio constitucional da proporcionalidade é princípio universal no âmbito de vigência das constituições dos Estados Democráticos de Direito, assinalando-se que a proporcionalidade deve ser entendida como elemento disciplinador do limite à competência constitucional atribuída aos órgãos estatais de restringir a área de proteção de direitos fundamentais, configurando resposta jurídica ao problema do vínculo do legislador aos direitos fundamentais, tratando-se de verdadeiro limite ao seu poder normativo.[64]

Nesse diapasão, o princípio da proporcionalidade será, portanto, o ponto de partida da análise entre os meios soberanos utilizados nas intervenções do Estado na esfera privada, com o objetivo de ponderar se tal interferência se mantém em proporção ao fim almejado e se há correspondência entre o ônus imposto ao indivíduo e o fim buscado, graduando-se se aquele foi necessário, justo e o mais adequado, ou se houve excessos na medida imposta ao indivíduo.[65]

A Constituição da República Federativa do Brasil de 1988 não trouxe o princípio da proporcionalidade de forma explícita. Sem embargo, sua recepção é clara, sendo possível auferir o seu conteúdo, dentre outros dispositivos constitucionais, do art. 1º, *caput*, em razão do fator teleológico de elaboração de um Estado Democrático de Direito. Bonavides doutrina que o princípio da proporcionalidade não apenas advém do princípio democrático. Aduz que também flui do art. 5º, §2º, da Constituição Federal brasileira de 1988, abrangendo a parte não expressa dos direitos e garantias da constituição, embasando-se na natureza do regime, no Estado de Direito e nos princípios expressos e que tornam o texto inviolável.[66]

O reverenciado princípio exerce papel fundamental na concretização da justiça e da igualdade material proposta e preconizada no bojo do Estado Democrático, resultando que os direitos fundamentais daí decorrentes só poderão ser limitados pelo Poder Público e para a tutela de interesses públicos. Poder-se-ia ainda afirmar que as concepções de

---

[63] SCHLINK apud MENDES, Gilmar Ferreira; BRANCO, Paulo Gustavo Gonet. *Curso de Direito Constitucional*. 7. ed. São Paulo: Saraiva, 2012. p. 260.
[64] DIMOULIS, Dimitri; MARTINS, Leonardo. *Teoria geral dos direitos fundamentais*. São Paulo: Revista dos Tribunais, 2007. p. 191.
[65] BRANCO, Luiz Carlos. *Equidade, Proporcionalidade e razoabilidade*: doutrina e jurisprudência. São Paulo: RCS, 2006. p. 137.
[66] BONAVIDES, Paulo. *Curso de Direito Constitucional*. 15. ed. São Paulo: Malheiros, 2004. p. 392-398.

justiça, liberdade, dignidade da pessoa humana, igualdade, devido processo legal e a proibição de arbitrariedade dos poderes públicos são decorrências do princípio da proporcionalidade, fazendo com que os seus apologistas asseverem sua natureza de postulado.[67]

O fato é que a própria natureza dos princípios implica a máxima da proporcionalidade, e esta implica aquela. Alexy planteia que a taxionomia inerente aos princípios necessita da proporcionalidade para potencializar seus efeitos, com suas três máximas parciais: adequação, necessidade (mandamento do meio menos gravoso) e proporcionalidade em sentido estrito (mandamento do sopesamento propriamente dito). Nesse sentido, a proporcionalidade é dedutível da própria natureza principiológica.[68]

Por outro lado, é dessa generalidade fundante que advém a grande dificuldade em delimitar o exato campo de incidência do princípio da proporcionalidade, haja vista que não existe sua especificação legal.

O reverenciado princípio foi subdividido pela doutrina moderna em três partes, consubstanciando elementos parciais e cumulativos do princípio, por vezes denominados de subprincípios, quais sejam, a adequação, a necessidade e a proporcionalidade em sentido estrito. São considerados como fases inexoráveis, e a omissão de apenas um deles maculará o resultado da subsunção. Igualmente, não podem ser considerados de forma hierarquizada, pois todos têm igual valor e desempenham uma função específica.

O primeiro requisito intrínseco do princípio da proporcionalidade é o da adequação, também denominado de princípio da pertinência ou conformidade. Ele apresenta o escopo de impedir o ataque a um direito do indivíduo se o meio utilizado não se mostrar idôneo à consecução do resultado pretendido.[69] A adequação se dá pela suficiência da aptidão do meio para alcançar o fim objetivado pela medida.

O segundo requisito, qual seja, a necessidade, tem o escopo de transcender a adequação do meio ao fim propugnado. Nesse sentido,

---

[67] A proporcionalidade como postulado parte do afastamento da aplicação do modo subjuntivo, da aplicação imediata norma-caso, não podendo ser utilizada livremente para fundamentação de uma decisão, consubstanciando forma de interpretação e de aplicação das normas que são adequadas aos casos propostos. ÁVILA, Humberto Bergmann. Repensando o "princípio da supremacia do interesse público sobre o particular". *Revista Diálogo Jurídico*, Salvador, v. 1, nº 7, out. 2001. Disponível em: http://www.direitopublico.com.br. Acesso em: 28 abr. 2015.

[68] ALEXY, Robert. *Teoria dos direitos fundamentais*: teoria e Direito Público. Tradução Virgílio Afonso da Silva. São Paulo: Malheiros, 2008. p. 116-117.

[69] CUNHA JÚNIOR, Dirley da. *Curso de Direito Administrativo*. 7. ed. Salvador: Juspodivm, 2009. p. 52.

faz-se imperioso, afastando-se a desproporcionalidade, que o meio utilizado seja necessário ao objetivo almejado, devendo-se escolher, dentre os meios adequados, aquele que trouxer consequências menos gravosas aos direitos e garantias fundamentais.

Para Canotilho, a partir do subprincípio da necessidade, tem-se a ideia de que o cidadão tem direito a uma menor desvantagem social, estabelecendo quatro condições à noção de necessidade (necessidade material, exigibilidade espacial, exigibilidade temporal e exigibilidade pessoal).[70] Sob a perspectiva de um Estado de Direito, essa escolha corresponde àquela que menos onere o cidadão, não se discutindo a escolha do fim, mas apenas o meio utilizado em sua relação de custo/benefício.

O pressuposto da proporcionalidade em sentido estrito, por fim, é também denominado de "máxima do sopesamento". A proporcionalidade em sentido estrito reduz-se a uma questão de medida ou desmedida, a fim de se obter um resultado. Nesse diapasão, restará observado o princípio da proporcionalidade se houver predominância do valor de maior relevância. Assim, o meio adequado e necessário para determinado fim somente é justificável se o valor por ele resguardado preponderar sobre o valor protegido pelo direito a ser restringido.[71] André Ramos Tavares suscita que a doutrina alemã não é unânime em aceitar esse requisito do princípio da proporcionalidade, justificando que alguns consideram uma etapa com alto grau de subjetividade e, assim, imprestável para servir de critério.[72]

Antônio Scarance Fernandes, em complementação, sustenta que existem pressupostos jurídicos exteriores essenciais à atuação do princípio da proporcionalidade. A legalidade, como pressuposto formal, impede que a restrição a direito individual seja admitida sem previsão legal, a ser elaborada por órgão constitucionalmente competente. No mesmo sentido, a justificação teleológica, como pressuposto material, indica que a limitação a direito individual só tem razão de ser se tiver como objetivo concretizar valores relevantes do sistema constitucional.[73]

---

[70] CANOTILHO, José Joaquim Gomes. *Direito Constitucional e teoria da Constituição*. 4. ed. Coimbra: Almedina, 2000. p 264.

[71] REZEK NETO, Chade. *O princípio da proporcionalidade no Estado Democrático de Direito*. São Paulo: Lemos & Cruz, 2004. p. 40.

[72] TAVARES, André Ramos. *Curso de Direito Constitucional*. 11. ed. São Paulo: Saraiva, 2013. p. 627-628.

[73] FERNANDES, Antonio Scarance. *Processo penal constitucional*. 3. ed. São Paulo: Revista dos Tribunais, 2002. p. 53.

Nas ações de improbidade administrativa o princípio da proporcionalidade é deveras utilizado. Contudo, infelizmente, no mais das vezes, fora de seu contexto. Frequentemente, apenas o utilizam como instrumento retórico para legitimar uma sentença que foge dos parâmetros da legalidade. Poucas são as decisões judiciais que decompõem a proporcionalidade em seus três elementos, que, aliás, configura-se como obrigatório. E, se as mencionam, falta-lhes fundamentação pertinente que justifique seus substratos. Ou seja, na seara de improbidade administrativa, o princípio da proporcionalidade é utilizado de forma imprudente, sem os substratos mínimos obrigatórios para a sua subsunção fática.

1.3.1 A proporcionalidade versus razoabilidade e o entendimento do Supremo Tribunal Federal

Os princípios da proporcionalidade e da razoabilidade são estruturas do ordenamento jurídico-administrativo democrático que possuem o condão de inibir ou limitar qualquer atuação administrativa acintosa à Constituição, não devendo ser admitido o *facere* estatal sem observância de seus termos ou o *non facere* impeditivo ao desenvolvimento das prerrogativas da cidadania.[74] Nesse sentido, pode-se considerar que ambos os princípios têm objetivos semelhantes. Entretanto, tal fato não autoriza que sejam tratados como sinônimos.

De origens distintas, os reverenciados princípios seguem em dessemelhança, tanto em sua estrutura quanto na forma de aplicação. O princípio da proporcionalidade foi desenvolvido com parâmetros de aplicação mais claros e objetivos, de estruturação utilitária, tendo sido produzido à luz da cultura germânica de valorização dos conceitos. O princípio da razoabilidade, de matriz anglo-americana, por sua vez, em sua imprecisão metodológica, permite maior divagação acerca do que seria racional ou equilibrado em uma determinada circunstância, abrindo maior espaço para o subjetivismo do intérprete.

O princípio da proporcionalidade no controle das leis restritivas de direitos fundamentais surgiu por desenvolvimento jurisprudencial do Tribunal Constitucional alemão, com o intuito de garantir que os atos estatais sejam críveis, tendo sido construído de modo a impedir uma interpretação vaga. Na forma desenvolvida pela jurisprudência

---

[74] OLIVEIRA, José Roberto Pimenta. *Os princípios da razoabilidade e da proporcionalidade no Direito Administrativo brasileiro.* São Paulo: Malheiros, 2006. p. 33.

constitucional alemã, a proporcionalidade tem uma estrutura racionalmente definida, com subelementos independentes – adequação, necessidade e proporcionalidade, em sentido estrito –, que são aplicados, teoricamente, em uma ordem predefinida e que conferem ao princípio da proporcionalidade maior clareza, o que o diferencia da razoabilidade.[75]

No que tange à forma de aplicação, o princípio da razoabilidade deve ser utilizado com o escopo de impedir a prática de atos que fogem da razão e do equilíbrio do pensamento comum, do homem médio. Já a proporcionalidade, em razão de seu maior campo de atuação, deve ser aplicada de modo a consubstanciar verdadeiro parâmetro para se aferir a adequação e a necessidade de um determinado comando normativo no ordenamento jurídico. Em termos práticos, a razoabilidade em muito se assemelha a um dos elementos da proporcionalidade, qual seja, a proporcionalidade em sentido estrito, restringindo-se à busca (subjetiva) da predominância do valor de maior relevância.

Para Luís Virgílio Afonso da Silva é evidente que tais princípios não são sinônimos, posto que representam construções jurídicas diversas. O teste sobre a irrazoabilidade é exponencialmente menos intenso do que os testes que a proporcionalidade exige, de modo que o primeiro se destina a meramente afastar os atos absurdamente irrazoáveis.[76]

No mesmo sentido, Humberto Ávila aduz que a proporcionalidade é aplicada nos casos em que exista uma relação de causalidade entre um meio e um fim concretamente perceptível. A exigência de realização de vários fins, todos constitucionalmente legitimados, implica a adoção de medidas adequadas, necessárias e proporcionais em sentido estrito. Segue o reverenciado autor no sentido de que a razoabilidade, por sua vez, deve ser aplicada sob três aspectos. Primeiro, precisa ser utilizada como diretriz, relacionando as normas gerais com as individualizadas ao caso concreto – quer mostrando sob qual perspectiva a norma deve ser aplicada, quer indicando em quais hipóteses o caso individual, em virtude de suas especificidades, deixa de se enquadrar na norma geral. Segundo, aplica-se como diretriz que exige uma vinculação das normas jurídicas com o mundo ao qual elas fazem referência, seja reclamando a existência de um suporte empírico e adequado a qualquer ato jurídico, seja demandando uma relação congruente entre a medida adotada e o

---

[75] SILVA, Luís Virgílio Afonso da. O proporcional e o razoável. *Revista dos Tribunais*, nº 798, p. 8, 2002.

[76] SILVA, Luís Virgílio Afonso da. O proporcional e o razoável. *Revista dos Tribunais*, nº 798, p. 28, 2002.

fim que ela pretende atingir. Terceiro, deve ser processada como diretriz que exige a relação de equivalência entre duas grandezas.[77]

Nesse diapasão, poder-se-ia depreender que os princípios da razoabilidade e da proporcionalidade estão associados. Contudo, possuem aspectos substanciais que os distinguem, os quais, por si só, demonstram que seus nascimentos se deram de forma e por motivos diferenciados, sendo irrefutável que, no processo de utilização dos princípios, a razoabilidade, inclusive, antecede a proporcionalidade.[78]

A primeira referência do Supremo Tribunal Federal ao princípio da proporcionalidade fora em 1953, tendo sido aplicada em defesa do direito à propriedade. O RE nº 18.331, de relatoria do Min. Orozimbo Nonato, assinalou que o poder de taxar não pode chegar à desmedida de destruir o bem, uma vez que aquele somente pode ser exercido dentro dos limites que o tornem compatível com a liberdade do trabalho, de comércio e da indústria e com o direito de propriedade.

No entanto, da análise dos precedentes do Supremo Tribunal Federal advém que a referida distinção não é seguida a rigor, não sendo possível a identificação de qualquer critério por parte dos ministros na utilização dessas normas.

Na ADI nº 3942/DF, sob a relatoria da Min. Cármen Lúcia, o Supremo Tribunal Federal assinalou que a criação de cargos em comissão de funções gratificadas, quando acompanhadas da estimativa de despesa e da respectiva fonte de custeio, não implica violação aos princípios do concurso público e da proporcionalidade. No entanto, ao fundamentar tal decisão, em nenhum momento foi feita a análise dos elementos que compõem o princípio da proporcionalidade, tendo sido indicado como comprovante da proporcionalidade o fato de a criação dos cargos e funções ter sido precedida de abrangente processo de consulta e de um diagnóstico de autoavaliação, feito com base no Modelo de Excelência na Gestão Pública. Motivou a referida decisão, ainda, pelo fato de a criação dos cargos ter decorrido da necessidade de reorganização da estruturação organizacional da Administração para

---

[77] ÁVILA, Humberto. *Teoria dos princípios da definição à aplicação dos princípios jurídicos*. 9. ed. São Paulo: Malheiros, 2009. p. 182.

[78] Para os defensores da proporcionalidade e da razoabilidade como sinônimos, estes constituem "parâmetros de valorização dos atos do Poder Público para aferir se estão informados pelo valor superior inerente a todo ordenamento jurídico: a justiça", a serem aplicados, inclusive, de forma fungível. BARROSO, Luís Roberto. *Interpretação e aplicação da Constituição*. 3. ed. São Paulo: Saraiva, 1999. p. 151. No mesmo sentido, MEIRELLES, Hely Lopes. *Direito Administrativo brasileiro*. 41. ed. São Paulo: Malheiros, 2015. p. 96; e DI PIETRO, Maria Sylvia Zanella. *Direito Administrativo*. 28. ed. São Paulo: Atlas, 2015. p. 114.

compatibilizá-la com as necessidades do setor produtivo – o que denota uma aplicação da proporcionalidade quando o conceito adequado seria o da razoabilidade, em razão de que o ato descrito seria adequado aos parâmetros da razão e do equilíbrio do pensamento mediano.

No mesmo sentido, na ADI nº 4.350/DF, sob a relatoria do Min. Luiz Fux, em impugnação de inúmeras questões sobre o seguro DPVAT, o Supremo Tribunal Federal, em análise de suposta violação aos princípios da razoabilidade e da proporcionalidade, ao assinalar que inexiste o direito constitucionalmente assegurado ao atendimento em hospitais privados se a vítima de acidente de trânsito não dispuser de recursos para pagar pelo atendimento, declarou a equivalência entre os dois princípios, afirmando genericamente e sem detrimento que "não há nada de injusto, irrazoável, ou ofensivo à proporcionalidade" na situação reverenciada.

Sob a mesma relatoria, na ADI 3.649/RJ, o Supremo Tribunal Federal mostrou-se indeciso quanto à existência autônoma dos dois princípios reverenciados, bem como no que tange à sua natureza. Consignou-se que a eventual declaração de inconstitucionalidade de lei com efeitos *ex tunc* faria exsurgir um vácuo jurídico no ordenamento estadual, inviabilizando, ainda que temporariamente, a manutenção de qualquer tipo de contratação temporária, o que ocasionaria *periculum in mora* inverso em razão da inexistência daquelas leis preventivas, destinadas às tragédias abruptas da natureza e às epidemias, explicando que, em tal hipótese, resta violado o que denominam de "princípio da proporcionalidade – razoabilidade". Em seguida, afirma-se no mérito do acórdão que "os dogmas da proporcionalidade e da razoabilidade" devem orientar as normas sobre contratação temporária.[79]

Divergências à parte, tais circunstâncias têm o condão de denotar a importância do reverenciado princípio no Direito Administrativo, justificando-o como uma de suas principais pilastras para combater arbitrariedades. Sendo o ato manifestamente inadequado para alcançar a finalidade legal, firmada à luz da supremacia do interesse público,

---

[79] A título exemplificativo, suscitem-se precedentes recentes cuja fundamentação comprova indistinção na aplicação dos princípios da proporcionalidade e razoabilidade: HC nº 12269/SP. Rel.: Min. Dias Toffoli. Tribunal Pleno. Julg.: 10.12.2014. *DJ-e* 032 Publ. 19.02.2015; ADI nº 2225/SC. Rel.: Min. Dias Toffoli. Tribunal Pleno. Julg.: 21.08.2014. *DJ-e* 30.10.2014. ADI nº 5028/DF. Rel.: Min. Gilmar Mendes. Tribunal Pleno. Julg.: 1º.07.2014. *DJ-e* 213 30.10.2014. RE nº 565048/RS. Rel.: Min. Marco Auréli. Tribunal Pleno. Julg.: 29.05.2014. *DJ-e* 197 09.10.2014. ADI nº 3649/RJ. Rel.: Min. Luiz Fux. Tribunal Pleno. Julg.: 28.05.2014. *DJ-e* 213 30.10.2014. ADI nº 3237/DF. Rel.: Min. Joaquim Barbosa. Tribunal Pleno. Julg.: 26.03.2014. *DJ-e* 159 19.08.2014.

resta que a Administração exorbitou os limites da discricionariedade, violando o princípio da proporcionalidade. A ilegalidade merece correção pelo Poder Judiciário mediante a anulação do ato, sendo insuficiente o afastamento tão somente do excesso.

Nesse sentido, deve igualmente incidir a análise do princípio da proporcionalidade, no plano abstrato e no concreto, em sede da responsabilização do agente público, seja pelo enriquecimento ilícito, prejuízo ao Erário ou pelo desrespeito aos princípios da Administração Pública.

1.3.2 A proporcionalidade e o combate à improbidade

O princípio da proporcionalidade desenvolve-se de modo a influenciar o processo de produção normativa estatal, impedindo que o Estado avance deliberadamente nas prerrogativas dos cidadãos. De igual modo, é norma limitadora ao administrador público, coibindo os excessos mediante a transformação da discricionariedade em arbitrariedade. O reverenciado princípio, por sua vez, também deve ser norteador daquele investido na função jurisdicional, auxiliando-o no enquadramento típico e na dosagem das sanções a serem aplicadas.

O art. 37, §4º, da Constituição Federal de 1988, permitiu que o legislador infraconstitucional estabelecesse a forma e a gradação das sanções quando houvesse a prática de improbidade administrativa. Com o advento da Lei nº 8.429/1992, restou regulamentado o dispositivo constitucional, sanando a aplicabilidade limitada da reverenciada norma. Foram especificados os atos ilícitos configuradores de improbidade administrativa, bem como identificados os sujeitos e cominadas as sanções correspondentes.

A referida lei prevê a aplicação de sanções em bloco de três ordens: uma para os casos de enriquecimento ilícito (art. 9º), outra para a hipótese de improbidade que cause dano ao Erário (art. 10) e mais uma para aquelas situações em que haja infrações aos princípios norteadores da Administração Pública (art. 11). As sanções, por sua vez, estão arroladas nos incisos de I a III do art. 12, a serem aplicadas "isolada ou cumulativamente, de acordo com a gravidade do fato". Dentre elas, cite-se a suspensão de direitos políticos, que pode ser de até 14 anos; a perda da função pública; o pagamento de multa; o ressarcimento ao Erário e a proibição de contratar com o Poder Público ou receber benefícios ou incentivos fiscais, dependendo do enquadramento da conduta.

Tais cominações têm o condão de criar uma espécie de colisão entre direitos. Para a elaboração da norma em abstrato, o legislador solucionou a dicotomia emergida com os direitos fundamentais do agente público, de um lado (à cidadania, ao patrimônio e ao livre exercício da profissão) e os bens jurídicos estatais, do outro (patrimônio público e normatização disciplinadora da conduta dos agentes públicos), tendo ponderado pela prevalência do interesse coletivo em detrimento do individual e cominado sanções proporcionais em abstrato que prestigiam os bens jurídicos do Estado, em função da restrição dos direitos fundamentais do agente ímprobo.

Outrossim, para a elaboração da norma em concreto, não pode o julgador abster-se da análise das elementares parciais do princípio da proporcionalidade. Em exemplificação, Garcia e Alves desenvolvem que uma interpretação literal do texto legal conduziria à conclusão de que um agente público que anotasse um recado de ordem pessoal em uma folha de papel da repartição pública incorreria nas sanções do art. 12, II, da Lei nº 8.429/92, já que causaria prejuízo ao Erário. Situação parecida calharia com a daquele agente que recebeu um confeito de um particular ou se utilizasse de um grampo da repartição para prender documentos pessoais e levá-los para a sua residência, pois estaria sujeito às sanções do art. 12, I, em virtude do enriquecimento ilícito.[80]

O que se tenta coibir são atos que, sejam dolosa ou culposamente, configuram condutas desonestas relevantes. A impossibilidade da interpretação literal desses comandos normativos configura um limite ao arbítrio, posto inviável que o legislador preveja todos os possíveis atos lesivos à probidade administrativa. Sendo o ato ímprobo insignificante, não há que se falar em enquadramento legal nos tipos elencados.

Por mais relevante que seja a defesa do patrimônio público e da moralidade administrativa, é necessário que a ação de improbidade administrativa se escore em um lastro razoável que viabilize o seu recebimento e a sua manutenção, considerando a gravidade do seu simples processamento em termos de prejuízos materiais e morais para o réu.

Deveras, sendo a ação de improbidade um procedimento que atinge o *status dignitatis* do cidadão, impõe-se ao julgador, antes do recebimento da peça vestibular, a aferição da presença das condições da ação e dos pressupostos processuais válidos, à luz da proporcionalidade,

---

[80] GARCIA, Emerson; ALVES, Rogério Pacheco. *Improbidade administrativa*. 2. ed. Rio de Janeiro: Lúmen Júris, 2004. p. 114-115.

sendo, pois, elementos indispensáveis para constatação da tipicidade da conduta e viabilidade da acusação. No mesmo sentido, é impreterível, inclusive, que a ação seja instruída com documentos ou justificações que contenham indícios suficientes, amparados em substratos materiais, da existência do ato de improbidade, nos termos do §6º, inciso II, do art. 17.

Os autores retrocitados concluem que, uma vez transportada a noção da necessidade de ponderação dos valores encontrados no caso concreto para a temática da improbidade administrativa, esses elementos são acomodados e analisados de modo que deva existir adequação entre os valores da Lei nº 8.429/92 e o fim de manter a probidade administrativa. A proporcionalidade em sentido estrito, por sua vez, é delineada pela proporção no caso concreto, balizando entre a preservação da probidade administrativa (incluindo as sanções impostas ao agente) e a restrição aos direitos fundamentais (livre exercício da profissão, liberdade de contratar, direito de propriedade, etc.).

Nesse sentido, faz-se *mister* que o magistrado considere, ao tecer análise do caso concreto, a extensão do dano causado e o proveito patrimonial obtido pelo agente, haja vista que, à luz da proporcionalidade, a prática dos atos que importam em insignificante lesão aos deveres do cargo, ou à consecução dos fins visados, é inapta a delinear o perfil de ímprobo. Afinal, afora a insignificância do ato, a aplicação das sanções previstas no art. 12 da Lei nº 8.429/92 ao agente acarretaria lesão maior do que aquela que ele causara ao ente estatal, culminando na violação da relação de segurança que deve existir entre o Estado e os cidadãos, em clara violação ao elemento da proporcionalidade em sentido estrito.[81]

De igual modo, o princípio da proporcionalidade norteia a aplicação isolada ou cumulativa de sanções previstas. Isso significa que, além de considerar-se a gravidade do fato, faz-se imperiosa a análise de diversos fatores: a intensidade do elemento de vontade; as peculiaridades dos sujeitos ativo e passivo; a valoração da personalidade do agente

---

[81] No mesmo sentido tem decidido o Superior Tribunal de Justiça, entendendo que não havendo enriquecimento ilícito nem prejuízo ao Erário, tão somente inabilidade do administrador, não são cabíveis as punições previstas na Lei de Improbidade, que, segundo a jurisprudência, alcançam o administrador desonesto, não o inábil (REsp nº 213.994/1999; REsp nº 246.746/2010; AgRg no REsp nº 1.200.085/2012). De igual modo, ato administrativo ilegal só configura improbidade quando revela indícios de má-fé ou dolo do agente (REsp nº 1.140.544/2012; AgRg no REsp nº 597359/2015), logo a simples ausência da prestação de contas, *v.g.*, não impõe a condenação do agente, se não vier acompanhada da "comprovação de elemento subjetivo, a título de dolo genérico". Outrossim, além da subsunção do fato à norma, é imprescindível para a correta fundamentação da condenação por improbidade administrativa a caracterização da presença do elemento subjetivo. Recurso Especial nº 1.669.380 - SE (2017/0083766-7).

e do seu grau de participação no ilícito; a conjuntura do momento de sua prática; a dimensão dos possíveis danos causados e, por fim, os reflexos que gerou no organismo social.

O princípio da proporcionalidade apresenta-se como verdadeiro critério contraposto ao legislador no exercício de sua competência legislativa quando da escolha das elementares que, conjugadas, configuram ato de improbidade administrativa. Também obtempera o administrador público no exercício de sua competência material, configurando empecilho à arbitrariedade, bem como adstringe o julgador, que deve ser proporcional ao assinalar o enquadramento típico ou não do ato e ao determinar a quantidade e valor das sanções a serem cumpridas.

1.4 Princípio da moralidade administrativa

O princípio da moralidade tem origem no direito privado, tendo sido incorporado pelo Direito Administrativo apenas no século XX. Obviamente que a densificação de sua taxonomia principiológica aparece bem depois. Após o amadurecimento da doutrina do abuso de poder, desenvolvida a fim de evitar desvios morais na aplicação das normas, a seara administrativa investiu no mencionado instituto, como meio de assegurar o cumprimento dos fins exigidos pela lei e pelo interesse público, consubstanciando exemplos do reencontro do Direito com a *mores*.[82]

Teorizado primordialmente por Maurice Hauriou, o princípio da moralidade administrativa foi desenvolvido graças à jurisprudência do Conselho de Estado Francês, segundo a qual a legalidade dos atos jurídicos administrativos é fiscalizada com base no princípio da legalidade. Outrossim, a conformidade desses atos aos princípios basilares da boa administração, determinante necessária de qualquer decisão administrativa, é fiscalizada para evitar qualquer desvio de poder, cuja zona de policiamento é a zona da moralidade administrativa.[83]

Esclarece o reverenciado autor que os agentes públicos não só precisam agir de acordo com as leis jurídicas vigentes como também com respeito à ordem interna da instituição pública. Hauriou construiu

---

[82] SOUZA, Paulino José Soares de. *Ensaio sobre o Direito Administrativo*. Rio de Janeiro: Serviço de Documentação do Ministério da Justiça e Negócios Interiores – Departamento de Imprensa Nacional, 1960. p. 68.

[83] HAURIOU, Maurice. *Précis de droit administratif et de droit public général*: à l'usage des étudiants en licence et en doctorat ès-sciences politiques. 4. ed. Paris: Larose, 1900-1901. p. 439.

a ideia de moralidade administrativa a partir da noção de boa administração, que se caracterizaria sempre que o agente conseguisse atender satisfatoriamente ao interesse coletivo tutelado pela norma jurídica.

A fiscalização desse bom administrador não poderia se restringir à legalidade e deveria se estender ao exame dos motivos e fins do ato. Nesse sentido, Hauriou buscou suprir esse controle da moralidade administrativa através da teoria do desvio de poder, transformando a moralidade, como regra de conteúdo moral, em regra jurídica.[84]

No Brasil, o estudo da moralidade administrativa teve o pioneirismo do Professor Manoel de Oliveira Franco Sobrinho em 1974, planteando que a Administração Pública não poderia agir de forma maliciosa ou astuciosa.[85] Em comentário à doutrina francesa retrocitada, Celso Antônio Bandeira de Mello argui que a Administração e seus agentes têm de atuar em conformidade com os princípios éticos, assinalando que violá-los implica transgressão ao próprio direito, configurando verdadeira ilicitude que assujeita a conduta viciada à invalidação, porquanto tal princípio assumiu foros de pauta jurídica, nos termos do art. 37, *caput*, da Constituição Federal de 1988.[86]

Resta irrefutável que não há como definir precisamente o conteúdo do princípio da moralidade, em razão de sua fluidez e maleabilidade. A verdade é que se trata de um conceito jurídico indeterminado que exige uma pré-compreensão do operador jurídico, no que, inexoravelmente, sofrerá a injunção de elementos metajurídicos, mas que seus contornos finais apenas serão moldados diante do caso concreto, em que a decisão completará o estipulado pela estrutura normativa.

Do esforço conceitual advém que o princípio da moralidade administrativa compreende, portanto, os cânones da lealdade e da boa-fé, segundo os quais a Administração fica adstrita a proceder perante os administrados com transparência e lisura, sendo-lhes proibida qualquer conduta ardilosa, eivada de malícia, dirigida a confundir, dificultar ou minimizar a densificação dos direitos dos cidadãos.

---

[84] "Le contrôle du détournement de pouvoir peut s'analyser comme un contrôle de la moralité administrative. Quand il est retenu par le juge, le motif d'annulation détournement de pouvoir stigmatise l'administration. Le juge reconnait que l'administration a manqué à son devoir de moralité". HAURIOU, Maurice. *Précis de droit administratif et de droit public général:* à l'usage des étudiants en licence et en doctorat ès-sciences politiques. 4. ed. Paris: Larose, 1900-1901. p. 456.

[85] FRANCO SOBRINHO, Manoel de Oliveira. *O controle da moralidade Administrativa.* São Paulo: Saraiva, 1974. p. 115.

[86] MELLO, Celso Antônio Bandeira de. *Elementos de Direito Administrativo.* 3. ed. São Paulo: Malheiros, 1992. p. 61.

Suscite-se o magistério de Marinela, sob o qual a moralidade administrativa não se confunde com a moralidade comum, haja vista que, enquanto esta se preocupa com a distinção entre o bem e o mal, aquela é composta por correção de atitudes e por regras de boa administração, partindo-se da ideia da função administrativa, do interesse do povo, do bem comum, conectando mais uma vez a moralidade administrativa ao conceito de bom administrador.[87]

Ainda em sede de distinções, José Augusto Delgado aponta que, porquanto a legalidade exige que a ação administrativa seja realizada consoante a lei, o princípio da moralidade impõe ao administrador um comportamento que demonstre haver assumido como impulsão a sua ação o dever de exercer uma boa administração.[88] Mesmo reconhecendo-se que o princípio da moralidade administrativa tem um substrato ontológico que é autônomo, para que ele tenha eficácia, necessita-se de amparo legal, ou seja, precisa-se que o princípio da legalidade funcione como uma membrana de calibração para que ele possa adentrar no sistema jurídico.

Nesse diapasão, a moralidade administrativa, a partir da Constituição de 1988, passou a ser princípio jurídico explicitamente positivado no ordenamento jurídico brasileiro, de modo que o preceito moral deixa de ser valor e passa a ser princípio, deixa de ter um caráter teleológico e passa a ter um valor deontológico.[89]

Para Cármen Lúcia, o princípio em análise tem uma primazia sobre os outros princípios constitucionalmente formulados, por constituir imperativo categórico dos entes estatais, configurando-se como elemento interno a fornecer a substância válida do comportamento público. Assim, toda atuação administrativa parte desse princípio e a ele se volta.[90]

Ademais, não faz sentido atentar-se contra as instituições e seus valores fundamentais, ainda que na vivência de situações excepcionais. É perfeitamente possível zelar pela moralidade administrativa por meio da correta utilização dos instrumentos existentes na ordem jurídica, dentre os quais merece posição de destaque o processo administrativo, pela extrema amplitude de investigação que nele se permite, chegando,

---

[87] MARINELA, Fernanda. *Direito Administrativo*. 7. ed. Niterói: Impetus, 2013. p. 39.
[88] DELGADO, José Augusto. *O princípio da moralidade administrativa e a Constituição Federal de 1988*. São Paulo: Revista dos Tribunais, 1992. v. 680, p. 35.
[89] GRAU, Eros Roberto. *O Direito posto e o Direito pressuposto*. São Paulo: Malheiros, 1996. p. 78-79.
[90] ROCHA, Cármen Lúcia Antunes. *Princípios constitucionais da administração pública*. Belo Horizonte: Del Rey, 1994. p. 213-214.

inclusive, ao mérito do ato ou da decisão, e ao questionamento de sua oportunidade e conveniência.[91]

Ensina Moreira Neto que o conteúdo eminentemente finalístico do princípio da moralidade da Administração Pública não pode ser o único vetor a ser considerado. O interesse dos cidadãos também deve ser atendido. O bom resultado, a que moralmente deve tender a Administração Pública, só pode ser o que concorra à realização da boa administração.[92]

A violação à moralidade administrativa pode advir de atos comissivos e omissivos. Segundo Iara Leal, a atitude omissiva do Estado é ato flagrantemente ofensivo, injusto, que deixa o particular ou a coletividade sofrer lesão, ou coloca-os em situação de perigo iminente. Isso configura ato atentatório à moral da sociedade, sendo premente a invocação do princípio da moralidade, que, acobertado pelo manto constitucional, fundamenta a busca em sede jurisdicional pela reparação e implementação dos direitos lesados.[93]

Di Pietro traça parâmetros comparativos entre a moralidade e a probidade, ambas em sentido lato, mostrando ampla esfera de conexão entre elas – muito embora algumas leis façam referência às duas separadamente –, pondo a segunda como espécie da primeira. Por outro lado, quando se fala em improbidade como ato ilícito, como infração sancionada pelo ordenamento jurídico, deixa de haver sinonímia entre as expressões "improbidade" e "imoralidade", haja vista que aquela tem um sentido muito mais específico e delimitado, já que abrange um ato desonesto, imoral, que atinge um parâmetro legal esculpido para a defesa da *res publica*.[94]

Em suma, a violação ao princípio da moralidade, ou a qualquer outro princípio administrativo, constitui, de fato, uma das modalidades de ato de improbidade, desde que amparado legalmente. Da mesma forma, resta indubitável que qualquer ato ímprobo, descrito na Lei de Improbidade Administrativa, em qualquer das suas modalidades, irá sempre atentar contra a moralidade administrativa, consubstanciando uma relação de estreita simbiose entre os referidos preceitos.

---

[91] FERRAZ, Sérgio; DALLARI, Adilson Abreu. *Processo administrativo*. São Paulo: Malheiros, 2001. p. 70.
[92] MOREIRA NETO, Diogo de Figueiredo. *Mutações de direito administrativo*. Rio de Janeiro: Renovar, 2001. p. 59.
[93] GASOS, Iara Leal. *A omissão abusiva do poder de polícia*. Rio de Janeiro: Lumen Juris, 1994. p. 91.
[94] DI PIETRO, Maria Sylvia Zanella. *Direito Administrativo*. 28. ed. São Paulo: Atlas, 2015. p. 978.

1.4.1 Previsão normativa

A vivência do Estado Democrático de Direito, sob o auspício de um Direito revalorizado, é cenário permissivo a uma maior abertura dialógica entre os textos normativos e os fatos sociais por meio dos princípios, conferindo maior atualidade ao ordenamento jurídico. Nesse contexto, uma vez presente na Constituição o princípio da moralidade administrativa, seu conteúdo tem seus eflúvios irradiados para vários institutos, consubstanciando condição de legitimidade à atividade político-administrativa e parâmetro interpretativo das normas e do desenvolvimento dos atos administrativos.

Apesar da grande imprecisão deontológica que permeia o princípio da moralidade, em razão de seu forte embasamento metajurídico e zetético, o seu conteúdo pode ser vislumbrado em diversos dispositivos legais, no que objetiva conferir certa objetividade à mencionada imprecisão terminológica.

O fato é que, com a constitucionalização da moralidade administrativa, o agir probo deixou de ser ato de bondade do administrador e passou a ser norteado por norma de expressa previsão constitucional. É nesse sentido que o art. 37, §4º, da CRFB/88 autoriza, em face de atos de improbidade administrativa, a suspensão dos direitos políticos, a perda da função pública, a indisponibilidade dos bens e o ressarcimento ao Erário, na forma e gradação previstas em lei, sem prejuízo da ação penal cabível.

Além do art. 37, *caput*, o princípio da moralidade administrativa pode ser aduzido de diversas outras estruturas normativas, constitucionais e infraconstitucionais. Para a proteção do patrimônio público é possível o manejo da ação popular, prevista no art. 5º, LXXIII, da CRFB/88, regulamentada pela Lei nº 4.717/65, tendo como autor da ação o cidadão em sentido estrito, alistado e em pleno gozo de seus direitos políticos, prescindindo, inclusive, do preenchimento do requisito da comprovação da lesão patrimonial.[95] De igual modo, faz-se opção o uso da ação civil pública, prevista no art. 129, III, da CRFB/88 e instrumentalizada pela Lei nº 7.347/85, tendo como legítimos ativos o Ministério Público, a Defensoria Pública, as entidades da Administração

---

[95] Em Zavascki, nas hipóteses de lesividade presumida, onde cabe ao réu desfazer a presunção, e de lesão à moralidade administrativa, que dispensa qualquer prova por se configurar no plano estritamente jurídico, o autor da ação não tem que provar a consequência lesiva provocada pelo ato atacado. ZAVASCKI, Teori Albino. *Processo coletivo*: tutela de direitos coletivos e tutela coletiva de direitos. 6. ed. São Paulo: Revista dos Tribunais, 2014. p. 82.

direta e indireta de todos os entes e esferas federativas, bem como as associações.

O princípio da moralidade administrativa é mencionado no art. 14, §9º, da CRFB/88, em proteção à moralidade no exercício do mandato e à probidade administrativa, dispondo que lei complementar estabelecerá outros casos de inelegibilidade, para além dos constitucionalmente estabelecidos. No mesmo sentido, o art. 15, V, da CRFB/88, ao vedar a cassação de direitos políticos, permite a suspensão no caso de improbidade administrativa, nos termos do já reverenciado artigo 37, §4º, da CRFB/88. O art. 85, V, da Carta Magna, por sua vez, que imputa a improbidade administrativa como crime de responsabilidade, sujeitando o Presidente da República, uma vez autorizado pela Câmara dos Deputados, ao julgamento pelo Senado Federal, em evidente tutela ao patrimônio moral da sociedade, também consubstancia reflexo da constitucionalização da moralidade.

Enfatize-se que a Lei Complementar nº 135/2010, elaborada sob a égide do já referido art. 14, §9º, da CRFB/88, e em alteração à Lei Complementar nº 64/1990, foi declarada constitucional pelo Supremo Tribunal Federal, tendo sido assinalado no voto da Min. Rosa Weber que o escopo da inelegibilidade não é a punição, não sendo o indivíduo o destinatário primeiro da norma jurídica. O foco, a seu juízo, seria a coletividade, a fim de preservar a legitimidade das eleições, a autenticidade da soberania popular e, em última análise, assegurar o processo de concretização do Estado Democrático de Direito.[96]

No mesmo sentido, a Lei nº 9.784/99, que regula o processo administrativo no âmbito da Administração Pública Federal, também prevê o princípio da moralidade administrativa, impondo uma atuação segundo padrões éticos de probidade, decoro e boa-fé, nos termos do art. 2º, parágrafo único, IV.

Ainda na mesma linha, a Lei nº 12.846/2013, comumente denominada de Lei Anticorrupção, teve sua constitucionalidade amparada no dever de repressão de condutas que fomentam a prática de imoralidades, estabelecendo sanções e instrumentos administrativos para a persecução e ingressando no denominado sistema legal de defesa da moralidade, substrato que advém da tutela constitucional da moralidade, tendo instituído em seu art. 30, I, que a aplicação das sanções previstas na lei não afeta os processos de responsabilização e aplicação

---

[96] ADC nº 29; ADC nº 30; ADI nº 4578. Min. Rel.: Luiz Fux. Tribunal Pleno. Julg.: 16.02.2012, *DJ* 27.02.2012.

de penalidades decorrentes de ato de improbidade administrativa. Tal diploma é destinado às pessoas jurídicas que praticam atos lesivos em desfavor da Administração Pública, o que não exclui e independe da responsabilização individual de qualquer pessoa natural autora, coautora ou partícipe do ato ilícito a ser investigado (art. 1º c/c art. 3º, *caput* e §1º, ambos da Lei nº 12.846/2013).

Ante a dificultosa distinção entre moralidade e imoralidade, a lei de improbidade administrativa (Lei nº 8.429/92) estabelece uma classificação dos atos ímprobos que, apesar de sua extensão, também institui clara proteção à moralidade, partindo do contexto normativo de que os agentes públicos, independentemente do nível ou hierarquia, são obrigados a velar pela estrita observância dos princípios da legalidade, impessoalidade, moralidade e publicidade no trato dos assuntos que lhe são afetos. Para tanto, por consubstanciar atos ímprobos, a delimitação da imoralidade foi feita *a priori* e pelo legislador, em exercício de sua função típica legiferante.

Assim, os atos que causam enriquecimento ilícito, prejuízo ao Erário e que atentam contra os princípios da Administração (arts. 9º, 10 e 11, da referida Lei) são também imorais em sua origem, sendo premente em qualquer hipótese o manejo das medidas processuais disponíveis no nosso ordenamento, seja para prevenir ou para reprimir atos que contradigam o seu conteúdo.

Em nível infralegal, pode ser citado o Decreto nº 1.711/94, que, ao instituir o Código de Ética Profissional do Servidor Público Civil do Poder Executivo Federal, trouxe normatizações materializadas na enumeração dos valores fundamentais a serem obedecidos pelos agentes públicos e determinou que todos os órgãos e entidades da Administração Pública tenham uma comissão de ética.

Imiscuída em inúmeros outros dispositivos, a moralidade administrativa deve ser sempre protegida para a garantia da legitimidade da relação de governança, anulando-se os atos imorais por via jurisdicional – quando não invalidados pela própria Administração sob a égide da Súmula nº 473 do Supremo Tribunal Federal.[97]

---

[97] A referida súmula autoriza ao administrador a anulação de seus próprios atos quando eivados de vícios que os tornam ilegais, aduzindo que deles não originam direitos, ressalvando-se a possibilidade de apreciação judicial em caso de lesão.

1.4.2 A moralidade e os elementos do ato administrativo

Tem-se que elementos são componentes do todo que consubstancia o ato jurídico. Trata-se da forma e do conteúdo do ato administrativo, de modo que o que é externo ou o antecede não o integra e, portanto, quando ausente, não o afeta. Os pressupostos, por sua vez, podem ser classificados entre os de existência e os de validade. Os primeiros são condicionantes à concretização do ato administrativo, permitindo que o mesmo atinja a órbita jurídica. Quanto aos pressupostos de validade, estes são exigências para que o ato administrativo alcance certo fim, obedecendo-se aos requisitos legais, sob pena de o ato ser retirado do ordenamento jurídico pelo instituto da invalidação.[98]

A doutrina diverge quanto à terminologia mais adequada, sendo majoritariamente adotado o termo "elementos" para identificar os componentes inexoráveis para a formação do ato administrativo. Há a defesa de que nos elementos também se encontram os espectros da constitucionalização da moralidade, de modo que ato válido é aquele praticado de acordo com a moral, exigindo-se que ela tenha sido agasalhada por algum instrumento normativo.[99] Nesse sentido, um motivo imoral enseja a anulação do ato, haja vista que, de acordo com a teoria dos motivos determinantes, a veracidade da motivação condiciona a validade do ato administrativo. Assim, tem-se que, como clara decorrência do princípio da moralidade, a motivação falsa invalida o ato, ainda quando era dispensável.[100]

A Administração e seus agentes têm de atuar em consonância com os princípios éticos, e violá-los implica a transgressão do próprio Direito, configurando ilicitude que sujeita a conduta viciada à invalidação. Sob a exegese do brocardo latino *non omne quod liced honestun*, nem tudo o que é legal é moral, e a revalorização do Direito, põe tal embate como cerne do ordenamento hodierno. A observância e o emprego de cada princípio não são meras faculdades. Assim, para que o princípio da moralidade seja realmente efetivado, existe a necessidade de fazer uma análise acerca da conduta do agente.

---

[98] MELLO, Celso Antônio Bandeira de. *Curso de Direito Administrativo*. 32. ed. São Paulo: Malheiros, 2015. p. 404-418.
[99] MARINELA, Fernanda. *Direito Administrativo*. 6. ed. Niterói: Impetus, 2013. p. 311.
[100] STF em Ext 1085. Min. Rel.: Cezar Peluzo. Tribunal Pleno. Julg.: 07.12.2009. DJ 14.12.2009; Turma do STJ no acórdão paradigmático proferido ROemMS nº 10.165/DF. Min. Rel.: Vicente Leal. 6ª Turma. DJ 04.03.2002 e no ArRg no REsp nº 670453/RJ. Min. Rel.: Celso Limongi. 6ª Turma. Julg.: 18.02.2010. DJ 08.03.2010.

Conforme demonstrado, a moralidade administrativa emerge como precedente lógico de toda a conduta administrativa, seja vinculada ou discricionária, derivando também às atividades legislativas e jurisdicionais, o que concede ao princípio da moralidade um aspecto de elemento formador do ato.

Consistente no assentamento de que o Estado define o desempenho da função administrativa segundo uma ordem ética acordada com os valores sociais prevalentes e voltada à realização de seus fins, o princípio da moralidade tem como elementos a honestidade, a boa-fé e a lealdade, visando a uma boa administração.

No entanto, considerando que o agente público deve atenção ao elemento moral de sua conduta sob a pena de nulidade do ato, infere-se que o princípio da moralidade administrativa, quando positivada legalmente, constitui pressuposto intrínseco de validade do ato administrativo. Afinal, sob a batuta de Maria Sylvia Zanella Di Pietro, o ato administrativo tem que ser lícito, possível de fato e de direito, certo quanto aos destinatários e moral. Logo, tem que ser honesto, tem que estar de acordo com o senso comum, com os padrões comuns de honestidade, configurando tudo isso exigência para que o ato administrativo seja válido.[101]

Por outro lado, para Gordillo, apesar de o princípio da moralidade traduzir a ideia de que sob o ato jurídico-administrativo deve existir um substrato moral, que se torna essência de sua legitimidade e, em certa medida, condição de sua validade, a moralidade não seria elemento do ato administrativo, mas estaria composta dos valores éticos compartilhados culturalmente pela comunidade e que fazem parte, por isso, da ordem jurídica vigente.[102]

1.4.3 A moralidade administrativa na jurisprudência pátria

O princípio da moralidade não pode servir de escudo para voluntarismos judiciais, legitimando decisões que não são amparadas em postulados legais, apenas expressando vontades casuísticas de membros do Judiciário. Em razão de sua natureza abstrata, os preceitos

---

[101] DI PIETRO, Maria Sylvia Zanella. *Direito Administrativo*. 28. ed. São Paulo: Atlas, 2015. p. 237.
[102] GORDILLO, Augustín. *Tratado de Derecho Administrativo*. 5. ed. Buenos Aires: Fundación de Derecho Administrativo, 2000. p. 27.

morais estimulam a loteria jurisprudencial, em que pululam decisões contraditórias, que fogem de parâmetros normativos. Para garantir a consistência e integralidade do ordenamento jurídico, o Supremo Tribunal Federal, como última instância da função jurisdicional e guardião máximo da Constituição, exerce papel de extrema importância, evitando que moralismos exacerbados possam estorvar o princípio da legalidade.

O Min. Ricardo Lewandowski, na relatoria do RE nº 579.951-4/RN, identificou o princípio da moralidade administrativa como fundamento à proibição da prática do nepotismo no âmbito do Poder Executivo.[103] O referido ministro aduziu que tal princípio, assim como o da impessoalidade, exige que o agente público paute a sua conduta por padrões éticos que têm como fim último lograr a consecução do bem comum, seja qual for a esfera de poder ou o nível político-administrativo da federação em que atue. O voto do relator seguiu no sentido de que as restrições impostas à atuação do administrador público pelo princípio da moralidade e demais postulados contidos no art. 37, *caput*, da Constituição Federal são autoaplicáveis, visto que trazem em si carga normativa apta a produzir efeitos jurídicos, permitindo ao Judiciário, em consequência, o exercício do controle dos atos que vulnerem os valores fundantes do texto constitucional, relembrando que se trata de pressupostos de validade dos atos administrativos.[104]

No mesmo sentido, o Ministro Gilmar Mendes assentou em voto que a moralidade não é elemento do ato administrativo, mas compõe-se dos valores éticos compartilhados culturalmente pela comunidade e que fazem parte, por isso, da ordem jurídica vigente. Pondera que a indeterminação semântica do princípio da moralidade, assim como da impessoalidade, não poderia ser um obstáculo à determinação da regra da proibição ao nepotismo, justificando que na estrutura de todo conceito indeterminado é identificável um "núcleo fixo" ou "zona de

---

[103] No ano de 2009, o Supremo Tribunal Federal editou a súmula vinculante nº 13, estabelecendo a proibição ao nepotismo, vinculando os demais órgãos do Poder Judiciário e a Administração Pública direta e indireta, nas esferas federal, estadual e municipal, sendo o seu descumprimento passível de reclamação constitucional dirigida diretamente ao Supremo Tribunal Federal que, julgando procedente, anularia o ato administrativo ou cassaria a decisão judicial reclamada, determinando que outra fosse proferida, à luz do art. 103-A da CRFB/88 e da Lei nº 11.417/06.

[104] RE nº 579.951-4/RN. Rel.: Min. Ricardo Lewandowski. Tribunal Pleno. Julg.: 20.08.2008, *DJ* nº 202, 23.10.2008.

certeza", que é configurada por dados prévios e seguros, dos quais pode ser extraída uma regra aplicável ao caso.[105]

Sobre o referido tema, é imprescindível que se faça uma breve observação à Súmula Vinculante nº 13, que veda expressamente a nomeação de cônjuge, companheiro ou parente em linha reta, colateral ou por afinidade, até o terceiro grau, para o exercício de cargo em comissão ou de confiança nos entes da Administração Pública. Todavia, a jurisprudência do Supremo Tribunal Federal tem firmemente excepcionado referida súmula nos casos de cargos públicos de natureza política, como secretário de Estado ou municipal, ressalvados os casos de evidente falta de razoabilidade, por manifesta ausência de qualificação técnica ou inidoneidade moral.[106]

A referida Corte também já se utilizou do princípio da moralidade para delinear a responsabilidade civil do Estado, em discussão da quebra de confiança ocorrida pela criação de carteira previdenciária, aduzindo que, se o Estado jamais foi legalmente responsável por verter contribuições à mesma, não haveria que se admitir, à luz do princípio da moralidade, qualquer responsabilidade da Administração Pública pela cobertura de eventual *déficit* financeiro ou atuarial da carteira.[107]

Intangível que os deslindes do princípio da moralidade não podem ser conjecturados de modo a extrapolar os limites do princípio da legalidade, haja vista o caráter sistêmico do ordenamento jurídico. Igualmente, não é permitido ao Poder Judiciário, extrapolando aos parâmetros normativos, estender os princípios com o escopo de, capciosamente, inovar na ordem jurídica.

---

[105] MC na ADI nº 12/DF. Rel. Min. Carlos Britto. Tribunal Pleno. Julg.: 16.02.2006. *DJ* 01.09.2006.
[106] Rcl nº 28024 AgR, Relator(a): Min. Roberto Barroso, Primeira Turma, julgado em 29.05.2018, Processo Eletrônico, *DJe*-125. Divulg.: 22.06.2018. Publicado: 25.06.2018.
[107] ADI nº 4.429/SP. Rel. Min. Marco Aurélio. Tribunal Pleno. Julg.: 14.12.2011. *DJ* 14.03.2012.

CAPÍTULO 2

CONCEITUAÇÕES E NORMAS CONTRA A IMPROBIDADE

2.1 A defesa do patrimônio público como um interesse difuso

Até o século XIX os sistemas jurídicos buscavam a tutela do indivíduo, partindo do pressuposto de que o individual preponderava sobre o coletivo.[108] Todavia, com o desenvolvimento dos direitos fundamentais de terceira dimensão, da sociedade de consumo e da necessidade de implementar a tutela jurisdicional, como também em decorrência do aumento das complexidades sociais, verificou-se a necessidade da tutela dos interesses coletivos *lato sensu*, de forma autônoma e sistemática, de onde advém a classificação dos interesses coletivos como gênero cujas espécies são os interesses difusos, coletivos em sentido estrito e os individuais homogêneos.

Partindo de uma perspectiva de pluralidade de titulares, para Caio Tácito, reportando-se aos estudos de Denti e Cappelletti, a bifurcação classificatória existente entre os interesses coletivos em sentido estrito e os interesses propriamente difusos reflete a ampliação dos direitos humanos nas últimas décadas, que não apenas referem-se aos direitos pertinentes a uma ou mais pessoas determinadas, ou até mesmo direitos coletivos de categorias específicas, mas também às prerrogativas de grupos integrados por uma pluralidade de pessoas indeterminadas, vinculadas por um mesmo interesse comum. Embora se considere

---

[108] DALLARI, Dalmo de Abreu. *Elementos de Teoria Geral do Estado*. São Paulo: Saraiva, 1995. p. 223.

que alguns direitos não têm um titular determinado, é certo que os mesmos provocam repercussão decisiva sobre o bem-estar geral e afetam sobremaneira indivíduos de vários segmentos sociais.[109]

Tanto nos interesses públicos como nos difusos há relevância e disseminação que ultrapassam os limites dos interesses meramente individuais (e mesmo os coletivos em sentido estrito).[110] Com a ampliação dos direitos humanos, emergiu a percepção de que os interesses transindividuais precisavam de tratamento jurídico diferenciado e próprio às suas especificidades, tendo passado a ser protegidos pela lei sob o qualificativo de direitos difusos.

Harada sustenta que tais interesses são supraindividuais ou metaindividuais, isto é, pairam acima dos interesses individuais.[111] Para Lisboa, os direitos transindividuais constituem uma nova categoria de interesses que quebra a dicotomia entre interesse público e interesse privado, aduzindo que representa nova espécie de interesses coletivos concernentes à comunidade, grupos, categorias ou indivíduos com comunhão de interesses e titularidade diversa de direitos subjetivos.[112]

O legislador pátrio, no Código de Defesa do Consumidor, conceitua os interesses ou direitos difusos como transindividuais de natureza indivisível, cujos titulares são indeterminados e ligados por circunstâncias de fato. Os interesses ou direitos coletivos em sentido estrito são também denominados de transindividuais de natureza indivisível, no entanto, possuem como titular grupo, categoria ou classe de pessoas ligadas entre si ou com a parte contrária por uma relação jurídica base, fator que denota a determinabilidade dos sujeitos titulares. Por sua vez, os interesses ou direitos individuais homogêneos são aqueles cujo objeto apresenta natureza divisível, seus titulares podem ser determinados e decorrem de um mesmo evento fático comum (art. 81, parágrafo único, I e II, da Lei nº 8.078/90 – CDC).

Nesse sentido, o objeto dos direitos difusos é indivisível e os sujeitos são indeterminados, estando estes ligados por um fato

---

[109] TÁCITO, Caio. Do direito individual ao direito difuso. *Revista de Direito Administrativo*, v. 157, p. 1001, jul./set. 1984.

[110] Em Antonio Ferraz, o interesse público bifurca-se em interesse difuso e público *stricto sensu*, diferindo no ponto em que aquele tem por objeto bens corpóreos, enquanto o interesse público em sentido estrito tem por objeto bens imateriais, tais quais os princípios, as normas e os valores insofismáveis à vida social. FERRAZ, Antonio Augusto Mello de Camargo. Interesse Público, interesse difuso e defesa do consumidor. *Justitia*, p. 55, jan./mar. 1987.

[111] HARADA, Kiyoshi. *Dicionário de direito público*. 2. ed. São Paulo: MP, 2005. p. 232.

[112] LISBOA, Roberto Senise. *Contratos difusos e coletivos: consumidor, meio ambiente, trabalho, agrário, locação*. 2. ed. São Paulo: Revista dos Tribunais, 2000. p. 59.

específico. Conforme conceituado por Mancuso, trata-se de interesses metaindividuais que, não tendo atingido o grau necessário de agregação e organização à afetação institucional junto a certas entidades ou órgãos representativos dos interesses já socialmente definidos, restam em estado fluido, dispersos na sociedade civil como um todo, podendo, por vezes, concernir a certas coletividades de conteúdo numérico indefinido.[113]

Para Ada Pellegrini, os direitos difusos são indeterminados pela titularidade, indivisíveis com relação ao objeto, colocados no meio do caminho entre os interesses públicos e os privados, próprios de uma sociedade de massa e resultado de conflitos de massa, carregados de relevância política e capazes de transformar conceitos jurídicos estratificados.[114]

Atenta Mazzili que, embora o Código de Defesa do Consumidor, em conceituação, refira-se a uma situação fática como elo comum entre os lesados que compartilham o mesmo interesse difuso, é evidente que essa relação fática também se subordina a uma relação jurídica. Entretanto, no caso dos interesses difusos, a lesão ao grupo não decorrerá diretamente da relação jurídica em si, mas sim da situação fática resultante.[115] É em decorrência da relação fática que os efeitos jurídicos são produzidos.

Sintetiza Teori Albino Zavascki que, como características básicas dos direitos difusos, sob o aspecto subjetivo, são transindividuais, com a indeterminação absoluta dos titulares, isto é, não têm titular individual e a ligação entre os vários titulares difusos decorre de mera circunstância de fato, como morar numa mesma região; sob o aspecto objetivo, são indivisíveis, pois não podem ser satisfeitos nem lesados se não de forma que afete a todos os possíveis titulares, como o direito ao meio ambiente sadio. Em decorrência de sua natureza: a) são insuscetíveis de apropriação individual; b) são insuscetíveis de transmissão, por ato *inter vivos* ou *mortis causa*; c) são insuscetíveis de renúncia ou transação; d) sua defesa em juízo se dá sempre em forma de substituição processual, pois o sujeito ativo da relação processual não é o de direito material, razão pela qual o objeto é indisponível para o autor da demanda, que não pode fazer acordos, nem renunciar, nem confessar; e) a mutação dos titulares ativos difusos da relação de direito

---

[113] MANCUSO, Rodolfo de Camargo. *Interesses difusos:* conceito e legitimação para agir. São Paulo: RT, 1988. p. 105.
[114] GRINOVER, Ada Pellegrini. *Os processos coletivos nos países de Civil Law e Common Law:* uma análise de direito comparado. São Paulo: RT, 2008. p. 229.
[115] MAZZILI, Hugo Nigro. *A defesa dos interesses difusos em juízo:* meio ambiente, consumidor e patrimônio cultural, patrimônio público e outros interesses. 24. ed. São Paulo: Saraiva, 2011. p. 53.

material se dá com absoluta informalidade jurídica, pois basta alteração nas circunstâncias de fato.[116]

Antonio Augusto Mello de Camargo Ferraz explana que a investigação das hipóteses reveladas pelo empirismo e pelos estudos doutrinários demonstra que os interesses difusos tendem a recair sobre bens imateriais, incorpóreos, aduzindo que o meio ambiente é exemplo característico. Esses bens, em geral, são públicos, de uso comum do povo, como o ar, os rios, o mar, a fauna e a flora, as paisagens, os bens de valor estético, histórico, artístico, arqueológico, mas podem ser também particulares, como um bem tombado.[117]

O interesse difuso, em suma, é aquela espécie de direito social que tem por objeto bens incorpóreos, que, na maioria das hipóteses, identificam-se com os princípios, normas e valores essenciais para a vida social. Afinal, o interesse difuso, a exemplo do que ocorre com o interesse público, está de tal modo pulverizado na sociedade, que seu alcance abrange expressivos componentes de grupos sociais.[118]

Na Lei nº 4.717/65, que regulamentou a ação popular, tem-se a definição constitucional de patrimônio público, aduzindo tratar-se do conjunto de bens e direitos de valor econômico, artístico, estético, histórico ou turístico. Outrossim, com o advento do art. 5º, inciso LXXIII, da Constituição Federal de 1988, obteve-se uma ampliação do conceito reverenciado, de modo que passaram a ser incluídos o meio ambiente e a moralidade administrativa.[119]

Nesse sentido, poder-se-ia afirmar que o patrimônio público abarca não só os bens materiais e imateriais pertencentes às entidades da Administração Pública, como os mencionados no diploma legal civil, mas também aqueles bens materiais e imateriais que pertencem a toda sociedade, de maneira geral, como o patrimônio ambiental, patrimônio cultural e o patrimônio moral.[120]

---

[116] ZAVASCKI, Teori Albino. *Processo coletivo:* tutela de direitos coletivos e tutela coletiva de direitos. São Paulo: Revista dos Tribunais, 2006. p. 44-45.

[117] FERRAZ, Antonio Augusto Mello de Camargo. Interesse social e interesse difuso: considerações. *In:* MILARÉ, Edis (Coord.). *A ação civil pública após 20 anos:* efetividade e desafios. São Paulo: Revista dos Tribunais, 2005. p. 69.

[118] COSTA, Susana Henriques (Coord.). *Comentários à lei de ação civil pública e lei de ação popular.* São Paulo: Quartier Latin, 2006. p. 323.

[119] MAZZILLI, Hugo Nigro. *A defesa dos interesses difusos em juízo:* meio ambiente, consumidor e outros interesses difusos e coletivos. 16. ed. rev., ampl. e atual. São Paulo: Saraiva, 2003. p. 173.

[120] MEIRELES, Hely Lopes. *Direito Administrativo Brasileiro.* 32. ed. atual. até a Emenda Constitucional 53, de 19.12.2006, e Lei 11.448, de 15.01.2007 por Eurico de Andrade Azevedo, Délcio Balestero Aleixo, José Emmanuel Burle Filho. São Paulo: Malheiros, 2007. p. 486.

É cediço que, em se tratando de bens ou direitos de caráter econômico da titularidade de pessoas jurídicas de direito público, ou mesmo de pessoas jurídicas de direito privado inseridas na Administração Pública indireta, ou ainda de pessoas privadas que exercem atividades em colaboração com o Poder Público, poderiam surgir dúvidas quanto à sua real caracterização como direitos ou interesses difusos, haja vista que, após análise superficial, restaria falho o requisito da indeterminação do titular do direito ou interesse, pois, no que tange ao patrimônio, o direito ou bem teria uma individualização definida. Seria um bem ou direito da União, de um Estado ou Município, de uma autarquia, empresa pública ou até mesmo de uma sociedade de economia mista, de uma organização de sociedade civil de interesse social ou de uma concessionária pública.

Assim, *a priori*, o patrimônio público não apresentaria o requisito da indeterminação do titular do interesse ou direito. Essa alegação é capciosa, infundada, pois, confunde a titularidade do patrimônio com a titularidade do bem ou interesse juridicamente protegido. O patrimônio público ou privado no exercício de uma atividade pública ostenta a classificação de bem difuso porque sua finalidade é a consecução de demandas coletivas. Assim, mesmo com a individualização de detentor do patrimônio, tem o fator teleológico de agasalhar um interesse público, exercendo uma prestação que atende a uma pluralidade de cidadãos que necessariamente não precisam estar vinculados ao detentor do patrimônio.

Apesar de o patrimônio público possuir um controlador determinado, seja pessoa jurídica pública ou privada dele detentora, ele tem o escopo de atender a um interesse público que foi determinado legalmente – incluindo-se aí os princípios éticos que, embora não constituam bens corpóreos, integram o patrimônio moral da sociedade e devem ser velados pelo Estado e cumpridos por todos os agentes públicos.

Decomain ensina que os interessados na preservação do patrimônio público são todos os integrantes da sociedade, para que, assim, dele se retire o maior potencial de meios para atendimento de necessidades coletivas. Nessa toada, resta indubitável que os titulares do interesse da preservação da integralidade do patrimônio público são indeterminados, tal qual se caracteriza nos direitos difusos. A preservação da integridade e da boa gestão do patrimônio público é ao mesmo tempo interesse de todos e de cada um, admitindo-se que, mesmo em uma perspectiva puramente patrimonial, ele seja um interesse difuso, porque a sua finalidade é a concretização de uma demanda social.[121]

No mesmo sentido, Fernando Capez aponta que o direito à administração proba, correta, impessoal e dirigida ao bem comum também é um interesse afeto a toda a coletividade e, por isso, irradiado em um número indeterminado de pessoas, ligadas por circunstâncias de fato, tratando-se de um bem jurídico de natureza difusa, nos termos que se passa a debruçar.[122]

2.1.1 Delineamentos da probidade

Há muito o homem é capaz da distinção – nem sempre clara e sem contradições – entre os comportamentos do bem e do mal, classificando-os como atitudes humanas. Para Emerson Garcia e Rogério Pacheco, tal distinção apresenta-se como fator de valoração humana durante todos os processos históricos, sendo inafastável e indissociável do homem.[123]

Originária do latim *probitas* e do radical *probus*, probidade significa "aquilo que brota bem", sendo utilizada para denotar o que tem boa qualidade. Passando a ser usada em sentido moral, a probidade constitui ponto essencial para caracterizar o indivíduo honrado, íntegro, possuidor de bons costumes. Relata Seabra Fagundes que, na experiência brasileira, exemplo de probidade pode ser encontrado desde o Império, não somente como grandeza moral dos estadistas que fizeram a independência e consolidaram o Estado brasileiro, como também pela presença austera do segundo Imperador a impor, mediante atos oficiais, o comportamento probo na gestão da coisa pública, e a oferecer exemplo pessoal de comedimento nas próprias despesas da Coroa.[124] Todavia, infelizmente, desde o Império também podemos notar comportamentos que absolutamente ferem a probidade exigida; comportamentos estes que aumentam consideravelmente nas épocas autoritárias.

---

[121] DECOMAIN, Pedro Roberto. *Improbidade administrativa*. São Paulo: Dialética, 2007. p. 29-30.
[122] CAPEZ, Fernando. *Limites constitucionais à Lei de Improbidade*. São Paulo: Saraiva, 2010. p. 278, 281.
[123] GARCIA, Emerson; ALVES, Rogério Pacheco. *Improbidade administrativa*. 2. ed. Rio de Janeiro: Lúmen Júris, 2004.
[124] FAGUNDES, Miguel Seabra. *O contrato jurisdicional dos atos administrativos*. São Paulo. Saraiva, 1982. p. 16.

De índole constitucional, a probidade vem como tradução do objetivo de tecer uma "sociedade livre, justa e solidária", consubstanciando o reencontro do Direito e parâmetros morais incorporados juridicamente ao ordenamento, propugnando a segurança das relações jurídicas. Sob as luzes de Uadi Lammêgo Bulos, trata-se de um preceito cujo valor, em seu aspecto subjetivo, extrai-se da honestidade e da obediência dos parâmetros morais estabelecidos, qualificando a moralidade, a honestidade, a lisura dos negócios jurídicos, o desempenho legítimo e reto do comportamento humano. No aspecto objetivo, segue o autor mencionando que, principalmente no que tange à Administração Pública, ela se fundamenta no §4º do artigo 37 da CRFB/88, restando qualificada como espécie de moralidade agasalhada juridicamente, que equivale a um reclamo contra a desonestidade, o enriquecimento ilícito e a má-fé.[125]

Nesta obra, tem sido asseverado que o princípio da moralidade possui uma maior amplitude se comparado à probidade, todavia os influxos morais apenas podem adentrar no universo jurídico se forem agasalhados por parâmetros legais. Se assim não for, são destituídos de toda e qualquer eficácia, pois, facilmente, pode se transformar em arbítrio.

Ao evidenciar a importância da cidadania no controle dos atos da administração, a Constituição Federal de 1988 elegeu valores imateriais como tuteláveis judicialmente, previstos em vários dispositivos constitucionais e infraconstitucionais – estando coadjuvados por uma série de instrumentos processuais atuáveis na defesa dos interesses transindividuais, criando assim um sistema de tutela de interesses difusos referentes à probidade da Administração Pública.

Portanto, mesmo sendo um princípio que carrega grande traço de abstração em razão do espaço zetético em que atua, com o fator teleológico de evitar arbitrariedades, pode-se afirmar que um comportamento será considerado como probo, dentro da seara jurídica, quando cumprir com as determinações legais específicas.

2.1.2 Tentativa de conceituação de improbidade

Da oitiva do termo "improbidade" sempre adveio a noção de desonestidade. Afinal, se probidade espelha o dever de retidão e

---

[125] BULOS, Uadi Lammêgo. *Curso de Direito Constitucional*. 2. ed. de acordo com a EC nº 56/07. São Paulo: Saraiva, 2008. p. 819.

honestidade, a improbidade, mediante prefixo negativo, é antônimo e caracteriza a inobservância de um conjunto de valores morais. A improbidade acontece quando os comportamentos deontológicos estabelecidos pela moral e agasalhados em instrumentos normativos são descumpridos.

A vedação à conduta ímproba tem o espeque de fazer perpetuar a confiança que rege as relações humanas, seja entre os iguais ou entre os desiguais. A confiança é elemento integrante e fundamental de todo contrato, inclusive do contrato social nos termos de Locke – para quem, na explicação da criação do Estado, a escolha do representante parte de um pacto de confiança, de modo que a centralização do poder geral atribui ao escolhido o dever de garantir a segurança da comunidade, a prevalência dos direitos individuais, a segurança jurídica e o direito de propriedade.[126]

Segundo Fábio Medina Osório, o dever de probidade administrativa traz consigo deveres públicos cuja concretude é premente e imperiosa, de modo a proteger o setor público e, consequentemente, os valores nele abrigados. Assim, sob o dever de probidade, encontram-se os valores e princípios comuns às administrações públicas democráticas, sendo imperioso o reconhecimento desses valores e princípios no âmbito do Direito Administrativo positivo.[127]

Foi desse cenário que emergiu o denominado direito subjetivo à probidade administrativa, classificado como direito de terceira dimensão, portanto, universal e coletivo em sentido lato, e especificamente difuso, haja vista que, embora se configure como direito fundamental a um indivíduo, sua proteção reflete-se por toda a sociedade, destinatária das funções estatais.[128]

Na esfera criminal, a proibição de atos ímprobos pode ser encontrada imiscuída em diversos objetos tutelados nos tipos penais. A título de exemplo, citem-se os crimes contra a Administração Pública e os tipos qualificados e/ou agravados pela violação dolosa da confiança

---

[126] "Todo o poder conferido com confiança para se atingir um fim, é limitado por aquele fim, sempre que o fim for manifestamente negligenciado ou contrariado, a confiança deve necessariamente ser confiscada e o poder devolvido às mãos daqueles que o conferiram, que podem colocá-lo outra vez onde acharem melhor para sua segurança e garantia". LOCKE, John. *Segundo tratado sobre o governo civil*. São Paulo: Abril Cultural, 1978. p. 182. Coleção Os Pensadores.

[127] OSÓRIO, Fábio Medina. *Teoria da improbidade administrativa*: má gestão pública, corrupção e ineficiência. 2. ed. rev. atual. e ampl. São Paulo: Revista dos Tribunais, 2010. p. 109.

[128] BERTONCINI, Mateus. Direito fundamental à probidade administrativa. *In*: OLIVEIRA, Alexandre Albagli *et al*. *Estudos sobre improbidade administrativa*. Rio de Janeiro: Lumin Juris, 2010. p. 3-15.

no serviço público. Os objetos jurídicos dos crimes contidos no Título XI do Código Penal Brasileiro são a necessidade de normalidade funcional, a probidade, o prestígio, incolumidade e decoro da Administração Pública, podendo tais objetos ser violados pelos funcionários – hipótese em que são denominados de delitos próprios ou especiais, posto que praticados por pessoas físicas que se entregam à realização das atividades do Estado – ou por particular, nos termos do Capítulo II, conjectura em que são classificados como crimes comuns ou gerais.[129]

No mesmo sentido foi construído o preceito consagrado atualmente no art. 422 do Código Civil vigente, na instituição de que os contratantes são obrigados a guardar a boa-fé e a probidade na conclusão e execução do contrato, tutelando a confiança que perfaz a avença. Esclarece Haroldo Malheiros que a probidade consiste na honestidade, elemento do qual as partes devem revestir-se ao entrar em negociações objetivando contratar, de modo que qualquer ato desonesto praticado nas fases pré-contratual, contratual e pós-contratual é ímprobo. Esse fator limita a liberdade contratual, ensejando a responsabilização civil e o estudo da validade do contrato.[130]

Outrossim, a Consolidação das Leis do Trabalho, em seu art. 482, delimita o que constitui justa causa para a rescisão do contrato de trabalho pelo empregador, tendo sido aposto na alínea "a" o ato de improbidade. A doutrina trabalhista reconhece o campo vasto que consubstancia tal espécie, optando por conceitos amplos e que partem da premissa de que a improbidade deriva do ímprobo e, portanto, trata da negativa do probo, do desonesto.[131]

Suscite-se que a vivência da improbidade, em quaisquer das searas, não impede a sanção simultânea em todas elas, de modo que a independência das esferas afasta a violação ao princípio *non bis in idem* no contexto reverenciado.

---

[129] BITENCOURT, Cezar Roberto. *Código Penal Comentado*. 7. ed. São Paulo: Saraiva, 2012. p. 1149 e ss.

[130] VERÇOSA, Haroldo Malheiros Duclerc. *Contratos mercantis e a teoria geral dos contratos:* o Código Civil de 2002 e a crise do contrato. São Paulo: Quartier Latin, 2010. p. 101 *et seq.*

[131] Majoritariamente, o ato de improbidade é uma justa causa remanescente, reservada à caracterização dos atos dolosos omissivos ou comissivos do empregado que impliquem, geralmente, prejuízo ao patrimônio da empresa, de colegas ou de clientes, não servindo para punir quaisquer vantagens obtidas pelo empregado por sua conduta desonesta. Em Wagner Giglio, no que tange ao elemento subjetivo volitivo, é preciso comprovar a desonestidade do empregado para a caracterização da improbidade. A intenção desonesta só se revela através de manifestações externas concretas e é a interpretação dessas que enseja a configuração da improbidade. GIGLIO, Wagner D. *Justa causa*. 7. ed. São Paulo: Saraiva, 2000. p. 330.

2.1.3 Conceituação de improbidade administrativa

A improbidade administrativa é o designativo técnico para a chamada corrupção administrativa, que, sob diversas formas, promove o desvirtuamento da Administração Pública e afronta os princípios nucleares da ordem jurídica, quais sejam, as bases do Estado de Direito: o princípio Democrático e o princípio Republicano, haja vista que uma atuação política virtuosa é essencial à construção de uma sociedade.[132] A improbidade revela-se na obtenção de vantagem patrimonial indevida, no dano ao Erário e na quebra dos princípios da Administração Pública, seja pelo exercício nocivo das funções e empregos públicos, seja pelo "tráfico de influência" nas esferas da Administração Pública ou ainda pelo favorecimento de poucos em detrimento dos interesses da sociedade, mediante a concessão de obséquios e privilégios ilícitos.[133]

Aristides Junqueira classifica a improbidade administrativa como espécie do gênero improbidade, definindo-a como desonestidade de conduta do agente público, mediante a qual este se enriquece ilicitamente, obtém vantagem indevida, para si ou para outrem, ou causa dano ao Erário.[134] Nesse sentido, poder-se-ia arriscar que a improbidade administrativa consubstancia ato dirigido ao enriquecimento ilícito, prejuízo ao Erário e aos princípios da Administração Pública, tratando-se de mal a ser combatido através da adoção de um sistema que, mediante meios eficazes, puna aqueles que desrespeitam a *res publica* e os valores consagrados em um Estado Democrático de Direito.

Juarez Freitas delineia que é possível vislumbrar a concretização em diversos contextos normativos da Lei nº 8.429/92. O referido autor inicia sinalizando que, ainda que de forma não exaustiva, o controle da improbidade, em especial o judicial, deve ser realizado com extrema cautela, avaliando-se a extensão do dano e o proveito patrimonial do agente, situação na qual, em especiais circunstâncias, pode-se e

---

[132] "Os ideais republicanos são frontalmente contrários a qualquer tipo de tirania em que haja a sujeição de um cidadão à vontade arbitrária de outro. Não uma tirania circunscrita aos cânones liberais, restrita ao arbítrio dos entes estatais, mas englobando também imposições por parte de entes privados, em que a lex mercatória prepondera em relação ao regime democrático e substitui o bem-comum como finalidade dos órgãos estatais" (AGRA, Walber de Moura. Republicanismo. Porto Alegre: Livraria do Advogado, 2005. p. 19).

[133] PAZZAGLINI FILHO, Marino; ROSA, Márcio Fernando Elias; FAZZIO JÚNIOR, Waldo. *Improbidade administrativa*: aspectos jurídicos da defesa do patrimônio público. 2. ed. São Paulo: Atlas, 1997. p. 37-38.

[134] ALVARENGA, Aristides Junqueira. Reflexões sobre improbidade administrativa no Direito brasileiro. *In*: BUENO, Cássio Scarpinella; PORTO FILHO, Pedro Paulo de (Coord.). *Improbidade administrativa*. São Paulo: Malheiros, 2001. p. 86 *et seq*.

precisa-se determinar a aplicação apenas parcial das penalidades atribuídas, e desde que tal postura brote do intuito fundamentado de robustecer o princípio da moralidade. No mesmo sentido, aduz que a improbidade administrativa ensejadora de enriquecimento ilícito deve estar comprovada por nota de irretorquível e gravíssima hostilidade ao princípio do interesse público, emergindo o dever de o controlador aplicar, na íntegra, as sanções cabíveis.[135]

Em verdade, a taxionomia dialética entre os conceitos de improbidade e probidade administrativa é *mister* na definição da extensão dos dois termos, haja vista que em seus antagonismos possuem amplo espaço de interconexão. A conceituação de um é resultado da inaplicação do outro, o que configura recurso hermenêutico de grande valia para evitar imprecisões de incidência normativa. O ato de improbidade administrativa pode ser atestado pela negação da probidade administrativa, conclusão que advém também na aplicação dos termos inversos. Dessa forma, o princípio da probidade administrativa tem o condão de canalizar todo o sistema sancionador dos atos violadores do dever de probidade, indicando, quando houver sua negação, a ocorrência de seu instituto jurídico antípoda. A tipificação de um representa a negação do outro.

Para José Afonso da Silva, a probidade administrativa consiste no dever de o funcionário servir à Administração com honestidade, procedendo no exercício das suas funções sem aproveitar os poderes ou facilidades delas decorrentes, seja para o proveito pessoal ou de outrem a quem queira favorecer. O desrespeito a esse dever é o que caracteriza a improbidade administrativa, tratando-se esta de uma imoralidade administrativa qualificada,[136] haja vista que a probidade, no contexto constitucional, é forma qualificada de moralidade administrativa.[137] Nessa expectativa, tecendo-se a taxionomia dialética retromencionada, a improbidade administrativa é uma imoralidade qualificada pelo acinte ao Erário e pela correspondente vantagem ao ímprobo ou a outrem.[138]

---

[135] FREITAS, Juarez. Princípio Constitucional da moralidade e o direito fundamental à boa administração. *In*: JORGE, Flávio Cheim; RODRIGUES, Marcelo Abelha; ALVIM, Eduardo Arruda (Coord.). *Temas de improbidade administrativa*. Rio de Janeiro: Lumen Juris, 2010. p. 361.

[136] SILVA, José Afonso da. *Curso de Direito Constitucional Positivo*. 23. ed. São Paulo: Malheiros, 2004. p. 650.

[137] FIGUEIREDO, Marcelo. *O controle da moralidade na Constituição*. São Paulo: Malheiros, 1999. p. 47.

[138] CAETANO, Marcelo. *Princípios fundamentais do Direito Administrativo*. Rio de Janeiro: Forense, 1997. p. 396.

Nesse diapasão, considerando que o legislador pátrio especificou no *caput* dos arts. 9º, 10 e 11 da Lei nº 8.429/92 os atos ímprobos, resta inegável que o conceito de improbidade administrativa estará sempre articulado nos seus termos, de modo que toda tentativa conceitual deve partir de tais premissas, sem possibilidade para voluntarismos "jurídicos". No entanto, irrefutável que o conceito de improbidade administrativa advém da afronta ao dever de probidade, que traz como pilares fundamentais da ética pública, na pós-modernidade, as noções de ineficiência funcional e de desonestidade. A construção do Estado moderno trouxe pressupostos mais específicos para a proteção da honra institucional no setor público, de modo que a responsabilização do agente ímprobo é necessária à manutenção da confiança na figura estatal, assim como o exame do dever de probidade e seus elementos ético-normativos serve ao equacionamento das responsabilidades do agente ímprobo.

2.2 Antecedentes legislativos da improbidade administrativa

Segundo Celso Antônio Bandeira de Mello as "pedras de toque" do Direito Administrativo são os princípios da supremacia do interesse público sobre o particular e da indisponibilidade do interesse público.[139] Contudo, esses dois axiomas, juntamente com os demais princípios que com suas densidades axiológicas e normativas diversas formam a estrutura administrativista brasileira, têm o escopo basilar de garantir uma maior eficiência da máquina pública e, em igual proeminência, impedir atos de improbidade administrativa.

No Brasil, desde o Império, detectam-se resquícios da preocupação com a questão da proteção ao Erário. O Código Criminal de 1830 e o Penal de 1890 resguardavam o Erário, culminando sanções às práticas ilícitas contra a "boa ordem e administração pública". O art. 209 do segundo diploma ampliava o sujeito ativo do crime de prevaricação, incutindo a questão da moralidade no advogado e procurador judicial que se conluiassem com a parte adversa e, por qualquer meio doloso, prejudicassem a causa confiada ao seu patrocínio; que, ao mesmo tempo, advogassem ou procurassem cientemente por ambas as partes; que solicitassem ao cliente dinheiro, ou valores, a pretexto de procurar

---

[139] MELLO, Celso Antônio Bandeira de. *Curso de Direito Administrativo*. 26. ed. São Paulo: Malheiros, 2009. p. 46.

favor de testemunhas, peritos, intérpretes, juiz, jurado ou de qualquer autoridade; que subtraíssem, ou extraviassem, dolosamente, documentos de qualquer espécie, que lhe tenham sido confiados e deixassem de restituir autos que houvessem recebido com vista ou em confiança.

Em 1934, a Assembleia Nacional Constituinte legitimou o cidadão para pleitear a anulação dos atos lesivos ao patrimônio da União, dos Estados-membros e dos Municípios. No âmbito privado, o Decreto-Lei nº 5.452/43, que consolida as Leis Trabalhistas, tratou de elencar a improbidade como justa causa para rescisão do contrato de trabalho pelo empregador, nos termos do vigente dispositivo previsto no art. 482, "a".

A Constituição de 1946, pela primeira vez em texto constitucional, instituiu em seu art. 141, §31, que a lei disporia "[...] sobre o sequestro e o perdimento de bens no caso de enriquecimento ilícito, por influência ou com abuso de cargo ou função pública, ou de emprego em entidade autárquica".[140] Tal dispositivo veio a ser regulamentado pela Lei nº 3.164/57, que em seu art. 1º previa o sequestro e a perda dos bens adquiridos pelo servidor público, por influência ou abuso de cargo ou função pública, ou de emprego em entidade autárquica, em favor da Fazenda Pública, sem prejuízo da responsabilidade criminal, prevendo a legitimidade ativa processual do Ministério Público e de "qualquer pessoa do povo", bem como a necessidade de que a reverenciada apreensão fosse decretada em processo.

O art. 3º do referido diploma determinava ainda a obrigatoriedade do registro público dos valores e dos bens pertencentes ao patrimônio privado de quantos exercessem cargos ou funções públicas na União e nas entidades autárquicas, eletivas ou não, postulando que o registro prévio era condição indispensável à posse do servidor público e deveria ser obrigatoriamente atualizado antes do seu afastamento do cargo ou função.[141] O registro era feito mediante declaração do servidor, que deveria, inclusive, compreender os bens do casal.

Em 1958, houve a promulgação da Lei nº 3.502, normatizando o sequestro e a perda de bens de servidor público da Administração direta e indireta em caso de enriquecimento ilícito, influência ou abuso de cargo ou função, abrangendo, para além do servidor público, o

---

[140] DI PIETRO, Maria Sylvia Zanella. *Direito Administrativo*. 18 ed. São Paulo: Atlas, 2005. p. 698.
[141] PAZZAGLINI FILHO, Marino; ROSA, Márcio Fernando Elias; FAZZIO JÚNIOR, Waldo. *Improbidade administrativa*: aspectos jurídicos na defesa do patrimônio público. São Paulo: Atlas, 1999. p. 33.

dirigente e o empregado de autarquia.¹⁴² A referida lei segue em justificativa de que a expressão "servidor público" compreendia todas as pessoas que exercem na União, nos Estados, nos Territórios, no Distrito Federal e nos Municípios, quaisquer cargos e funções ou dos Poderes Executivo, Legislativo ou Judiciário, assim como equipara o dirigente ou empregado de sociedade de economia mista, de fundação instituída pelo Poder Público, de empresa incorporada ao patrimônio público, ou de entidade que receba e aplique contribuições parafiscais ao dirigente ou empregado de autarquia.

Todavia, deve-se ressaltar que a lesão à probidade administrativa, como crime de responsabilidade do Presidente da República, sem a necessidade de se aferir o enriquecimento ilícito, foi agasalhada no primeiro texto constitucional brasileiro, a Carta de 1891, sendo prevista por todos eles daí em diante. Essa matéria encontrou regulamentação na Lei nº 1.079/50, que especificou os crimes de responsabilidade, bem como disciplinou seu procedimento.

Em 1965, com o objetivo de regulamentar a Ação Popular prevista nas Constituições de 1934 e 1946, foi promulgada a Lei nº 4.717, que, apesar de prever a possibilidade de anulação ou declaração de nulidade de atos lesivos ao patrimônio público, não abordou o conceito jurídico de improbidade em nenhum de seus dispositivos.

A Constituição de 1967/69, proclamada durante a Ditadura Militar, por sua vez, previa no §11 do art. 153 que a lei disporia sobre o perdimento de bens por danos causados ao Erário ou, no caso de enriquecimento ilícito, do exercício da função pública.¹⁴³

Indubitavelmente, foi a Constituição de 1988 que mais se debruçou sobre a temática da improbidade administrativa. O seu campo de incidência foi elasticido e densificado em razão de que o princípio da moralidade fora alçado como um dos alicerces da Carta Cidadã de 1988. O art. 37, §4º, além de ampliar o conceito de improbidade administrativa, adicionou novas medidas punitivas. O art. 5º, LXXIII, reconfigurou a Ação Popular, tornando-a o instrumento processual idôneo para anular ato lesivo ao patrimônio público ou de entidade de que o Estado participe, à moralidade administrativa, ao meio ambiente e ao patrimônio histórico e cultural, conferindo à coisa julgada eficácia

---

[142] CARVALHO, Isabel Freitas de. *As medidas cautelares na lei de improbidade administrativa e sua eficácia*. 2009. 132 f. Dissertação (Mestrado) – Curso de Direito, Departamento de Programa de Pós-graduação em Direito Constitucional, Universidade de Fortaleza – Unifor, Fortaleza, 2009. p. 25.

[143] HARADA, Kyoshi. Improbidade administrativa. *BDA*, 19 set. 2000.

erga omnes, salvo em caso de improcedência por insuficiência de provas.[144] O art. 15, V, incluiu a improbidade administrativa como uma das causas de perda ou suspensão dos direitos políticos. E, por fim, o art. 85, V, que confirmou a improbidade na Administração como uma das causas de crime de responsabilidade.

No ano de 1990, a Lei nº 8.112 foi aprovada, instituindo, nos termos do art. 132, IV, que a improbidade administrativa é hipótese de pena disciplinar de demissão do servidor federal.

Em 1992, em complementação à Constituição de 1988, foi promulgada a Lei nº 8.429/92, comumente chamada Lei do Colarinho Branco ou Lei de Improbidade Administrativa, que substituiu as normas legais até então vigentes, revogando-as expressamente em seu art. 25. Tal diploma normativo ampliou a tipificação dos atos de improbidade, que fora reduzido durante muito tempo ao enriquecimento ilícito. A Lei nº 8.429/92 tipificou o enriquecimento ilícito (art. 9º), o prejuízo ao Erário (art. 10) e os atos que atentam contra os princípios da Administração Pública (art. 11).

Além disso, explicitou as situações consideradas violadoras da probidade, esmiuçando as figuras do enriquecimento ilícito, do prejuízo ao Erário e o desrespeito aos princípios administrativos como condutas atentatórias à probidade. Prevê ainda, como fez a revogada Lei nº 3.164/57, que todo agente público deve declarar bens e valores que compõem seu patrimônio particular, a fim de aperfeiçoar a fiscalização da evolução patrimonial dos gestores públicos.

Em 1993, o legislador decidiu ampliar o controle dessa evolução, com a promulgação de lei específica, qual seja, a Lei nº 8.730, estipulando que as declarações de bens devem ser entregues também aos Tribunais de Contas, que averiguarão situações e alterações patrimoniais ocorrentes não condizentes com a função e o salário dos agentes públicos. A medida, evidentemente, visa arrefecer o enriquecimento ilícito à custa do Erário.

No mesmo sentido, a Lei Complementar nº 101/00 trouxe em seu bojo a preocupação com a probidade na gestão da coisa pública, anunciando no §1º do art. 1º que a responsabilidade na gestão fiscal pressupõe a ação planejada e transparente, na qual se previnam riscos e corrijam-se desvios capazes de afetar o equilíbrio das contas públicas, mediante o cumprimento de metas de resultados entre receitas e despesas e a obediência aos limites e condições no que tange à renúncia

---

[144] ZAVASCKI, Teori Albino. *Defesa de direitos coletivos e defesa coletiva de direitos*. RJ 212 – jun. 95, p. 16-33.

de receita, à geração de despesas com pessoal, à seguridade social e às outras operações de crédito – inclusive por antecipação de receita, concessão de garantia e inscrição em "restos a pagar".

No plano internacional, poder-se-ia citar a Convenção Interamericana Contra a Corrupção editada em 1996, aprovada pelo Congresso Nacional mediante o Decreto Legislativo nº 152/02 e decretada pelo Presidente da República mediante instrumento de nº 4.410/02, que estabeleceu um pacto entre a comunidade internacional no combate à corrupção, tendo como propósitos a promoção e o fortalecimento do desenvolvimento, por cada um dos Estados-partes, dos mecanismos necessários para prevenir, detectar, punir e erradicar a corrupção; e a promoção, facilitação e regulamentação da cooperação entre os Estados-partes, a fim de assegurar a eficácia das medidas e ações adotadas para prevenir, detectar, punir e erradicar a corrupção no exercício das funções públicas, bem como os atos de corrupção especificamente vinculados a seu exercício.

O histórico normativo da improbidade administrativa denota a preocupação do legislador no combate à corrupção, que alcançou maior relevo em razão dos malefícios causados pelos maus administradores e do desvio de verbas públicas, prejudicando serviços públicos essenciais à sociedade e impedindo o incremento mais equilibrado dos mecanismos de desenvolvimento social. Hodiernamente, a higidez da Lei de Improbidade Administrativa e a sua correta aplicação representam verdadeiros meios de densificação dos direitos humanos.

CAPÍTULO 3

CONTROLE REPRESSIVO DA IMPROBIDADE ADMINISTRATIVA

3.1 Formas de controle

Delineia Robertônio Pessoa que o costumeiro senso de pessoalidade que os agentes públicos desenvolvem na condução da coisa pública, combinado à tradição de autoritarismo, demonstra que, para que haja efetiva e eficaz destinação da coisa pública, faz premente a responsabilidade e controle dos atos, aliando-se sempre à análise da legitimidade e eficácia.[145] Assim, o controle da Administração exsurge como meio de fiscalizar a atuação dos órgãos da Administração Pública, de quaisquer das esferas federativas ou dos poderes constituídos, sendo realizado pelo Poder Público ou pelo cidadão.[146]

Em regra, o controle da Administração Pública é interno, realizado por seus próprios órgãos, como as controladorias, e externo, realizado pelos outros poderes ou por órgãos criados com essa finalidade específica, como os Tribunais de Contas. Como é muito mais difícil e de pouca efetividade na administração pátria um órgão fiscalizar a si mesmo, indubitavelmente, o controle externo é o que propicia uma melhor concretização de resultados, e, por isso mesmo, ocupa preponderância normativa e doutrinária.

A Assembleia Constituinte de 1987/88 materializou de forma genérica o controle a ser realizado pelo Poder Público no art. 74 da

---

[145] PESSOA, Robertônio. *Curso de direito administrativo*. Brasília: Consulex, 2000. p. 460.
[146] MARTINS, Fernando Rodrigues. *Controle do patrimônio público*. São Paulo: Revista dos Tribunais, 2000. p. 112.

CRFB/88, em que restara consignado que os poderes constituídos, Legislativo, Executivo e Judiciário, devem manter, de maneira integrada, um sistema de controle interno, elegendo fins a serem perseguidos. Os §§1º e 2º do referido dispositivo ainda estabelecem que os responsáveis pelo controle respondem solidariamente quando, ao tomarem conhecimento da irregularidade, deixarem de cientificar o Tribunal de Contas, disponibilizando o órgão aos cidadãos, partidos políticos, associações e sindicatos que pretendam denunciar irregularidades ou ilegalidades.

Evandro Martins Guerra planteia que o controle externo da Administração Pública é instrumento de verificação, inspeção e exame de efetivo alinho na conduta gerencial, sendo realizado por outros poderes ou pelos cidadãos com o fim de, sistematicamente, ter garantida uma atuação conforme aos modelos propugnados.[147] Trata-se de função essencial na inibição de abusos, exigindo-se, ante a vivência de uma sociedade plural, dinâmica e de interação social progressiva, que quanto mais eficazes e variadas forem as formas de controle, mais aquilatada será a proteção da *res publica*.

3.1.1 Do controle legislativo

O controle legislativo da atuação da Administração é exercido sob critérios político e financeiro, através dos órgãos que compõem o Poder Legislativo em todas as esferas federativas, podendo exercer suas prerrogativas da forma mais ampla possível, sendo o seu limite o respeito à autonomia dos poderes estabelecidos, a não ser que ocorra afronta aos direitos naturais dos cidadãos. Dentre outros instrumentos, a fiscalização pelo Poder Legislativo pode ser exercida por intermédio das Comissões Parlamentares de Inquérito, convocações, pedidos de informações e por meio do Tribunal de Contas.[148]

A formação de Comissão Parlamentar de Inquérito, estruturada como órgão colegiado de projeção orgânica do Poder Legislativo, com o escopo de investigar fatos determinados que impliquem atos de improbidade, está prevista no §3º do art. 58 da CRFB/88, detendo

---

[147] GUERRA, Evandro Martins. *Os controles externo e interno da Administração Pública e os Tribunais de Contas*. Belo Horizonte: Fórum, 2003. p. 23.
[148] PAZZAGLINI FILHO, Marino; ROSA, Márcio Fernando Elias; FAZZIO JÚNIOR, Waldo. *Improbidade administrativa*: aspectos jurídicos da defesa do patrimônio público. 2. ed. São Paulo: Atlas, 1997. p. 18.

poderes de investigação próprios das autoridades judiciais a fim de apurar determinado fato em lapso de tempo prefixado.[149]

De inegável importância no controle da atuação da Administração e consubstanciando função típica fiscalizatória do Legislativo, a conclusão dos atos investigatórios conduz à confecção de um relatório que pode ocasionar a perda do mandato se houver parlamentares envolvidos, por quebra de decoro parlamentar, e o pedido para a sustação do ato administrativo ou da política pública maculada se ela ainda estiver sendo implementada pelo Poder Executivo. Se houver indícios de crimes de natureza penal, o relatório deve ser encaminhado ao Ministério Público para a tomada das devidas medidas, salientando-se o sigilo que encobre os dados colhidos até a conclusão dos atos investigatórios e a independência de convicção do Ministério Público, que, em razão de seus princípios institucionais, não está vinculado às conclusões da Comissão.[150] Tem-se que as provas ali colimadas e os relatórios conclusivos possam ser valiosos meios de investigação de improbidade administrativa, contribuindo à promoção da responsabilização civil e criminal.[151]

As convocações e pedidos de informações, por sua vez, têm o amparo jurídico no §2º do art. 50 da CRFB/88. Trata-se de instrumentos eficazes para que as comissões permanentes e temporárias convoquem Ministros de Estado e Secretários para a prestação de informações, realização de audiências públicas com entidades civis, colheita de depoimentos de autoridades e cidadãos e ainda receber petições ou reclamações dos administrados. Consubstancia-se em um meio que disponibiliza acesso para que o Legislativo possa obter as informações imprescindíveis a fim de que desenvolva seu papel de órgão fiscalizador dos interesses sociais.

Ao Tribunal de Contas, tal qual conceituado por José Cretella Júnior, compete a fiscalização orçamentária, bem como o julgamento das contas dos agentes responsáveis pela aplicação do dinheiro público.[152] Trata-se, portanto, de controle exercido através de critério financeiro, consubstanciando dever-poder legislativo. Para José Afonso da Silva, trata-se de espécie de controle que sujeita o controle externo à prévia

---

[149] BULOS, Uadi Lammêgo. *Comissão parlamentar de inquérito*. São Paulo: Saraiva, 2001. p. 01.
[150] AGRA, Walber de Moura. *Curso de Direito Constitucional*. 8. ed. Rio de Janeiro: Forense, 2014. p. 503.
[151] MARTINS JÚNIOR, Wallace Paiva. *Probidade administrativa*. 4. ed. São Paulo: Saraiva, 2009. p. 489.
[152] CRETELLA JÚNIOR, José. *Administração indireta brasileira*. Forense: Rio de Janeiro, 2000. p. 335.

apreciação técnico-administrativa de tal Corte, que, como órgão técnico, profere decisões administrativas,[153] desempenhando duplo papel de controlar e orientar a Administração Pública.[154]

A Constituição Federal vigente outorgou o controle externo a cargo do Congresso Nacional, com o auxílio do Tribunal de Contas, regulamentando-o no capítulo concernente à fiscalização contábil, financeira e orçamentária, conforme art. 71 e ss. Tal competência tem o escopo de preservar a legalidade e a moralidade administrativa, haja vista que esses princípios abrangem todos os atos, agentes, entes e poderes constituídos do Estado.

As decisões proferidas pelo Tribunal de Contas são administrativas e, por essa razão, carecem de caráter vinculativo no *decisum*. Elas podem ser revistas pelo Judiciário, não sendo essas decisões empecilho ou requisito obrigatório para a propositura da ação civil de improbidade.[155] Afinal, em razão da ausência de definitividade, o aspecto anímico, que é um dos elementares do ato ímprobo, pode ser reapreciado, pois a análise dos Tribunais de Contas deve se restringir preponderantemente ao aspecto contábil, orçamentário e fiscal.[156]

O art. 21, II, da Lei nº 8.429/92, determina que a aplicação das sanções previstas no referido diploma independe da aprovação ou rejeição das contas pelo órgão de controle interno ou pelo Tribunal ou Conselho de Contas. Saliente-se, todavia, que nas questões contábeis, que exige rigor objetivo, caso não seja o parecer maculado em seu cálculo matemático, influenciará decisivamente na aferição da improbidade administrativa, principalmente na determinação do *quantum* devido por lesão ao Erário.

Todavia, mesmo sem desconsiderar a eficácia desses instrumentos de fiscalização já mencionados, quando o Legislativo desempenha o seu papel de eco das demandas da sociedade, direcionando os grandes debates nacionais, essa função de fiscalização é exercida em toda a sua inteireza.

---

[153] SILVA, José Afonso da. *Curso de Direito Constitucional Positivo*. 36. ed. São Paulo: Malheiros, 2013. p. 760-763.
[154] PAZZAGLINI FILHO, Marino; ROSA, Márcio Fernando Elias; FAZZIO JÚNIOR, Waldo. *Improbidade administrativa*: aspectos jurídicos da defesa do patrimônio público. 2. ed. São Paulo: Atlas, 1997. p. 132.
[155] STJ. REsp nº 285305/DF. Rel. Min. Denise Arruda. 1ª Turma. *DJ* 20.11.2007.
[156] A Segunda Turma do Supremo Tribunal Federal chegou à conclusão da liberdade de apreciação do ato ímprobo em razão da independência das funções do Tribunal de Contas e do Poder Judiciário. STF. HC nº 103725/DF. Rel. Min. Ayres Brito. Segunda Turma. Julg.: 14.12.2011. *DJe* 31.01.2012.

3.1.2 Do controle administrativo

O Poder Executivo foi estruturado com um sistema de controle hierárquico interno, com o intuito de garantir o atendimento aos princípios da administração, sem que seja excedido o espaço de atuação que lhe foi destinado pela distribuição de competências constitucional.[157] Afinal, aos agentes públicos de qualquer nível ou hierarquia foi determinado o zelo pela estrita observância dos princípios de legalidade, impessoalidade, moralidade e publicidade no trato dos assuntos que lhe são afetos.

O enunciado da Súmula nº 473 do Supremo Tribunal Federal faz alusão aos instrumentos de controle da Administração, erigindo a prerrogativa de anular seus próprios atos, quando presente vícios que os tornam ilegais, porque deles nenhum direito pode resultar; ou revogá-los, existentes razões de oportunidade e conveniência, atendendo aos interesses públicos, respeitados os direitos adquiridos e a eventual apreciação judicial.

O instituto da invalidação conduz à anulação ou revogação dos próprios atos. Existentes vícios de ilegalidade, a anulação implica que a declaração de invalidade opere efeitos *ex tunc*, em regra, consistindo no desfazimento do ato administrativo; a revogação, por sua vez, decorre da inconveniência, inoportunidade ou do interesse público superveniente, consubstanciando ato discricionário, produzindo-se efeitos *ex nunc*, em regra, sem o prejuízo dos direitos adquiridos, dos terceiros de boa-fé, havendo a possibilidade de serem apreciados judicialmente.[158] A aprovação, homologação, fiscalização contábil, financeira, operacional e patrimonial interna, o direito de petição conferido aos administrados, também são formas de controle interno dos atos pela Administração, prevenindo e impedindo irregularidades, ilegalidades ou ofensa aos princípios expressos no art. 37 da CRFB/88.

Para Edmir Netto de Araújo, os atos que consubstanciam improbidade administrativa devem ser investigados administrativamente pela autoridade competente, sob pena de responsabilidade.[159] No que tange à impulsão, conforme preleciona Wallace Paiva Martins Júnior, a

---

[157] PAZZAGLINI FILHO, Marino; ROSA, Márcio Fernando Elias; FAZZIO JÚNIOR, Waldo. *Improbidade administrativa*: aspectos jurídicos da defesa do patrimônio público. 2. ed. São Paulo: Atlas, 1997. p. 16.
[158] DI PIETRO, Maria Sylvia Zanella. *Direito administrativo*. 28. ed. São Paulo: Atlas, 2015. p. 282, 283.
[159] ARAÚJO, Edmir Netto de. *O ilícito administrativo*. São Paulo: Revista dos Tribunais, 1994. p. 232.

investigação pode ser decretada *ex officio*, a requerimento de qualquer pessoa interessada, conforme o art. 14 da Lei nº 8.429/92, ou pelo Ministério Público.[160]

O objetivo é extirpar os atos ilegais e promover o ajustamento dos inconvenientes ou inoportunos, indicando que a Administração Pública atue com respeito aos princípios constitucionais que lhes são impostos no art. 37 e demais preceitos expressos e implícitos.

3.1.3 Do controle jurisdicional

O controle jurisdicional da improbidade administrativa, como espécie de controle externo, tem previsão na Constituição Federal vigente, no art. 37, §4º, que anuncia a repressão da improbidade administrativa, sem prejuízo das demais ações cabíveis, especialmente a penal, ante a independência das esferas. Essa cominação surge em decorrência de uma premência social para o aperfeiçoamento e eficiência do serviço público, que é maculado constantemente pelas improbidades que pululam na Administração Pública. Outrossim, de acordo com o princípio da universalidade da jurisdição, a lei não excluirá da apreciação do Poder Judiciário lesão ou ameaça a direito, no que impõe o dever constitucional para que o controle judicial seja exercido de modo a coibir a prática de qualquer improbidade administrativa.

Sintetiza Oliveira que o controle jurisdicional da Administração envolve a apreciação dos atos oriundos dos Poderes Executivo, Legislativo e do próprio Judiciário,[161] conceito a ser complementado no sentido de que este Poder, ao exercer tal controle, tem por objeto o exame da adequação aos limites fixados na Constituição e nas leis.[162] Medauar, ao especificar os termos em que se desenvolve o controle jurisdicional reverenciado, o denomina de apreciação efetuada pelo Poder Judiciário sobre atos, processos e contratos administrativos, atividades e operações materiais, inclusive a omissão ou inércia da

---

[160] MARTINS JÚNIOR, Wallace Paiva. *Probidade administrativa*. 4. ed. São Paulo: Saraiva, 2009. p. 473.
[161] OLIVEIRA, Rafael Carvalho Rezende. *Curso de Direito Administrativo*. 2. ed. rev., atual. e ampl. Rio de Janeiro: Forense; São Paulo: Método, 2014, p. 770.
[162] EMERSON, Garcia; ALVES, Rogério Pacheco. *Improbidade administrativa*. 8. ed. São Paulo: Saraiva, 2014. p. 254-255.

Administração.¹⁶³ Outrossim, é nesse espeque que tem sido realizado o controle judicial da improbidade administrativa.

É cediço que o controle jurisdicional dos atos administrativos está adstrito à legalidade, não sendo passível de incursão na seara do mérito administrativo, reservada à conveniência, oportunidade ou eficiência do administrador. Celso Antônio Bandeira de Mello sustenta que o mérito administrativo consiste no campo de liberdade suposto na lei e que efetivamente venha a remanescer no caso concreto para que o administrador, segundo critérios de conveniência e oportunidade, decida entre duas ou mais soluções admissíveis, tendo em vista o exato atendimento da finalidade legal.¹⁶⁴

O controle da atividade administrativa por via judicial tem sido eficaz em diversas ocasiões, não apenas em razão de seu caráter repressivo, mas também em razão de sua eficácia pedagógica, ensinando, pelo exemplo das sanções aplicadas, que as improbidades devem ser severamente punidas. O combate à improbidade administrativa tem seus efeitos determinados na Carta Magna, de modo que os atos de improbidade administrativa importarão em suspensão dos direitos políticos, na perda da função pública, na indisponibilidade dos bens e no ressarcimento ao Erário, na forma e gradação previstas em lei, nos termos do já citado §4º do art. 37.

O Poder Judiciário tem a atribuição de exercer o controle de constitucionalidade e de legalidade dos atos administrativos. No que tange ao controle de constitucionalidade, a supremacia da Constituição e sua força vinculante aos poderes públicos podem ser assinaladas de forma difusa ou concentrada. Na primeira modalidade, tem-se que todo juízo, no bojo do processo subjetivo, possa aplicar ou deixar de aplicar lei ou ato normativo que viole a Constituição Federal, via de regra, com extensão de efeitos *ex tunc* e eficácia subjetiva *inter partes*. Todavia, o Supremo Tribunal Federal poderá ampliar os comandos dispositivos da decisão para todos se esta for enviada para o Senado Federal e este, por ato discricionário, suspender, mediante resolução, a execução da lei ou do ato normativo, nos termos do art. 52, X, da CRFB/88.

No que tange ao controle concentrado de constitucionalidade, este será realizado, em nível federal, pelo Supremo Tribunal Federal, e, em nível estadual, pelos Tribunais de Justiça, mediante a existência

---

¹⁶³ MEDAUAR, Odete. *Direito administrativo moderno*. 19. ed. São Paulo: Revista dos Tribunais, 2015. p. 458.
¹⁶⁴ MELLO, Celso Antônio Bandeira de. *Discricionariedade e controle jurisdicional*. 2. ed. São Paulo: Malheiros, 1998. p. 38.

de um processo objetivo, com pedido impugnatório de lei ou ato normativo do Poder Público que viole a Constituição Federal ou Estadual, respectivamente; via de regra, com extensão de efeitos *ex tunc* e eficácia subjetiva *erga omnes*, vinculando os demais órgãos do Poder Judiciário e a Administração Pública direta e indireta em todas as esferas, nos termos do §2º do art. 102 da CRFB/88. Saliente-se que os atos a serem impugnados diretamente em razão de inconstitucionalidade devem ser normas primárias, previstas e extraídas diretamente da Constituição, que inovem de forma abstrata a ordem jurídica.

Quanto aos vícios de ilegalidade do ato, referentes à incompetência da autoridade, irregularidade de forma, ilegalidade do objeto, inexistência dos motivos ou falta de adequação dos mesmos e desvio de finalidade, a sanção também será a nulidade do ato. Os vícios de mérito, por sua vez, quais sejam, a inconveniência e inoportunidade do ato, devem ser sanados pela revogação do ato na esfera administrativa e anulados os resultados lesivos pela via judiciária, seguindo a eventual recomposição.

Mesmo com a diversidade de controles judiciais possíveis, deve-se atentar para o princípio da inércia ou da demanda como um dos princípios norteadores da prestação jurisdicional, que condiciona a movimentação inicial da jurisdição à provocação do interessado, de modo que o controle da improbidade depende de provocação, nos termos do art. 2º do NCPC, e incide sobre a legalidade da atividade administrativa questionada.[165] A provocação judicial em razão do ato de improbidade pode se dar pela iniciativa popular, ministerial ou pelas pessoas jurídicas imediatamente atingidas pelas condutas ímprobas, por meio da ação popular e da ação civil pública, existindo a possibilidade de reparação do dano em todas as hipóteses destacadas.

A ação popular está prevista no art. 5º, LXXIII, da CRFB/88 e regulamentada pela Lei nº 4.717/65, tendo como único legítimo ativo o cidadão em sentido estrito, alistado e em pleno gozo de seus direitos políticos, desde que haja possibilidade de ocorrência de lesão patrimonial.[166] De rito ordinário, a ação popular tem como foro competente o da origem do ato, regra instituída com o escopo de facilitar o ajuizamento pelo seu único legitimado ativo.

---

[165] NEVES, Daniel Amorim Assumpção. *Manual de Direito Processual Civil*. 4. ed. rev. atual. e ampl. Rio de Janeiro/São Paulo: Forense/Método, 2012. p. 14.

[166] ZAVASCKI, Teori Albino. *Processo coletivo*: tutela de direitos coletivos e tutela coletiva de direitos. 6. ed. São Paulo: Revista dos Tribunais, 2014. p. 82-87.

A ação civil pública, por sua vez, prevista no art. 129, III, da CRFB/88 e na Lei nº 7.347/85, no que tange à matéria de atos de improbidade, tem como legitimados ativos o Ministério Público e a pessoa jurídica interessada, uma vez sistematizados o art. 5º da Lei nº 7.347/85 com o art. 17 da Lei nº 8.429/92, havendo outros legítimos ativos em leis específicas e tratando-se de legitimidade disjuntiva e concorrente, facultado o litisconsórcio ativo.

De rito ordinário, a ação civil pública por improbidade administrativa deverá ser ajuizada perante o tribunal competente para processar e julgar criminalmente o funcionário ou autoridade pública, ainda que o inquérito ou a ação judicial sejam iniciados após a cessação do exercício da função pública, conforme §2º do art. 84 do Código de Processo Penal, incluído pela Lei nº 10.628/02, consubstanciando a ação mais utilizada para controle externo da improbidade administrativa.

CAPÍTULO 4

SUJEITOS DOS ATOS DE IMPROBIDADE

4.1 Sujeitos passivos

Mediante a violação do preceito proibitivo contido na norma, estar-se-ia diante da lesão ao bem jurídico tutelado e, em regra, ao direito de outrem. Nesse sentido, o titular do bem jurídico lesado é denominado de sujeito passivo material, haja vista que, tratando-se de norma cogente, qualquer que seja o bem atingido, o ente estatal será tido como sujeito passivo formal ou mediato, ante o fato de que a norma estatuída foi violada.[167]

Os §§5º, 6º e 7º do art. 1º da Lei nº 8.429/92 identificam os sujeitos passivos dos atos ímprobos, de modo que só será tido como ato de improbidade aquele praticado em detrimento da Administração direta e indireta, no âmbito da União, dos Estados, dos Municípios e do Distrito Federal; contra o patrimônio de entidade privada que receba subvenção, benefício ou incentivo, fiscal ou creditício, de entes públicos governamentais; e do patrimônio de entidade privada para cuja criação ou custeio o erário haja concorrido ou concorra no seu patrimônio ou receita anual.

Quando o dispositivo legal (art. 1º, §7º, *in fine*) mencionou que a sanção patrimonial limitar-se-ia a repercussão do ilícito sobre a contribuição dos cofres públicos, não fazendo menção ao ressarcimento do dano, a perda de bens ou valores acrescidos ilicitamente ao patrimônio ou a multa civil, mas a todas as penas de caráter pecuniário que, no

---

[167] MARTINS, Fernando Rodrigues. *Controle do patrimônio público*. São Paulo: Revista dos Tribunais, 2000. p. 77.

máximo, pode atingir a totalidade dos valores oriundos dos cofres públicos.

Em suma, o dispositivo reverenciado adotou uma concepção subjetiva, onde o sujeito passivo da improbidade administrativa será qualquer entidade pública ou particular que tenha participação de dinheiro público em seu patrimônio ou receita anual.[168] Nesse sentido, tem-se abrangido o conjunto de pessoas jurídicas que desempenhem uma atividade com recursos públicos, quer seja de forma direta, quer seja de forma indireta.

A Administração Pública direta ou centralizada é formada por órgãos que compõem o Poder Executivo de cada esfera de governo, União, Estado-membro, Município e Distrito Federal. A Administração Pública indireta ou descentralizada, por sua vez, é o complexo de entidades com personalidade jurídica própria, criada ou autorizada em decorrência de lei, nos termos do art. 37, XIX, da CRFB/88, quais sejam, as autarquias, as fundações, as sociedades de economia mista e as empresas públicas, instituídas com autonomia financeira e administrativa, prestadoras de serviços públicos ou exploradoras de atividades econômicas, vinculadas ao Executivo de cada esfera de governo.

Suscite-se que as fundações públicas, integradas pela doutrina na Administração Pública indireta, foram postas como órgãos externos, seguindo os termos do *caput* do art. 37 da CRFB/88. Autorizada a criação por lei, elas têm personalidade jurídica de direito público e detêm autonomia administrativa e financeira, com patrimônio e receitas próprios, a fim de exercerem atividades típicas da Administração.

No que tange às autarquias, conceitua o Decreto-Lei nº 200/67 em seu art. 5º, I, que se trata de serviço autônomo criado por lei e com personalidade jurídica de direito público, patrimônio e receitas próprios, a fim de executar atividades da Administração Pública, que requeiram, para melhor funcionamento, gestão administrativa e financeira descentralizada. E, conforme salienta Meirelles, por praticar atos da administração idênticos ao do Estado são sujeitos às mesmas normas administrativas e passíveis do mesmo controle jurisdicional de legalidade e pelos mesmos meios processuais.[169]

---

[168] PAZZAGLINI FILHO, Marino; ROSA, Márcio Fernando Elias; FAZZIO JÚNIOR, Waldo. *Improbidade Administrativa*: aspectos jurídicos da defesa do patrimônio público. 2. ed. rev. e atual. São Paulo: Atlas, 1997. p. 39.

[169] MEIRELLES, Hely Lopes. *Direito administrativo brasileiro*. 41. ed. São Paulo: Malheiros, 2015. p. 68.

As sociedades de economia mista, por sua vez, são entidades autorizadas por lei, sob a forma de sociedade anônima e dotadas de personalidade jurídica de direito privado, a fim de explorar atividade econômica ou prestar serviço de interesse coletivo, sob o controle majoritário da Administração Pública direta ou indireta, conjugando-se a participação do Poder Público e de particulares na constituição de seu capital social e em sua administração.

A empresa pública, autorizada a criação por lei específica e apenas extinta por ato normativo, é dotada de personalidade jurídica de direito privado, possuindo patrimônio próprio e capital social exclusivamente público, nos termos do Decreto-Lei nº 200/67, com redação conferida pelo art. 1º do Decreto-Lei nº 900/69, a fim de explorar atividade econômica que o Poder Público seja levado a exercer por contingência ou conveniência administrativa, podendo revestir-se de qualquer das formas admitidas em direito.

No que tange às empresas estatais dependentes, definidas no art. 2º, III, da LC nº 101/00, como empresa controlada que receba do ente controlador recursos financeiros para pagamento de despesas com pessoal ou de custeio em geral ou de capital, têm excluídas, em caso de custeio geral, as despesas provenientes de aumento de participação acionária. Detectado o repasse de verba pública, tem-se que, por força do art. 1º, §3º, I, "b", c/c art. 73, ambos da LC nº 101/00, as empresas estatais estão submissas ao regramento do referido diploma legal, e o descumprimento deste, por sua vez, sujeitará o infrator aos ditames da Lei nº 8.429/92, na forma já preconizada, que variará conforme o volume de recursos repassados.

No mesmo sentido, conforme preconizado, as entidades que recebam subvenção, benefício ou incentivo fiscal ou creditício de órgão público, qualquer que seja o montante, poderão ser sujeitos passivos de atos de improbidade. Como consequência do amplo campo de incidência do sujeito passivo sugerido pela Lei de Improbidade administrativa, sua conceituação alcança as entidades que recebem isenções fiscais ou participem de qualquer programa governamental que ocasione o repasse de subvenções, bem como as empresas que auferem incentivos creditícios sob a forma de empréstimos com a fixação de juros inferiores aos praticados pelo mercado, dentre outras situações similares, considerando-se que a lei se destina a alcançar os entes que disponham de um tratamento diferenciado pelo Poder Público, sempre com o objetivo de atingir determinado fim de interesse público.[170] As empresas que, de qualquer modo, tenham recebido recursos públicos podem ser alvo de atos de improbidade, sendo premente a análise do terceiro setor, composto pelo serviço social autônomo, as entidades de apoio, pelas organizações sociais, regulamentadas pela Lei nº 9.637/98, e pelas organizações da sociedade civil de interesse público.[171]

O terceiro setor coexiste com os entes do primeiro e do segundo setor, compostos estes, respectivamente, pelas entidades estatais e pelas pessoas jurídicas de direito privado com fins lucrativos. Ademais, por preencherem determinados requisitos e não possuírem fins lucrativos, os entes do terceiro setor recebem a qualificação de entidades de utilidade pública, o que lhes permite o enquadramento em um regime jurídico diferenciado, auferindo determinados benefícios previstos em lei, o que as distingue das demais pessoas jurídicas de direito privado.[172]

Nos termos do art. 1º da Lei nº 8.429/92, os entes do terceiro setor são sujeitos passivos em potencial dos atos de improbidade, ante o fato de que recebem incentivos ou subvenções do Poder Público. O título de utilidade pública permite ao Poder Público delegar a esses entes o exercício de atividades que normalmente seriam por ele exercidas, ou mesmo receber o auxílio dessas organizações. Para extirpar o problema advindo do número de entidades com o referido título, foram criadas novas qualificações para pessoas jurídicas de direito privado que prestam serviços de interesse coletivo, do que resultaram os títulos de organização social e de organização da sociedade civil de interesse público, o que as confere, em troca, benefícios e vantagens que serão

---

[170] EMERSON, Garcia; ALVES, Rogério Pacheco. *Improbidade administrativa*. 8. ed. São Paulo: Saraiva, 2014. p. 317-318.

[171] "Hoje percebemos que o conceito de terceiro setor é bem mais abrangente. Inclui o amplo espectro das instituições filantrópicas dedicadas à prestação de serviços nas áreas de saúde, educação e bem-estar social. Compreende também as organizações voltadas para a defesa dos direitos de grupos específicos da população, como as mulheres, os negros, os povos indígenas, ou de proteção ao meio ambiente, de promoção do esporte, da cultura e do lazer. Engloba as múltiplas experiências de trabalho voluntário, pelas quais cidadãos exprimem sua solidariedade através da doação de tempo, trabalho e talento para as causas sociais. Mas recentemente temos observado o fenômeno crescente da filantropia empresarial, maneira pela qual as empresas concretizam sua responsabilidade e compromisso com a melhoria da comunidade". CARDOSO, Ruth. Fortalecimento da sociedade civil. *In*: IOSCHPE, Evelyn Berg (Org.). *3º setor*: desenvolvimento nacional sustentado. Rio de Janeiro: Paz e Terra, 1997. p. 7-12.

[172] MARINELA, Fernanda. *Direito Administrativo*. 7. ed. Niterói: Impetus, 2013. p. 179.

garantidos a tais entes se comparados com aqueles que tão somente ostentam o título de utilidade pública.

O art. 1º da Lei nº 9.637/98 conceitua que as organizações sociais são entidades de direito privado, sem fins lucrativos, que são declaradas como tais pelo Poder Executivo a partir da verificação do preenchimento dos requisitos previstos nos arts. 2º e 4º do mesmo diploma e cujas atividades sejam dirigidas ao ensino, à pesquisa científica, ao desenvolvimento tecnológico, à proteção e preservação do meio ambiente, à cultura e à saúde. De regime específico e, portanto, atípico, as organizações sociais não integram a Administração Pública indireta e desempenham suas atividades por meio de qualificação (e não de delegação), vínculo estabelecido por meio do contrato de gestão, restando impossibilitadas de auferir lucros em suas atividades, o que as obriga a reinvestir todo o numerário obtido.

Nesse contexto, tem-se que atividades tipicamente públicas serão conduzidas pela iniciativa privada, acarretando a supressão de inúmeras formalidades. Ocorre que, se por um lado confere-se maior mobilidade à atividade desenvolvida, por outro resta suavizado o rigor na aferição da adequação dos atos estatais à sistemática legal. Considerando que a qualificação de determinada entidade como organização social pressupõe a transferência de recursos, bens ou serviços de origem pública, mesmo sem ela apresentar fins lucrativos, existe a possibilidade de algum tipo de mácula contra o Erário, o que enseja uma maior fiscalização. Nesse cenário, advém que as organizações sociais podem ser lesadas por atos de improbidade, sendo o Poder Público o sujeito passivo material e formal, posto que seja o ente de origem das subvenções destinadas àquelas organizações.

Considerando-se que o art. 11 da Lei nº 9.637/98 declara as organizações sociais como entidades de interesse social e utilidade pública, para todos os efeitos legais, resta irrefutável que estão enquadradas no art. 1º, §7º da Lei nº 8.429/92, já que gozarão de benefícios e incentivos fiscais e creditícios.

As organizações da sociedade civil de interesse público, por sua vez, reguladas pela Lei nº 9.790/99 e sob o regime de administração por colaboração, são pessoas jurídicas de direito privado, também sem fins lucrativos e que recebem tal qualificação pelo Poder Executivo, após comprovados o exercício de determinadas atividades de utilidade pública e o cumprimento dos requisitos previstos no art. 4º do diploma referido.

Presente a qualificação, o vínculo jurídico das organizações da sociedade civil de interesse público com o Poder Público é o termo de parceria, formalizando o vínculo de cooperação para o fomento e a execução das atividades de interesse público previstas no art. 3º da Lei nº 9.790/99, quais sejam, os serviços socialmente úteis.

Detectado desvio de finalidade, desapego aos requisitos previstos em lei ou não cumprindo a atividade a que se destina, a organização da sociedade civil de interesse público estará passível à perda da qualificação, o que se dará a pedido ou mediante decisão proferida em processo administrativo ou judicial, de iniciativa popular ou do Ministério Público, no qual serão assegurados o contraditório e a ampla defesa.

Apesar das semelhanças com o regime das organizações sociais, ante o fato de que ambas integram o denominado terceiro setor, devem executar serviços públicos e manterem-se em estrita harmonia com o pacto celebrado com o Poder Público, precisando dar publicidade de seus atos e sujeitarem-se a rigorosos mecanismos de controle. As organizações da sociedade civil de interesse público podem ter um objeto social mais amplo que as organizações sociais e o seu processo de qualificação é mais simplificado.

No entanto, por não exercerem atividade lucrativa, as organizações de sociedade civil de interesse público serão também, via de regra, contempladas com recursos públicos, o que viabilizará o exercício de suas atividades finalísticas e impõe a aplicação das normas da Lei nº 8.429/92, seguindo-se a adequação esposada em sede de análise das organizações sociais como potenciais sujeitos passivos dos atos de improbidade.

Assim, quaisquer entidades podem ser sujeito passivo do crime de improbidade administrativa, desde que haja recurso público investido. A entidade lesada, por sua vez, deve buscar pela via própria o integral ressarcimento do dano, haja vista que, no caso, os atos que não forem provenientes da contribuição dos cofres públicos não interessam ao microssistema da Lei de Improbidade Administrativa.

No mesmo sentido, os partidos políticos, pessoas jurídicas de direito privado, são sujeitos passivos em potencial dos atos de improbidade, haja vista que também recebem recursos de natureza pública. Mesmo sendo norma cogente que os partidos políticos devem prestar suas contas anualmente até o dia 30 de abril de cada ano, nada impede que, posteriormente, havendo a atestação de um ato ímprobo, entre-se com uma ação de improbidade ou uma ação de ressarcimento. Somados aos recursos de origem privada, observados os limites previstos na lei eleitoral, os partidos políticos auferem os recursos oriundos do Fundo Especial de Assistência Financeira aos Partidos Políticos, também denominado de Fundo Partidário, que é integrado, em sua maior parte, por receitas de origem pública.[173] Direcionadas pela União ao Fundo Partidário, as dotações orçamentárias serão consignadas no Anexo do Poder Judiciário ao Tribunal Superior Eleitoral, nos termos do art. 40 e ss. da Lei nº 9.096/95, órgão responsável pela distribuição dos montantes. O Tribunal Superior Eleitoral, dentro de cinco dias, a contar do depósito dos duodécimos referentes a tal previsão orçamentária, providenciará a distribuição das cotas do Fundo Partidário, observando que cinco por cento do total do Fundo Partidário será destacado para entrega, em partes iguais, a todos os partidos que atendam os requisitos constitucionais de acesso aos recursos do Fundo Partidário; e noventa e cinco por cento do total do Fundo Partidário será distribuído aos partidos que tenham preenchido as condições do art. 13, desconsideradas as mudanças de filiação partidária em quaisquer hipóteses e na proporção dos votos obtidos na última eleição geral para a Câmara dos Deputados, previstos no art. 41 da Lei nº 9.096/95.[174]

Suscite-se que a possibilidade de o Fundo Partidário captar doações de pessoas físicas, que não possuam qualquer vínculo com o Poder Público, em nada compromete a assertiva de que os partidos políticos recebem recursos públicos. Em que pese serem pessoas jurídicas de direito privado, os partidos políticos em nada se confundem com o Fundo Partidário, que tem natureza eminentemente pública.[175]

---

[173] GOMES, José Jairo. *Direito Eleitoral.* 10. ed. rev. atual. e ampl. São Paulo: Atlas, 2014. p. 97-98.
[174] O art. 13 da Lei nº 9.096/95 foi declarado inconstitucional pelo Supremo Tribunal Federal nas ADIs nºs 1.351 e 1.354, tendo sido consignado nas Resoluções nºs 22.132/2005 e 22.280/2006 do TSE que a questão relativa ao funcionamento dos partidos não é matéria eleitoral, contexto que, apesar de não interferir no assunto em deslinde, merece ser citado. Posteriormente, o Congresso Nacional, através da Emenda Constitucional nº 97, modificou o art. 17 da CRFB/88. A Emenda alterou o *caput* do §3º do art. 17, e acrescentou dois incisos ao parágrafo supracitado para estabelecer que só terão direito a recursos do fundo partidário, na forma da lei, os partidos políticos que alternativamente: I - obtiverem, nas eleições para a Câmara dos Deputados, no mínimo, 3% (três por cento) dos votos válidos, distribuídos em pelo menos um terço das unidades da Federação, com um mínimo de 2% (dois por cento) dos votos válidos em cada uma delas; ou II - tiverem elegido pelo menos quinze Deputados Federais distribuídos em pelo menos um terço das unidades da Federação.
[175] AGRA, Walber de Moura. *Manual prático de Direito Eleitoral.* Belo Horizonte: Forum, 2016. p. 89.

4.2 Sujeitos ativos

A Lei nº 8.429/92 instituiu um microssistema onde os tipos de atos de improbidade são praticados por agentes públicos, seja com ou sem o auxílio de terceiros, presente o elemento subjetivo pertinente. O *caput* do art. 1º do referido diploma anuncia que serão punidos os atos de improbidade praticados por qualquer agente público, servidor ou não, contra a Administração direta, indireta ou fundacional de qualquer dos poderes da União, dos Estados, do Distrito Federal, dos Municípios, de Território, de empresa incorporada ao patrimônio público ou de entidade para cuja criação ou custeio o Erário haja concorrido ou concorra com mais de cinquenta por cento do patrimônio ou da receita anual.

Para efeitos expansivos, o art. 2º da Lei nº 8.429/92 dispõe que, no diploma referido, reputa-se agente público todo aquele que exerce, ainda que transitoriamente ou sem remuneração, por eleição, nomeação, designação, contratação ou qualquer outra forma de investidura ou vínculo, mandato, cargo, emprego ou função nas entidades às quais faz referência o art. 1º. Evidencia-se que a técnica legislativa adotada considera potenciais sujeitos ativos dos atos de improbidade os agentes públicos que mantêm alguma forma de vínculo com os sujeitos passivos, devendo esse vínculo ser interpretado da forma mais extensa possível.

Uma compreensão sistêmica dessa seara implica que a individualização do ato de improbidade perquirido, além da condição de agente público e do respectivo vínculo com um dos possíveis sujeitos passivos de atos ímprobos, é necessário que o indivíduo pratique o ato em razão de sua condição de agente público, seja comissiva ou omissivamente. E, considerando que inclusive as normas expansivas têm limites, aqueles que não se enquadrem no conceito de agente público apenas estão sujeitos às sanções da Lei de Improbidade Administrativa se induzirem, concorrerem ou se beneficiarem da prática do ato ímprobo.

O legislador optou por um conceito amplo de agente público, abrangendo quaisquer de suas espécies mediante comando legal genérico. Ser passível de enquadramento nos tipos de improbidade independe da modalidade de instrumento que vincula o agente à Administração, da (in)determinabilidade de prazo, da natureza e origem da relação, da (in)existência de contraprestação. A Constituição Federal vigente não fez tais distinções e qualquer forma de vínculo impõe ao agente público o dever de moralidade. Trata-se de mecanismo à conferência de máxima efetividade aos princípios constitucionais, em especial, aos previstos no art. 37 da CRFB/88.

A lógica esposada conduz à conclusão de que, além daqueles que desempenham quaisquer atividades junto à Administração direta ou indireta dos poderes constituídos dos entes federativos, também poderão praticar atos de improbidade as pessoas físicas que possuem vínculo com entidades cujo patrimônio, mesmo sendo em percentual menor que cinquenta por cento, proveio do Erário, ainda que exerçam atividade eminentemente privada, sujeitando-se às sanções previstas na Lei nº 8.429/92.

No que tange à sociedade de economia mista, Marino Pazzaglini Filho e os demais coautores, defendem que, em razão de possuir regramento semelhante às sociedades anônimas, a responsabilidade dos administradores teria sido tratada da mesma forma. Assim, delineiam que os diretores da sociedade de economia mista não são responsabilizados pessoalmente por improbidade administrativa pelas obrigações sociais quando estas decorrem de ato de gestão ordinário da empresa, aplicando-se-lhes a normativa cível no que couber.[176] Para o Superior Tribunal de Justiça, por sua vez, de forma clara, os dirigentes e empregados de quaisquer empresas estatais são potenciais sujeitos ativos dos atos de improbidade.[177]

Tem-se, portanto, que sujeitos privados podem ser autores de ato de improbidade administrativa, posto que nas devidas condições sejam equiparados a agentes públicos. Uma vez adequado o ato ao tipo, responderão na forma do conjunto de sanções legalmente previstas, ressalvando-se que, logicamente, a entidade que receba subvenção de órgão público e aquela cuja criação ou custeio o Erário haja concorrido com menos de cinquenta por cento do patrimônio, a sanção patrimonial limita-se à repercussão do ilícito sobre a contribuição dos cofres públicos. Suscite-se que o art. 17 da Lei nº 8.429/92 corrobora esse fato mencionado, aduzindo que a Fazenda Pública pode promover as medidas cabíveis necessárias à complementação do ressarcimento do patrimônio público, indo além do patrimônio público investido.

---

[176] PAZZAGLINI FILHO, Marino; ROSA, Márcio Fernando Elias; FAZZIO JÚNIOR, Waldo. *Improbidade administrativa:* aspectos jurídicos da defesa do patrimônio público. 2. ed. São Paulo: Atlas, 1997. p. 45.
[177] STJ. REsp nº 255.861/SP. Rel. Min. Milton Luiz Pereira. 1ª Turma. Julg: 26.06.2001.

Os particulares em colaboração com o Poder Público, por sua vez, são pessoas físicas que não possuem vínculo empregatício com o Estado. Embora prestem serviço a este, não são remunerados diretamente pelos cofres públicos, como na hipótese de delegação, em que os particulares atuam em nome próprio, sem vínculo empregatício e sob a fiscalização do Poder Público concedente.[178] Mesmo nesses casos, todo aquele que desempenhe uma função pública, sem importar a taxionomia do vínculo, pode sofrer as sanções da Lei de Improbidade Administrativa.[179]

O art. 3º da Lei nº 8.429/92 aperfeiçoa o conjunto normativo ora tratado. Aquele que não é qualificado como agente público pode sofrer os efeitos diretos da tutela da probidade, haja vista que se aplica o diploma, no que couber, àquele que, mesmo não sendo agente público, induza ou concorra para a prática do ato de improbidade ou dele se beneficie sob qualquer forma direta ou indireta. Tal dispositivo tem o condão de, uma vez comprovada conexão objetiva e subjetiva entre a pessoa física ou jurídica à prática de ato de improbidade, impor a todos a responsabilidade solidária pela imoralidade qualificada a ser sancionada na forma da Lei nº 8.429/92.

Por outro lado, não é em qualquer situação que o beneficiário de um ato ímprobo deve responder nos termos da Lei de Improbidade Administrativa. O dispositivo referido condiciona a responsabilidade ao benefício direto ou indireto, o que pressupõe o efetivo conhecimento da imoralidade, requisito inexorável para se atestar a existência do elemento subjetivo.

Suscite-se, por fim, o magistério de Eurico Ferraresi, que defende que apesar de o ato de improbidade ser comumente perpetrado por várias pessoas, não há que se falar, porém, em litisconsórcio passivo necessário na ação que perquire o ato de improbidade, tendo em vista que a demanda não será julgada de modo uniforme para todos, procedendo-se, de forma obrigatória, a individualização da conduta de

---

[178] STJ. REsp nº 255861/SP. Min. Rel. Min. Milton Luiz. Primeira Turma. Julg.: 29.06.2001. DJ 22.10.2001.

[179] Entende-se, neste ponto, que o legislador buscou conferir significado amplo ao termo "agente público". A rigor, quaisquer outras pessoas que estejam de algum modo vinculadas ao Poder Público podem ser classificadas como sujeitos ativos dos atos de improbidade administrativa (REsp nº 1.081.098/DF, Rel. Ministro Luiz Fux, Primeira Turma, DJe 03.09.2009).

cada réu, sob pena de nulidade do processo em razão de ferir garantias processuais indeléveis.[180]

4.2.1 Agentes políticos como sujeitos ativos de improbidade

Os agentes políticos são espécie de agentes públicos que exercem cargos estruturais à organização política do país, constituindo os formadores da vontade superior do Estado. Para Celso Antônio Bandeira de Mello, são agentes políticos o presidente da República, os governadores, prefeitos e respectivos vices, os auxiliares imediatos dos chefes do Executivo, quais sejam, os ministros e secretários das diversas pastas, bem como os senadores, deputados federais e estaduais e vereadores. Esclarece o mencionado autor que o vínculo existente entre tais agentes e o Estado não possui natureza profissional, mas natureza política. Por exercerem um múnus público, a relação jurídica é de natureza institucional, advindo que seus direitos e deveres não decorrem de contrato travado com o Poder Público, mas dos termos estatuídos diretamente na Constituição e nas leis.[181]

Tem-se que os agentes políticos desempenham funções governamentais, concretizando seus atos sob a marca da discricionariedade; elaboram normas legais, conduzem os negócios públicos, decidem e atuam com independência nos assuntos de sua competência. No mesmo sentido, não são hierarquizados em sua área de atuação, sujeitando-se apenas aos graus e limites constitucionais e legais da jurisdição. Atuando com plena liberdade funcional, os agentes políticos possuem situação diversa dos que simplesmente administram e executam encargos técnicos e profissionais, sem responsabilidade de decisão e opções políticas. Em razão da absorção dessa concepção de agentes políticos, pela amplitude de seu espaço de incidência, ela acaba por englobar os magistrados e todos os agentes que exerçam função com poder decisório exercido autonomamente.

---

[180] FERRARESI, Eurico. *Improbidade administrativa*: Lei 8.429/1992 comentada artigo por artigo. Rio de Janeiro/São Paulo: Forense/Método, 2011. p. 36-37.
[181] MELLO, Celso Antônio Bandeira de. *Curso de Direito Administrativo*. 32. ed. São Paulo: Malheiros, 2015. p. 253.

Peculiaridades doutrinárias à parte, o fato de a natureza jurídica de tal espécie de agente público demandar um regime especial fez emergir a defesa de que a Lei nº 8.429/92 não se aplicaria aos agentes políticos, sob o argumento de que eles estariam amparados por uma prerrogativa de foro privilegiado, inclusive em caso de improbidade administrativa. Em sede do Superior Tribunal de Justiça, já se presenciou a defesa dessa tese.[182] Todavia, tem a referida Corte mudado de posicionamento nas últimas oportunidades.[183] O Supremo Tribunal Federal, depois de inúmeros precedentes em sentido contrário, no ano de 2014 entendeu pela aplicabilidade da Lei de Improbidade Administrativa à totalidade dos agentes políticos.[184]

Inclusive, em defluência de expresso comando legal, esse entendimento inicial não pode prosperar. A Lei nº 8.429/92, ao estabelecer quais os sujeitos estão adstritos à sua aplicação, fez manuseio terminológico amplo, capaz de alcançar todas as pessoas que exercem múnus público, sob a redação de que se dirige à repressão dos "atos de improbidade praticados por qualquer agente público, servidor ou não (...)".

---

[182] Colacionam-se trechos das teses esposadas a título de fundamentação: "(...) 4. O agente político exerce parcela de soberania do Estado e por essa causa atuam com a independência inextensível aos servidores em geral, que estão sujeitos às limitações hierárquicas e ao regime comum de responsabilidade. 5. A responsabilidade do agente político obedece a padrões diversos e é perquirida por outros meios. A imputação de improbidade a esses agentes implica em categorizar a conduta como "crime de responsabilidade", de natureza especial. 6. A Lei de Improbidade Administrativa admite no seu organismo atos de improbidade subsumíveis a regime jurídico diverso, como se colhe do art. 14, §3º da lei 8.429/92 ("§3º Atendidos os requisitos da representação, a autoridade determinará a imediata apuração dos fatos que, em se tratando de servidores federais, será processada na forma prevista nos arts. 148 a 182 da Lei nº 8.112, de 11 de dezembro de 1990 e, em se tratando de servidor militar, de acordo com os respectivos regulamentos disciplinares"), por isso que se infere excluída da abrangência da lei os crimes de responsabilidade imputáveis aos agentes políticos. 7. O Decreto-lei n.º 201/67, disciplina os crimes de responsabilidade dos agentes políticos (prefeitos e vereadores), punindo-a com rigor maior do que o da lei de improbidade. Na concepção axiológica, os crimes de responsabilidade abarcam os crimes e as infrações político-administrativas com sanções penais, deixando, apenas, ao desabrigo de sua regulação, os ilícitos civis, cuja transgressão implicam sanção pecuniária. 8. Conclusivamente, os fatos tipificadores dos atos de improbidade administrativa não podem ser imputados aos agentes políticos, salvo através da propositura da correspectiva ação por crime de responsabilidade. (...)" STJ. REsp nº 456649/MG. Rel. Min. Luiz Fux. Corte Especial. DJ 05.09.2006.

[183] STJ. REsp nº 1188348. Rel. Min. Og Fernandes. Segunda Turma. Julg: 20.02.2018. REsp nº 1314377/RJ. Rel. Min. Herman Benjamin. Segunda Turma. Julg.: 27.08.2013. DJe 18.09.2013; REsp nº 910.574/MG. Rel.: Min. Francisco Falcão. Segunda Turma. Julg.: 17.04.2007. DJe 07.05.2007.

[184] STF. AgRg na AC nº 3585 MC /RS. Min. Rel. Celso de Mello. Segunda Turma. Julg.: 02.06.2014. DJe 24.10.2014.

A interpretação literal do dispositivo encontra corroboro no aspecto teleológico da norma, de incluir todos os agentes públicos que incorram em ato de improbidade administrativa, sejam servidores ou não. A defesa de que a especialidade da natureza jurídica das funções desempenhadas por agentes políticos afasta a aplicação da Lei nº 8.429/92 tem evidente origem em equívoco preliminar, decorrente do tratamento distinto para a responsabilização político-administrativa específica do presidente da República, regulamentada pela Lei nº 1.079/50, que é também aplicável a outros agentes políticos, tais quais os governadores de Estado, ministros de Estado, ministros do Supremo Tribunal Federal, Procurador-Geral da República. Todavia, mesmo o Mandatário Maior pode sofrer um procedimento de responsabilidade em decorrência de improbidade administrativa, cujas sanções cominadas em abstrato pela lei são a perda do cargo e inabilitação para o exercício de qualquer função pública. E, ainda, todas essas outras autoridades citadas igualmente podem sofrer processo por improbidade administrativa.

Saliente-se que, afora a imputação por improbidade administrativa, aos prefeitos, vices e vereadores também se aplica o Decreto-Lei nº 201/67, cujas sanções são também a perda do mandato e a inabilitação para o exercício de função pública, pela prática de várias condutas, entre elas em razão de atos de corrupção ou de improbidade administrativa. Nessa toada, igualmente aos membros do Congresso Nacional podem ser aplicadas a perda do mandato, entre outras sanções previstas no texto constitucional em razão de comportamento incompatível com o decoro parlamentar, previsão contida no §1º do inciso II do art. 55 da CRFB/88, sem impedimento da subsunção da Lei de Improbidade.

As sanções propaladas, no caso dessas legislações específicas, não abrangem a perda de bens ou de valores ilicitamente acrescidos, nem mesmo o ressarcimento do dano, a multa civil, a proibição de contratar ou de receber benefícios ou incentivos fiscais ou creditícios do Poder Público e o pagamento de multa civil. Tal circunstância corrobora a tese da possibilidade de aplicação concomitante da Lei nº 8.429/92 aos agentes políticos, posto que a criação de uma espécie de imunidade preservaria o patrimônio particular do agente público ímprobo à mercê do Erário.

Nesse sentido, resta irrefutável que as reverenciadas penalidades possuem natureza jurídica e objeto distinto das anunciadas na Lei nº 8.429/92, podendo ser cumuladas, haja vista que pertencem a searas diversas.[185]

---

[185] A Segunda Turma do Superior Tribunal de Justiça já afirmou que a controvérsia sobre a aplicabilidade da Lei nº 8.429/92 aos agentes políticos foi superada ainda no julgamento da

Assim, do ponto de vista político, o desvio de conduta do agente político é examinado e sancionado pelo Legislativo, conforme estrutura de competência constitucionalmente organizada. Se a conduta do agente também é repudiada na esfera penal, adequando-se aos tipos de ilícitos penais preexistentes, o agente político responde perante o Judiciário, de acordo com a prerrogativa de foro devida.

Se a conduta imputada ao agente constitui crime em tese e também infração político-administrativa, ambas as responsabilizações podem ser realizadas.[186] A violação à probidade não pode sofrer controle apenas político, posto que sequer a lei pode excluir da apreciação do Poder Judiciário lesão ou ameaça a direito (art. 5º, XXXV, da CRFB/88). O próprio art. 37, §4º, da CRFB/88 exige a presença de decisão judicial, considerando que a fixação das penalidades da Lei nº 8.429/92 caberá ao Poder Judiciário, que segue competente para o julgamento do ato ímprobo imputado e praticado por seus membros e de outros Poderes.[187]

4.3 Terceiros

Os terceiros são conceituados por José dos Santos Carvalho Filho como aqueles cidadãos que, apesar de não qualificados como agentes públicos, induzem ou concorrem para a prática do ato de improbidade ou dele se beneficiam, consubstanciando classificação autônoma diversa da regra geral, que seria um agente público como autor do ato de improbidade.[188]

A Lei nº 8.429/92, no art. 3º, determina que suas disposições são aplicáveis, no que couber, àquele que, mesmo não sendo agente público, induza ou concorra dolosamente para a prática do ato de improbidade.

Rcl nº 2.790/SC, pelo STJ, quando entendeu que "não há norma constitucional alguma que imunize os agentes políticos, sujeitos a crime de responsabilidade, de qualquer das sanções por ato de improbidade previstas no art. 37, §4º. Seria incompatível com a Constituição eventual preceito normativo infraconstitucional que impusesse imunidade dessa natureza" (Rel. Min. Teori Zavascki). Assinalou-se que o art. 12 da Lei nº 8.429/92 prevê inúmeras sanções que em nada coincidem com a única penalidade imposta no art. 7º do DL 201/67 – cassação de mandato –. Assentada a aplicabilidade da Lei nº 8.429/92 aos atos praticados pelos legisladores municipais, consequentemente, tem-se como perfeita a relação de pertinência subjetiva evidenciada pela ação de improbidade que busca responsabilizar aqueles agentes políticos pelo recebimento ilegal de subsídios. (REsp nº 1314377/RJ. Rel.: Min. Herman Benjamin. Segunda Turma. Julg.: 27.08.2013. DJe 18.09.2013)

[186] STJ. REsp nº 910.574/MG. Rel.: Min. Francisco Falcão. Segunda Turma. Julg.: 17.04.2007. DJe 07.05.2007.

[187] STF. MS nº 24699/DF. Rel. Min. Eros Grau. Primeira Turma. Julg.: 30.11.2004. DJe 1º.07.2005.

[188] CARVALHO FILHO, José dos Santos. Manual de Direito Administrativo. 25. ed. São Paulo: Atlas, 2012. p. 1068.

Nesse sentido, o particular poderá estar sujeito às sanções cominadas, desde que o ato seja divisado com agente público e que compatíveis com sua condição.

O terceiro pode atuar em indução do agente público, de modo a incentivá-lo à realização do ato ímprobo; pode concorrer, seja direta ou indiretamente, no auxílio de sua realização; ou ainda não exercer nenhum ato elementar, tão somente beneficiando-se do produto. Em qualquer das hipóteses será apreciado o elemento subjetivo que move o terceiro, posto não existir previsão de responsabilização objetiva.

Outrossim, as pessoas jurídicas também poderão figurar como terceiros na prática dos atos de improbidade. Tal hipótese é facilmente vislumbrada no caso de incorporação ao seu patrimônio dos bens públicos desviados pelo agente ímprobo. Afinal, o art. 3º da Lei nº 8.429/92 não fez distinções no que tange ao terceiro como sujeito ativo, o que leva à ilação de que as pessoas jurídicas estão incluídas em tal previsão. Nesse diapasão, uma vez comprovado que determinado numerário de origem pública foi incorporado ao patrimônio de uma pessoa jurídica, esta estará impreterivelmente sujeita às sanções previstas no art. 12 da Lei nº 8.429/92, compatibilizando-se com suas especificidades. O Superior Tribunal de Justiça entende que a pessoa jurídica pode figurar no polo passivo de uma demanda de improbidade, ainda que desacompanhada dos sócios, pois ela pode ser beneficiada por atos ímprobos, devendo, consequentemente, ser condenada pelos seus atos.[189]

A personalidade da pessoa jurídica tem como principal característica a atuação na vida jurídica com personalidade diversa da dos indivíduos que a compõem.[190] No entanto, tal distinção pode ser afastada mediante aplicação do instituto da desconsideração da personalidade jurídica, previsto no art. 50 do Código Civil, ocorrendo sempre que a pessoa jurídica for desviada dos fins estabelecidos em seus atos constitutivos ou pela confusão patrimonial, servindo de instrumento à prática de atos ilícitos e buscando manter intangível o patrimônio de seus sócios. Nesse cenário, a desconsideração da personalidade jurídica fará com que os sócios, a exemplo da pessoa jurídica, também

---

[189] (REsp nº 970.393/CE, Rel. Ministro Benedito Gonçalves, Primeira Turma, julgado em 21.6.2012, DJe 29.06.2012). STJ - AgInt no AREsp: 826883 RJ 2015/0314079-8, Relator: Ministro Sérgio Kukina, Data de Julgamento: 26.06.2018, T1 - Primeira Turma, Data de Publicação: DJe 09.08.2018.

[190] GONÇALVES, Carlos Roberto. *Direito Civil Brasileiro*. 9. ed. São Paulo: Saraiva, 2011. v. 1, p. 215.

estejam legitimados a figurar no polo passivo da relação processual, como terceiro equiparado ao sujeito ativo do ato ímprobo, estando igualmente sujeitos às sanções previstas no art. 12 da Lei nº 8.429/92.

Portanto, tem-se que as pessoas jurídicas podem ser sujeitos ativos de ato de improbidade, posto que, não existindo distinção legal, a tipificação pertinente é perfeitamente enquadrável. Além do que possuem personalidade jurídica própria, não se confundindo com os seus sócios, a salvo o instituto da desconsideração mencionado. Contudo, faz-se premente a prova de que a vantagem indevida, o prejuízo ao Erário ou a violação de princípio foi em proveito da empresa, e não de seu(s) sócio(s).

A Lei de Improbidade Administrativa também sujeitou as suas imputações, conforme o art. 8º, ao sucessor ou o herdeiro daquele que causar dano ao erário ou que se enriquecer ilicitamente estão sujeitos apenas à obrigação de repará-lo até o limite do valor da herança ou do patrimônio transferido. Para Emerson Garcia, houve uma limitação da sanção pecuniária ao montante da herança. Ainda que o ímprobo tenha falecido, a ação pode ser protocolada, apontando no polo passivo da demanda o sucessor do agente, ou ser instaurada nova relação processual perante o espólio ou sucessores do agente para a investigação do ilícito perpetrado e possível aplicação das sanções às ilicitudes realizadas.[191]

---

[191] GARCIA, Emerson; ALVES, Rogério Pacheco. *Improbidade administrativa*. 3. ed. Rio de Janeiro: Lúmen Júris, 2006. p. 238.

CAPÍTULO 5

DOS ATOS DE IMPROBIDADE

5.1 Possibilidade de retroação da "Nova Lei de Improbidade Administrativa" (Lei nº 14.230/2021)

Em um mundo cada vez mais complexo, principalmente em razão da pandemia da COVID-19, em que dissensos são a tônica cada vez mais tautológica da sociedade, a construção de um Estado de Direito deixa de ser uma tarefa paleológica e torna-se uma premissa indissociável para a manutenção do pacto vivencial da sociedade.[192] Urge reconstruir o princípio da legalidade, em que a sua ontologia de vinculação não seja flexibilizado pela entronização da discricionariedade, de modo a voltar os olhos para os romanos e agasalhar os eflúvios do adágio latino, *dura lex, sed lex*.

Esse estado de coisas emerge de um contexto em que proliferam contínuas diminuições do campo de incidência do princípio da legalidade, que culmina na predileção da jurisprudência como a principal fonte normativa e, por consequência, desenha um quadro de claro acinte ao Estado de Direito.[193] A situação torna-se ainda mais grave quando os operadores do Direito infectam-se com a seiva do moralismo exacerbado e adotam comportamentos nitidamente *contra legem* ou, em alguns casos, destituídos de padrões éticos.

Indubitável que a aplicação da Lei de Improbidade Administrativa (Lei nº 8.429/1992) sofreu fortes influxos desse verniz moralizante, no que

---

[192] VERDÚ, Pablo Lucas. *O sentimento constitucional*: aproximações ao estudo do sentir constitucional como modo de integração política. Tradução de Agassiz Almeida Filho. Rio de Janeiro: Forense, 2004. p. 53.

[193] MIRANDA, Jorge. *Teoria do Estado e da Constituição*. Rio de Janeiro: Forense, 2002. p. 46.

permitiu que o princípio da legalidade fosse relegado frequentemente por voluntarismos judiciais, especificamente quando o operador jurídico amplia o alcance dos dispositivos legais para confortar espíritos inquisitivos. Desse e de outros influxos resultou na edição da Lei nº 14.230/2021, que altera a Lei de Improbidade Administrativa, mudando vários de seus parâmetros de validade.

Inúmeras foram as mudanças que perpassam por vários espectros, desde o que abarca as normas de direito material até o que dispõe sobre direito processual. No entanto, uma das questões mais polêmicas do novo diploma legislativo diz respeito à possibilidade de aplicação dos efeitos retroativos das disposições normativas da Lei nº 14.230/202, que deixa de prever a tipificação de atos de improbidade administrativa sob a modalidade culposa, retiram determinadas sanções e anulam certas tipificações concernentes às improbidades contra os princípios da Administração Pública.

Com relação às sanções, a Lei nº 14.230/2021 retirou a suspensão dos direitos políticos como consequência da condenação por ato que atenta contra os princípios da Administração Pública, bem como também delineou os tipos insertos no art. 11, que deixam de ser genéricos e abstratos para se restringirem aos parâmetros legais. Ou seja, o referido preceptivo legal perde a característica de "norma penal em branco", que estava ao talante da compreensão do intérprete acerca dos limites, flexões e inflexões dos conceitos jurídicos indeterminados. A Lei nº 14.230/2021 também revogou alguns tipos insertos no antigo art. 11 da Lei nº 8.429/1991, como por exemplo o que tipifica a "prática de ato visando fim proibido em lei ou regulamento ou diverso daquele previsto, na regra de competência" e o fato do agente "retardar ou deixar de praticar, indevidamente, ato de ofício.

Outrossim, a Lei nº 14.230/2021 diminuiu o valor máximo da multa, que cai para até 24 (vinte e quatro) vezes o valor da remuneração percebida pelo agente (art. 12, inciso III, da LIA). A sanção de perda da função pública, nas hipóteses de cometimento de atos que importem em enriquecimento ilícito e lesão ao erário, atingirá apenas o vínculo da mesma qualidade e natureza que o agente público ou político detinha com o poder público na época do cometimento da infração (art. 12, §1º, da LIA). Também unificou-se o prazo prescricional para 8 (oito) anos, com a criação de marcos interruptivos da prescrição e a prescrição intercorrente, que impõe que entre o ajuizamento da ação de improbidade e a publicação da sentença condenatória não decorra prazo superior a quatro anos (art. 23, §§4º, 5º da LIA).

De acordo com os imperativos deontológicos da mencionada estrutura normativa, houve a supressão do ato de improbidade praticado mediante culpa (art. 1º, §1º), de modo que se faz necessária a presença do dolo específico que ateste de forma indene de dúvidas a vontade livre e consciente do agente em alcançar o resultado ilícito (art. 1º, §2º). Quanto aos atos que atentem contra os princípios da Administração Pública, a Lei nº 14.230/2021 impôs a exigência de lesividade relevante ao bem jurídico tutelado para serem passíveis de sancionamento (art. 11, §4º da LIA). Em mais uma mudança de paradigma, o legislador acentuou que nos casos de atos de menor ofensa aos bens jurídicos tutelados, a sanção limitar-se-á à aplicação de multa, sem prejuízo do ressarcimento o dano e da perda dos valores, quando for o caso (art. 12, §5º da Lei nº 8.429/1992, com as alterações da Lei nº 14.230/2021).

Diante desse novo panorama, indaga-se: Se, hodiernamente, esse tipo de ato ímprobo não é mais punido com as sanções de outrora, a perpetração da aplicação das penas dispostas em dispositivos legais revogados, a ilícitos pretéritos, consubstanciaria algum tipo de vindita pública? Como é cediço, a retroatividade se constitui na possibilidade de uma determinada lei produzir efeitos retrospectivos. Explana Cezar Roberto Bittencourt, sob o ângulo da dogmática penal, que a retroatividade da lei mais benéfica, por exemplo, assegura que a lei posterior, quando for mais favorável, retroagirá para alcançar fatos cometidos antes de sua vigência.[194] Extrai-se dessa previsão que na *loi plus douce*, o parâmetro a ser perseguido é o da retroatividade da lei mais favorável, que pode ocorrer quando o fato não é mais considerado crime (*abolitio criminis*) ou quando a lei nova beneficia o agente (*lex mitior*).

O seu fator teleológico é o de que a aplicação da normatização reproduza as invariáveis axiológicas vigentes, sem que valores ultrapassados ou até mesmo atestados como ineficazes ou inconstitucionais possam continuar a ser aplicados, haja vista o consenso que se formou na sociedade para sua superação.[195] Fala-se em invariável axiológica no sentido exposto por Miguel Reale, em que valores subordinantes

---

[194] BITTENCOURT, Cezar Roberto. *Tratado de Direito Penal:* Parte Geral. 11. Ed. São Paulo: Saraiva, 2007. p. 162.

[195] Ensina o Professor José Afonso da Silva que o benefício da retroatividade da lei mais benéfica justifica-se "pois se o Estado reconhece, pela lei nova, não mais necessária à defesa social a definição penal do fato, não seria justo nem jurídico alguém ser punido, e continuar executando a pena cominada em relação a alguém, só por haver praticado o fato anteriormente. A lei nova também retroage se altera o regime anterior em favor do réu- seja por exemplo, cominando pena menor ou estabelecendo atenuante, ou qualquer outro benefício". DA SILVA, José Afonso. *Comentário Contextual à Constituição*. São Paulo: Malheiros, 2005. p. 138.

desgarram-se da civilização que os concebeu para galgarem um patamar mais alto, de modo a desempenharem um papel de caráter universal, transcendente e definitivo.[196]

Em razão de sua grande importância, a Carta de 1988, denominada de Constituição Cidadã, disciplinou a retroatividade e a irretroatividade como garantias fundamentais. Como regra geral, para propiciar que todos possam ser disciplinados pelas estruturas normativas vigentes e captar as alterações no grau de reprovabilidade social, a *Lex Mater* em nenhum momento proibiu a retroatividade de leis, como era a regra em textos constitucionais anteriores, todavia, forcejou determinadas garantias, como no art. 5º, XXXVI, que garante que esses efeitos *ex tunc* não podem prejudicar o direito adquirido, o ato jurídico perfeito e a coisa julgada. Outrossim, o art. 5º, XL explana que a lei penal não retroagirá, salvo para beneficiar o réu. Portanto, de forma clarividente se deduz que não há estorvo para a retroatividade normativa, desde que respeitando os comandos legais, a segurança jurídica e as relações jurídicas consolidadas.

Como grassa uma certa unanimidade, que nesse caso não é burra, como já mencionava Nelson Rodrigues, aduz-se que a Lei de Improbidade Administrativa pertence ao campo do Direito Administrativo Sancionador, no que exige uma série de garantias para a sua implementação, mormente as garantias constitucionais de natureza penal. Sustenta-se que o Direito Administrativo Sancionador caracteriza-se como um mecanismo para garantir a efetividade dos valores caros à sociedade, como forma de estímulo a se tomar caminhos que apontem para o interesse público.[197] Como espécie do gênero Direito Sancionador, cuja principal característica é a possibilidade do cidadão sofrer uma punição por parte do Estado, o devido processo legal, material e formal, precisa ser obedecido de forma mais minuciosa.

Mas não é só. O Direito Administrativo Sancionador, em paralelo ao Direito Penal, engloba o conjunto do poder punitivo do Estado, razão pela qual Regis Fernandes Oliveira assevera não existir diferença ontológica entre crime, contravenção e infração; e entre pena e sanção, no que também inexiste diferença de substância entre pena e sanção administrativa.[198] Nesse espeque, García de Enterría e Fernández

---

[196] REALE, Miguel. *Paradigmas da cultura contemporânea*. São Paulo: Saraiva, 1996. p. 95.
[197] VORONOFF, Alice. *Direito Administrativo Sancionador no Brasil:* justificação, interpretação e aplicação. Belo Horizonte: Fórum, 2018. p. 104.
[198] OLIVEIRA, Regis Fernandes de. *Direito Administrativo Sancionador*. São Paulo: RT, 1995. p. 32.

asseveram que o Direito Administrativo Sancionador não pode constituir instância repressiva e arcaica, que busque promover acintes aos direitos fundamentais, com aplicação de técnicas de responsabilidade objetiva, previsão de sanções que não estejam legalmente delimitadas, presunções e inversões do ônus da prova.[199] Até mesmo porque o Direito Administrativo Sancionador tem como núcleo fundamental os princípios que garantem a contenção do poder punitivo estatal, independentemente de a sanção ser aplicada pelo Estado Administração ou pelo Estado Juiz.[200]

Com efeito, tecendo-se a dialética circunscrita ao ato ímprobo, tem-se por irrefutável que o conceito de improbidade advém da afronta ao dever de probidade, que traz como pilares fundamentais da ética pública, na pós-modernidade, de melhor alvitre é estabelecer desincentivos para essa prática e assegurar o ressarcimento do erário público. Ou seja, a violação desses bens jurídicos tutelados atrairá, por consectário lógico, a imposição de uma sanção de natureza civil, como a multa; política, como a suspensão dos direitos políticos; e condenatória diversa, como o ressarcimento integral do dano e a proibição de contratar com entes públicos (art. 12 da LIA). Assim, ressoa inconteste que a classificação, o processamento e a aplicação de sanção pela prática de ato de improbidade administrativa repousa na seara do Direito Sancionador, como afirma a jurisprudência do Superior Tribunal de Justiça.[201] Inclusive, urge acentuar que o STJ reverbera entendimento no sentido da interpenetração dos institutos do Direito Penal com os do Direito Administrativo Sancionador, sob o arremate jurisprudencial de que "onde permanecem as mesmas razões, permanece a mesma compreensão".[202]

Mesmo que esse não fosse o posicionamento dominante, a nova diretriz normativa expungiu qualquer tipo de divagação, ao deixar claro que na sua utilização deve-se aplicar os princípios constitucionais do

---

[199] GARCÍA DE ENTERRÍA, Eduardo; FERNÁNDEZ, Tomás-Ramón. *Curso de Direito Administrativo*. Tradução de Arnaldo Setti. São Paulo: RT, 1991. p. 891.

[200] MOREIRA NETO, Diogo de Figueiredo; GARCIA, Flávio Amaral. *A Principiologia no Direito Administrativo Sancionador*. Revista Eletrônica de Direito Administrativo Econômico (REDAE); Salvador: Instituto Brasileiro de Direito Público, nº 28, novembro/dezembro/janeiro, 2011/2012. p. 3.

[201] STJ - REsp: 1605701 MG 2015/0011720-6, Relator: Ministro NAPOLEÃO NUNES MAIA FILHO, Data de Julgamento: 16/06/2016, T1 - PRIMEIRA TURMA, Data de Publicação: DJe 04/10/2016.

[202] STJ - EDcl no AgRg no REsp: 1086994 SP 2008/0209361-0, Relator: Ministro MAURO CAMPBELL MARQUES, Data de Julgamento: 10/12/2019, T2 - SEGUNDA TURMA, Data de Publicação: DJe 18/12/2020.

direito administrativo sancionador (art. 1º, §4º). Assim, depreendendo-se que a Lei de Improbidade Administrativa está circunscrita ao campo do Direito Sancionador, que a Constituição não proíbe a retroatividade de lei que beneficie o réu, tanto as normas penais, quanto as que ostentam conteúdo sancionatório, não há se falar em engendrar qualquer tipo de discussão quanto à possibilidade de aplicação da Lei nº 14.230/2021 aos processos em curso, seja em primeira instância ou em qualquer outra esfera recursal.

Além do que, se esse não fosse o escopo tencionado pela *mens legis*, haveria o impedimento de se colocar óbices ao alcance da retroatividade. Como facilmente se depreende, em nenhum momento a nova lei impediu a retroatividade, autorizando o cumprimento da retroatividade da norma mais benigna. Se assim não foi realizado, segue-se os ditames do Estado de Direito que comina que na ausência de obstáculo normativo, de modo a permitir a prática de um ato, mormente quando ele se sincroniza com as modificações operadas no grau de reprovação social.

Outros argumentos podem ser coligidos ainda nesse sentido. No plano da convencionalidade, pode-se mencionar o art. 9º do Pacto de San José da Costa Rica, que assegura a retroatividade da lei mais benigna, independentemente de sua natureza ser de caráter penal ou não. Isso porque a referida convenção, por possuir *status* supralegal, sobrepõe-se à legislação infraconstitucional, sobretudo quando ostenta o escopo de garantir direitos fundamentais. Nesse passo, o Superior Tribunal de Justiça perfilhou entendimento no sentido de que o princípio da retroatividade da lei mais benéfica alcança as leis que disciplinam o Direito Administrativo Sancionador.[203] Igualmente, esse se constitui o posicionamento dos sodalícios pátrios.[204]

---

[203] STJ - RMS: 37031 SP 2012/0016741-5, Relator: Ministra REGINA HELENA COSTA, Data de Julgamento: 08/02/2018, T1 - PRIMEIRA TURMA, Data de Publicação: DJe 20/02/2018.

[204] PROCESSUAL CIVIL. ADMINISTRATIVO. EXTENSÃO DO PRINCÍPIO CONSTITUCIONAL DA RETROATIVIDADE DA LEI PENAL MAIS BÉNÉFICA. APLICABILIDADE AO DIREITO ADMINISTRATIVO SANCIONADOR. REVOGAÇÃO DA LEI 6.815/80 (ESTATUTO DO ESTRANGEIRO) PELA LEI 13.445/17 (LEI DE IMIGRAÇÃO). NULIDADE DOS AUTOS DE INFRAÇÃO. APELAÇÃO DESPROVIDA. (...) 4. Quanto ao mérito, ressalta-se que o C. Superior Tribunal de Justiça já consolidou o entendimento de que o princípio constitucional da retroatividade da lei penal mais benéfica aplica-se também ao Direito Administrativo, quando este se traduzir no exercício do jus puniendi estatal, aí incluído todos os procedimentos administrativos sancionadores. Precedente: RMS 37.031/SP, Rel. Ministra REGINA HELENA COSTA, PRIMEIRA TURMA, julgado em 08/02/2018, DJe 20/02/2018. 5. Tratando-se de infração administrativa, cujo grau de reprovabilidade é imensamente inferior ao das infrações penais, decidiu com acerto o Juiz sentenciante ao entender que o ilícito previsto no art. 96 e 125, IV, da Lei 6.815/80 (Estatuto do Estrangeiro) não pode mais ser imputado em razão do advento da Lei 13.445/17 (Lei de Imigração), que não previu a antijuridicidade de conduta semelhante. 6. Apelação desprovida (TRF-3 -

O brocado latino *tempus regit actum*, que comina que os fatos jurídicos sejam regidos inexoravelmente pelas leis do início de sua vigência, não pode ser interpretado de forma restritiva ou descolado do todo sistêmico. As exceções, além das dispostas por lei, são todas aquelas em que há atos que ainda não foram realizados, encontrando-se pendentes, no que obriga a aplicação da nova lei aos atos subsequentes. De qualquer modo, sua exegese não pode ser delineada através de uma ultratividade indefinida, pois seu âmbito de incidência é apenas para atos jurídicos já realizados e não para os que ainda serão concretizados. Na dogmática jurídica, em razão do art.14 do Código de Processo Civil este princípio se restringe à seara processual e nos termos do art. 2º do Código de Processo Penal, permite a retroatividade da *Lex Mellius*.[205]

Seria um grande contrassenso estorvar os caminhos para a aplicação da retroatividade dos pontos mais benéficos do novo diploma normativo quando o próprio espírito conformador da Lei nº 14.230/2021 encampa princípios que interferem na dinâmica da aplicação das sanções, que embora façam parte da dogmática penal, também foram elevados ao patamar constitucional, como por exemplo o princípio da culpabilidade (art. 59 do Código Penal e art. 17-C da LIA); da proporcionalidade; da individualização da pena (art. 5º, inciso XLVI, da CF); do instituto da continuidade delitiva e do concurso de crimes (arts. 69, 70 e 71 do Código Penal e art. 18-A da LIA).

Deve-se, nesse ponto, promover uma interpretação sistêmica do arcabouço normativo punitivo para que o julgador possa valer-se

---

ApCiv: 50253338120174036100 SP, Relator: Desembargador Federal ANTONIO CARLOS CEDENHO, Data de Julgamento: 03/07/2020, 3ª Turma, Data de Publicação: Intimação via sistema DATA: 08/07/2020) E ainda: "(...) Em suas razões recursais, a União sustenta, em síntese, que a multa aplicada constitui ato jurídico perfeito e a legislação posterior não poderia alterar o valor de sanção administrativa por fato já ocorrido (tempus regit actum). Daí que, ao seu entender, deve ser adotada no caso a alíquota então vigente no momento da alienação do imóvel, qual seja, a de 0,05% sobre o valor do terreno e benfeitorias nele existentes. 4. De outra parte, a demandante argumenta que, por se tratar de norma sancionatória mais benéfica, a Lei 13.240/2015 goza do duplo efeito da retroatividade e ultratividade, aplicando-se integralmente a fatos já ocorridos, de modo que, para apuração do valor da multa em comento, deve ser utilizada a alíquota de 0,05% sobre o valor do terreno, excluídas as benfeitorias. 5. É certo que as multas, por sua natureza penal, seguem a regra geral da retroatividade benigna. Assim, o recorrente tem direito a ter a multa definida pela lei mais benéfica. 6. De igual modo, não há divergência quanto ao correto entendimento do emitente relator de que o recorrente não tem direito a um sistema misto, baralhando as vantagens de uma lei com as de outras. (TRF-5 - Ap: 08017586720194058300, Relator: DESEMBARGADOR FEDERAL PAULO MACHADO CORDEIRO, Data de Julgamento: 05/07/2021, 2ª TURMA)

[205] STJ - HC: 36150 RJ 2004/0082978-7, Relator: Ministro PAULO MEDINA, Data de Julgamento: 19/04/2005, T6 - SEXTA TURMA, Data de Publicação: DJ 16/10/2006 p. 432.

das categorias de outras searas do Direito Sancionador, de modo a aperfeiçoar a estrutura dogmática e garantir os direitos fundamentais, pois à maneira do ensinamento do Ministro Eros Grau, "não se interpreta o direito em tiras, aos pedaços", mas sobretudo com o cerne de impedir o surgimento de antinomias que possam arrefecer a sua eficácia normativa.[206] Notório que a retroatividade não pode atingir a coisa julgada nem os atos jurídicos perfeitos já plenamente exauridos, mas constitui-se uma obrigação, até mesmo um imperativo categórico kantiano, a aplicação dos comandos da Lei nº 14.230/2021 as decisões que ainda serão prolatadas. Considera-se que fases históricas marcadas por moralismos jacobinos provocam muito mais malefícios do que as benesses tencionadas.

Cite-se que o Supremo Tribunal Federal reconheceu a existência de repercussão geral a respeito da aplicação retroativa das disposições da Lei nº 14.230/2021, em especial, em relação à necessidade da presença do elemento subjetivo dolo para a configuração do ato de improbidade, inclusive no art. 10 da LIA; e a aplicação dos novos prazos de prescrição geral e intercorrente (ARE 843.989, sob a relatoria Min. Alexandre de Moraes). Em decisão proferida no dia 4 de março de 2022, o Ministro Alexandre de Moraes decretou a suspensão do processamento apenas dos Recursos Especiais em trâmite no Superior Tribunal de Justiça, nos quais a controvérsia acerca da aplicação retroativa da Lei nº 14.230/2021 foi suscitada, ainda que por simples petição.

Sabe-se que a Lei de Improbidade Administrativa consegue muito pouco na questão de restituir o que foi subtraído do Erário Público, no que o legislador poderia ter aproveitado a oportunidade para instituir mecanismos eficazes para o *"follow the money"*, trazendo mais eficácia ao resgate dos valores que escaparam dos cofres públicos pelo cometimento de atos ímprobos. No entanto, intentou-se, em verdade, coibir os excessos cometidos na aplicação da Lei de Improbidade Administrativa, que apesar de merecer todos os aplausos, foi utilizada intensamente de forma voluntarista ou moralista. Portanto, defende-se, nesse palmilhar, a retroatividade da Lei nº 14.230/2021 para beneficiar o réu, especificamente no tocante à dosimetria da pena e na supressão dos tipos que tem como requisito o elemento subjetivo na modalidade culposa.

---

[206] GRAU, Eros Roberto. *Por que tenho medo de juízes*: a interpretação/aplicação do direito e os seus princípios. 7. ed. São Paulo: Malheiros, 2016. p. 86.

5.2 Atos administrativos e o poder discricionário

Hely Lopes Meirelles concebe o ato administrativo como toda expressão unilateral de vontade da Administração Pública. Esta, agindo sob interesse público, terá o fim imediato de adquirir, resguardar, transferir, modificar, extinguir e declarar direitos, ou de impor obrigações aos administrados ou a si mesma.[207] Trata-se da manifestação de agentes da Administração ou de seus delegatários sob o regime de direito público.[208]

Diogo de Figueiredo Moreira Neto define o ato administrativo como exteriorização de vontade da Administração com o escopo de produzir efeitos jurídicos, tratando-se, portanto, de espécie do gênero ato jurídico.[209] Para Di Pietro, o ato administrativo tem intrínseco a seu conceito a produção de efeitos jurídicos imediatos, o que os distingue da lei, bem como a existência de atos normativos que não produzem efeitos diretos, como os regulamentos.[210]

Sob um aspecto eminentemente formal, o ato administrativo constitui qualquer ato realizado pela Administração Pública. Por outro lado, sob uma ótica objetiva, o ato administrativo é aquele perpetrado no exercício concreto da função administrativa,[211] entendida, em síntese, como a exigência de que ele tenha por delimitação material concretizar um interesse de um ente estatal.[212]

Em razão da heterogeneidade das formas de manifestação de vontade da Administração, a dificuldade de construir uma teoria unitária sobre o ato administrativo persiste até os dias atuais, haja vista que muitas vezes atua investida com múnus público, outras vezes age em igualdade de condições com os agentes privados, o que impregna a matéria de princípios dicotômicos.[213]

Existe forte divergência no que tange aos elementos do ato administrativo. O art. 2º da Lei nº 4.717/65 sugere o reconhecimento

---

[207] MEIRELLES, Hely Lopes. *Direito Administrativo Brasileiro*. 41. ed. São Paulo: Malheiros, 2015. p. 167.
[208] CARVALHO FILHO, José dos Santos. *Manual de Direito Administrativo*. 25. ed. São Paulo: Atlas, 2012. p. 97, 142.
[209] MOREIRA NETO, Diogo de Figueiredo. *Manual de direito administrativo*. 15. ed. Rio de Janeiro: Lumen Iuris, 2006. p. 135.
[210] DI PIETRO, Maria Sylvia Zanella. *Direito Administrativo*. 28. ed. São Paulo: Atlas, 2015. p. 238.
[211] MARINELA, Fernanda. *Direito Administrativo*. 7. ed. Niterói: Impetus, 2013. p. 266.
[212] CAVALCANTI, Themítocles Brandão. *Curso de Direito Administrativo*. Rio de Janeiro: Freitas Bastos, 1961. p. 49.
[213] ALESSI, Renato. *Instituciones de derecho administrativo*. Barcelona: Bosch, 1960. t. I, p. 249.

do sujeito competente, a forma, o motivo, o objeto e a finalidade como requisitos dos atos administrativos. A consecução de seus elementos é condição de licitude e legitimidade do ato administrativo e verdadeiro impulsionador do princípio da impessoalidade em sua realização.[214]

Superado qualquer tipo de discussão que transcenda ao objetivo desta obra, ressalte-se que ato administrativo perfeito é aquele que congrega eficácia e exequibilidade. A eficácia é a capacidade de produzir efeitos jurídicos específicos, satisfazendo os requisitos de existência válida.[215] A exequibilidade é a idoneidade para garantir a produção dos efeitos jurídicos.

A exteriorização concreta e unilateral da vontade da Administração Pública, sem a existência normativa que direcione determinado sentido deontológico, é considerada como ato administrativo discricionário. O Poder Discricionário é a prerrogativa de eleger, entre as diversas opções, a que traduzir maior conveniência e oportunidade ao interesse público.[216] Tem-se a concretização de um ato administrativo livre, desvinculada de qualquer lei que lhe especifique antecipadamente a oportunidade e conveniência do ato.[217] No entanto, essa discricionariedade pode ser distorcida, maculando o ato administrativo em sua essência.

5.2.1 Abuso de poder e suas especificações

O abuso de poder denota aspecto vicioso do ato administrativo, que configura arbitrariedade na conduta do administrador, eivando o ato de nulidade.[218] Trata-se de aberração da discricionariedade da qual é detentor o administrador *da res publica*, que se inclina ao interesse pessoal, ab-rogando com sua conduta o interesse da Administração.[219]

O abuso de poder é ilegalidade, encontrando previsão na Lei nº 13.869/19, tratando-se de mácula aos elementos inexoráveis para a

---

[214] FIGUEIREDO, Lúcia Valle. *Curso de Direito Administrativo*. 5. ed. São Paulo: Malheiros, 2001. p. 62.
[215] MELLO, Celso Antônio Bandeira de. *Curso de Direito Administrativo*. 32. ed. São Paulo: Malheiros, 2015. p. 396.
[216] TOURINHO, Rita. *Discricionariedade administrativa*. 2. ed. Curitiba: Juruá, 2009. p. 127.
[217] CRETELLA JÚNIOR, José. *Controle jurisdicional do ato administrativo*. 4. ed. Rio de Janeiro: Forense, 2001. p. 150.
[218] TÁCITO, Caio. O desvio do poder no controle dos atos administrativos, legislativos e jurisdicionais. *Revista de Direito Administrativo*, Rio de Janeiro, v. 228, p. 2, abr./jun. 2002.
[219] CRETELLA JÚNIOR, José. Sintomas denunciadores do "desvio de poder". *Revista da Faculdade de Direito da USP*, v. 71, p. 79, 1976.

formação do ato administrativo.[220] Trata-se de gênero que se bifurca nas espécies de excesso, omissão e desvio de finalidade.

O abuso de poder pela modalidade do excesso se configura todas as vezes em que há uma afronta ao elemento normativo, de forma direta ou indireta, em razão de que o sujeito extrapolou suas prerrogativas, indo além do que lhe era permitido legalmente. Como a legalidade é a sacramentação do Estado Social Democrático de Direito, pune-se toda a conduta em que há uma atuação em uma seara que ultrapassa os limites legais. Configura-se em um vício de competência, consubstanciando o abuso pela inexistência de atribuição legal para o ato.[221]

O desvio de poder, ou *détournement de pouvoir*, criado originariamente na jurisprudência francesa, representa um limite ao poder discricionário pelo lado dos fins, dos motivos da Administração.[222] Ele, por sua vez, ocorre quando uma autoridade manuseia o poder discricionário com o fito de atingir fim diverso do que se estima no interesse público previsto em lei, autorizando o Poder Judiciário a decretar a nulidade do ato, já que a Administração fez uso indevido da discricionariedade.[223] É limite que visa impedir que a prática do ato administrativo dirija-se à consecução de um fim de interesse privado, ou até mesmo de outro fim público estranho à previsão legal.[224]

O desvio de poder é fundamento para anulação do ato administrativo, indagando-se acerca dos móveis que inspiraram o administrador; o sentimento, o desejo que o inspirou, haja vista que na forma o ato é perfeito.[225] Assim, haverá desvio de poder sempre que o agente atuar com finalidade diversa da perseguida em lei. Esse tipo de abuso de poder faz emergir ato cujo fim é absolutamente incompatível com o espírito de justiça e imparcialidade que deve nortear os atos do agente público.[226]

---

[220] Tal qual defendido por José dos Santos Carvalho Filho, "todo abuso de poder se configura como ilegalidade". CARVALHO FILHO, José dos Santos. *Manual de Direito Administrativo*. 25. ed. São Paulo: Atlas, 2012. p. 48.

[221] RIVERO, Jean. *Droit Administratif*. Paris: Dalloz, 2011. p. 247.

[222] QUEIRÓ, Afonso Rodrigues. A teoria do desvio de poder em Direito Administrativo. *Revista de Direito Administrativo*, Rio de Janeiro, nº 7, p. 62-63, jan./mar. 1947.

[223] DI PIETRO, Maria Sylvia Zanella. *Direito Administrativo*. 28. ed. São Paulo: Atlas, 2015. p. 253.

[224] TÁCITO, Caio. O desvio de poder no controle dos atos administrativos, legislativos e jurisdicionais. *Revista de Direito Administrativo*, Rio de Janeiro, v. 228, p. 2, abr./jun. 2002.

[225] CRETELLA JÚNIOR, José. *Curso de Direito Administrativo*. 18. ed. rev. e atual. Rio de Janeiro: Forense, 2002. p. 174.

[226] CRETELLA JÚNIOR, José. Sintomas denunciadores do "desvio de poder". *Revista da Faculdade de Direito da USP*, v. 71, p. 79, 1976.

O abuso de poder, em sua forma omissiva, consubstancia a inércia da autoridade administrativa, que deixa de executar serviço que por lei está obrigada, lesando o patrimônio jurídico individual, seja por omissão ou ação dolosa.

Suscite-se que nem toda omissão administrativa é ilegal, excluindo-se as omissões genéricas em que pertence ao administrador o poder de avaliar a oportunidade para adotar ou não uma providência positiva.[227] Todavia, são ilegais aquelas que suprimem direitos humanos deferidos por instrumentos normativos.

A relevância dos efeitos da omissão administrativa pode ser vislumbrada no enunciado da Súmula nº 429 do Supremo Tribunal Federal, induzindo que, ainda que exista recurso administrativo com efeito suspensivo, não há empecilho ao uso do mandado de segurança contra omissão de autoridade.

5.3 Enriquecimento ilícito

O art. 9º da Lei nº 8.429/92, com redação dada pela Lei nº 14.230/21, tipificou o ato ímprobo de enriquecimento ilícito.[228] Mediante uma tipificação exemplificativa, mas que precisa necessariamente de

---

[227] CARVALHO FILHO, José dos Santos. *Manual de Direito Administrativo*. 25. ed. São Paulo: Atlas, 2012. p. 45.

[228] "Art. 9º Constitui ato de improbidade administrativa importando em enriquecimento ilícito auferir, mediante a prática de ato doloso, qualquer tipo de vantagem patrimonial indevida em razão do exercício de cargo, de mandato, de função, de emprego ou de atividade nas entidades referidas no art. 1º desta Lei, e notadamente:
I – receber, para si ou para outrem, dinheiro, bem móvel ou imóvel, ou qualquer outra vantagem econômica, direta ou indireta, a título de comissão, percentagem, gratificação ou presente de quem tenha interesse, direto ou indireto, que possa ser atingido ou amparado por ação ou omissão decorrente das atribuições do agente público;
II – perceber vantagem econômica, direta ou indireta, para facilitar a aquisição, permuta ou locação de bem móvel ou imóvel, ou a contratação de serviços pelas entidades referidas no art. 1º por preço superior ao valor de mercado;
III – perceber vantagem econômica, direta ou indireta, para facilitar a alienação, permuta ou locação de bem público ou o fornecimento de serviço por ente estatal por preço inferior ao valor de mercado;
IV - utilizar, em obra ou serviço particular, qualquer bem móvel, de propriedade ou à disposição de qualquer das entidades referidas no art. 1º desta Lei, bem como o trabalho de servidores, de empregados ou de terceiros contratados por essas entidades;
V – receber vantagem econômica de qualquer natureza, direta ou indireta, para tolerar a exploração ou a prática de jogos de azar, de lenocínio, de narcotráfico, de contrabando, de usura ou de qualquer outra atividade ilícita, ou aceitar promessa de tal vantagem;
VI - receber vantagem econômica de qualquer natureza, direta ou indireta, para fazer declaração falsa sobre qualquer dado técnico que envolva obras públicas ou qualquer outro serviço ou sobre quantidade, peso, medida, qualidade ou característica de mercadorias ou bens fornecidos a qualquer das entidades referidas no art. 1º desta Lei;

enquadramento legal, trata-se de ação que, mediante dolo, implica o auferimento de vantagem patrimonial indevida através do exercício de cargo, mandato, função, emprego ou de atividade na Administração direta, indireta ou fundacional, de qualquer dos Poderes dos entes federativos, bem como nas entidades que possuam patrimônio público. Ressalte-se, como será sublinhado mais adiante, que esse enriquecimento terá de ser comprovado diante de dados fáticos e efetivos, sem a permissividade para silogismos ou ilações que não podem ser comprovadas nos autos. Outrossim, resguarda-se a responsabilidade penal do agente quando a conduta também se adequar a tipo penal, nos termos do art. 37, §4º, da CRFB/88.

O enriquecimento ilícito é preocupação legal antiga. E antes mesmo de ser expresso, o incremento do patrimônio de alguém em detrimento de outrem, de forma injustificada, já era conduta vedada pelos princípios gerais do Direito.[229] O Direito Canônico, no art. 1.267, §1º, instituía que "Si no consta lo contrario, se presumen hechas a la persona jurídica lãs ablaciones entregadas a los Superiores o administradores de cualquier persona jurídica eclesiástica, aunque sea privada". No Brasil, já sob a égide da Constituição Federal de 1946, vigorava a Lei nº 3.164/57, posteriormente regulamentada pela Lei nº 3.502/58, com a imposição de punição ao enriquecimento ilícito, e sem prejuízo das sanções penais.[230] Sob a vigência da Constituição de 1967/69, o enriquecimento ilícito era punido com a pena de perda de bens, tal qual em caso de dano ao Erário.

VII - adquirir, para si ou para outrem, no exercício de mandato, de cargo, de emprego ou de função pública, e em razão deles, bens de qualquer natureza, decorrentes dos atos descritos no caput deste artigo, cujo valor seja desproporcional à evolução do patrimônio ou à renda do agente público, assegurada a demonstração pelo agente da licitude da origem dessa evolução;
VIII – aceitar emprego, comissão ou exercer atividade de consultoria ou assessoramento para pessoa física ou jurídica que tenha interesse suscetível de ser atingido ou amparado por ação ou omissão decorrente das atribuições do agente público, durante a atividade;
IX – perceber vantagem econômica para intermediar a liberação ou aplicação de verba pública de qualquer natureza;
X – receber vantagem econômica de qualquer natureza, direta ou indiretamente, para omitir ato de ofício, providência ou declaração a que esteja obrigado;
XI – incorporar, por qualquer forma, ao seu patrimônio bens, rendas, verbas ou valores integrantes do acervo patrimonial das entidades mencionadas no art. 1º desta lei;
XII – usar, em proveito próprio, bens, rendas, verbas ou valores integrantes do acervo patrimonial das entidades mencionadas no art. 1º desta lei".

[229] MELLO, Oswaldo Aranha Bandeira de. *Princípios gerais de Direito Administrativo*. 2. ed. Rio de Janeiro: Forense, 1979. v. I, p. 406-407.

[230] Equiparava-se o enriquecimento ilícito aos crimes contra a administração e o patrimônio público. O art. 1º da Lei nº 3.502/58 trazia que o servidor público, ou o dirigente, ou o empregado de autarquia que, por influência ou abuso de cargo ou função, se beneficiar de enriquecimento ilícito ficará sujeito ao sequestro e perda dos respectivos bens e valores.

No mesmo sentido estão a Convenção Interamericana contra a Corrupção, firmada em 1996 e promulgada pelo Decreto nº 4.410/02,[231] e a Convenção das Nações Unidas contra a Corrupção, aprovada pelo Brasil por meio do Decreto Legislativo nº 348/05, e ratificada pelo Decreto nº 5.687/06.[232] Ambos os diplomas recomendam que os países signatários adotem medidas que permitam penalizar os diferentes tipos de atos relacionados à corrupção, entre os quais o enriquecimento ilícito.[233]

De Plácido e Silva, ao conceituar o termo enriquecimento, delimita que deriva do verbo "enriquecer", significando ser engrandecido, aumentado, o patrimônio de uma pessoa pela integração de bens.[234] Em Limongi França, o enriquecimento ilícito, utilizado como sinônimo de enriquecimento sem causa e de locupletamento ilícito, é o acréscimo de bens verificado no patrimônio de alguém, em detrimento de outrem, sem que para tal haja fundamento jurídico.[235] Ocorre que o enriquecimento ilícito não é sinônimo de enriquecimento sem causa, posto que neste falta uma causa jurídica para explicar o aumento monetário. No enriquecimento ilícito há uma causa que é a utilização da Administração Pública. Também se debruça no conceito distintivo Marcus Cláudio Acquaviva, para quem o enriquecimento ilícito é o aumento de patrimônio de alguém, pelo empobrecimento injusto de outrem, consistindo no locupletamento à custa alheia. Ao

---

[231] "Artigo IX. Enriquecimento ilícito. Sem prejuízo de sua Constituição e dos princípios fundamentais de seu ordenamento jurídico, os Estados Partes que ainda não o tenham feito adotarão as medidas necessárias para tipificar como delito em sua legislação o aumento do patrimônio de um funcionário público que exceda de modo significativo sua renda legítima durante o exercício de suas funções e que não possa justificar razoavelmente".

[232] "Artigo 20. Enriquecimento ilícito. Com sujeição a sua constituição e aos princípios fundamentais de seu ordenamento jurídico, cada Estado Parte considerará a possibilidade de adotar as medidas legislativas e de outras índoles que sejam necessárias para qualificar como delito, quando cometido intencionalmente, o enriquecimento ilícito, ou seja, o incremento significativo do patrimônio de um funcionário público relativos aos seus ingressos legítimos que não podem ser razoavelmente justificados por ele".

[233] Cite-se que, por ora, tramita Projeto de Lei no Congresso Nacional, cujo objetivo é acrescentar o art. 317-A ao Código Penal, para que a sanção transcenda a esfera cível, estendendo-se à seara penal, sob a redação: "Art. 317-A. Possuir, manter ou adquirir, para si ou para outrem, o funcionário público, injustificadamente, bens ou valores de qualquer natureza, incompatíveis com sua renda ou com a evolução de seu patrimônio:
Pena – reclusão, de três a oito anos, e multa.
Parágrafo único. Incorre nas mesmas penas o funcionário público que, embora não figurando como proprietário ou possuidor dos bens ou valores nos registros próprios, deles faça uso, injustificadamente, de modo tal que permita atribuir-lhe sua efetiva posse ou propriedade".

[234] SILVA, De Plácido e. *Vocabulário jurídico*. 10 ed. Rio de Janeiro: Forense, 1987. v. I, p. 172.

[235] FRANÇA, Limongi. *Enriquecimento sem causa*. Enciclopédia Saraiva de Direito. São Paulo: Saraiva, 1987. p. 210.

passo que enriquecimento sem causa seria o proveito que, embora não necessariamente ilegal, não há uma fonte determinada.[236]

Em síntese, a diferença entre enriquecimento ilícito e enriquecimento sem justa causa é que este não é albergado pela tipificação da Lei nº 8.429/92, não se conformando como um fato jurídico que configure improbidade administrativa. O enriquecimento sem justa causa pode ensejar outras sanções, especialmente na seara tributária e penal, mas não consubstancia improbidade em razão de ausência absoluta de Erário como causa do enriquecimento.

Por hipótese alguma o enriquecimento pessoal dos cidadãos é vedado legalmente, muito pelo contrário, ele é até estimulado, haja vista ser um dos alicerces do sistema capitalista, postos os valores sociais do trabalho e a livre iniciativa como fundamentos da República (art. 1º da CRFB/88). O que é terminantemente proibido é o enriquecimento à custa do Erário, sem um motivo plausível. A conduta do art. 9º da Lei nº 8.429/92 não é visualizada sempre que houver uma ascensão patrimonial. A subsunção ocorre quando ela acarretar uma dilapidação ou utilização de bens públicos. Inclusive, ela pode não apresentar repercussões econômicas diretas. Assim, o que é vedado é o enriquecimento injusto, que viole o princípio da equidade, que vá de encontro aos princípios e normas constitucionais ou legais.[237]

O art. 9º da Lei nº 8.429/92 almeja a punição das condutas dolosas, que sejam consideradas gravosas, causando acréscimo indevido no patrimônio do sujeito ativo e, comumente, prejuízo aos cofres públicos, podendo, inclusive, atingir o sucessor ou herdeiro do sujeito passivo processual, que estará submisso às cominações da Lei de Improbidade Administrativa até o limite do valor da herança ou do patrimônio transferido, conforme art. 8º [238] do diploma em referência.[239]

---

[236] ACQUAVIVA, Marcus Cláudio. *Dicionário jurídico brasileiro*. 9. ed. São Paulo: Editora Jurídica Brasileira, 1998. p. 110.

[237] MARQUES, Silvio Antonio. *Improbidade administrativa*: ação civil e cooperação jurídica internacional. São Paulo: Saraiva, 2010. p. 66.

[238] O dispositivo vigora com a seguinte redação, dada pela Lei nº 14.230/21:
"Art. 8º O sucessor ou o herdeiro daquele que causar dano ao erário ou que se enriquecer ilicitamente estão sujeitos apenas à obrigação de repará-lo até o limite do valor da herança ou do patrimônio transferido.
Art. 8º-A A responsabilidade sucessória de que trata o art. 8º desta Lei aplica-se também na hipótese de alteração contratual, de transformação, de incorporação, de fusão ou de cisão societária.
Parágrafo único. Nas hipóteses de fusão e de incorporação, a responsabilidade da sucessora será restrita à obrigação de reparação integral do dano causado, até o limite do patrimônio transferido, não lhe sendo aplicáveis as demais sanções previstas nesta Lei decorrentes de atos e de fatos ocorridos antes da data da fusão ou da incorporação, exceto no caso de simulação ou de evidente intuito de fraude, devidamente comprovados".

[239] MAZZA, Alexandre. *Manual de Direito Administrativo*. São Paulo: Saraiva, 2011. p. 478.

Dispõe Marino Pazzaglini Filho que se trata da modalidade de improbidade mais gravosa, pois tipifica o comportamento torpe do agente público que desempenha essas funções de sua atribuição de forma desonesta e imoral.[240] Para Emerson Garcia e Rogério Pacheco Alves, a vedação ao enriquecimento ilícito é princípio que reside na regra de equidade, de onde resta proibido a uma pessoa enriquecer à custa de dano, de trabalho ou da mera atividade de outrem, sem o concurso da vontade deste ou o amparo do direito, ainda que não haja transferência patrimonial. Assim, elegem requisitos essenciais à identificação do enriquecimento indevido, quais sejam, o enriquecimento indevido material, moral ou intelectual de alguém; o empobrecimento de outrem; a ausência de justa causa para o enriquecimento; o nexo de causalidade entre o enriquecimento e o empobrecimento. Trazido à vivência da sistemática da probidade administrativa, aduzem os referidos autores tratar-se de todo enriquecimento relacionado ao exercício da atividade pública e que não seja resultado da contraprestação paga ao agente.[241] No entanto, à luz das alterações trazidas pela nova Lei de Improbidade Administrativa, apenas pode ser considerada enriquecimento ilícito a conduta do agente público que foi realizada através do dolo, com o fim específico de alcançar o ato ilícito, ou seja, com a vontade livre e consciente voltada para a indevida obtenção de benefícios para si ou para outrem. A presença dos requisitos mencionados implica o dever de ressarcimento do valor lesado ao Erário, bem como das demais sanções previstas.

Portanto, o enriquecimento ilícito previsto na Lei nº 8.429/92, com a nova LIA, consubstancia a conduta de todo e qualquer agente público ou equiparado que acrescente a seu patrimônio valores, direitos ou bens em detrimento da Administração Pública, desde que aquela tenha sido motivada por dolo voltado ao ato ilícito.

Do conceito genérico exposto no *caput* do art. 9º da Lei nº 8.429/92, e exemplificado pelos incisos dispostos pelo dispositivo, implica que se trata de ato cujo agente aufere vantagem indevida, em razão do exercício da função pública, parâmetro a ser utilizado à ampliação do rol meramente exemplificativo, cuja extensão apenas pode ser realizada por intermédio de lei em sentido formal.

---

[240] PAZZAGLINI FILHO, Marino. *Lei de improbidade administrativa comentada*: aspectos constitucionais, administrativos, civis, criminais, processuais e de responsabilidade fiscal – legislação e jurisprudência atualizadas. São Paulo: Atlas, 2002. p. 54.
[241] GARCIA, Emerson; ALVES, Rogério Pacheco. *Improbidade administrativa*. Rio de Janeiro: Lumen Juris, 2002. p. 195.

Impossível sua realização de forma culposa, fazendo-se *mister* em todas as hipóteses a comprovação do dolo do agente,[242] haja vista que não há enriquecimento ilícito imprudente ou negligente,[243] inadmitindo-se a responsabilização objetiva.[244] Ou seja, necessita-se atestar de maneira fundamentada em elementos reais que existe a intenção do agente no enriquecimento ilícito.

Waldo Fazzio Júnior afirma que não se perfaz a figura do ato de improbidade de enriquecimento ilícito se o agente não aufere vantagem patrimonial além de seus subsídios ou se a vantagem eventualmente recebida não se relaciona com nenhuma conduta administrativa ilícita.[245]

Nesse sentido, a lesividade ao patrimônio público não é elemento essencial à caracterização de enriquecimento ilícito, não precisando acarretar um dano ao Erário. O próprio art. 21, inciso I, da Lei nº 8.429/92 determina que a aplicação das sanções previstas independe da efetiva ocorrência de dano ao patrimônio público, ressalvando apenas a pena de ressarcimento e as condutas previstas no art. 10 do referido diploma legal.

Defluência mínima do princípio da legalidade, o enriquecimento ilícito não pode ser presumido, isto é, não se pode atestá-lo através de meros indícios ou presunções jurisprudenciais.[246] Essa discussão, que seria despicienda dentro da normalidade funcional do Estado de Direito, ganhou colores de intensa preocupação, em razão de recentes decisões do Tribunal Superior Eleitoral, que começam com o caso

---

[242] MASCARENHAS, Paulo. *Improbidade administrativa e crime de responsabilidade de prefeito.* 2. ed. São Paulo: De Direito, 2001. p. 26.
[243] COSTA, José Armando da. *Contorno jurídico da improbidade administrativa.* 3. ed. Brasília: Brasília Jurídica, 2005. p. 98.
[244] STJ. AgRg no REsp nº 1500812/SE, Rel. Ministro MAURO CAMPBELL MARQUES, SEGUNDA TURMA, julgado em 21.05.2015, *DJe* 28.05.2015; AgRg no REsp nº 968447/PR, Rel. Ministro NAPOLEÃO NUNES MAIA FILHO, PRIMEIRA TURMA, julgado em 16.04.2015, *DJe* 18.05.2015; REsp nº 1238301/MG, Rel. Ministro SÉRGIO KUKINA, PRIMEIRA TURMA, julgado em 19.03.2015, *DJe* 04.05.2015; AgRg no AREsp nº 597359/MG, Rel. Ministro HUMBERTO MARTINS, SEGUNDA TURMA, julgado em 16.04.2015, *DJe* 22.04.2015; REsp nº 1478274/MT, Rel. Ministro HERMAN BENJAMIN, SEGUNDA TURMA, julgado em 03.03.2015, *DJe* 31.03.2015; AgRg no REsp nº 1397590/CE, Rel. Ministra ASSUSETE MAGALHÃES, SEGUNDA TURMA, julgado em 24.02.2015, *DJe* 05.03.2015; AgRg no AREsp nº 560613/ES, Rel. Ministro OG FERNANDES, SEGUNDA TURMA, julgado em 20.11.2014, *DJe* 09.12.2014; REsp nº 1237583/SP, Rel. Ministro BENEDITO GONÇALVES, PRIMEIRA TURMA, julgado em 08.04.2014, *DJe* 02.09.2014.
[245] FAZZIO JÚNIOR, Waldo. *Improbidade administrativa:* doutrina, legislação e jurisprudência. 2. ed. São Paulo: Atlas, 2014. p. 149-150.
[246] "A condenação em lesão ao patrimônio público não presume o enriquecimento ilícito" Agravo Regimental no Recurso Especial Eleitoral nº 71-30/SP, Relator Min. Dias Toffoli, em 25.10.2012.

Riva, e podem se espraiar para outros tribunais, no sentido de que o enriquecimento ilícito, mesmo não estando previsto na parte dispositiva, pode ser presumido diante do dano ao Erário.[247] Dessa forma, tem-se um entendimento pacífico desta Corte Superior sobre a possibilidade de presença conjugada do dano ao erário e do enriquecimento ilícito.[248] Nessa toada, em um processo em que o contraditório substancial se estabeleceu apenas para a imputação de dano ao Erário, permite-se que o sujeito passivo também possa ser enquadrado em enriquecimento ilícito.

Tal exegese se mostra preocupante, pois permite, por intermédio de uma alquimia jurídica, que se possa presumir o enriquecimento ilícito sem amparo na seara fática, servindo esse posicionamento apenas para fundamentar voluntarismos jurídicos para exacerbação punitiva sem limites de racionalidade.

5.3.1 Hipóteses de enriquecimento ilícito

A opção redacional do art. 9º da Lei nº 8.429/92 determina de maneira clara que, além de auferir qualquer tipo de vantagem patrimonial indevida em razão do exercício de cargo, mandato, função, emprego ou atividade nas entidades mencionadas no art. 1º do diploma em comento, o agente deve transgredir também ao menos um dos incisos que segue elencando.

O rol de hipóteses previsto pelo legislador inicia-se com o recebimento de vantagem econômica indevida, previsto no inciso I do art. 9º da Lei nº 8.942/92, conceituado pelo legislador como a conduta de receber, para si ou para outrem, dinheiro, bem móvel ou imóvel, ou qualquer outra vantagem econômica, seja direta ou indiretamente, a título de comissão, percentagem, gratificação ou presente de quem tenha interesse, direto ou indireto, que possa ser atingido ou amparado por ação ou omissão ilícita decorrente das atribuições do agente público.

Exemplo cabal é oferecimento de vantagem indevida ao agente público, consistente não apenas no recebimento de soma pecuniária, mas também na aceitação de qualquer tipo de benesse que proporcione

---

[247] RO nº 380-23.2014.66.11.0000, Mato Grosso. Min. Rel. João Otávio de Noronha.
[248] REspEl nº 600181–98. 2020.6.02.0029/AL, Rel. Min. Tarcisio Vieira de Carvalho Neto, PSSES de 1º.12.2020.
"A análise da configuração in concreto da prática de enriquecimento ilícito pode ser realizada pela Justiça Eleitoral, a partir do exame da fundamentação do decisum condenatório, ainda que tal reconhecimento não tenha constado expressamente do dispositivo" (REspe nº 187–25/MA, Rel. Min. Luiz Fux, DJe de 29.6.2018)

um ganho indevido ao seu patrimônio. Trata-se da comercialização dos atos oficiosos, caracterizada pelo recebimento de dinheiro, bens ou qualquer espécie de vantagem, seja direta ou indireta, pelo agente público. Despiciendo argumentar que é necessário comprovar a ciência do caráter ilícito da vantagem obtida, em razão de interesse do promitente da vantagem, que potencialmente possa ser alcançado pela ação do funcionário público.

O inciso II do art. 9º da Lei nº 8.429/92 traz o percebimento de vantagem para facilitar negócio superfaturado, cujo verbo legal é perceber vantagem econômica, direta ou indireta, para facilitar a aquisição, permuta ou locação de bem móvel ou imóvel, ou a contratação de serviços pelas entidades abrangidas pelo diploma em comento por preço superior ao valor de mercado. O fator teleológico é punir a facilitação para a realização do negócio superfaturado entre o particular e a Administração Pública em troca de vantagem econômica.

O inciso III do art. 9º trouxe a vedação ao percebimento de vantagem por subfaturamento, tendo sido definido como ato de improbidade a percepção de vantagem econômica, direta ou indireta, para facilitar a alienação, permuta ou locação de bem público ou o fornecimento de serviço por ente estatal por preço inferior ao valor de mercado, situação antitética à do inciso II suprarreferido.

O uso em obra ou serviço particular de pessoal, de bens móveis e de propriedades de entidades públicas ou assemelhados foi legalmente tido como ato ímprobo de enriquecimento ilícito no seu inciso IV, cujo verbo é utilizar, em obra ou serviço particular, qualquer bem móvel, de propriedade ou à disposição das entidades abrangidas pelo diploma, bem como o trabalho de servidores públicos, empregados ou terceiros contratados por essas entidades.

Tal espécie pode ser vislumbrada na hipótese em que o agente se utiliza da estrutura pública e do trabalho de pessoas vinculadas aos órgãos públicos com o fim de obter vantagem patrimonial indevida. Deverá restar evidenciada a utilização irregular de bens, serviços e servidores da Administração Pública ou de entidades que estejam sendo custeadas pelo Erário. Difere da possível utilização de bens públicos por particulares, haja vista que nesse caso são aplicáveis as figuras do uso comum e outros instrumentos de outorga de uso privativo de bens. Assim, fazem-se prementes o abuso funcional e o propósito de auferir vantagem indevida, requisitos compositores do dolo, que é o elemento subjetivo do tipo.

O inciso V impõe ser lesivo à moralidade pública o recebimento de vantagem para tolerar prática criminosa. A descrição da conduta tem como verbete o recebimento de vantagem econômica de qualquer natureza, direta ou indireta, para tolerar a exploração ou a prática de jogos de azar, de lenocínio, de narcotráfico, de contrabando, de usura ou de qualquer outra atividade ilícita, ou aceitar promessa de tal vantagem. Assim, o núcleo da espécie é a tolerância que tem como origem a promessa ou o recebimento de vantagem econômica indevida. Obviamente, só estará sujeito a tal espécime o agente que detenha poder de fiscalização ou de repressão a essas práticas delitivas, tais quais os membros da polícia judiciária e administrativa.

O inciso VI veda o recebimento de vantagem mediante declaração falsa sobre qualquer dado técnico que envolva obras públicas ou qualquer outro serviço, ou sobre quantidade, peso, medida, qualidade ou característica de mercadorias ou bens fornecidos a qualquer das entidades abrangidas pelo diploma. Assim, evidencia-se que apenas está sujeito a esta espécie o agente público que detenha atribuição funcional e qualificação técnica para medir ou avaliar bens, obras ou serviços. A declaração emitida pelo agente deve ser fraudulenta e este deve ter consciência disso, bem como deve ter incorrido em ato ímprobo através da vontade livre e consciente, ilícito.

O enriquecimento sem causa lícita típico, por sua vez, foi expressamente vedado no inciso VII do art. 9º da Lei nº 8.429/92, cuja conduta tipificada fora descrita como ato de adquirir, para si ou para outrem, no exercício de mandato, de cargo, de emprego ou de função pública, e em razão deles, bens de qualquer natureza, decorrentes de atos ímprobos, em conformidade com definição do caput do referido artigo, cujo valor seja desproporcional à evolução do patrimônio ou à renda do agente público, assegurada a demonstração pelo agente da licitude da origem dessa evolução. Discorre Marcelo Figueiredo que a preocupação legal é o acréscimo patrimonial incompatível com os vencimentos percebidos durante o exercício do mandato, cargo, emprego ou função pública.[249] É a vedação da desproporção, do desequilíbrio entre rendas, proventos em geral e a capacidade aquisitiva de bens. Nesse sentido, pela segurança jurídica e justeza, a prova de que o acréscimo patrimonial é desproporcional se mostra imprescindível, além da necessidade de se indicar o nexo causal de que o acréscimo decorreu do exercício de função pública.

Para Alexandre Rosa e Affonso Guizzo Neto, o inciso VII em referência permite que a ilicitude possa estar situada em momento,

---

[249] FIGUEIREDO, Marcelo. *Probidade administrativa*. São Paulo: Malheiros, 1995. p. 75-76.

inclusive, anterior à aquisição dos bens, partindo-se do pressuposto de que a capacidade financeira do agente público não comporta o patrimônio por ele ostentado. Se a extravagância patrimonial do agente público, ainda que os bens estejam em nome de terceiros, é incompatível com a condição profissional, tal fato serve apenas de indício da ocorrência do ato de improbidade administrativa, necessitando de mais elementos probatórios.[250]

Há quem defenda que a citada presunção seja absoluta, *jure et de jure*, ou seja, apresentando o agente público uma desproporção em seu patrimônio, a caracterização da improbidade estaria delineada, mesmo ferindo garantias fundamentais.[251] Aos defensores de que se trata de presunção relativa, a comprovação do fato antecedente ocasionador do enriquecimento em virtude da atuação pública é indispensável. Hely Lopes Meirelles defende que existe uma presunção legal relativa (*iuris tantum*), que confere carga normativa ao inciso VII, no que admite a comprovação da legitimidade do acréscimo patrimonial, posição que aparentemente converge com o dever da Administração de densificar os princípios da razoabilidade e da proporcionalidade.[252]

Com as alterações previstas pela Lei 14.230/21, afasta-se, definitivamente, qualquer e presunção legal de improbidade em decorrência da desproporção entre o patrimônio e os recursos recebidos.[253] Os signos deontológicos do devido processo legal, da ampla defesa e do contraditório são especificados, através da assegurada demonstração, pelo agente da licitude, da origem dessa evolução patrimonial não justificada. Neste sentido, o dispositivo especificou um ponto crucial, alvo de críticas doutrinárias, pelo potencial de fraturas aos direitos humanos esculpidos na Constituição Federal. Assim, como requisito inafastável da reprimenda, deixa-se claro que a desproporção entre o patrimônio e os recursos recebidos proveio de uma atividade ilícita contra a Administração Pública.

No mesmo sentido, a doutrina diverge também acerca do ônus da prova do enriquecimento desproporcional. Para Wallace Paiva Martins Júnior, a prova de que a evolução patrimonial do agente é incompatível

---

[250] ROSA, Alexandre; GUIZZO NETO, Affonso. *Improbidade Administrativa e lei de responsabilidade fiscal – conexões necessárias*. Florianópolis: Habitus, 2001.

[251] COSTA, José Armando da. *Contorno Jurídico da Improbidade Administrativa*. Brasília: Brasília Jurídica, 2002.

[252] MEIRELLES, Hely Lopes. *Direito Administrativo Brasileiro*. 41. ed. São Paulo: Malheiros, 2015.

[253] (TJ-MS - AC: 08007600820168120013 MS 0800760-08.2016.8.12.0013, Relator: Des. João Maria Lós, Data de Julgamento: 17/12/2021, 1ª Câmara Cível, Data de Publicação: 12/01/2022)

com o seu vencimento cabe ao autor da ação. Ao sujeito passivo da ação caberia a prova de que o acréscimo patrimonial é resultado dos seus proventos. Aduz o autor que a lei presume a inidoneidade do agente público que adquire bens ou valores incompatíveis com a normalidade do seu padrão de vencimentos. De igual modo, sugere que a lei também pune igualmente artifícios empregados para dissimular o enriquecimento ilícito, atingindo a aquisição direta ou indireta. Seria a inidoneidade financeira o gerador da ilicitude do enriquecimento.[254] Assim, quem dispõe de patrimônio desproporcional e incompatível com a evolução da renda, não ostenta justificativa suficiente para a sua aquisição.

Por outro lado, Marcelo Figueiredo e Marino Pazzaglini Filho defendem que cabe ao Estado a comprovação da ilicitude do enriquecimento ou da desproporção das aquisições dos bens ou rendas, sob o argumento de que inexiste previsão legal de inversão do ônus da prova e a consequente obrigatoriedade de que ao autor cabe a prova do fato constitutivo. No entanto, ressalta-se a pacificação promovida pela nova redação da lei de improbidade, ao determinar que está assegurada a demonstração do agente sobre a evolução patrimonial descabida.[255]

Dessa maneira, não pode haver presunção de enriquecimento ilícito no inciso em comento, pois estar-se-ia perpetrando uma arbitrariedade hermenêutica, ferindo mortalmente o princípio da legalidade. A mensura de seu campo de incidência não deve ser construída em cima de apriorismos, como se fossem imperativos categóricos de matrizes kantianas. A pós-modernidade não permite mais tais deduções. Para que haja condenação em uma ação de improbidade deve ser provado, por todos os meios de provas admitidos em Direito, que as rendas e proventos dimanaram, de maneira direta ou indireta, do Erário. Ainda assim, devem ser concedidas oportunidades ao servidor para que este esclareça a origem de seu patrimônio, nos moldes da redação dada pela nova Lei de Improbidade Administrativa. Portanto, de forma isolada, o ato de adquirir bens em desproporção com a renda do agente ou com sua evolução patrimonial não pode ser considerado ato de improbidade. Ilações e construções voluntaristas sem amparo na facticidade significam um espaço amplo para arbitrariedades judiciais.

---

[254] MARTINS JÚNIOR, Wallace Paiva. *Probidade administrativa*. 4. ed. São Paulo: Saraiva, 2009. p. 235.

[255] FIGUEIREDO, Marcelo. *Probidade administrativa*. 4. ed. São Paulo: Malheiros, 2000, p. 76; PAZZAGLINI FILHO, Marino; ROSA, Marcio Fernando Elias. FAZZIO JUNIOR, Waldo. *Improbidade administrativa*: aspectos jurídicos da defesa do patrimônio público. 4. ed. São Paulo: Atlas, 1999. p. 66.

O inciso VIII estabelece como ato de improbidade o exercício de outras atividades profissionais incompatíveis com as atribuições regulares do agente público, mediante o verbo aceitar emprego, comissão ou exercer atividade de consultoria ou assessoramento para pessoa física ou jurídica que tenha interesse suscetível de ser atingido ou amparado por ação ou omissão decorrente das atribuições do agente público, durante a atividade.

Embora o inciso VIII não exija efetivo benefício da pessoa física ou jurídica particular, não basta a potencial possibilidade de favorecimento em razão da função exercida pelo agente público, atrelada à consciência dessa possibilidade de favorecimento para a caracterização do tipo. ao que deve-se destacar o regimento do dolo eleito pela Lei 14.230/21, que opera em toda a Lei de Improbidade Administrativa. Sendo assim, o seu *télos* é impedir que o agente público atue em intermediação dos interesses de particular em face da Administração Pública em uma atitude dolosa, voltada para a consecução de benefícios para si ou para outrem.

O inciso IX veda a percepção de vantagem econômica para intermediar a liberação ou aplicação de verba pública de qualquer natureza. O elemento nuclear é a intermediação, sendo premente que o termo "verba pública" seja empregado de forma ampla, abrangendo os recursos decorrentes de quaisquer dos orçamentos ou dos cofres públicos. Tem-se que as verbas públicas originam-se de um orçamento legal, cuja finalidade deve ser respeitada conforme as diretrizes previstas para o exercício econômico referente. Ocorre que, por vezes, após aprovação, as verbas não são liberadas imediatamente, não sendo razoável que aqueles que a detenham manipulem os que delas precisam. Evidentemente que apenas o agente com poderes ou influência na condução das verbas públicas pode ser sujeito ativo dessa espécie.

O inciso X determina que o recebimento de vantagem para prevaricar é ato ímprobo, dispondo que receber vantagem econômica de qualquer natureza, direta ou indiretamente, para omitir ato de ofício, providência ou declaração a que esteja obrigado é exemplo de enriquecimento ilícito. Trata-se da omissão de dever de ofício, calcado este sob a premissa de que nenhum servidor poderá omitir-se de cumprir seu dever, salvo se as ordens forem manifestamente ilegais.

A apropriação de bens ou valores públicos fora vedada mediante o inciso XI do art. 9º, que tipifica o ato ímprobo de incorporar, por qualquer forma, ao seu patrimônio bens, rendas, verbas ou valores integrantes do acervo patrimonial das entidades abrangidas pelo diploma. O dispositivo tem o fator teleológico de evitar a confusão do patrimônio público com o de seus agentes. Essa subsunção atinge o agente público que em razão da função que exerce, tem a posse ou a guarda de bens, verbas ou valores pertencentes ao Erário, e, de livre consciência, apropria-se dos mesmos, em proveito próprio ou alheio, tal qual o crime de peculato previsto no art. 312 do CP/40.

O uso particular de bens ou valores públicos também foi proibido, conforme previsto no inciso XII, em proveito próprio, abrangendo bens, rendas, verbas ou valores integrantes do acervo patrimonial das entidades abrangidas pelo diploma. Almeja-se coibir o uso abusivo de bens, rendas ou valores públicos pelos próprios agentes públicos. Caracteriza o ilícito a mera utilização, com o objetivo de alcançar o ilícito, mesmo sem intenção de incorporação, de bens ou valores pertencentes ao ente público. A utilização de bens públicos somente pode se dar no exercício regular da atividade administrativa, no cumprimento dos deveres e obrigações funcionais, nunca em proveito próprio. Tal conduta também fora igualmente positivada em sede dos crimes de responsabilidade dos prefeitos, conforme art. 1º, II, do Decreto-Lei nº 201/67.

5.3.2 Lavagem de dinheiro

A lavagem de dinheiro é crime que se consubstancia no processo de transformação de uma renda cuja origem é criminosa, em fontes aparentemente lícitas.[256] Tem-se que a criminalização da purificação de capitais objetiva atacar o lado patrimonial da criminalidade, sendo premente tal combate à proteção da saúde econômica, financeira e social do país.[257]

A Lei nº 9.613/98 dispôs acerca dos crimes de lavagem ou ocultação de bens, direitos e valores, tendo sido, a fim de maior eficiência na persecução penal, alterada pela Lei nº 12.683/12. A Lei nº 9.613/98 tentou abranger diversos ramos do Direito, tais quais as esferas administrativa, penal e processual penal, com intuito de combater de maneira eficiente a

---

[256] CONSELHO DA JUSTIÇA FEDERAL. *Uma análise crítica da lei dos crimes de lavagem de dinheiro*. Centro de Estudos Judiciários, Secretaria de Pesquisa e Informação Jurídicas. Brasília: CJF, 2002. p. 25.

[257] GODINHO, Jorge Alexandre Fernandes. *Do crime de branqueamento de capitais:* introdução e tipicidade. Coimbra: Livraria, 2001. p. 18.

criminalidade de lavagem de dinheiro, que tem sido bastante reincidente nas últimas décadas e, portanto, ostenta relevância social e jurídica.[258]

Para tanto, a Lei nº 9.613/98 inseriu no ordenamento jurídico brasileiro um rol taxativo de crimes que podem ser considerados como antecedentes ao crime de lavagem de dinheiro.[259] O delito de lavagem de dinheiro é considerado como acessório, pois é essencial, no mínimo, indícios da materialidade do crime antecedente, para ser possível o recebimento da denúncia do crime então mencionado.[260]

Apesar de não possuir, aparentemente, forma violenta, os danos causados pela lavagem de dinheiro com o passar dos anos são imensuráveis, uma vez que se retira alta quantidade de dinheiro da população e do país, em favor do enriquecimento ilícito de alguns.[261] Dessa forma, o prejuízo que esse crime proporciona o torna latentemente violento porque desestrutura a regularidade das relações econômicas e premia o ilícito, a perfídia, o roubo.

Aquele que ilicitamente enriqueceu terá que adotar medidas para ocultar a origem fraudulenta de seu patrimônio, sendo muito comum a perpetração do crime de lavagem de dinheiro. A análise patrimonial é meio para o descobrimento do enriquecimento ilícito, e, por via de consequência, da lavagem de dinheiro.

Nesse sentido, ambos os sistemas devem caminhar em simetria, empregando-se todos os esforços à harmonia e eficácia do ordenamento jurídico. O art. 37 da CRFB/88, dentre outros valores, zela por uma Administração proba, eficiente, submissa aos preceitos da legalidade, da moralidade, publicidade, impessoalidade e da eficiência, não sendo defensável a convivência com o enriquecimento ilícito. Deve-se impedir que o produto do ilícito possa ser transformado ou dissolvido no meio social, impossibilitando seu confisco, bem como a identificação da autoria e materialidade do crime anterior. Assim, investigar o enriquecimento ilícito é um caminho rápido para combate à corrupção.

---

[258] BADARÓ, Gustavo Henrique; BOTTINI, Pierpaolo Cruz. *Lavagem de dinheiro:* comentários à Lei nº. 9.613/1998, com alterações da Lei nº. 12.683/2012. São Paulo: Revista dos Tribunais, 2012, p. 36.
[259] COAF – Conselho de Controle de Atividades Financeiras. *Lavagem de dinheiro:* legislação brasileira. Brasília: UNDCP, 1999. p. 13-15.
[260] PITOMBO, Antônio Sérgio Atieri de Moraes. *Lavagem de dinheiro:* a tipicidade do crime antecedente. São Paulo: Revista dos Tribunais, 2003. p. 110.
[261] FELDENS, Luciano. *Tutela penal de interesses difusos e crimes do colarinho branco:* por uma relegitimação da atuação do Ministério Público – uma investigação à luz dos valores constitucionais. Porto Alegre: Livraria do Advogado, 2002. p. 95.

Trata-se de relevantes fatos jurídicos que realmente lesionam a sociedade, impedindo o seu desenvolvimento e a formação de um país mais justo. A reincidência não deve ser reduzida à esfera do comum aceitável, e a descrença não é a melhor atitude. Tal qual aduzido por Marcelo Batlouni Mendroni, desfaça-se o velho brocardo sob o qual a lei é como uma teia de aranha: se nela cai alguma coisa leve, ela retém; o que é pesado rompe-a e escapa.[262]

5.4 Prejuízo ao Erário

5.4.1 Amplitude da noção de atos lesivos ao patrimônio público

O *caput* do art. 10 da Lei nº 8.429/92 delimita o conceito de ato ímprobo que cause prejuízo ao Erário.[263] Seguido de rol exemplificativo

---

[262] *Lex est araneae tela, quia, si in eam inciderit quid debile, retinetur; grave autem pertransit tela rescissa.* MENDRONI, Marcelo Batlouni. *Tópicos essenciais da lavagem de dinheiro.* São Paulo: Revista dos Tribunais, p. 489, maio 2001. v. 787.

[263] Art. 10. Constitui ato de improbidade administrativa que causa lesão ao erário qualquer ação ou omissão dolosa, que enseje, efetiva e comprovadamente, perda patrimonial, desvio, apropriação, malbaratamento ou dilapidação dos bens ou haveres das entidades referidas no art. 1º desta Lei, e notadamente:
I - facilitar ou concorrer, por qualquer forma, para a indevida incorporação ao patrimônio particular, de pessoa física ou jurídica, de bens, de rendas, de verbas ou de valores integrantes do acervo patrimonial das entidades referidas no art. 1º desta Lei;
II – permitir ou concorrer para que pessoa física ou jurídica privada utilize bens, rendas, verbas ou valores integrantes do acervo patrimonial das entidades mencionadas no art. 1º desta lei, sem a observância das formalidades legais ou regulamentares aplicáveis à espécie;
III – doar à pessoa física ou jurídica bem como ao ente despersonalizado, ainda que de fins educativos ou assistências, bens, rendas, verbas ou valores do patrimônio de qualquer das entidades mencionadas no art. 1º desta lei, sem observância das formalidades legais e regulamentares aplicáveis à espécie;
IV – permitir ou facilitar a alienação, permuta ou locação de bem integrante do patrimônio de qualquer das entidades referidas no art. 1º desta lei, ou ainda a prestação de serviço por parte delas, por preço inferior ao de mercado;
V – permitir ou facilitar a aquisição, permuta ou locação de bem ou serviço por preço superior ao de mercado;
VI – realizar operação financeira sem observância das normas legais e regulamentares ou aceitar garantia insuficiente ou inidônea;
VII – conceder benefício administrativo ou fiscal sem a observância das formalidades legais ou regulamentares aplicáveis à espécie;
VIII - frustrar a licitude de processo licitatório ou de processo seletivo para celebração de parcerias com entidades sem fins lucrativos, ou dispensá-los indevidamente, acarretando perda patrimonial efetiva;
IX – ordenar ou permitir a realização de despesas não autorizadas em lei ou regulamento;
X - agir ilicitamente na arrecadação de tributo ou de renda, bem como no que diz respeito à conservação do patrimônio público;

de atos lesivos ao patrimônio público, resta tipificada a ação ou omissão que, dolosamente, enseje, de forma efetiva e comprovada, a perda patrimonial, o desvio, a apropriação, o malbaratamento ou a dilapidação dos bens e haveres públicos, condutas cumuladas com, ao menos, uma das hipóteses previstas no rol de incisos que elenca. Resguardando-se também a responsabilidade penal do agente, quando adequado ao respectivo tipo, nos termos do art. 37, §4º, da CRFB/88.

Tem-se consagrado que o patrimônio público pode ser conceituado em sentido amplo, como qualquer bem, de natureza material ou imaterial, incluindo-se o valor cultural, artístico e histórico, de forma que qualquer lesão ilícita a quaisquer desses bens pode ser configurada como improbidade administrativa. Em sentido estrito, por sua vez, resta delimitado o conceito de patrimônio econômico-financeiro, incidindo os limites da lesão ao valor do numerário subtraído da Administração. A complexidade nesse caso ocorre quando o dano não puder ter uma apreciação financeira precisa, como nos bens de elevado valor histórico.

Para Fernando Martins, o patrimônio configura um conjunto de bens e direitos, de natureza móvel ou imóvel, corpórea ou incorpórea,

---

XI – liberar verba pública sem a estrita observância das normas pertinentes ou influir de qualquer forma para a sua aplicação irregular;

XII – permitir, facilitar ou concorrer para que terceiro se enriqueça ilicitamente;

XIII – permitir que se utilize, em obra ou serviço particular, veículos, máquinas, equipamentos ou material de qualquer natureza, de propriedade ou à disposição de qualquer das entidades mencionadas no art. 1º desta lei, bem como o trabalho de servidor público, empregados ou terceiros contratados por essas entidades.

XIV – celebrar contrato ou outro instrumento que tenha por objeto a prestação de serviços públicos por meio da gestão associada sem observar as formalidades previstas na lei;

XV – celebrar contrato de rateio de consórcio público sem suficiente e prévia dotação orçamentária, ou sem observar as formalidades previstas na lei

XVI - facilitar ou concorrer, por qualquer forma, para a incorporação, ao patrimônio particular de pessoa física ou jurídica, de bens, rendas, verbas ou valores públicos transferidos pela administração pública a entidades privadas mediante celebração de parcerias, sem a observância das formalidades legais ou regulamentares aplicáveis à espécie;

XVII - permitir ou concorrer para que pessoa física ou jurídica privada utilize bens, rendas, verbas ou valores públicos transferidos pela administração pública a entidade privada mediante celebração de parcerias, sem a observância das formalidades legais ou regulamentares aplicáveis à espécie;

XVIII - celebrar parcerias da administração pública com entidades privadas sem a observância das formalidades legais ou regulamentares aplicáveis à espécie;

XIX - agir para a configuração de ilícito na celebração, na fiscalização e na análise das prestações de contas de parcerias firmadas pela administração pública com entidades privadas;

XX - liberar recursos de parcerias firmadas pela administração pública com entidades privadas sem a estrita observância das normas pertinentes ou influir de qualquer forma para a sua aplicação irregular.

XXII - conceder, aplicar ou manter benefício financeiro ou tributário contrário ao que dispõem o caput e o § 1º do art. 8º-A da Lei Complementar nº 116, de 31 de julho de 2003".

que pode ser disposto na forma da lei. Segue o autor conceituando que o patrimônio público consubstancia o conjunto de bens, dinheiro, valores, direitos e créditos pertencentes aos entes públicos, seja por meio da Administração Pública direta, indireta ou fundacional, cuja conservação está na zona do interesse público e difuso, vinculando os administradores e administrados na sua proteção e defesa.[264]

O legislador pátrio cuidou de conceituar o patrimônio público no *caput* e §1º do art. 1º da Lei nº 4.717/65, que regulamenta a Ação Popular, tendo optado por uma definição ampla, asseverando que se trata do conjunto de bens e direitos de valor econômico, artístico, estético, histórico ou turístico, pertencentes à União, ao Distrito Federal, aos Estados, aos Municípios, às entidades autárquicas, sociedades de economia mista, sociedades mútuas de seguro nas quais a União represente os segurados ausentes, empresas públicas, serviços sociais autônomos, instituições ou fundações para cuja criação ou custeio o Erário haja concorrido ou concorra com mais de cinquenta por cento do patrimônio ou da receita anual, empresas incorporadas ao patrimônio da União, do Distrito Federal, dos Estados e dos Municípios, enfim, quaisquer pessoas jurídicas ou entidades subvencionadas pelos cofres públicos. Nesse diapasão, o patrimônio público é caracterizado primordialmente a partir do sujeito proprietário do bem, que evidentemente deve ser um ente público.

Porém, no que tange às empresas concessionárias, tal lógica deve ser modificada. Afinal, é cediço que os bens pertencentes às concessionárias de serviço público, pessoas jurídicas de direito privado, são particulares. Consequentemente, a lógica impõe que se aplicarão as regras do Código Civil, e não as de Direito Administrativo. Por outro lado, para que o serviço público seja prestado de forma continuada e universal, faz-se premente a defesa de um regime jurídico misto aplicável aos bens em questão. A mesma fundamentação se aplica às empresas estatais no exercício de atividades públicas.

No mesmo sentido está Di Pietro, para quem devem ser empregados às empresas públicas e às concessionárias de serviço público os princípios de direito público inerentes ao Direito Administrativo, contudo, não se pode negar totalmente a aplicação do Código Civil.[265]

---

[264] MARTINS, Fernando Rodrigues. *Controle do patrimônio público*. São Paulo: Revista dos Tribunais, 2000. p. 43, 45.

[265] Suscite-se que o Plenário do Supremo Tribunal Federal, mediante o RE nº 599.628/DF, Rel. Min. Ayres Britto, julgamento em 25.05.2011, *DJe*-199, e publicação em 17.10.2011, sob a relatoria para Acórdão do Min. Joaquim Barbosa, trouxe grande controvérsia à questão,

Defende-se a aplicação das regras de direito privado em relação aos bens que não estão diretamente afetados à execução da atividade pública, pois a sua ausência não comprometeria a continuidade da prestação de serviços públicos.[266]

Assim, por consecução lógica, os bens afetados à execução de serviço público estariam sujeitos ao mesmo regime jurídico aplicável aos bens públicos de uso especial, podendo sofrer a incidência de ação de improbidade administrativa por dano ao Erário, principalmente, havendo um prejuízo ao normal funcionamento da prestação de serviços.[267] Igualmente, podem ser sujeitos passivos de improbidade em decorrência de enriquecimento ilícito ou violação aos princípios da Administração Pública quando houver suas respectivas tipificações.

---

tendo dado nova aplicação ao critério funcional para a definição dos bens das empresas estatais, o que também se aplica aos bens das concessionárias, em julgado que concluiu pela inaplicabilidade do regime de execução dos precatórios às sociedades de economia mista. Restara consignado que as garantias soberanas necessárias à proteção do regime democrático, do sistema republicano e do pacto federativo são incompatíveis com a livre iniciativa e com o equilíbrio concorrencial, tendo sido assinalado que o direito de buscar o lucro é essencial ao modelo econômico adotado na Constituição vigente, partindo da perspectiva do particular, e não do Estado. Tal entendimento aproxima exponencialmente o regime dos bens das concessionárias, mesmo os utilizados na prestação de serviços públicos, aos bens privados, como forma de preservação da livre concorrência e da livre iniciativa, dando nova roupagem ao critério funcionalista. Aparentemente, o Supremo Tribunal Federal assinalou a relevância da preservação da igualdade de concorrência entre os agentes econômicos sobre a preservação da continuidade do serviço público. Assim, tem-se precedente para que o critério da afetação do bem à prestação da atividade não seja utilizado para a definição do seu regime jurídico nos casos em que o serviço público é prestado de forma concorrencial, excepcionando-se a regra nos casos em que os serviços são executados por mais de um prestador. No mesmo sentido, asseveram os julgados seguintes do stf: ADPF 437, Relator(a): ROSA WEBER, Tribunal Pleno, julgado em 16/09/2020, PROCESSO ELETRÔNICO DJe-242 DIVULG 02-10-2020 PUBLIC 05-10-2020; ADPF 485, Relator(a): ROBERTO BARROSO, Tribunal Pleno, julgado em 07/12/2020, PROCESSO ELETRÔNICO DJe-021 DIVULG 03-02-2021 PUBLIC 04-02-2021; Rcl 45607 AgR, Relator(a): MARCO AURÉLIO, Relator(a) p/ Acórdão: ALEXANDRE DE MORAES, Primeira Turma, julgado em 17/05/2021, PROCESSO ELETRÔNICO DJe-105 DIVULG 01-06-2021 PUBLIC 02-06-2021.

[266] DI PIETRO, Maria Sylvia Zanella. Natureza jurídica dos bens das empresas estatais. *Revista da Procuradoria Geral do Estado de São Paulo*. São Paulo, n. 30, p. 175, dez. 1988.

[267] Lei 8.429/92. Art. 1.
§ 6º Estão sujeitos às sanções desta Lei os atos de improbidade praticados contra o patrimônio de entidade privada que receba subvenção, benefício ou incentivo, fiscal ou creditício, de entes públicos ou governamentais, previstos no § 5º deste artigo.
§ 7º Independentemente de integrar a administração indireta, estão sujeitos às sanções desta Lei os atos de improbidade praticados contra o patrimônio de entidade privada para cuja criação ou custeio o erário haja concorrido ou concorra no seu patrimônio ou receita atual, limitado o ressarcimento de prejuízos, nesse caso, à repercussão do ilícito sobre a contribuição dos cofres públicos.

Assim, apesar de a Lei nº 8.429/92 trazer no *caput* do art. 10 que se trata da vedação de prejuízo ao Erário, restringindo terminologicamente o patrimônio público a ser tutelado com o comando normativo, do escopo do referido diploma, sistematizado ao *caput* e §1º do art. 1º da Lei nº 4.717/65, resta irrefutável que quis o legislador proteger o patrimônio público em sentido lato. Restringir a defesa da moralidade qualificada ao Erário representaria uma tutela parcial do patrimônio público, o que colide com a amplitude do sistema de proteção pátrio. Os bens e direitos artísticos, estéticos, históricos e turísticos representam a identidade de um povo, e se a Administração é feita para/pelo povo, seus atos devem ser despendidos com zelo ao patrimônio público no sentido mais abrangente que se possa cingir.

Ademais, impende o esclarecimento de que o art. 1º da Lei nº 8.429/92 tem o *télos* de tratar dos bens de determinadas entidades que merecem proteção diferenciada em razão da finalidade a que se dirigem ou da origem que possuem, seja total ou parcialmente pública, não se detendo ao conceito de patrimônio público, o que também denota a pretensão ampliativa do legislador.

No que tange aos bens econômicos, conjunto econômico delimitado, *a priori*, inalienáveis, imprescritíveis e impenhoráveis, os bens públicos são especificados no vigente Código Civil, tendo sido delineado que são os de domínio nacional pertencentes às pessoas jurídicas de direito público interno, de modo que os bens residuais são particulares. Nesse sentido, nos termos do art. 99 do CC/02, têm-se os bens públicos classificados em bens de uso comum do povo, tais como rios, mares, estradas, ruas e praças; bens de uso especial, tais como edifícios ou terrenos destinados a serviço ou estabelecimento da administração federal, estadual, territorial ou municipal, inclusive os de suas autarquias; e em bens dominicais, que constituem o patrimônio das pessoas jurídicas de direito público, como objeto de direito pessoal, ou real de cada uma dessas entidades.

O elemento subjetivo é o dolo, consubstanciado na vontade específica de fazer o que a lei veda, ou ignorar o que a lei manda, com o objetivo de obter proveito para si ou para outra pessoa, ou seja, com fins ilícitos. Assim, ressalta-se que, com a vigência da nova Lei de Improbidade Administrativa, o ato culposo não está apto para qualificar a imoralidade do agente, associando a conduta típica, diretamente, às condutas dolosas.

Portanto, depreende-se que a definição conceitual de patrimônio público foi a mais ampla possível, para abranger não apenas o seu aspecto econômico, mas sua concepção de bem de interesse público, não importando se há uma matriz monetária de forma direta ou indireta. Da mesma forma, a expressão patrimônio público tem uma hipótese de incidência muito maior que Erário, pois essa terminologia limita-se a abranger apenas os recursos financeiros provenientes dos cofres públicos da Administração direta e indireta, não compreendendo os demais bens, principalmente os de conteúdo não econômico, como os bens de uso comum do povo.

5.4.2 Hipóteses de prejuízo ao Erário

O art. 10 da Lei nº 8.429/92 exige para a tipificação da improbidade administrativa na modalidade de dano ao Erário a ação ou omissão dolosa que cause a perda patrimonial, o desvio, a apropriação, o malbaratamento ou a dilapidação de bens ou haveres das entidades que tutela, incidindo em uma das hipóteses dos incisos elencados.

O inciso I traz a conjectura daquele que facilita ou concorre, por qualquer forma, para a indevida incorporação ao patrimônio particular, de pessoa física ou jurídica, de bens, de rendas, de verbas ou de valores integrantes do acervo patrimonial das entidades mencionadas no art. 1º da Lei nº 8.429/92. Embora no referido inciso não fique clara a relevância do destino da vantagem, faz-se premente a interpretação sistemática do dispositivo, em conjunto com a ótica adotada pelo §1º do Artigo 11º do diploma legal, extraindo-se a concomitante necessidade de adequação ao tipo em espécie à conduta com o fim de obter proveito ou benefício indevido para si ou para outra pessoa ou entidade.

O inciso II, por sua vez, trata da conduta permissiva ou de concorrência para que pessoa física ou jurídica privada utilize bens, rendas, verbas ou valores integrantes do acervo patrimonial das entidades mencionadas no art. 1º da Lei nº 8.429/92, sem a observância das formalidades legais ou regulamentares aplicáveis à espécie. O que se almeja punir é o uso de bens, rendas, verbas e valores em benefício próprio por parte do agente público. A apropriação de tais objetos jurídicos é preocupação do inciso anterior. Tal qual discorre Silvio Antonio Marques, trata-se de situação em que o agente propicia a atribuição temporária da posse de bens públicos a terceiros sem amparo legal, como seria legítimo se existentes contratos da cessão, concessão, permissão e da locação.[268]

---

[268] MARQUES, Silvio Antonio. *Improbidade Administrativa. Ação Civil e Cooperação Jurídica Internacional*. São Paulo: Saraiva, 2010. p. 88.

O inciso III tipifica a doação à pessoa física ou jurídica bem como ao ente despersonalizado, ainda que para fins educativos ou assistenciais, de bens, rendas, verbas ou valores do patrimônio de qualquer das entidades mencionadas no art. 1º da Lei nº 8.429/92, sem observância das formalidades legais e regulamentares aplicáveis à espécie. Aqui o agente público transfere o domínio de bens, rendas, verbas ou valores do patrimônio sem atender aos pressupostos legais, causando prejuízo ao Erário. Ressalte-se que o desrespeito às formalidades legais deve ser constatado. Atente-se para a percepção de proveitos ou benefícios em troca da vantagem auferida pela pessoa física, jurídica ou ente despersonalizado, preocupação do art. 11º da Lei nº 8.429/92.

O inciso IV trata de quem permite ou facilita a alienação, permuta ou locação de bem integrante do patrimônio de qualquer das entidades referidas, ou ainda a prestação de serviço por parte delas, por preço inferior ao de mercado. A preocupação do legislador na espécie foi o subfaturamento à custa do Erário, sendo relevante se o agente ou outrem auferiu vantagem durante o ato. Tal qual despende Eurico Ferraresi, aqui os verbos elementares foram praticados para que outrem enriquecesse ilicitamente. [269] Deve-se sublinhar que, embora não sejam percebidas vantagens para o agente, haverá ato de improbidade administrativa quando for comprovada na conduta exercida o fim ilícito de obter benefícios para outrem ou para uma entidade.

O inciso V tipifica a conduta de permitir ou facilitar a aquisição, permuta ou locação de bem ou serviço por preço superior ao de mercado. Objetiva-se evitar o superfaturamento, que também fere os preceitos da administração da *res publica* e o próprio sistema econômico-financeiro. Tal qual assevera Silvio Antonio Marques, obtida vantagem indevida pelo agente público, trata-se do tipo previsto no inciso II do art. 9º da Lei nº 8.429/92.

O inciso VI trata da hipótese de realização de operação financeira sem observância das normas legais e regulamentares ou de aceitação de garantia insuficiente ou inidônea. As referidas condutas também podem caracterizar os crimes previstos na Lei de Responsabilidade Fiscal (LC nº 101/2000). Faz-se premente que os agentes respeitem a legislação orçamentária, em atenção ao equilíbrio entre a receita e as despesas, sob pena de lesão ao Erário.

---

[269] FERRARESI, Eurico. *Improbidade Administrativa:* Lei 8.429/92 Comentada. Rio de Janeiro/São Paulo: Forense/Método, 2011. p. 97.

O inciso VII, por sua vez, versa sobre a situação de concessão de benefício administrativo ou fiscal, sem a observância das formalidades legais ou regulamentares aplicáveis à espécie. Preocupa-se o legislador com a concessão de benefício de modo irregular, cuja benevolência fora da determinação legal implicará em perda de receita, fato sabido pelo agente, que pratica o ato em busca de benefícios pessoais ou para outras pessoas. A prática elementar que se impede é o desatendimento das regras legais, causando lesão ao Erário.[270]

No que tange ao inciso VIII, que versa acerca da frustração da licitude de processo licitatório ou da dispensa indevida, algumas considerações devem ser feitas sobre as alterações legislativas promovidas pela nova LIA. Sob a redação antiga, críticas pertinentes eram tecidas, ao que destacamos o debruçamento realizado por Pazzaglini, Rosa e Fazzio. Para os referidos autores, o inciso VIII do art. 10 da Lei nº 8.429/92 era fonte inesgotável dos atos de improbidade administrativa e de grandes prejuízos à Administração Pública. Tal inciso, em síntese, diz ser ímprobo o ato que frustra a licitude do processo licitatório ou de processo seletivo para a celebração de parcerias com entidades sem fins lucrativos, ou dispensa-o indevidamente, acarretando em perda patrimonial efetiva. No entanto, a ressalva legal de necessidade de existência de perda patrimonial efetiva através da frustração do processo licitatório é uma novidade da Lei 14.230, em concordância com as críticas dos autores supracitados, que concluíram que a redação antiga se tratava de um verdadeiro contrassenso, posto que a observância do dever de licitar nem sempre é possível ou vantajosa em todos os casos. [271]

O agente causa dano ao Erário ao impedir que o escopo do processo seletivo seja atingido – a melhor contratação possível. A ação ímproba pode ser materializada tanto mediante a dispensa indevida do processo seletivo ou o desatendimento ao regramento legal, seja em sede de celebração ou de fiscalização. Por decorrência lógica, a ação provém de agente público. O terceiro apenas pode sofrer a reprimenda prevista se de alguma forma colaborou com a ação ou omissão, sendo necessária à constatação do dolo, sem a possibilidade de esse aspecto anímico ser indicado por ilação.

---

[270] GAJARDONI, Fernando da Fonseca; outros. *Comentários à lei de Improbidade Administrativa:* Lei. 8.429, de 02 de junho de 1992. 3. ed. São Paulo: Revista dos Tribunais, 2014. p. 138-139.
[271] PAZZAGLINI FILHO, Marino; ROSA, Márcio Fernando Elias; FAZZIO JÚNIOR, Waldo. *Improbidade Administrativa:* aspectos jurídicos da defesa do patrimônio público. 2. ed. São Paulo: Atlas, 1997. p. 75-114.

Pertinente ressaltar que, com o advento da nova lei de licitações, o mesmo fato não pode caracterizar o crime anteriormente previsto no art. 89 da Lei nº 8.666/93, que tipificava a dispensa ou a inexigibilidade de licitação fora das hipóteses previstas em lei, para celebrar contrato com o Poder Público.

O inciso IX trata da conduta de ordenar ou permitir a realização de despesas não autorizadas em lei ou regulamento. A ilicitude da conduta está no ato de realizar despesa com dinheiro público sem expressa autorização legal. Consubstancia patente violação ao princípio da legalidade que colmata lesão ao Erário, cujo ressarcimento posterior não elide a aplicação das demais sanções, todavia, serve forçosamente para atenuá-las.[272]

O inciso X versa acerca da atitude ilícita na arrecadação de tributo ou renda, bem como no que diz respeito à conservação do patrimônio público. Trata-se de vedação à evasão de receita concomitante ao dever de conservação de bem público. Nesse sentido, apenas pode ser punida a conduta dolosa nos termos do art. 12 da Lei nº 8.429/92 se perfeitamente adequada à situação de lesão ao erário. Aponta-se que a opção legislativa foi punir a ação ilícita, que, nos termos da Lei 14.230, depende do elemento subjetivo do dolo.

O inciso XI versa sobre a conduta de liberar verba pública sem a estrita observância das normas pertinentes ou de influir de qualquer forma para sua aplicação irregular. Na primeira situação, a conduta é perpetrada pelo sujeito competente à liberação da verba; na segunda, a conduta proibida é a influência que o agente exerce para liberação indevida de verba.

O inciso XII tipifica a conduta de permitir, facilitar ou concorrer para que terceiro se enriqueça ilicitamente. Diferentemente das hipóteses de enriquecimento ilícito previstas no art. 9º da Lei nº 8.429/92, aqui o agente consente que outrem o faça, seja pela transferência de bens ou pelo adimplemento ou até mediante o uso indevido de recursos públicos.

O inciso XIII trata da permissão de que se utilize, em obra ou serviço particular, veículos, máquinas, equipamentos ou material de qualquer natureza, de propriedade ou à disposição de qualquer das entidades mencionadas, bem como o trabalho de servidor público, empregados ou terceiros contratados por essas entidades. O tipo se dirige à permissão de que terceiro, para fins particulares, use os bens públicos ou de que se beneficie do trabalho de servidores ou de pessoas

---

[272] STJ. REsp. nº 1009204/SP. Relo. Min. Herman Benjamin. Julg: 1º.12.2009.

contratadas pelo Poder Público. A lesão ao Erário está no desfalque de que este usufrua da contraprestação mediante vantagem indevida de terceiro. Acaso o agente também receba vantagem para propiciar o benefício, trata-se da hipótese prevista no inciso IV do art. 9º da Lei nº 8.429/92.

O inciso XIV tipifica a celebração de contrato ou de outro instrumento que tenha por objeto a prestação de serviços públicos por meio da gestão associada sem observar as formalidades previstas na lei. O prejuízo ao Erário que se busca coibir é o decorrente da celebração de contrato de consórcio público ou de qualquer outro instrumento sem a observância dos requisitos legais.[273]

O inciso XV, por sua vez, trata da hipótese de celebração de contrato de rateio de consórcio público sem suficiente e prévia dotação orçamentária, ou sem observar as formalidades previstas na lei. Conforme determinado no Decreto nº 6.017/07, o contrato de rateio é instrumento por meio do qual os entes consorciados se comprometem a fornecer recursos para a realização das despesas do consórcio público realizado (art. 2º, VII). A ser formalizado em cada exercício financeiro, o prazo de vigência do contrato de rateio está limitado ao das dotações que o mantém. Conforme disposto no *caput* do art. 10 em análise que se pormenoriza, a presença do elemento subjetivo é essencial, de modo que mera irregularidade não tem o condão de configurar ato de improbidade administrativa. Saliente-se que se trata de tipo que pressupõe a competência do agente para a realização do ato, de modo que sua conduta consubstancia um abuso de poder.

Os incisos XVI ao XXI, que não estavam previstos na redação original, foram incluídos pela Lei nº 13.019/2014 e, posteriormente, alterados pela Lei 14.230/2021.

5.4.3 Comprovação do elemento subjetivo

Quaisquer condutas lesivas ao patrimônio público, especificamente dolosas, são suscetíveis à subsunção ao art. 10 da Lei nº 8.429/92. Por consequência, tem-se que a atuação ou omissão deve ser ilegal, ou seja, uma afronta a um parâmetro normativo, descrito em lei, acrescido do dolo em seu estado anímico. Tal compreensão parte do fato de que a Lei de Improbidade, no seu art. 10, tem o escopo de coibir a conduta

---

[273] FERRARESI, Eurico. *Improbidade administrativa:* Lei 8.429/92 comentada. Rio de Janeiro: Forense; São Paulo: Método, 2011. p. 113-114.

ilegal que, sendo dolosa, ocasione prejuízo ao patrimônio público, tendo sido excluído aquele agente que agiu legalmente, apesar de ter causado prejuízo.

Em nenhuma das hipóteses legais de improbidade se diz que pode a conduta do agente ser considerada apenas do ponto de vista objetivo, o que geraria a responsabilidade objetiva. Quando não se faz distinção conceitual entre ilegalidade e improbidade, ocorre a aproximação da responsabilidade objetiva por infrações, o que acarreta sérias injustiças, porque não se leva em consideração o elemento volitivo do agente.

A hipótese normativa de improbidade em questão tem o escopo de sublinhar a relevância do dever de diligência dos agentes públicos, de modo que se exige o dolo específico, determinando-se um especial fim de agir, sob a definição legal de que é considerado dolo a vontade livre e consciente de alcançar o resultado ilícito, não bastando a voluntariedade do agente.[274] Sendo assim, ressalta-se que, a partir da Lei 14.230/2021, as formas de configuração de conduta culposa não são mais aplicáveis aos atos ímprobos, se tornando incompatíveis com a tipificação da Lei 8.429/92 os atos realizados por imprudência, imperícia ou negligência.

Os incisos do art. 10 da Lei nº 8.429/92, apesar de seus enunciados exemplificativos, conduzem à percepção de que o que se busca impedir é a conduta do agente público que enseja o prejuízo ao patrimônio público, de qualquer uma de suas entidades, tentando impedir a ação ou omissão em benefício de outrem e contrária ao patrimônio público. A finalidade reverenciada deve ser encontrada nas especificidades do dolo, perpetrado com má-fé, consubstanciando elemento caracterizador do próprio ato de improbidade, o que afasta a responsabilidade objetiva e garante a responsabilização dos agentes faltosos. Esse tipo de responsabilização, sem a perspectiva anímica, abduz a penalização de agentes públicos pelos "insucessos da máquina administrativa, mesmo nos casos em que seus dirigentes agissem sob os ditames legais, caracterizando-se responsabilidade objetiva dos administradores".[275]

---

[274] Art. 1º O sistema de responsabilização por atos de improbidade administrativa tutelará a probidade na organização do Estado e no exercício de suas funções, como forma de assegurar a integridade do patrimônio público e social, nos termos desta Lei.
§ 1º Consideram-se atos de improbidade administrativa as condutas dolosas tipificadas nos arts. 9º, 10 e 11 desta Lei, ressalvados tipos previstos em leis especiais.
§ 2º Considera-se dolo a vontade livre e consciente de alcançar o resultado ilícito tipificado nos arts. 9º, 10 e 11 desta Lei, não bastando a voluntariedade do agente.
§ 3º O mero exercício da função ou desempenho de competências públicas, sem comprovação de ato doloso com fim ilícito, afasta a responsabilidade por ato de improbidade administrativa.

[275] STJ. REsp nº 1.140.554-4/MG. Rel.: Min. Eliana Calmon. Segunda Turma. DJ-e 22.06.2010.

Nesse sentido, o agente público, bem como o terceiro e o sucessor do que causou lesão, deve ressarcir o Erário pelos prejuízos que efetivamente causou por ação ou omissão dolosa, configurando-se essa hipótese por quaisquer das formas tipificadas de prejuízo ao patrimônio público, sem observar os preceitos legais, cabendo ao imputado do pretenso ato maculado provar a inexistência do dano, ao menos presumido, ou que inexistiu elementos caracterizadores de dolo.

Consoante as argumentações, resta arrebatador a necessidade de se exigir o elemento subjetivo, especificamente do dolo, e a demonstração do prejuízo ao Erário para que sejam aplicáveis as respectivas sanções relativas ao art. 10 da Lei nº 8.429/92.[276] Toda decisão judicial deve ser devidamente fundamentada e, em se tratando de ato ímprobo, deve o juiz/tribunal fundamentar individualizadamente seus elementos do tipo, quais sejam, o dano, com suas consequências e extensões, e o seu componente anímico.

A Lei de Improbidade Administrativa visa punir o desonesto, o corrupto, aquele desprovido de lealdade e boa-fé, e, por isso, é necessário o dolo na conduta do agente.

5.4.4 Necessidade da efetiva ocorrência de dano

O art. 21 da Lei nº 8.429/92 institui que a aplicação das sanções previstas no referido diploma independe da efetiva ocorrência de dano ao patrimônio público, ressalvada a pena de ressarcimento e no caso das condutas previstas no Art. 10 da lei referenciada. A aplicação das sanções também independe da aprovação ou rejeição de contas pelo órgão de controle interno ou pelo Tribunal ou Conselho de Contas. No entanto, através da Lei 14.230, foram adicionados os §1º ao §5º, ensejando alterações importantes no que diz respeito aos atos dos órgãos de controle externo.[277]

---

[276] Art. 10º: § 1º Nos casos em que a inobservância de formalidades legais ou regulamentares não implicar perda patrimonial efetiva, não ocorrerá imposição de ressarcimento, vedado o enriquecimento sem causa das entidades referidas no art. 1º desta Lei.
§ 2º A mera perda patrimonial decorrente da atividade econômica não acarretará improbidade administrativa, salvo se comprovado ato doloso praticado com essa finalidade.

[277] § 1º Os atos do órgão de controle interno ou externo serão considerados pelo juiz quando tiverem servido de fundamento para a conduta do agente público.
§ 2º As provas produzidas perante os órgãos de controle e as correspondentes decisões deverão ser consideradas na formação da convicção do juiz, sem prejuízo da análise acerca do dolo na conduta do agente.
§ 3º As sentenças civis e penais produzirão efeitos em relação à ação de improbidade quando concluírem pela inexistência da conduta ou pela negativa da autoria.

Tem-se que o legislador pátrio, ao tirar da Lei de Improbidade Administrativa a necessidade de dano ao patrimônio público para a materialização da improbidade, corroborou com a ampliação da noção de tutela ao patrimônio público, fazendo com que o campo normativo fosse elastecido, na tentativa de punir aqueles que burlam da forma mais ardil possível o patrimônio público. Afinal, o ato de improbidade que traz danos econômicos é palpável, mensurável com precisão, diferentemente das lesões ao patrimônio artístico, estético, histórico, turístico e moral.

O cenário que resulta do Art. 21 da Lei nº 8.429/92 impõe que à configuração do ato de improbidade não se exige dano ou prejuízo material. Assim, restar-se-ia abrangida a lesão à coisa imaterial e a conduta ilegal que não atingiu o fim pretendido por motivos alheios à vontade do agente.[278] Mesmo que um ato não venha a causar danos aos cofres públicos, pode ser considerado ímprobo e sujeitar seu autor às penas previstas, desde que enquadrado nas premissas legais.

Ao retirar o dano como único elemento tipificador da improbidade, o legislador busca limitar o agente público, alargando os seus deveres negativos, em decorrência do número de pessoas que encontram no Estado o único meio para consecução dos seus direitos essenciais.

Contudo, no que tange ao art. 10 da Lei nº 8.429/92, o legislador pátrio exigiu concomitância entre: a conduta que enseja perda patrimonial, desvio, apropriação, malbaratamento ou dilapidação dos bens ou haveres; a incidência em ao menos um dos incisos elencados; e a comprovação do dolo. Outra exegese não pode ser aduzida ante a presença do conectivo "e" no final do *caput*.[279] Ou seja, para o enquadramento da conduta nessa *fattispecie*, urge delinear claramente o dano

---

§ 4º A absolvição criminal em ação que discuta os mesmos fatos, confirmada por decisão colegiada, impede o trâmite da ação da qual trata esta Lei, havendo comunicação com todos os fundamentos de absolvição previstos no art. 386 do Decreto-Lei nº 3.689, de 3 de outubro de 1941 (Código de Processo Penal).

§ 5º Sanções eventualmente aplicadas em outras esferas deverão ser compensadas com as sanções aplicadas nos termos desta Lei.

[278] RECURSO ESPECIAL-PROCESSO CIVIL-AÇÃO CIVIL PÚBLICA-ATO DE IMPROBIDADE.
1. Não há omissão no acórdão que fundamenta seu entendimento, rejeitando, ainda que implicitamente, a tese defendida pelo recorrente.
2. Para a configuração do ato de improbidade não se exige que tenha havido dano ou prejuízo material. O fato da conduta ilegal não ter atingido o fim pretendido por motivos alheios à vontade do agente não descaracteriza o ato ímprobo.
3. Recurso especial conhecido e provido.
(STJ. REsp nº 1182966 MG, Rel. Ministra ELIANA CALMON, SEGUNDA TURMA, julgado em 01.06.2010, DJe 17.06.2010.)

[279] "Art. 10. Constitui ato de improbidade administrativa que causa lesão ao erário qualquer ação ou omissão dolosa, que enseje, efetiva e comprovadamente, perda patrimonial, desvio,

ocasionado.²⁸⁰ Tal cenário impossibilita a defesa de que não é exigido o dano material ao patrimônio público à configuração dos atos de improbidade administrativa previstos no art. 10 do referido diploma. Não há como se vislumbrar a perda patrimonial, o desvio, o ato de apropriação, a venda com prejuízo ou a dilapidação sem que haja prejuízo material ao Erário.

O Superior Tribunal de Justiça já havia assinalado que o ato de improbidade previsto no art. 10 da Lei nº 8.429/92 exige para a sua configuração, necessariamente, o efetivo prejuízo ao Erário, sob pena da não tipificação do ato impugnado, aduzindo tratar-se de exceção ao inciso I do art. 21 da Lei nº 8.429/92.²⁸¹ No mesmo sentido, promana que a configuração dos atos de improbidade administrativa que causam prejuízo ao Erário exige a presença do efetivo dano ao Erário, tratando-se de critério objetivo.²⁸²

A defesa de que o dano na hipótese é presumido, sendo suficiente que esteja presente tão somente no plano formal através da opção legislativa, não merece prosperar.²⁸³ Neste sentido, a inclusão dos termos "efetiva e comprovadamente" pela redação dada ao Art. 10 pela Lei 14.230/21 dissolve o impasse anteriormente instaurado no âmbito doutrinário.

Afinal, se o legislador inseriu o dano no tipo, quis que, à densificação da norma no caso concreto, estivesse presente o dano material aos cofres públicos, de maneira comprovada e efetiva, aludindo à necessidade de comprovação do prejuízo. Da mesma forma, não é possível vislumbrar em nenhum dos incisos previstos no art. 10 da Lei nº 8.429/92, a serem adequáveis no caso concreto quando também

---

apropriação, malbaratamento ou dilapidação dos bens ou haveres das entidades referidas no art. 1º desta Lei, e notadamente: [...]."

²⁸⁰ (TJ-SP - AC: 10005084420198260104 SP 1000508-44.2019.8.26.0104, Relator: Oscild de Lima Júnior, Data de Julgamento: 21/01/2022, 11ª Câmara de Direito Público, Data de Publicação: 21/01/2022)

²⁸¹ STJ. REsp nº 805080 SP, Rel. Ministra DENISE ARRUDA, PRIMEIRA TURMA, julgado em 23.06.2009, DJe 06.08.2009.

²⁸² STJ. AgRg no REsp nº 1177579 /PR. Ministro BENEDITO GONÇALVES. Data do Julgamento 16.08.2011.

²⁸³ Interessante é o posicionamento de Daniel Amorim e Rafael Carvalho para quem, afora os casos estabelecidos no art. 10, o dano ao Erário tem que ser comprovado. "Entendemos que a incidência do art. 10 da LIA depende necessariamente da efetiva comprovação da lesão ao patrimônio público econômico (Erário), sendo certo que, nas hipóteses exemplificativamente arroladas nos incisos da referida norma, a lesividade é presumida". ASSUMPÇÃO NEVES, Daniel Amorim; REZENDE OLIVEIRA, Rafael Carvalho. Manual de improbidade administrativa: direito material e processual. 3. ed. São Paulo: Método, 2015. p. 85.

incidentes as hipóteses previstas no *caput* do dispositivo, situações em que não ocorra dano material ao patrimônio público. No entanto, embora as inclusões de incisos realizadas pela Nova Lei de Improbidade sigam esse parâmetro, aponta-se uma potencial incongruência para o sistema jurídico a partir do estabelecimento do §1º, uma vez que faz surgir a possibilidade de inobservância dos parâmetros legais sem perda patrimonial aos cofres públicos.[284]

Outrossim, estando o parágrafo citado sob a égide do Art. 10º, que trata dos atos de improbidade administrativa que causam prejuízo ao erário, a interpretação que pode ser feita em relação ao exposto é de conexão entre os dispositivos legais.

O dever de probidade na administração da *res publica* tutela o patrimônio público considerado no seu sentido mais amplo, e para tanto se tem também protegidos os princípios da administração. Portanto, o dano que se cerceia mediante a vedação de prejuízo ao Erário prevista no art. 10 da Lei nº 8.429/92 pressupõe, em tese, lesão de repercussão patrimonial. As demais lesões deveriam estar protegidas pelas vedações do art. 11 da Lei nº 8.429/92.

Quando o dano é efetivo e comprovado, individualiza-se claramente sua extensão e o nexo causal que o ensejou, havendo uma restrição clara do valor a ser ressarcido, pois haveria a possibilidade de realizar uma simetria com o prejuízo ocasionado. No entanto, a partir do apontamento da possibilidade legislativa de ocorrência de inobservâncias que não ensejam perda patrimonial, há o risco de gravame ao princípio da proporcionalidade e do princípio que impede o enriquecimento indevido. Configura-se inexorável a aferição do dano em sua extensão para que o justo ressarcimento seja possível, ao que o texto legislativo atribuído pela Lei 14.230/21 torna dúbia a verificação efetiva da extensão do dano causado ao patrimônio e aos bens públicos.

Nesse sentido, faz-se premente que o prejuízo ao Erário tenha sido comprovadamente produzido pelo sujeito ativo do ato, sem que haja interferência de caso fortuito, força maior ou outros eventos que quebrem o nexo de causalidade, pois se o sujeito ativo não incorreu no ato, não lhe pode ser imputada qualquer intensidade de culpabilidade. Se o dano foi causado por um evento cujo sujeito ativo não podia prever ou se ocorreu sem a sua interferência, o nexo de causalidade deixa de existir, como igualmente o seu elemento anímico, o dolo, imprescindível

---

[284] Art. 10º § 1º Nos casos em que a inobservância de formalidades legais ou regulamentares não implicar perda patrimonial efetiva, não ocorrerá imposição de ressarcimento, vedado o enriquecimento sem causa das entidades referidas no art. 1º desta Lei.

para sua caracterização.[285] Sublinha-se, ainda, a opção legislativa pela exclusão da possibilidade de conduta culposa, antes presente no Art. 10, ao que faz-se mister a compreensão de que apenas são constitutivas de ato de improbidade administrativa as ações dolosas, praticadas com a finalidade de incorrer em ato ímprobo.[286] De igual modo, deve o aplicador estar atento às hipóteses em que o tipo apenas pode ser perpetrado pelo agente público, não podendo ser imputado como conduta provinda diretamente de terceiro.

O outro elemento imprescindível para a tipificação de prejuízo ao Erário é que ele não seja subsumido pelo princípio da insignificância. Sabe-se que pela extensão de sua incidência, esse princípio pode ser o escoadouro para a construção de impunidades para a prática de acintes contra a Administração Pública. Mas, de igual maneira, não é justo que mínimas tipificações aos incisos do art. 10 possam acarretar a imposição das sanções da Lei nº 8.429/92. Um vetor que poderia ajudar em sua determinação é a verificação de se houve algum tipo de prejuízo para a prestação dos serviços estatais. Em assim ocorrendo, não se poderia, por hipótese alguma, excluir a tipificação analisada.[287]

Tem-se, portanto, que o art. 21, I, da Lei nº 8.429/92 tem aplicação controvertida em relação ao art. 10 do mesmo diploma, posto que à configuração do ato ímprobo de prejuízo ao Erário e à consequente aplicação das sanções faz-se, em tese, imperiosa a existência de dano, colmatando a imprescindibilidade da sanção de ressarcimento ao Erário. No entanto, a inclusão do §1º faz surgir a possibilidade de atos em desconformidade aos regramentos legais sem ocorrência de perda patrimonial aos cofres públicos, dissipando a necessidade estrita de ocorrência de dano patrimonial para ocorrência de atos ímprobos que causam dano ao erário.

---

[285] Ressalve-se que o Superior Tribunal de Justiça, em especial suas Turmas, tem assinalado que se o sujeito ativo era capaz de prever o evento, resta-se descaracterizada a excludente do dolo arguida em defesa. STJ. AgRg no AI nº 1.316.690/RO. Rel. Min. Mauro Campbell Marques. Segunda Turma. Julg.: 05.04.2011. DJe 13.04.2011; REsp nº 799511/SE. Rel.: Min. Luiz Fux. Primeira Turma. Julg.: 09.09.2008. DJe 13.10.2008.

[286] Art. 10º § 2º A mera perda patrimonial decorrente da atividade econômica não acarretará improbidade administrativa, salvo se comprovado ato doloso praticado com essa finalidade.

[287] Pazzaglini, Rosa e Fazzio, ao analisarem a possibilidade da existência da obrigatoriedade mitigada da propositura da ação civil pública para alguns casos do art. 11 da Lei de Improbidade, defendem a possibilidade de aplicação do princípio da insignificância sob a afirmação de que a obrigatoriedade mitigada seria o meio-termo lógico e racional, capaz de adequar as pesadas sanções da lei em comento aos casos concretos, conferindo valia ao substrato humano e social contido na legalidade. PAZZAGLINI FILHO, Marino; ROSA, Márcio Fernando Elias; FAZZIO JÚNIOR, Waldo. Improbidade administrativa. 2. ed. São Paulo: Atlas, 1997. p. 203.

Não que a Lei nº 14.230/2021 seja isenta de críticas, mas, em virtude dela, inúmeros posicionamentos jurisprudenciais restaram afetados ou superados, como ocorreu, por exemplo, com o Tema nº 1.096/STJ, afetado ao rito do artigo 1.036 e seguintes do CPC/2015 para "definir se a conduta de frustrar a licitude de processo licitatório ou dispensá-lo indevidamente configura ato de improbidade que causa dano presumido ao erário (*in re ipsa*)".Com efeito, temos que não há mais como definir como improbidade administrativa aquelas condutas pautadas em dano presumido ao erário – matéria objeto do Tema nº 1.096/STJ –, uma vez que a nova redação dada pela Lei nº 14.230/21 ao artigo 10, *caput* e inciso VIII, e artigo 21, inciso I, da Lei nº 8.429/92 é clara ao dispor que, ainda nos casos de violação do procedimento licitatório, as ações pautadas em dano ao erário deverão demonstrar efetiva e comprovada perda patrimonial em prejuízo do poder público, sendo vedada qualquer presunção nesse esteio, vide artigo 17-C, inciso I, da norma.

5.5 Violação aos princípios da Administração Pública

5.5.1 Princípios constitucionais e os conteúdos indeterminados

A complexidade dos fenômenos sociais, atrelada à revalorização do universo jurídico, bem como o fortalecimento do Poder Judiciário, contribuem para a amplificação do espaço a ser integrado pelas decisões judiciais em razão da utilização mais acentuada dos princípios, mormente nos textos constitucionais.[288]

Com a emersão da constitucionalização de conceitos metajurídicos e dos demais ramos do Direito, possibilita-se um maior teor axiológico ao ordenamento jurídico, tendo como aspecto teleológico o suprimento das insuficiências do pensamento lógico dedutivo puro, mediante as imersões de elementos fático-valorativos.[289] Se antes o intérprete estava sujeito a uma estrutura mais ou menos preestabelecida, a partir do século XX o dilema passou a ser o de como estabelecer controles à interpretação.[290]

---

[288] CAPPELLETTI, Mauro. *Juízes legisladores?* Porto Alegre: SAFE, 1993, p. 42.

[289] ABBOUD, Georges; CARNIO, Henrique Garbellini; OLIVEIRA, Rafael Tomaz de. *Introdução à teoria e à filosofia do Direito*. São Paulo: Revista dos Tribunais, 2013.

[290] Sob as luzes da razão, estabelece Beccaria que "Quando as leis são claras e precisas, o dever do juiz limita-se à constatação do fato". BECCARIA, Cesare. *Dos delitos e das penas*. São Paulo: Martin Claret, 2001. p. 147.

Nesse contexto, os novos tipos normativos passaram a ser estruturados de modo a prever essa complexidade maior dos fatos sociais, com uma eficácia mais intensiva dos princípios, mormente dos princípios constitucionais. Afinal, de relevância inconteste, servirão de vetor interpretativo para todo o ordenamento, inclusive do próprio texto constitucional.

Salienta Jorge Miranda que o Direito não pode ser compreendido como soma de regras avulsas, resultantes de atos de vontade ou de mera organização de fórmulas verbais. É ordenamento, conjunto significativo, coerência, consistência, unidade de sentido e, em especial, é valor incorporado em regra.[291]

Piero Perlingieri, na realização de estudo do ordenamento italiano, estabelece que a consideração dos princípios como normas revigora a necessidade de que o julgador dirija sua *ratio decidendi* pela norma e não pela letra da lei, considerando-se todas as possíveis circunstâncias do fato, dando-lhes resposta conforme o ordenamento visto em uma perspectiva unitária.[292]

Em verdade, a criação e aplicação da lei em desconsideração do contexto social ao qual está inserida, acarretam injustiças e insatisfação social, que põem em xeque a legitimidade do Estado de Direito e a congruência dos termos idealizados e materializados pelo Constituinte. Os princípios constitucionais, ora denominados de normas-chaves, de fundamentos da ordem jurídica, superfontes, ora de mandamentos de optimização, em razão de sua natureza e supremacia, possuem a função de conectar o texto positivado com o fático, consubstanciando espécie normativa maximizadora de abrangência do dispositivo. Conforme delineado por Bonavides, uma vez constitucionalizados, os princípios fazem a chave de todo o sistema normativo.[293]

Os princípios constitucionais são conhecidos majoritariamente como normas abertas, de textura imprecisa quanto à sua incidência direta e concreta, presentes na Constituição, e que se aplicam, como diretrizes de compreensão, às demais normas constitucionais. Isso porque são dotados de grande abstratividade e têm por objetivo justamente imprimir determinado significado ou, ao menos, orientação às demais normas

---

[291] MIRANDA, Jorge. *Manual de Direito Constitucional*. 2. ed. Coimbra: Coimbra Editora, 1998. p. 198.
[292] PERLINGIERI, Pietro. *Introdução ao Direito Civil Constitucional*. 3. ed. Rio de Janeiro: Renovar, 2002. p. 43-47.
[293] BONAVIDES, Paulo. *Curso de Direito Constitucional*. 15. ed. São Paulo: Malheiros, 2004. p. 275.

que se relacionam entre si, conferindo unidade à Constituição e ao ordenamento. Para Ivo Dantas, trata-se de categoria lógica, refletindo os princípios e a estrutura ideológica do Estado, no que representa os valores consagrados em dada sociedade.[294] Sintetiza André Ramos Tavares que os princípios constitucionais, portanto, servem de vetores à interpretação válida da Constituição e de todo o ordenamento.[295]

Luís Roberto Barroso classifica os princípios constitucionais em fundamentais, gerais e setoriais ou especiais, levando em consideração o grau de destaque no âmbito do sistema e sua abrangência. Os princípios fundamentais são aqueles que configuram os fundamentos da organização política do Estado e exprimem a ideologia política que permeia o ordenamento jurídico, constituindo o núcleo imodificável do sistema e servindo como limites às mutações constitucionais, de modo que sua superação exige um novo processo constituinte. Tais princípios são dotados de natural força de expansão, comportando desdobramentos em outros princípios e em ampla integração infraconstitucional. Os princípios gerais, por sua vez, são importantes especificações dos princípios fundamentais. Possuem alto grau de abstração, irradiam por toda ordem jurídica e se aproximam daqueles que identificamos como princípios definidores de direitos. Os princípios setoriais são aqueles que presidem um específico conjunto de normas afetas a determinado tema capitulado na Constituição, com incidência limitada ao campo normativo em que atuam.[296]

Não se pode dizer que os princípios, sejam constitucionais ou infraconstitucionais, têm, forçosamente, uma baixa densidade. Na verdade, eles ostentam uma força normativa que é atrelada a fatores metajurídicos, podendo, com o perpassar temporal, ter sua eficácia densificada ou esvaída. Atrelados ao mundo fático, sem a apresentação de *gaps*, eles podem adquirir uma concretização muito maior do que as regras.

Limberger, após detida análise da doutrina de Enterría, conclui que a discricionariedade é essencialmente uma liberdade de eleição entre alternativas igualmente justas, entre critérios metajurídicos, não previstos na lei, e conferidos ao critério subjetivo do administrador.

---

[294] DANTAS, Ivo. *Princípios constitucionais e interpretação da Constituição*. Rio de Janeiro: Lumen Juris, 1995. p. 59.
[295] TAVARES, André Ramos. *Curso de Direito Constitucional*. 11. ed. rev. e atual. São Paulo: Saraiva, 2013. p. 205.
[296] BARROSO, Luís Roberto. *Interpretação e aplicação da Constituição*. 3. ed. São Paulo: Saraiva, 1999. p. 111.

A indeterminação do conteúdo dos princípios, a seu modo, constitui tão somente um caso de aplicação da lei, já que se trata de subsumir em uma categoria legal.²⁹⁷ Contudo, resta indubitável a limitação do princípio ao seu campo normativo.

Por outro lado, é majoritária a defesa temperada da existência de discricionariedade no âmbito da aplicação dos princípios, e, conforme Germana Moraes, não abrange toda e qualquer hipótese, haja vista que sua indeterminação conceitual é reduzida pelo contexto e pelo texto normativo no qual devem estar inseridos.²⁹⁸

Para Celso Antônio Bandeira de Mello, a aplicação do conteúdo indeterminado dos princípios enseja a existência da discricionariedade administrativa, fundamentando que, se em determinada situação real o administrador reputar, em entendimento razoável, que deve ser aplicado determinado conteúdo vago do princípio, em detrimento de outro, não se poderá dizer que violou a lei, que transgrediu o Direito. Assim, se não violou a lei, se não lhe deturpou a finalidade, terá o administrador procedido na conformidade do Direito. Ter-se-á que procedeu mediante a liberdade intelectiva que, *in concreto*, o Direito lhe faculta, situação que impediria que qualquer controlador da legalidade lhe corrigisse a conduta.²⁹⁹

Sustenta Krell que a abertura das normas jurídicas, a indeterminabilidade dos princípios e a utilização de conteúdos indeterminados em nível normativo impõem a necessidade de complementação. Trata-se de fenômenos interligados, considerando que muitas vezes o órgão administrativo deve manusear a discricionariedade para preencher a indeterminabilidade dos conceitos dos princípios. Assim, a extensão da liberdade discricionária atribuída à Administração na utilização dos conceitos indeterminados depende, preponderantemente, do tipo de conceito deferido pelo texto legal.³⁰⁰

Nesse diapasão, havendo parâmetros de objetividade para enquadrar a situação fática na fórmula ampla, ensejando uma única

---

[297] LIMBERGER, Thêmis. *Atos da administração lesivos ao patrimônio público:* os princípios constitucionais da legalidade e moralidade. Porto Alegre: Livraria do Advogado, 1998. p. 111.
[298] MORAES, Germana de Oliveira. *Controle jurisdicional da administração pública*. 2. ed. São Paulo: Dialética, 2004. p. 65.
[299] MELLO, Celso Antônio Bandeira de. *Discricionariedade e controle jurisdicional*. 2. ed. São Paulo: Malheiros, 2003. p. 48.
[300] KRELL, Andreas J. *Discricionariedade e proteção ambiental:* o controle dos conceitos jurídicos indeterminados e a competência dos órgãos ambientais. Porto Alegre: Livraria do Advogado, 2004. p. 35.

solução, não há que se falar em discricionariedade. Por outro lado, se há uma fórmula ampla, aplicada a uma situação fática, admitir margem de escolha de soluções, todas igualmente válidas e fundadas na razão, o poder discricionário será exercido.[301]

É cediço que a possibilidade de valoração específica, quando na vivência da fixação da norma *in concreto*, traz o risco de divergências que podem provocar a insegurança jurídica mediante a criação de construções jurídicas apoiadas em sentidos genéricos emergidos da moral pessoal, abdicando-se do sentido social que se espera empregar. Os voluntarismos judiciais representam um grande risco não só para a dogmática jurídica, mas para a própria previsibilidade jurídica.

Tal preocupação já perpassou inúmeras fases na história, tendo sido problematizada no século XIX por Bernatzik, para quem os conceitos abertos, como o de interesse público, teriam de ser preenchidos pelos órgãos administrativos especializados, sem a possibilidade da revisão da decisão pelos tribunais. Tezner, por sua vez, defendia um controle objetivo de todos os conceitos normativos, inclusive os vagos, das leis que regiam a relação entre a Administração e os cidadãos.[302]

A valoração administrativa do conteúdo indeterminado dos princípios envolve o exercício da discricionariedade, mas dentro dos parâmetros legais. Entretanto, apesar da imprecisão, o controle judicial da valoração desses não é totalmente discricionária, haja vista que há parâmetros factuais, dogmáticos e jurisprudenciais que devem orientar a aplicação da indeterminação principiológica. A integração dessas normas exige ponderação prévia.

A ponderação dos termos legais, fluidos ou não, havendo margem normativa para isso, é subordinada ao juízo de justiça do administrador, que deve escolher a mais adequada para o ordenamento jurídico e a mais conciliada com as exigências do caso concreto, atendendo aos elementos do mérito administrativo. Uma vez diante de um elenco de opções jurídicas, a escolha do administrador pode ou não ser alterada pelo Poder Judiciário. Em defesa da segurança jurídica e dos direitos fundamentais, sendo cabível e necessário o órgão jurisdicional encerrar o processo de concretização normativa do texto legal. O *jurisdictio* emitido pelo magistrado prevalece sobre a decisão proferida pelo administrador.

---

[301] MEDAUAR, Odete. *Direito Administrativo moderno*. 19. ed. São Paulo: Revista dos Tribunais, 2015. p. 139-141.
[302] KRELL, Andréas J. A recepção das teorias alemãs sobre conceitos jurídicos indeterminados e o controle da discricionariedade no Brasil. *Interesse Público*, n. 23, p. 30, 2004.

Em razão de suas prerrogativas, se o magistrado constatar que a situação jurídica escolhida pelo administrador é rejeitada pelo ordenamento jurídico, deve ser realizado o controle jurisdicional que se sobreporá à decisão administrativa. Nesse contexto, tem-se que o controle jurisdicional tem a missão de modificar a decisão administrativa desde que haja colisão com o ordenamento jurídico, atinja parâmetros jurisprudenciais ou ultrapasse questões fáticas.

Diante do conteúdo indeterminado dos princípios, principalmente aqueles que apresentam ampla carga de densidade moral, evidente que a literalidade do texto legal não será suficiente para fixação da melhor solução para o caso concreto, sendo premente a análise dos elementos circunstanciais à realização da concretização normativa.

5.5.2 Hipóteses de violação aos princípios da Administração Pública

O art. 11 da Lei nº 8.429/92 exige, à constituição de ato de improbidade administrativa em espécie, a existência de ação ou omissão dolosa que viole os deveres de honestidade, imparcialidade, legalidade, e lealdade às instituições, enquadrando-se em através de uma das hipóteses dos incisos elencados.

Os incisos I e II foram revogados pela Nova Lei de Improbidade Administrativa, retirando do âmbito de aplicação da Lei 8.429/92, portanto, a vedação a casos em que o agente pratica ato vedado, seja por lei ou regulamento, ou o faz sem competência ou quando opta por uma omissão ou ação indevida.

O inciso III trata do ato de revelar fato ou circunstância que o agente tenha ciência em razão das atribuições, e que deva permanecer em segredo, sob destacada possibilidade de risco à segurança da sociedade e do Estado.[303] Na hipótese, o sujeito ativo, que necessariamente é agente público, revela segredo cujo interesse público é pelo sigilo, de modo que na hipótese a vivência de exceção à regra da publicidade faz-se imperiosa, em concomitância à criação de risco à segurança nacional. Conforme expõe Marcelo Figueiredo, o termo "circunstância" amplia significativamente a possibilidade de enquadramento na hipótese, posto que restam albergadas todas as proposições de divulgação, seja

---

[303] Art. 11º II - revelar fato ou circunstância de que tem ciência em razão das atribuições e que deva permanecer em segredo, propiciando beneficiamento por informação privilegiada ou colocando em risco a segurança da sociedade e do Estado;

de informação genérica ou específica.[304] Percebida vantagem ilícita, o cenário anterior às alterações percebidas pela Lei 14.230/21, era de enriquecimento ilícito. No entanto, à luz do §1º do referido dispositivo, deve ser verificado o fim de obter proveito ou benefício indevido para si ou para outra pessoa ou entidade. Sendo assim, consigne-se que, faz-se premente o dolo como elemento subjetivo, bem como a intenção do agente em obter benefícios indevidos através da revelação das informações sigilosas de que trata o inciso III.

O inciso IV tipifica o ato de negar publicidade aos atos oficiais, exceto em razão de sua imprescindibilidade para a segurança da sociedade e do Estado ou de outras hipóteses instituídas em lei. Neste ínterim, o ato ímprobo viola o princípio da publicidade, verdadeiro fundamento da atuação administrativa, previsto no *caput* do art. 37 da CRFB/88, consubstanciado no direito subjetivo de acesso à informação. O tipo em referência abrange o agente público que nega a publicidade e aquele que publica extemporaneamente, posto que o retardo viola o *télos* do princípio. Diz-se que a negativa do agente pode acarretar a falta de publicidade total, se não for promovida publicação alguma; ou parcial, se defeituosa ou de parte do ato, omitindo-se ponto essencial.[305]

O inciso V impõe a punição de quem frustra a licitude de concurso público. O concurso público é o meio de admissão de pessoas em cargo ou emprego público eleito pela Constituição Federal vigente, conforme inciso II do art. 37, ressalvados os cargos em comissão e os casos de contratação temporária. Trata-se de mecanismo de proteção à igualdade e à imparcialidade, princípios que devem conduzir a atuação do gestor público. A violação, igualmente, exige a ciência da ilegalidade, materializada no dolo específico explicitado pelo tipo, ao descrever a ofensa à imparcialidade com vistas à obtenção de benefício próprio, direto ou indireto, ou de terceiros, deixando claro que o dolo deve estar voltado para um fim específico e pautado na má-fé para caracterização do exposto.

O inciso VI, por sua vez, trata daquele que deixa de prestar contas quando está obrigado a fazê-lo, desde que disponha das condições para isso, com vistas a ocultar irregularidades. O tipo em espécie almeja castigar também em sede do sistema punitivo de improbidade a violação ao art. 70, parágrafo único, da CRFB/88, que determina que qualquer

---

[304] FIGUEIREDO, Marcelo. *Probidade Administrativa*: comentários à Lei 8.429/92 e legislação complementar. 5. ed. São Paulo: Malheiros, 2005. p. 132.
[305] MARQUES, Silvio Antonio. *Improbidade administrativa*: ação civil e cooperação jurídica internacional. São Paulo: Saraiva, 2010. p. 123.

pessoa física ou jurídica, pública ou privada, que utilize, arrecade, guarde, gerencie ou administre dinheiro, bens e valores públicos ou pelos quais a União responda, ou que, em nome desta, assuma obrigações de natureza pecuniária, prestará contas. O dever de prestação de contas está tutelado por diversos diplomas infraconstitucionais e tem o escopo de garantir maior transparência aos gastos públicos, tratando-se, inclusive, de exceção à regra da não intervenção, conforme alínea "d" do inciso VII do art. 34 e inciso II do art. 35, ambos da CRFB/88. Suscite-se que, à aplicação das penalidades do art. 12, III, da Lei nº 8.429/92, faz-se premente a existência de obrigação funcional de prestar as contas, concomitante à conduta dolosa de não o fazer, quando havia condições para isto, de modo que nem todo atraso se adapta ao tipo. Novamente, aponta-se, o dolo específico é aplicado ao caso em tela, a partir da premissa de que o ato ímprobo deve ser realizado com o objetivo de ocultar irregularidades. Assim, fica excluído do rol de vedações da Lei 8.429/92 o ato de não prestar contas quando realizado por dolo genérico, sendo exigido o direcionamento do agente para a ocultação de irregularidades.

O inciso VII impõe punição a quem revela ou permite que chegue ao conhecimento de terceiro, antes da respectiva divulgação oficial, teor de medida política ou econômica capaz de afetar o preço de mercadoria, bem ou serviço. Trata-se de mais uma hipótese em que a lei conferiu exceção à regra da publicidade, trazendo o sigilo como medida protetiva. O tipo da forma como foi redigido não exige que a informação seja utilizada, de modo que o dolo na divulgação de informação que afete o preço de mercadoria, bem ou serviço é suficiente. É hipótese mais específica que a já reverenciada e prevista no inciso III do mesmo dispositivo, tratando-se de verdadeira norma residual no que tange aos arts. 10 e 11. Tem-se que os elementos exigidos são: a atuação do agente com o intuito de revelar ou permitir a revelação de dados sigilosos que possua guarda em decorrência das funções do cargo que exerce; a possibilidade de que os atos ou dados sigilosos afetem o mercado; e o dolo.[306]

O inciso VIII preconiza que descumprir as normas relativas à celebração, fiscalização e aprovação de contas de parcerias firmadas pela Administração Pública com entidades privadas caracteriza ato de improbidade administrativa nos termos do *caput* do art. 11. Os incisos

---

[306] GAJARDONI, Fernando da Fonseca; e outros. *Comentários à Lei de Improbidade Administrativa: Lei nº 8.429, de 02 de junho de 1992*. 3. ed. São Paulo: Revista dos Tribunais, 2014. p. 168.

IX e X foram revogados pela Lei 14.230/21, ao que exclui-se, assim, as vedações previstas anteriormente pelos dispositivos destacados.

Os incisos XI e XII, bem como os §1º ao §5º foram incluídos pela Lei 14.230/21, trazendo mudanças significativas à Lei de Improbidade. O inciso XI estabelece como ato ímprobo aos princípios da Administração Pública o ato de nepotismo direcionado para o fim de obter proveito ou benefício indevido para si ou para outra pessoa ou entidade. No entanto, em interpretação concomitante com o §5º do mesmo artigo, não resta configurada improbidade apenas a nomeação ou indicação política por parte dos detentores de mandatos eletivos, sendo necessária a aferição de dolo com finalidade ilícita por parte do agente, sendo necessária a comprovação do ato ímprobo direcionado para a obtenção de proveito ou benefício indevido para si ou para outra pessoa ou entidade. Sendo assim, sublinha-se o posicionamento do STF sobre o tópico, o qual explicita que a nomeação de parentes não é apta para a configuração de nepotismo, salvo "inequívoca falta de razoabilidade, por manifesta ausência de qualificação técnica ou inidoneidade moral".[307] Sendo assim, o nepotismo segue vedado pela Lei 8.429/92, mas apenas resta configurado diante de manifestas ilegalidades referentes à desqualificação patente do indivíduo nomeado para ocupar o posto, em aparente contrassenso ao disposto pela Súmula Vinculante 13 do STF.[308] Sendo assim, a partir de uma interpretação que concilie ambos diplomas legais, conforme o exposto, as hipóteses de nepotismo não estão excluídas das condutas ilícitas com o advento da Nova Lei de Improbidade Administrativa.

O inciso XII veda a prática, no âmbito da administração pública e com recursos do erário, de ato de publicidade que contrarie o disposto no § 1º do art. 37 da Constituição Federal,[309] de forma a promover inequívoco enaltecimento do agente público e personalização de atos, de

---

[307] Rcl 19010, Relator(a): MARCO AURÉLIO, Relator(a) p/ Acórdão: ROBERTO BARROSO, Primeira Turma, julgado em 05/08/2020, PROCESSO ELETRÔNICO DJe-244 DIVULG 06-10-2020 PUBLIC 07-10-2020.

[308] A nomeação de cônjuge, companheiro ou parente em linha reta, colateral ou por afinidade, até o terceiro grau, inclusive, da autoridade nomeante ou de servidor da mesma pessoa jurídica investido em cargo de direção, chefia ou assessoramento, para o exercício de cargo em comissão ou de confiança ou, ainda, de função gratificada na administração pública direta e indireta em qualquer dos poderes da União, dos Estados, do Distrito Federal e dos Municípios, compreendido o ajuste mediante designações recíprocas, viola a Constituição Federal.

[309] § 1º A publicidade dos atos, programas, obras, serviços e campanhas dos órgãos públicos deverá ter caráter educativo, informativo ou de orientação social, dela não podendo constar nomes, símbolos ou imagens que caracterizem promoção pessoal de autoridades ou servidores públicos.

programas, de obras, de serviços ou de campanhas dos órgãos públicos. Dessa maneira, a Lei 14.230/21 promove um reforço às previsões da Constituição Federal ao promover a vedação à publicidade com dano ao patrimônio público caracterizada, realizada com o objetivo de obter vantagens indevidas em função do cargo exercido.

Outrossim, destaca-se a relevância das alterações legislativas protagonizadas pela inclusão dos §1º ao §5º no Art. 11º da Lei de Improbidade Administrativa. Sob a égide das considerações realizadas pelos dispositivos destacados, deve ser revista a lógica de compreensão de toda a Lei 8.429/92,[310] especialmente em se tratando da necessidade de comprovação na conduta funcional do agente público voltada para o fim de obter proveito ou benefício indevido para si ou para outra pessoa ou entidade.[311] Nesse sentido, os tribunais têm se posicionado de maneira uníssona ao reconhecimento do solo específico dos agentes,[312] bem como não admite sua responsabilização objetiva.[313]

A inclusão dos §3º ao §5º, por sua vez, perpetra mudanças relevantes à interpretação das condutas tipificadas pelo Art. 11º, na demonstração objetiva da prática de ilegalidade[314] e no apontamento ao princípio da insignificância,[315] bem como pela alteração significativa à tipificação do nepotismo, conforme discutido.

Dessa maneira, a discussão sobre a relevância da lesividade para o patrimônio público ressurge nas hipóteses previstas pelo Art. 11, para os casos de atos de improbidade administrativa que atentam contra os princípios da administração pública, em vista da inclusão do §4º ao dispositivo. Nesse sentido, tem-se julgamento recente na direção

---

[310] § 2º Aplica-se o disposto no § 1º deste artigo a quaisquer atos de improbidade administrativa tipificados nesta Lei e em leis especiais e a quaisquer outros tipos especiais de improbidade administrativa instituídos por lei.

[311] § 1º Nos termos da Convenção das Nações Unidas contra a Corrupção, promulgada pelo Decreto nº 5.687, de 31 de janeiro de 2006, somente haverá improbidade administrativa, na aplicação deste artigo, quando for comprovado na conduta funcional do agente público o fim de obter proveito ou benefício indevido para si ou para outra pessoa ou entidade.

[312] TJMT 10072104420198110000 MT, relator: Márcio Aparecido Guedes, data de julgamento: 15/12/2021, Segunda Câmara de Direito Público e Coletivo, data de publicação: 07/01/2022

[313] TJ- MG- AC: 105581400009801001 Rio Pomba, Relator: Luís Carlos Gambogi, Data de Julgamento: 16/12/2021, Câmaras Cíveis/ 5ª CÂMARA CÍVEL, Data de Publicação: 16/12/2021.

[314] § 3º O enquadramento de conduta funcional na categoria de que trata este artigo pressupõe a demonstração objetiva da prática de ilegalidade no exercício da função pública, com a indicação das normas constitucionais, legais ou infralegais violadas.

[315] § 4º Os atos de improbidade de que trata este artigo exigem lesividade relevante ao bem jurídico tutelado para serem passíveis de sancionamento e independem do reconhecimento da produção de danos ao erário e de enriquecimento ilícito dos agentes públicos.

do reconhecimento da lesividade relevante enquanto medida para o dano ao patrimônio público.[316]

5.5.3 Necessidade de elementos mínimos para sua contextualização

Para Engisch, quando se tem uma noção clara do conteúdo e extensão do conceito, estar-se-ia no domínio do núcleo conceitual, também denominado de zona de certeza ou núcleo fixo. Iniciadas as divagações, depara-se o intérprete com a incerteza ou zona de dúvida.[317]

Toda interpretação deveria partir de dados objetivos e concretos. Nesse diapasão, tem-se que na apreensão dos limites exatos de um princípio, há um espaço de certeza positiva, em que o conceito é prelimitado, e outra área de certeza negativa, cujo conceito não se configura devidamente delineado. Na vivência do Direito Administrativo, implica ao agente competente, dentro dos limites de sua prerrogativa, avaliar a melhor opção conceitual, abrindo mão dos extremos ou ilações *contra legem*, de modo que incidirá em ilegalidade caso adote significado circunscrito no espaço da certeza negativa do conceito, desprezando o caráter deontológico da certeza positiva.

O problema da subsunção da violação dos princípios da Administração Pública é justamente a certeza de que a *fattispecie* foi realizada na seara empírica. Como esses princípios ostentam um forte grau de abstração, sua subsunção normativa demanda sérios cuidados por parte do aplicador jurídico, no sentido de evitar excessos em condutas que não denotam qualquer tipo de improbidade administrativa.

O legislador ordinário agasalhou a opção de que a conduta, que pode ser por ação ou omissão, precisa incidir contra os deveres de honestidade, imparcialidade, legalidade e lealdade, caracterizados por alguma das tipificações que foram elencadas nos incisos do art. 11 da Lei nº 8.429/92, de forma exemplificativa. Repise-se que não é condição suficiente apenas a colisão aos deveres de honestidade, imparcialidade, legalidade e lealdade, núcleos normativos que ostentam conteúdo muito genérico e abstrato, urge ainda, como requisito para o surgimento do fato jurídico da *fattispecie* descrita, que ocorra também a subsunção em

---

[316] TJ-SP - AC: 10089587620188260664 SP 1008958-76.2018.8.26.0664, Relator: Marcelo L Theodósio, Data de Julgamento: 17/01/2022, 11ª Câmara de Direito Público, Data de Publicação: 17/01/2022.

[317] ENGISCH, Karl. *Introdução ao pensamento jurídico*. 7. ed. Lisboa: Calouste Gulbenkian, 1996. p. 208.

qualquer um dos incisos do art. 11 da Lei de Improbidade Administrativa, porquanto estes que formam a tipificação, a partir da nova redação do texto legal.[318] Portanto, essa estrutura normativa adotada não quer dizer que o julgador pode sancionar qualquer conduta que hipoteticamente se insira como um gravame aos princípios mencionados. A única interpretação que se adapta ao princípio da segurança jurídica e de respeito aos parâmetros legais é que o comportamento impugnado tem que afrontar os deveres mencionados anteriormente, incorporados por um dos incisos por ele elencados, posicionando os deveres de honestidade, imparcialidade, legalidade e lealdade enquanto características dos atos ímprobos a serem listados pelos incisos que se seguem.

Não pode haver violação aos princípios da Administração Pública fora os casos contidos no art. 11 ou outras hipóteses que não tenham igualmente sido delineadas por instrumentos normativos, o que impede voluntarismos de enquadramentos jurisprudenciais que estão distantes da previsão normativa.

Ainda por ostentarem taxionomia principiológica, o que permite uma amplitude muito grande de seu campo normativo, a concretização do ilícito previsto no art. 11 exige um arcabouço probatório robusto, inconteste, em que os elementos deixem bem claro a autoria do fato e a existência do dolo, nos termos do §1º. Se as provas não forem robustas, especificando a autoria e o seu elemento anímico, perfazendo-se através da comprovação na conduta funcional do agente o fim de obter proveito ou benefício indevido, nenhum tipo de sanção pode ser aplicado.

Salienta Marcelo Figueiredo que a preocupação do legislador deve ser conclamada, haja vista o desforço doutrinário de décadas para demonstrar a importância, eficácia e aplicabilidade dos princípios. Tem-se que violar um princípio é muito mais grave do que violar uma norma isolada. As consequências do ataque são devastadoras devido à generalidade e ao raio de ação dos princípios.[319] Todavia, o princípio tem de estar subsumido em uma das hipóteses do art. 11 ou previsto em lei infraconstitucional e na dilação probatória tem que ser atestado.

Aliás, a presença do dolo específico, em conformidade com as alterações legislativas da Lei 14.230/21, constitui um elemento inexorável do tipo. O seu elemento subjetivo necessita estar determinado nos autos processuais, mostrando que o agente, de forma consciente, agiu

---

[318] Art. 11. Constitui ato de improbidade administrativa que atenta contra os princípios da administração pública a ação ou omissão dolosa que viole os deveres de honestidade, de imparcialidade e de legalidade, caracterizada por uma das seguintes condutas:

[319] FIGUEIREDO, Marcelo. *Probidade administrativa*. 4. ed. São Paulo: Malheiros, 2000. p. 103.

para a produção da *fattispecie* prevista normativamente, com o objetivo de obter alguma vantagem para si ou para outrem, o que confere um direcionamento específico para a conduta ilícita.

Consigne-se que a adequação às vedações dos arts. 9º e 10 da Lei nº 8.429/92 sempre implicará em violação ao art. 11. Sistematizando o que fora até então despendido com a vedação do *bis in idem*, impõe-se que seja aplicada a pena estipulada para o ato mais grave, resguardado o mantra da proporcionalidade. Nesse caso, consagrou-se o princípio da absorção, no que expressa que o fato descrito em uma norma, estando abrangida por outra mais ampla, será regido por esta. Ou seja, não se utiliza das normatizações previstas no art. 11 quando igualmente houver previsão nos arts. 9º e 10 porque esses enquadramentos normativos se mostram mais amplos.

Por essas razões, a tipificação do art. 11 é considerada como residual, porque mesmo não sendo possível o enquadramento no art. 9 e art. 10 da Lei de Improbidade, havendo razões fundantes para a sua incursão na quebra dos princípios da Administração Pública, com a atestação da efetiva realização dolosa das condutas tipificadas, pode-se enquadrar a conduta no art. 11.

5.6 Elemento subjetivo nos atos de improbidade

Para Waldo Fazzio Júnior, a culpabilidade é o meio pelo qual se afere a reprovabilidade da conduta do agente, comportando um juízo de valor acerca da violação da norma. Nesse sentido, expõe o autor que a sujeição do agente às reprimendas da Lei nº 8.429/92 exige a presença do dolo, para todos os tipos elencados pela Lei. Para que um ato seja passível de sanções, para além da conexão causal objetiva e da subsunção típica, é imprescindível a existência de culpabilidade do agente público.[320]

Na análise da ação ímproba, a demonstração do elemento subjetivo na tipificação do ato de improbidade administrativa é elemento essencial à punição, sendo exigido o dolo. Tal qual delineado por Emerson Garcia e Rogério Pacheco Alves, o dolo é a vontade livre e consciente conduzida para produzir um resultado ilícito ou a mera aceitação do risco de produzir o ilícito.[321]

---

[320] FAZZIO JÚNIOR, Waldo. *Improbidade Administrativa*: doutrina, legislação e jurisprudência. 2. ed. São Paulo: Atlas, 2014. p. 135.

[321] GARCIA, Emerson; ALVES, Rogério Pacheco. *Improbidade administrativa*. 5. ed. Rio de Janeiro: Lumen Juris, 2010. p. 340.

Nesse sentido, as disposições trazidas pela nova Lei de Improbidade Administrativa são claras ao determinar o dolo aplicado aos tipos descritos, trazendo previsões importantes, com destaque para os §1º a 3º do Art. 1 e §1º a §3º do Art. 11 da Lei 8.429/92.

No que tange aos arts. 9º a 11, da Lei nº 8.429/92, que tipificam os atos de improbidade que importam enriquecimento ilícito, que causam prejuízo ao erário e que atentam contra os princípios da Administração Pública, respectivamente, tem-se que o elemento subjetivo exigido é o dolo. Tem-se que o ilícito é, via de regra, doloso, caso contrário entra-se na seara de atos jacobinos, em que Robespierre tentou alcançar a virtude com a guilhotina.

Anteriormente às alterações promovidas pela Lei 14,230/21, Isabela Giglio Figueiredo sustentava ser impossível a existência de forma culposa de improbidade, sob a consideração de que o dolo faz parte da essência do conceito, enquanto a possibilidade de que o elemento subjetivo seja também a culpa alarga o preceito constitucional, sendo premente a declaração de inconstitucionalidade parcial sem redução de texto do dispositivo, declarando incompatível o termo "culpa".[322]

Diante do comando deontológico do mencionado dispositivo, essa discussão está superada, em decorrência das recentes previsões legais supracitadas. Dessa forma, qualquer decisão em ação de improbidade administrativa que passa ao largo da apuração do elemento subjetivo, crassamente, viola o §7º do art. 37 da CRFB/88, que impõe a responsabilização subjetiva dos agentes públicos.

Tal qual defendido por Wallace Paiva Martins Júnior, a necessidade de perquirição e punição do ato ímprobo está ligada ao uso da função pública com o escopo de favorecimento pessoal ou de terceiro, em desprezo "aos valores do cargo e a relevância dos bens, direitos, interesses e valores confiados à sua guarda", de modo que a omissão deliberada, com o objetivo de obter algum benefício, deve ser punida. Resta-se configurado o desvio ético do agente público, seja por ato comissivo ou omissivo, o que desemboca na conclusão de sua inabilitação moral, e esta deve ser alvo de reprimenda.[323]

---

[322] *Idem*, p. 146-148.
[323] MARTINS JÚNIOR, Wallace Paiva. *Probidade Administrativa*. 4. ed. São Paulo: Saraiva, 2009. p. 113-115.

5.7 Atos legislativos de improbidade

Vedado pela Constituição Federal vigente, o ato ímprobo pode ser vislumbrado nas três esferas dos poderes constituídos, haja vista que todos praticam atos alicerçados nas prerrogativas inerentes à Administração Pública. Apesar de a possibilidade de incidência nas espécies de improbidade administrativa ser maior na esfera do Poder Executivo, em razão de sua maior disponibilidade de recursos e maior abrangência de atuação, os agentes dos demais poderes constituídos podem perpetrar atos de improbidade no contexto do exercício da função administrativa ou fora dela, no exercício de suas funções típicas. Faz-se premente a repressão do ilícito, pois todas as funções estatais são submissas e subservientes à Constituição.

Assim, tal qual qualquer ato supostamente ímprobo de agente público,[324] no que tange aos atos do Poder Legislativo, deve ser perquirido no caso concreto o elemento volitivo que deflagrou a conduta, bem como a finalidade almejada com a edição da norma. Configurando-se o elemento subjetivo, acrescido do nexo de causalidade, estabelece-se a necessidade do manuseio do critério de proporcionalidade para identificar se a norma foi criada desvinculada de seu interesse público, demonstrando que o verdadeiro fator teleológico era a obtenção de benefício para si ou para outrem.

Pedro Roberto Decomain sustenta que a ação de improbidade administrativa não é o meio processual apropriado à impugnação de ato legislativo propriamente dito. Todavia, as leis de efeitos concretos, que são mais atos administrativos que legislativos, embora derivadas do Poder Legislativo, podem sofrer controle por via da ação civil de improbidade.[325]

O Supremo Tribunal Federal e o Superior Tribunal de Justiça, ao assinalarem a inexistência de restrição à aplicabilidade da Lei de Improbidade Administrativa, instruem que não é o ato legislativo típico,

---

[324] Art. 2º Para os efeitos desta Lei, consideram-se agente público o agente político, o servidor público e todo aquele que exerce, ainda que transitoriamente ou sem remuneração, por eleição, nomeação, designação, contratação ou qualquer outra forma de investidura ou vínculo, mandato, cargo, emprego ou função nas entidades referidas no art. 1º desta Lei. Parágrafo único. No que se refere a recursos de origem pública, sujeita-se às sanções previstas nesta Lei o particular, pessoa física ou jurídica, que celebra com a administração pública convênio, contrato de repasse, contrato de gestão, termo de parceria, termo de cooperação ou ajuste administrativo equivalente.

[325] DECOMAIN, Pedro Roberto. *Improbidade Administrativa*. 2. ed. São Paulo: Dialética, 2014. p. 74-80.

de conteúdo geral e abstrato que se controla, mas os atos normativos de efeitos concretos e delimitados.[326]

Suscite-se que o Superior Tribunal de Justiça tem apontado que a incorreta condução do procedimento legislativo não é suficiente à configuração de lesão ao princípio da legalidade tutelado pela sistemática de defesa da probidade, não apresentando mencionada desconformidade a potencialidade de atacar o bem jurídico tutelado pela Lei nº 8.429/92.[327]

As leis de efeitos gerais, por serem genéricas e abstratas, dificilmente podem ensejar improbidade administrativa, porque, imperiosamente, vão beneficiar determinados setores da sociedade e desagradar a outros. Em sociedades extremamente complexas como as atuais, não se pode mais falar em uma "vontade geral da população". Não obstante, pode ocorrer um ato ímprobo quando o representante recebe para agasalhar interesses específicos, em detrimento da sociedade. Exemplo que pode ser delineado é quando parlamentares fazem proposta de lei ou emendas legislativas para inserir matérias que interessam a determinados setores empresariais, recebendo pagamento para essas proposições, desde que seja comprovado o acerto monetário para a realização dessas atividades.

5.7.1 A imunidade parlamentar

O conjunto de imunidades e prerrogativas que cercam os parlamentares consubstancia garantia à maior autonomia e independência funcional do Poder Legislativo, razão pela qual é irrenunciável e não pode ser extinto por meio de emenda à Constituição, por força do inciso III do §4º do art. 60 da CRFB/88.[328]

A imunidade parlamentar material é a que possui relevância para o estudo ora realizado, tendo sido instituída pelo art. 53 da CRFB/88, verberando que os Deputados e Senadores são invioláveis, civil e penalmente, por quaisquer de suas opiniões, palavras e votos, redação conferida pela EC nº 35/2001. Relembra o Supremo Tribunal Federal

---

[326] STF. RE nº 597.725. Rel. Min. Cármen Lúcia. *DJe* 25.09.2012; STJ. AgRg no REsp nº 1.248.806/SP. Rel. Min. Humberto Martins. Segunda Turma. *DJe* 29.06.2012; REsp nº 723.494/MG. Rel. Min. Herman Benjamin. Segunda Turma. *DJe* 08.09.2009; AgRg no Ag nº 850.771/PR. Rel. Min. José Delgado. Primeira Turma. *DJ* 22.11.2007; REsp nº 1.101.359/CE. Rel. Min. Castro Meira. Segunda Turma. *DJe* 09.11.2009.
[327] STJ. REsp nº 1316951 SP. Min. Herman Benjamin. Segunda Turma. Julg.: 14.05.2013. *DJe* 13.06.2013.
[328] CIAVARELI, Miguel Ângelo Nogueira dos Santos. *Imunidade jurídica*: penais, processuais, diplomáticas, parlamentares. São Paulo: Juarez de Oliveira, 2003. p. 149.

que a imunidade substancial foi destinada à viabilização da prática independente do mandato legislativo, de modo que não se estende ao candidato a cargo eletivo.[329]

A ofensa irrogada em plenário, independentemente de conexão com o mandato, elide a responsabilidade civil por dano moral,[330] mas tal imunidade não é absoluta, pois, fora do Parlamento, somente se verifica nos casos em que a conduta possa ter alguma relação com o exercício do mandato parlamentar.[331] A cláusula de inviolabilidade constitucional também abrange as entrevistas jornalísticas, a transmissão, para a imprensa, do conteúdo de pronunciamentos ou de relatórios produzidos nas Casas Legislativas e as declarações feitas aos meios de comunicação social, desde que tais manifestações estejam vinculadas ao desempenho do mandato,[332] retirando a tipicidade da conduta.[333]

A imunidade formal, por sua vez, é garantia conferida pela Constituição aos parlamentares no que tange à prisão ou aos processos judiciais. O §2º do art. 53 da CRFB/88, conforme a redação conferida pela EC nº 35/01, institui que, desde a expedição do diploma, os membros do Congresso Nacional não poderão ser presos, salvo em flagrante de crime inafiançável. Nesse caso, os autos serão remetidos dentro de vinte e quatro horas à Casa respectiva, para que, pelo voto da maioria de seus membros, resolva acerca da prisão. E caso haja um processo em curso contra um parlamentar do Congresso Nacional, eles ostentam a prerrogativa de foro privilegiado no Supremo Tribunal Federal. Entretanto, o instituto da prerrogativa de função vem sofrendo mutações. Nesse sentido, o Supremo Tribunal Federal decidiu restringir o foro por prerrogativa de função aos deputados e senadores que cometam crimes no exercício do mandato e em função do cargo que ocupam.[334] Entretanto, uma vez em curso o processo, pode a Casa à qual o parlamentar pertencer sustar o andamento da ação, enquanto durar o seu mandato, se obtiver o apoio de maioria absoluta de seus

---

[329] STF. ARE nº 674.093. Rel. Min. Gilmar Mendes. Decisão monocrática. Julg.: 20.03.2012. DJE de 26.03.2012; AI nº 657.235-ED. Rel. Min. Joaquim Barbosa. Julg.: 07.12.2010. Segunda Turma. *DJe* de 1º.02.2011; Inq 1.400-QO. Rel. Min. Celso de Mello. Julg.: 04.12.2002. Plenário. *DJ* de 10.10.2003.

[330] STF. RE nº 577.785-AgR. Rel. Min. Ricardo Lewandowski. Julg.: 1º.02.2011. Primeira Turma. *DJe* de 21.02.2011; RE nº 463.671-AgR. Rel. Min. Sepúlveda Pertence. Julg.: 19.06.2007. Primeira Turma. *DJ* de 03.08.2007.

[331] STF. Inq nº 2.134. Rel. Min. Joaquim Barbosa. Julg.: 23/03/2006. Plenário. *DJ* de 02.02.2007.

[332] STF. Inq nº 2.332-AgR. Rel. Min. Celso de Mello. Julg.: 10.02.2011. Plenário. *DJe* de 1º.03.2011.

[333] STF. *Inq* nº 2.674. Rel. Min. Ayres Britto. Julg.: 26.11.2009. Plenário. *DJE* 26.02.2010.

[334] PET3240. Rel. Min. Teori Zavascki. Julg. 10.05.2018. *DJE* 18.05.2018.

pares. Sintetiza José Afonso da Silva que se apresenta sob dupla faceta, envolvendo a disciplina da prisão e do processo perante o congressista.³³⁵ Suscite-se ainda que não se estende ao corréu sem a prerrogativa de imunidade, conforme enunciado da Súmula nº 245 do STF.³³⁶

De acordo com o art. 27, §1º, da CRFB/88, aplicam-se as mesmas prerrogativas aos membros das Assembleias Legislativas dos Estados e do Distrito Federal. Saliente-se a existência da imunidade material nas Câmaras de Vereadores dos municípios, limitada ao espaço geográfico do ente, conforme inciso VIII do art. 29 da CRFB/88.

A importância do estatuto do congressista é rememorada no art. 53, §8º, da CRFB/88, como instrumento de garantia à democracia e legitimidade representativa, as imunidades subsistirão durante o estado de sítio, só podendo ser suspensas mediante o voto de dois terços dos membros da respectiva Casa e nos casos de atos praticados fora do recinto do Congresso Nacional que sejam incompatíveis com a execução da medida.

Esse descortino sobre as imunidades foi necessário para deixar claro que sua finalidade é assegurar o exercício parlamentar de forma livre, atendendo aos reclames da população. De forma alguma, elas podem servir como um instrumento para a impunidade, para a perpetração de atos que maculem a moralidade pública. Dessa forma, todos os parlamentares, senadores ou deputados, a despeito de sua imunidade, estão sujeitos à ação de improbidade, como já fora mencionado anteriormente. As imunidades, como garantias que são, não se chocam com a Lei de Improbidade Administrativa, muito pelo contrário, são institutos que possuem o mesmo *télos*, que é a garantia de *res publica*.

5.8 Atos jurisdicionais de improbidade

Os membros do Poder Judiciário não estão imunes a que suas práticas configurem atos de improbidade administrativa.³³⁷ A ausência de probidade na realização de atos administrativos, a possibilidade de que

---

[335] SILVA, José Afonso da. *Curso de Direito Constitucional Positivo*. 36. ed. São Paulo: Malheiros, 2013. p. 537.
[336] "A imunidade parlamentar não se estende ao co-réu sem essa prerrogativa."
[337] § 5º Os atos de improbidade violam a probidade na organização do Estado e no exercício de suas funções e a integridade do patrimônio público e social dos Poderes Executivo, Legislativo e Judiciário, bem como da administração direta e indireta, no âmbito da União, dos Estados, dos Municípios e do Distrito Federal.

fatores externos influenciem no teor das decisões e a omissão deliberada na prática de atos jurisdicionais também podem consubstanciar atos de improbidade administrativa. Afinal, tal qual sintetiza Fábio Medina Osório, o ato jurisdicional atípico é ato administrativo, sujeito de pronto ao controle da improbidade. Os atos jurisdicionais típicos, por sua vez, quando praticados com dolo e para fins ilícitos, traduzem uso indevido da função, podendo configurar ato de improbidade administrativa.[338]

Evidentemente, a natureza da atividade desempenhada pelos órgãos jurisdicionais impõe o afastamento da realização de controle arbitrário de sua finalidade funcional. No entanto, por tratar-se de um serviço público essencial, cujo monopólio fora instituído mediante cláusula de inafastabilidade, conforme inciso XXXVI do art. 5º da CRFB/88, a prestação deve ser realizada com zelo e nos termos constitucionais, pois inteligência diversa colmataria a disseminação da insegurança e comprometeria a própria atividade estatal jurisdicional.

O Superior Tribunal de Justiça, em análise de casos que investigava a ocultação com o consequente retardamento preordenado de processos judiciais, assinalou que os magistrados são agentes públicos, para fins da Lei de Improbidade Administrativa, salientando que para que seja verificada a improbidade, o ato imputado não deve ser decorrente da atividade finalística desempenhada, exercida sob os parâmetros da legalidade. Portanto, o que justifica a aplicação da norma sancionadora é a possibilidade de se identificar o *animus* do agente e seu propósito predefinido de praticar um ato não condizente com a função jurisdicional, sendo indicante de ato ímprobo a presença de comportamento proposital em benefício de uma das partes. A averiguação da omissão injustificada no cumprimento dos deveres do cargo está vinculada aos atos funcionais, relativos aos serviços forenses, e não diretamente à atividade judicante, que é a atividade finalística do Poder Judiciário.[339]

---

[338] OSÓRIO, Fábio Medina. Observações acerca dos sujeitos de improbidade administrativa. *Revista dos Tribunais,* São Paulo, nº 750, v. 87, p. 71-74, abr. 1998.
[339] REsp nº 1205562/RS. Rel. Min. Napoleão Nunes Maia Filho. Primeira Turma. Julg.: 14.02.2012. *DJe* 17.02.2012; AIA nº 30/AM, Rel. Min. Teori Albino Zavascki. Corte Especial. Julg.: 21.09.2011. *DJe* 28.09.2011; REsp nº 1.133.522/RN, Rel. Min. Castro Meira, Segunda Turma, *DJe* 16.06.2011; REsp nº 1.169.762/RN, Rel. Min. Castro Meira, Segunda Turma, *DJe* 10.09.2010.

5.9 Ato de improbidade pelo parecerista e contratação de escritório sem licitação

Questão que suscita controvérsia é acerca da responsabilização do advogado parecerista por meio de ação civil de improbidade. Tem-se que o parecer se configura como um ato jurídico que pode ser facultativo ou opinativo e vinculante ou obrigatório.

Quando ele é facultativo, não há maiores divagações, pois o administrador tem toda a liberdade para acatá-lo ou não, no que afasta qualquer tipo de responsabilidade para o advogado que emitiu o parecer.[340] Nas hipóteses em que o parecer é obrigatório, mesmo assim, a autoridade competente para a autorização pode negar-se a cumprir o seu conteúdo se ele se configurar eivado de vícios evidentes.

De qualquer forma, a responsabilidade do parecerista apenas se concretiza quando a peça jurídica apresenta os elementos subjetivos de dolo específico, com indícios de má-fé devidamente caracterizados.[341] Motivado pela multiplicidade das possibilidades interpretativas do fenômeno jurídico, a responsabilidade do advogado é pautada pela necessidade de atestação da subjetividade, precisando a demonstração do dolo para que seja possibilitada a sua responsabilização. Além de que se exige, sem exceção, a comprovação do nexo causal e da tipificação em todos os seus elementos.

Portanto, a responsabilidade do advogado parecerista em ações de improbidade administrativa apenas será possível quando houver a comprovação cabal do aspecto subjetivo, especificando o dolo que contribuiu para ocasionar o ilícito, o nexo causal e o dano ou a afronta aos princípios da Administração Pública.

Quanto à questão da propositura de ação de improbidade contra contratação de escritório de advocacia sem licitação, a Administração Pública pode contratar advogados sem licitação, mesmo se houver procuradores concursados, pois essa relação se baseia em uma relação de confiança, desde que cumpridos determinados pressupostos.[342] Pode

---

[340] STF. MS nº 24631. Rel. Min. JOAQUIM BARBOSA. Tribunal Pleno. Julg.: 09.08.2007. *DJe*-018 1º.02.2008.

[341] STJ - AgInt no REsp: 1726457 MS 2018/0042801-1, Relator: Ministro OG FERNANDES, Data de Julgamento: 08/06/2021, T2 - SEGUNDA TURMA, Data de Publicação: DJe 17/12/2021.

[342] TJSP; Apelação Cível 0003055-29.2014.8.26.01111; Relator (a): Edson Ferreira; Orgão Julgador: 12ª Câmara de Direito Público; Foro de Cajuru - Vara Única; Data do Julgamento: 27/10/2021; Data de Registro: 28/10/2021
TJSP; Apelação Cível 1002052-58.2014.8.26.0681; Relator (A): Paulo Galizia; Orgão Julgador: 10ª Câmara De Direito Público; Foro De Louveira - Vara Única; Data Do Julgamento: 27/01/2020; Data De Registro: 31/01/2020

ocorrer improbidade apenas se ficar evidenciado dolo específico dos agentes envolvidos para a prática de ato ímprobo, na ocorrência de erro grosseiro.[343] Esse é o mesmo entendimento do Supremo Tribunal Federal. Destarte, a contratação de serviços advocatícios sem licitação se configura como lícita quando atende aos seguintes pressupostos: a) inexistência de normas impeditivas para a sua contração; b) natureza singular do serviço; c) notória especialização profissional; d) inexistência de dolo ou culpa dos envolvidos, o que, com as alterações trazidas pela Lei 14.230/21, detêm-se à existência do dolo específico.[344]

---

[343] TJSP; Ação Civil Pública 1002822-38.2017.8.26.0619; 4ª Vara Judicial do Tribunal de Justiça de São Paulo; 02/12/2021
TJ-MG - AI: 10000211968425001 MG, Relator: Alberto Vilas Boas, Data de Julgamento: 07/12/2021, Câmaras Cíveis / 1ª CÂMARA CÍVEL, Data de Publicação: 09/12/2021
[344] Min. Rel. Dias Toffoli, RE nº 656.558.

CAPÍTULO 6

DAS SANÇÕES

6.1 Possibilidade de aplicação isolada das sanções cominadas

O art. 37, §4º, da Constituição Federal, de forma genérica, estabelece as sanções pertinentes no caso de constatação de improbidade administrativa, trazendo a suspensão dos direitos políticos, a perda da função pública, a indisponibilidade dos bens e o ressarcimento ao Erário.

Estabelecia o parágrafo único do art. 12 da Lei nº 8.429/92, revogado pela Lei nº 14.230/21, que o juiz, na aplicação da pena, deveria levar em conta a extensão do dano causado, bem como o proveito patrimonial obtido pelo agente. Evidentemente que o juiz, quando da aplicação de qualquer reprimenda, deve balizar-se pelo princípio da proporcionalidade para que a aplicação da sanção não ultrapasse as lindes da justiça para aportar em um odioso abuso de poder. A necessidade de aplicação do postulado da proporcionalidade advém principalmente da abertura semântica e fluidez do conceito de gravidade, o que levou o legislador à implementação de gradação legal e de balizas no contexto sancionatório das condutas classificadas como atos de improbidade administrativa.

Essa foi a razão pela qual a Lei nº 14.230/2021 erigiu a dosimetria do sancionamento concreto como um dos seus pilares. Ou seja, não será válido sancionamento dissociado das circunstâncias da conduta concreta praticada pelo agente nos estritos termos do art. 17-C da Lei nº 8.429/92, conforme será melhor alinhavado em tópico específico. Dispõe o inciso IV do preceptivo legal *suso* mencionado que deve-se considerar para a aplicação das sanções, de forma isolada ou cumulativa os princípios da proporcionalidade e da razoabilidade; a natureza, a gravidade e o impacto da infração cometida; a extensão do dano causado; o proveito patrimonial obtido pelo agente; as circunstâncias agravantes ou atenuantes; a atuação do agente em minorar os prejuízos e as consequências advindas de sua conduta omissiva ou comissiva; os antecedentes do agente.

O *caput* do art. 12 da Lei de Improbidade, de forma expressa e irrefutável, proclama que ao sujeito do ato de improbidade podem ser aplicadas, isolada ou cumulativamente, as penalidades descritas em seus incisos, consoante a gravidade, que são: ressarcimento integral do dano, quando houver; perda da função pública; suspensão dos direitos políticos; multa civil; proibição de contratar com o Poder Público ou receber benefícios fiscais ou creditícios. As duas últimas cominações foram previstas apenas na legislação ordinária.

Pelo exposto nesses dois últimos parágrafos, principalmente no que se refere ao *caput* do art. 12 da Lei de Improbidade, não há nenhum empecilho, legal ou lógico, à aplicação isolada ou cumulativa das sanções mencionadas normativamente. A conclusão não poderia ser diferente, haja vista que a dosimetria da reprimenda tem que ser aplicada em consonância com a gravidade do delito praticado, seguindo os auspícios do princípio da proporcionalidade, que impede excessos realizados sob o manto do abuso de poder. Se fosse impositiva a aplicação das sanções de forma cumulativa, a simetria entre a punição e a gravidade do ato estaria estorvada e a arbitrariedade suplantaria a legalidade na aplicação das penalidades da improbidade administrativa.

Sob a inteligência de Beccaria, o compromisso na aplicação das penas é com a escolha do meio que cause no espírito público a impressão mais eficaz e durável, e, simultaneamente, seja menos cruel ao corpo do culpado. Quanto mais atrozes forem os castigos, mais audaciosos serão os culpados para evitá-los, de modo que, para efetivar o ideal de justiça, o rigor das penas deve ser relativo, aplicado em proporção ao gravame realizado.[345]

Paulo César Borges aduz que para considerar uma decisão justa ou injusta é imprescindível a análise da medida adotada e, ao tratar de medida ideal, é inevitável remeter-se à questão da proporção.[346] O ideal de justiça exige uma solução rápida e efetiva na aplicação das sanções, proporcionalidade em vez de intervenção, profundidade em

---

[345] BECCARIA, Cesare. *Dos delitos e das penas*. São Paulo: Martin Claret, 2001. p. 30-31.
[346] BORGES, Paulo César Corrêa (Org.). *O princípio da igualdade na perspectiva penal*: temas atuais. São Paulo: Editora Unesp, 2007. p. 51.

vez de prontidão.³⁴⁷ A aplicação da pena deve estar diretamente ligada ao controle sobre o conteúdo de desvalor do ilícito, mais precisamente sobre os seus conteúdos substanciais. O juízo sobre a medida da pena, à luz da proporcionalidade, pressupõe o necessário acertamento do desvalor intrínseco do delito, mediante a reconstrução conceitual da *ratio legis* e dos objetivos da disciplina, de modo que o valor do bem jurídico violado é parâmetro de proporcionalidade a ser manejado pelo legislador e aplicado com a adequação devida.³⁴⁸

O juiz deve optar pelas espécies de sanções que julgar adequadas ao caso concreto, não estando, portanto, obrigado a impor todas as penalidades cumulativamente, haja vista que possui discricionariedade, obviamente que fundamentada, para determinar as penas, analisando as circunstâncias e as consequências do ato. Nesse sentir, entoa Juarez Freitas que a cumulatividade de todas as sanções não deveria ser aplicada, sob pena de se cometer excessos, adotando-se as devidas cautelas, a fim de que o sistema jurídico não ganhe descrédito.³⁴⁹ Já Alexandre Morais Rosa e Affonso Neto sustentam que, diante de fato de pequena dimensão e sendo desnecessária a cominação de todas as sanções previstas na Lei de Improbidade, o julgador deverá absolver o agente, excluindo diretamente a tipificação.³⁵⁰ Em sentido contrário, em grassa minoria, autores defendem que as sanções teriam de ser aplicadas de forma cumulativa para o adimplemento literal da premissa normativa.³⁵¹

Concessa permissa vênia, essa forma de sentir se configura como um acinte ao princípio da legalidade, diante do expresso permissivo que possibilita a aplicação isolada de penalidades e, o que é mais grave, uma afronta às garantias que regem a aplicação de reprimendas, que devem se basear no princípio da proporcionalidade e da justiça. O

---

[347] COPETTI, André. *Direito penal e estado democrático de direito*. Porto Alegre: Livraria do Advogado, 2000. p. 133.

[348] HASSEMER, Winfried. *Direito Penal Libertário*. Belo Horizonte: Del Rey, 2007. p. 30-31.

[349] FREITAS, Juarez. Do princípio da probidade administrativa e de sua máxima efetivação. *Genesis – Revista de Direito Administrativo Aplicado*, Genesis, ano 2, n. 8, p. 40-65, p. 48, abr. 1996.

[350] ROSA, Alexandre Morais da; GHIZZO NETO, Affonso. *Improbidade administrativa e lei de responsabilidade fiscal:* conexões necessárias. Florianópolis: Habitus, 2001. p. 85.

[351] Em sentido contrário defende Aristides Junqueira: não é permitido ao juiz optar pela aplicação de uma ou mais penas, existindo o dever de impô-las cumulativamente. O reverenciado autor ressalva que a única discricionariedade permitida ao julgador é quanto à quantificação das penas, não no que tange à qualificação. ALVARENGA, Aristides Junqueira. Reflexões sobre improbidade administrativa no Direito brasileiro. *In*: BUENO, Cássio Scarpinella; PORTO FILHO, Pedro Paulo de Rezende. (Coord.). *Improbidade Administrativa:* questões polêmicas e atuais. 2. ed. São Paulo: Malheiros, 2003. p. 110.

excesso sancionatório significa a não justiça, uma forma de arbitrariedade bastante pecaminosa, principalmente porque incide contra um parâmetro legal de forma direta.

O magistrado tem o dever geral de prudência imbuído na investidura. O Código de Ética da Magistratura institui em seu art. 25 que, ao proferir decisões, o magistrado deve atuar de forma cautelosa, atento às consequências que pode provocar, sendo a prudência conceituada como a busca de adoção de comportamentos e decisões que sejam o resultado de juízo justificado racionalmente, após meditação e valoração dos argumentos e contra-argumentos disponíveis, à luz do Direito aplicável (art. 24). Tal dever também está presente no Código Ibero-Americano de Ética Judicial, que traz as ideias suplementares de que a prudência tem por objetivo o autocontrole do poder de decisão dos juízes e o cabal cumprimento da função jurisdicional (art. 68), de modo que o ideal de prudência exige do magistrado capacidade de compreensão e esforço para ser objetivo (art. 72). A própria Lei Orgânica da Magistratura Nacional determina o dever do magistrado de agir com serenidade (art. 35, I), de modo que, conforme preleciona Lourival, a prudência é a virtude a que o juiz precisa recorrer com mais frequência.[352]

A prudência está no juízo de ponderação entre a carga coativa da pena de improbidade e o fim perseguido pela cominação do tipo.[353] Em consonância, auferidas a gravidade, a extensão do dano, a culpabilidade, o auferimento de vantagem patrimonial e demais circunstância relevantes, tem o magistrado a missão de, se ao final ficar evidenciada a mencionada subsunção, sopesar quais as penas que devem ser aplicadas, de forma proporcional com o delito praticado.

6.2 Natureza jurídica das sanções

Alexandre de Moraes ensina que a natureza civil dos atos de improbidade administrativa é decorrência da própria redação do art. 37, §4º, da CRFB/88, normativa bastante clara em sagração da independência da responsabilidade civil por ato de improbidade administrativa e da eventual responsabilidade penal, decorrentes do mesmo proceder.[354]

---

[352] LOURIVAL, Serejo. *Comentários ao código de ética da magistratura nacional.* Brasília: ENFAM, 2011. p. 80.
[353] BITENCOURT, Cezar Roberto. *Tratado de direito penal:* parte geral. 14. ed. São Paulo: Saraiva, 2009. p. 27.
[354] MORAES, Alexandre de. *Constituição do Brasil interpretada.* 2. ed. São Paulo: Atlas, 2003. p. 2648.

Igual posicionamento ostenta Emerson Garcia, para quem as sanções previstas no art. 12 da Lei da Improbidade Administrativa são meramente civis.[355]

Segundo Wallace Paiva Martins Júnior, as sanções previstas na Lei nº 8.429/92 têm natureza reparatória pelos danos materiais e morais, trazendo provimentos condenatórios, desconstitutivos e restritivos de direitos que variam de acordo com a gravidade do ato, cuja dosimetria e cumulação deve ser minuciosamente fundamentada na decisão judicial. O referido autor segue asseverando que tal natureza também pode ser vislumbrada no art. 18 da Lei nº 8.429/92, que institui que, diante da procedência da ação de reparação de dano ou tendo sido decretada a perda dos bens havidos ilicitamente, reverter-se-ão os bens ou determinar-se-á o pagamento em favor da pessoa jurídica prejudicada pelo ilícito.[356]

Maria Sylvia Zanella Di Pietro, por sua vez, conclui que a natureza das medidas previstas na Lei nº 8.429/92 indica que a improbidade administrativa traz consequências de natureza criminal, com a paralela instauração do processo penal, e também na instância administrativa, sendo ainda possível caracterizar consequências de natureza civil e política, haja vista que pode implicar a suspensão dos direitos políticos, a indisponibilidade dos bens e o ressarcimento dos danos causados ao Erário.[357]

Planteiam Gilmar Mendes e Arnoldo Wald que a mera possibilidade de que os direitos políticos sejam suspensos, ou de que seja declarada a perda da função pública, ainda que isoladamente, seria suficiente à demonstração de que não se trata de ação genérica, mas de uma ação civil de forte substância penal, com incontroversos aspectos políticos.[358]

Ademais, o Supremo Tribunal Federal, no julgamento da ADI nº 2.797/DF, ao declarar a inconstitucionalidade do §2º do art. 84 do CPP/41 acrescido pela Lei nº 10.628/02, cujo enunciado preconiza que a ação de improbidade seria proposta perante o tribunal competente para processar e julgar criminalmente o funcionário ou autoridade na

---

[355] GARCIA, Emerson; ALVES, Rogério Pacheco. *Improbidade administrativa*. Rio de Janeiro: Lumen Juris, 2010. p. 525.
[356] MARTINS JÚNIOR, Wallace Paiva. *Probidade administrativa*. 4. ed. São Paulo: Saraiva, 2009. p. 329.
[357] DI PIETRO, Maria Sylvia Zanella. *Direito Administrativo*. 28. ed. São Paulo: Atlas, 2015. p. 978-979.
[358] WALD, Arnoldo; MENDES, Gilmar Ferreira. Competência para Julgar a Improbidade Administrativa. *Revista de Informação Legislativa*, n. 138, p. 213-214, abr./jun. 1998.

hipótese de prerrogativa de foro em razão do exercício de função pública, concluiu que, por se tratar de ação de improbidade administrativa, deveria ser ajuizada perante magistrado de primeiro grau em razão da sua natureza cível, precedente que tem apoio predominante dos juristas.[359]

Inexistem diferenças ontológicas entre uma sanção penal ou uma cível. Na primeira, o ordenamento jurídico atribuiu o ato ou conduta como um acinte mais grave ao sistema, atingindo a instância da *ultima ratio*, no que enseja uma reprimenda com penas mais duras, principalmente privativas de liberdade.

Indiscutivelmente, os atos ímprobos acarretam sanções de natureza cível no procedimento de improbidade administrativa, que não são apenas reprimendas pecuniárias, podendo ser também a suspensão dos direitos políticos, a perda da função pública, restrições à possibilidade de contratação com o Poder Público e do recebimento de qualquer tipo de subvenção pública.

6.2.1 Atos de improbidade e crimes de responsabilidade

A Lei nº 1.079/50 conceitua, no seu art. 1º, que são crimes de responsabilidade os especificados ao longo de suas disposições. Carente de sentido técnico e conceito uníssono, consubstancia "espécie heteróclita de crime" ou "espécie ambígua e quase sempre anfíbia de infração penal".[360] Conforme José Nilo de Castro, não se trata de infração penal, mas de infração política, que sujeita o infrator a julgamento político pelo Legislativo.[361]

---

[359] Cite-se trecho do voto do Min. Celso de Mello: "Nem se diga [...] que as sanções imponíveis em sede de ação civil por improbidade administrativa revestem-se de natureza penal, em ordem a justificar, com tal qualificação, o reconhecimento, na espécie, da legitimidade constitucional do diploma normativo impugnado nesta sede de fiscalização normativa abstrata. Não se questiona que os atos de improbidade administrativa podem induzir a responsabilidade penal de seu autor, assumindo, na diversidade dos tipos penais existentes, múltiplas formas de conduta delituosa. Ocorre, no entanto, que os atos de improbidade administrativa também assumem qualificação jurídica diversa daquela de caráter penal, apta, por isso mesmo, a viabilizar, no contexto da pertinente ação civil pública, a imposição das sanções previstas, expressamente, no art. 37, §4º, da Constituição Federal [...] Vê-se, da simples leitura do preceito constitucional em questão, que este distingue, de maneira muito clara, entre as sanções de índole civil e político-administrativa, de um lado, e aquelas de natureza criminal, de outro" (ADI nº 2.797-2/DF. Rel. Min. Sepúlveda Pertence. Tribunal Pleno. DJ 19.12.2006, transitado em julgado em 19.03.2013)

[360] CHAVES, Raul. *Crimes de responsabilidade*. Bahia: Artes Gráficas, 1960. p. 12-13 e 37.

[361] CASTRO, José Nilo de. *Direito Municipal positivo*. 5. ed. Belo Horizonte: Del Rey, 2001, p. 505.

A improbidade administrativa e o crime de responsabilidade são apurados em estamentos distintos, possuindo finalidades diversas. Todos os agentes públicos sujeitam-se às sanções civis, penais, administrativas e político-administrativas quando cabíveis, haja vista que representam esferas de atuação independentes, não havendo previsão constitucional de isenção dos agentes políticos em nenhuma hipótese.

Nesse sentido, rejeita-se a tese de *bis in idem* em caso de concomitância de punições,[362] quando aplicadas de forma proporcional, posto que, tal qual defendido por José dos Santos Carvalho Filho, numa ação de improbidade administrativa, o julgador deve observar o princípio da adequação punitiva, o que consiste na aplicação das sanções respeitando-se a adequação da sanção à natureza do autor e do fato.[363]

Lógica outra não emerge da atenção do constituinte ao art. 37, §4º, da CRFB/88, verberando que sem prejuízo da ação penal cabível, no que deixa livre a possibilidade também de seu enquadramento nas esferas penais. No mesmo diapasão está o art. 12 da Lei nº 8.429/92, que determina a sujeição às cominações, independentemente das sanções penais, civis e administrativas previstas na legislação específica. Tem-se, portanto, autorizada a convivência pacífica de sanções de naturezas distintas pelo mesmo fato, haja vista que o sistema constitucional brasileiro não afasta a multiplicidade de sanções quando a teleologia dos processos de punição é diversa.

Afinal, tal qual já oportunamente defendido neste trabalho, se a conduta imputada ao agente constitui crime em tese e também infração político-administrativa, ambas as responsabilizações podem ser realizadas.[364] O fato é que, ainda que diante de situação especial como a dos agentes passíveis à imputação de crime de responsabilidade, em densificação do princípio da indeclinabilidade da jurisdição, a violação à probidade não pode sofrer controle apenas político, seguindo-se à apreciação do Poder Judiciário, conforme preceitua o inciso XXXV do art. 5º da CRFB/88.

---

[362] PAZZAGLINI FILHO, Marino. *Lei de Improbidade Administrativa comentada*. São Paulo: Atlas, 2002. p. 119.
[363] CARVALHO FILHO, José dos Santos. *Manual de Direito Administrativo*. 22. ed. Rio de Janeiro: Lumen Juris, 2009. p. 1029.
[364] STF. AgRg na AC nº 3585 MC/RS. Min. Rel. Celso de Mello. Segunda Turma. Julg.: 02.06.2014. DJe 24.10.2014; STJ. REsp nº 1314377/RJ. Rel. Min. Herman Benjamin. Segunda Turma. Julg.: 27.08.2013. DJe 18.09.2013; REsp nº 910.574/MG. Rel.: Min. Francisco Falcão. Segunda Turma. Julg.: 17.04.2007. DJe 07.05.2007.

6.3 Perda de bens ou valores acrescidos ilicitamente ao patrimônio

O art. 12, I e II, da Lei nº 8.429/92, traz como consequência aos atos que importam em enriquecimento ilício e em prejuízo ao Erário, respectivamente, a perda dos bens ou valores acrescidos ilicitamente ao patrimônio. Tal penalidade não pode ser cominada quando há uma colisão aos princípios da Administração Pública, a menos que haja dano, em virtude da ausência de comando normativo. Ao não prever tal possibilidade, o legislador esteve atento ao contrassenso do objeto, haja vista a impossibilidade de existir bens ou valores acrescidos ilicitamente ao patrimônio. A quebra de princípios administrativos, por si só, não acarreta acúmulo indevido de patrimônio. Para Eurico Ferraresi, em razão do art. 9º e 10 da Lei nº 8.429/92, os bens ou valores acrescidos ao patrimônio do agente público serão restituídos à pessoa lesada, podendo, em ambos os casos, o réu ser agente público ou terceiro que se tenha beneficiado, de alguma forma, do ato ímprobo.[365] No mesmo sentido está a previsão geral do art. 6º da Lei de Improbidade Administrativa, determinando que, no caso de enriquecimento ilícito, perderá o agente público ou terceiro beneficiário os bens ou valores acrescidos ao seu patrimônio. Nesse caso houve uma atecnia porque se deixou de mencionar a possibilidade dessa sanção quando houver a tipificação de dano ao Erário, em que não obstante o dano, também pode haver um enriquecimento de forma *ad latere*.

Apesar de a mencionada sanção aparentemente atingir o direito de propriedade privada, resguardado constitucionalmente pela garantia insculpida no art. 5º, XXII, da CRFB/88, não há direito de propriedade sobre os bens obtidos ilicitamente ou aos bens que devem ser ressarcidos ao patrimônio público. O direito de propriedade não incide sobre aqueles bens que foram obtidos de forma ilícita. Trata-se, em verdade, de normativa densificadora da determinação constitucional de proteção ao princípio da moralidade, uma vez que a aquisição ilícita de bens ou valores pelo agente do ato de improbidade administrativa é absolutamente nula, devendo retornar à situação originária. Afinal, não se trata de perda, ocorrendo tão somente a devolução do que fora adquirido ilegalmente.[366]

---

[365] FERRARESI, Eurico. *Improbidade Administrativa*: Lei 8.429/92 comentada artigo por artigo. Rio de Janeiro: Forense; São Paulo: Método, 2011. p. 141.
[366] PAZZAGLINI FILHO, Marino; ROSA, Márcio Fernando Elias; FAZZIO JÚNIOR, Waldo. *Improbidade Administrativa*: aspectos jurídicos da defesa do patrimônio público. 2. ed. São Paulo: Atlas, 1997. p. 128.

A sanção de perda do acrescido ilicitamente ao patrimônio decorre da vedação genérica ao enriquecimento sem causa e, tecnicamente, não se restringe apenas ao valor do enriquecimento ilícito ou do dano, mas engloba todos os valores que pelo nexo de causalidade foram ocasionados pela perpetração do ato ímprobo.

A importância dada à medida pode ser vislumbrada no art. 7º e 16 da Lei nº 8.429/92, que permitem a indisponibilidade cautelar de bens do indiciado quando o ato de improbidade causar lesão ao patrimônio público ou ensejar enriquecimento ilícito, analisados os pressupostos legais para requerê-la.[367] Conforme o §10 do referido dispositivo, incluído pela Lei nº 14.230/21, a indisponibilidade recairá sobre bens que assegurem exclusivamente o integral ressarcimento do dano ao erário, sem incidir sobre os valores a serem eventualmente aplicados a título de multa civil ou sobre acréscimo patrimonial decorrente de atividade lícita. Trata-se de medida preparatória da responsabilidade patrimonial, afetando, a depender do ato de improbidade, todos os bens presentes do agente, recaindo, inclusive, sobre os bens adquiridos anteriormente ao suposto ato de improbidade, no caso de dano ao Erário.[368] Ressalte-se que para evitar abuso de poder, configura-se inexorável atestar os requisitos inexoráveis para a implementação da medida cautelar.

O art. 18 da Lei nº 8.429/92 determina que a sentença que julgar procedente a ação fundada nos arts. 9º e 10 da LIA condenará ao ressarcimento dos danos e à perda ou à reversão dos bens e valores ilicitamente adquiridos, conforme o caso, em favor da pessoa jurídica prejudicada pelo ilícito, fazendo-se premente a quantificação do valor adentrado ilicitamente (o que configurará a gradação da pena em comento no caso concreto), que deverá ocorrer na fase de cumprimento de sentença, nos termos do §1º, do art. 18 da Lei nº 8.429/92, incluído pela Lei nº 14.230/21. Caso a pessoa jurídica prejudicada não promova a liquidação do dano no prazo de 6 (seis) meses do trânsito em julgado da sentença de procedência da ação, caberá ao Ministério Público proceder à respectiva liquidação do dano e ao cumprimento da sentença referente ao ressarcimento do patrimônio público ou à perda ou à reversão de

---

[367] STJ. REsp nº 769350/CE. Rel. Min. Humberto Martins. Segunda Turma. Julg.: 06.05.2008. *DJe* 16.05.2008). AgInt no AgRg no REsp nº 1.552.003/SC. Relatora Min. Regina Helena Costa. Primeira Turma. Julg.: 24.10.2017. *DJE* 21.11.2017.

[368] STJ. REsp nº 806301 PR. Rel. Min. Luiz Fux. Primeira Turma. Julg.: 11.12.2007. *DJe* 03.03.2008. AgRg no REsp nº 1.383.196/AM. Min. Rel. Regina Helena Costa. Primeira Turma. Julg.: 27.10.2015.

bens, sem prejuízo de eventual responsabilização pela omissão verificada (art. 18, §2º, da Lei nº 8.429/92).

É importante mencionar, no ponto, que para fins de apuração do valor do ressarcimento, deverão ser descontados os serviços efetivamente prestados (art. 18, §3º, da Lei nº 8.429/92). Outrossim, a Lei nº 14.230/21 também incluiu o §4º no art. 18 para fins de permitir que juiz autorize o parcelamento, em até 48 (quarenta e oito) parcelas mensais corrigidas monetariamente, do débito resultante de condenação pela prática de improbidade administrativa se o réu demonstrar incapacidade financeira de saldá-lo de imediato.

Suscite-se, por fim, que, conforme o art. 8º da Lei nº 8.429/92, o sucessor ou o herdeiro daquele que causar dano ao erário ou que se enriquecer ilicitamente estão sujeitos apenas à obrigação de repará-lo até o limite do valor da herança ou do patrimônio transferido. Mencione-se que a responsabilidade sucessória também aplica-se na hipótese de alteração contratural, de transformação, de incorporação, de fusão ou de cisão societária (art. 8º-A da Lei nº 8.429/92).

No entanto, tem-se que nas hipóteses de fusão e de incorporação, a responsabilidade da sucessora será restrita à obrigação de reparação integral do dano causado, até o limite do patrimônio transferido, não lhe sendo aplicáveis as demais sanções decorrentes de atos e de fatos ocorridos antes da data da fusão ou incorporação, exceto no caso de simulação ou de evidente intuito de fraude, devidamente comprovados (parágrafo único do art. 8º-A da LIA). Igualmente responde pelo ato ímprobo o casal pela integralidade de bens ou valores do patrimônio que está unido pelo regime de comunhão total e pelo regime de comunhão parcial, para os bens comuns, em razão de que formam, por vontade discricionária, uma única entidade patrimonial.

6.4 Ressarcimento integral do dano

No tocante ao dever de ressarcir os cofres públicos, lesados em decorrência de atos de improbidade, o Superior Tribunal de Justiça se posicionou no sentido de que o ressarcimento não pode ser considerado propriamente uma sanção, mas uma consequência necessária e imediata do ato combatido,[369] diferindo-se, portanto, essa sanção da multa civil.[370]

A contrariedade ao mencionado posicionamento jurisprudencial encontra-se calcada em questões ontológicas, pois o ressarcimento do dano não necessita de uma ação de improbidade, sendo um *plus* em razão da proteção da moralidade qualificada. Ela é uma penalidade porque foi ocasionada diante de um ilícito, sendo a consequência palpável em virtude de um descumprimento normativo. Há vários danos ao patrimônio público que não se configura como ato ímprobo, como o estrago resultante de um acidente automobilístico em razão da má condição do asfalto. A obrigação de ressarcimento integral do dano, em uma ação de improbidade, advém de uma punição judicial, assegurando-se todas as garantias devidas, diferenciando-se do dever de indenizar em virtude de fato jurídico alheio à esfera da improbidade.

E essa não é uma questão despicienda, pois asseverando o ressarcimento como pena, deve-se mensurar com mais percuciência as outras punições para evitar uma exacerbação sancionatória. Importante mencionar que a Lei nº 14.230/2021 acrescentou dispositivo na LIA para prever que se ocorrer lesão ao patrimônio público, a reparação do dano deverá deduzir o ressarcimento ocorrido nas instâncias criminal, civil e administrativa que tiver por objeto os mesmos fatos (art. 12, §6º, da Lei nº 8.429/1992).

6.4.1 O dever jurídico de não causar dano a outrem

Segundo Cavalieri Filho, assim como os deveres de dar ou fazer, de não fazer ou tolerar, a ordem jurídica também instituiu, à luz da natureza do direito correspondente, um dever geral de não prejudicar ninguém, anunciado pelo Direito Romano através da máxima *neminem laedere*.[371]

---

[369] Desta feita, a condenação – do recorrente – [...] à perda dos bens adquiridos ilicitamente não afasta a possibilidade de sua condenação à pena de ressarcimento do dano comprovadamente causado ao Erário, consoante assentado pelo acórdão *a quo*. Porquanto o ressarcimento não é propriamente uma sanção, mas consequência de reparação do ato ímprobo, sob pena, inclusive, de tratamento privilegiado de Luiz Carlos Assola em detrimento dos demais corréus, em afronta ao princípio da isonomia. STJ. REsp nº 1.529.688/SP. TJ. REsp nº 1.529.688/SP. Rel. Min. Benedito Gonçalves. Primeira Turma. Julg.: 09.08.2016. *DJE* 23.08.2016.

[370] STJ. Resp nº 622.234/SP. Rel. Min. Mauro Campbell Marques. Julg. 1º.10.2009.

[371] CAVALIERI FILHO, Sérgio. *Programa de responsabilidade civil*. 6. ed. São Paulo: Malheiros, 2005, p. 23

De Plácido e Silva traduz tal locução latina como um dos três *juris praecepta*, insertos na *Institutas* de Justiniano. Determina-se o dever de "a ninguém ofender", fundando um dever social elementar à própria ordem jurídica, impondo-se respeito aos direitos alheios, como os outros devem respeitar os direitos de todos.[372] Argui Cretella Júnior que tal princípio foi utilizado no referido diploma como integrante da definição da ciência do Direito, mesclando-se elementos humanos, religiosos, filosóficos e morais, conduzindo ao conhecimento das coisas divinas e humanas, como a ciência do justo e do injusto.[373]

Acresce Rogério Donnini que, apesar de o primeiro registro do princípio ter sido realizado no Código *Justinianeu*, a ideia estava presente nos gregos desde os anos 510 a.C. como filosofia de Epicuro, tratando-se de um resultado do compromisso de utilidade, com o claro escopo de os homens não prejudicarem uns aos outros, constituindo-se verdadeira regra de direito natural.[374]

Configura-se como um dever imposto pelo ordenamento jurídico com o escopo de garantir a convivência pacífica e harmoniosa entre os sociais. Vige no ordenamento jurídico brasileiro, especificamente através do prescrito no inciso XXXV do art. 5º da CRFB/88, que positiva e fundamenta o direito de ação, e através do comando genérico da dignidade da pessoa humana, fundamento da República conforme inciso III do art. 1º da CRFB/88.

A violação a este dever faz adentrar na esfera do ilícito, configurada por ação ou omissão transgressiva à norma preexistente que cause dano a um terceiro. Configurado o ilícito, exsurge o dever secundário de reparar o dano causado, como forma de preservar os princípios da justiça e não locupletamento, assim como a manutenção do equilíbrio jurídico.

Como princípio norteador da responsabilidade civil, o dever de ressarcimento pelo agente causador exige a existência de dano.[375] Como decorrência de tal premissa, ressalvou-se no tratamento da

---

[372] SILVA, De Plácido e. *Vocabulário jurídico*. Rio de Janeiro: Forense, 1996. V. III, p. 240.
[373] CRETELLA JÚNIOR, José. *Curso de direito romano*: o direito romano e o direito civil brasileiro. Rio de Janeiro: Forense, 1994. p. 24.
[374] DONNINI, Rogério. Prevenção de danos e a extensão do princípio neminem laedere. In: DONNINI, Rogério; NERY, Rosa Maria de Andrade. *Responsabilidade civil*: estudos em homenagem ao professor Rui Geraldo Camargo Viana. São Paulo: Revista dos Tribunais, 2009. p. 492.
[375] DONNINI, Rogério. *Responsabilidade civil pós-contratual no direito civil, no direito do consumidor, no direito do trabalho, no direito ambiental e no direito administrativo*. São Paulo: Saraiva, 2011. p. 489.

investigação do ato ímprobo, conforme art. 21, I, da Lei nº 8.429/92, que a aplicação das sanções previstas independe da efetiva ocorrência de dano ao patrimônio público, salvo quanto à pena de ressarcimento e às condutas tipificadas como atos de improbidade administrativa que causem dano ao erário.

O ressarcimento integral do dano fora anunciado no §4º do art. 37 da CRFB/88, determinando que os atos de improbidade administrativa importarão no ressarcimento ao erário, sem prejuízo da ação penal cabível. Trata-se de cominação prevista para todos os tipos de atos de improbidade, conforme os incisos do art. 12 da Lei nº 8.429/92, necessitando-se atentar para a extensão do dano, para que não haja excessos na definição do valor inerente ao ressarcimento integral.

A importância da medida também está ressaltada no art. 16 do diploma em referência, que prevê a possibilidade de indisponibilidade dos bens do réu, cautelarmente, como forma de assegurar o integral ressarcimento do dano, medida que almeja garantir os meios de combate ao ato comprovadamente considerado como ímprobo.

6.4.2 Dano moral na improbidade administrativa

O dano constitui lesão a um bem jurídico. Os efeitos dessa lesão podem ser economicamente apreciáveis ou insuscetíveis de quantificação econômica específica.[376] Este último é majoritariamente vislumbrado como decorrência de ofensa aos direitos da personalidade.[377]

A personalidade jurídica alude à existência no mundo das normas, configurando unidade à qual se adjudica capacidade de ser sujeito de direitos e deveres. Conforme Xisto Tiago de Medeiros Neto, a tutela dos danos morais foi expressamente trazida pela Constituição da República de 1988, como é possível aduzir do dever de reparação integral, agasalhado nos incisos V e X do art. 5º, consubstanciando que os parâmetros da honra e da moralidade emanados da vida de cada cidadão foram agasalhados pela *Lex Mater*. Dessa forma, a indenização por dano moral origina-se em decorrência dos eflúvios decorrentes da personalidade humana, tendo o fator teleológico de proteger integralmente as características intrínsecas de cada um dos cidadãos.

---

[376] TOLOMEI, Carlos Young. A noção de ato ilícito e a teoria do risco na perspectiva do novo Código Civil. *In*: TEPEDINO, Gustavo (Coord.). *A parte geral do novo Código Civil*: estudos na perspectiva civil-constitucional. 2. ed. Rio de Janeiro: Renovar, 2003. p. 366-367.

[377] BELTRÃO, Silvio Romero. *Direitos da personalidade*. 2. ed. São Paulo: Atlas, 2014. p. 139.

No pertinente à discussão da transindividualidade do dano moral em sede da ação que investiga o ato de improbidade administrativa, nos termos da Lei nº 8.429/92, impende suscitar que a legalidade e razoabilidade preconizadas num Estado de Direito obstaculizam sua defesa.

Para os defensores da existência do dano moral coletivo como consequência de ato de improbidade, a moralidade administrativa pode ser resguardada pelas ações civis públicas e pela ação popular, asseverando que a tutela de tal princípio não se limitaria ao resguardo do patrimônio material, atingindo também o patrimônio moral.[378] Nesse cenário, a reparação pelo dano moral coletivo consistiria na condenação do agressor ao pagamento de uma parcela pecuniária, ostentando finalidade sancionadora e preventiva para evitar repetições.

Ocorre que nenhum dos dispositivos da Lei nº 8.429/92 prevê a possibilidade de ressarcimento por dano moral coletivo, diversamente dos outros diplomas que preveem tal possibilidade. Difícil, igualmente, sustentar a ilação do que as demais legislações podem, de forma suplementar, preencher essa lacuna normativa, pois a Lei de Improbidade é posterior à maioria delas e não previu tal possibilidade, nem ao menos deixou margem para a defesa de semelhante concretização normativa.

Outrossim, ainda que fosse dedutível na Lei nº 8.429/92, inexistem critérios palpáveis à quantificação *in concreto* de eventual ressarcimento, espaço em que se faz crítica, inclusive, aos diplomas legais que preveem a constatação de dano moral coletivo. Ora, em virtude de sua atomização, não há que se defender o ressarcimento do dano moral em ação de improbidade, em razão que todo acinte ao ordenamento jurídico geraria indenização coletiva, desembocando na criação de instituto permanente na parte dispositiva das sentenças condenatórias.

De modo concomitante, suscite-se que as sanções previstas no art. 12 da Lei nº 8.429/92, sem desmerecer as sanções cíveis, penais e administrativas que podem ser aplicadas paralelamente, são gravosas o suficiente, sendo inconteste que sua previsão *in abstracto*, por si só, já acarreta injustiças, possibilitando uma penalização excessiva. Repise-se que o mencionado artigo em nenhum momento fez menção, nem mesmo de forma implícita, a uma sanção pecuniária em decorrência de dano moral.

Contextualize-se também que o dano moral decorre de dor subjetiva, de pesar, aspecto anímico que envolve pessoa. Tratando-se,

---

[378] MEDEIROS NETO, Xisto Tiago de. *Dano moral coletivo*. 2. ed. São Paulo: Ltr, 2007. p. 139.

portanto, de dano cujo sujeito passivo é, inexoravelmente, pessoa jurídica determinada, não pode haver indenização por dano moral à coletividade, sem a especificação de um sujeito lesado.[379] O que pode haver é um dano moral à pessoa jurídica que padeceu do ato ímprobo, contudo, mesmo assim, precisa-se de uma ação específica para a reparação do dano.

Portanto, mesmo partindo-se da premissa não adotada que pode existir normativamente o dano moral coletivo em ações de improbidade, todo ato ímprobo acarreta dano moral? Claro que não, então, qual seria o(s) critérios(s) utilizado(s) para sua aferição? Quais os parâmetros para os seus cálculos? Conclusão, para um sistema jurídico em que se avoluma a insegurança jurídica, estar-se-ia agudizando o problema.

6.4.3 Parcelas que integrarão o montante a ser ressarcido

Conforme explanado no início, o Superior Tribunal de Justiça adota a premissa de que o ressarcimento integral não se tratava de pena, mas de mera obrigação decorrente do dever de reparar. Tal defesa culminou na tese de que seria imperioso cumular o ressarcimento integral com algumas das demais medidas previstas.[380] Como consequência, anuncia Sérgio Turra Sobrane que, não alcançada a integralidade da reparação no âmbito da ação de improbidade administrativa, é possível que a Fazenda Pública ajuíze as ações necessárias, aduzindo conformidade ao §2º do art. 17 da Lei nº 8.429/92.[381] No entanto, a Lei nº 14.230/2021 revogou este dispositivo legal.

---

[379] "A atual Constituição Federal deu ao homem lugar de destaque entre suas previsões. Realçou seus *direitos* e fez deles o fio condutor de todos os ramos jurídicos. A dignidade humana pode ser considerada, assim, um *direito* constitucional subjetivo, essência de todos os *direitos* personalíssimos e o ataque àquele *direito* é o que se convencionou chamar dano moral. 3. Portanto, dano moral é todo prejuízo que o sujeito de *direito* vem a sofrer por meio de violação a bem jurídico específico. É toda ofensa aos valores da pessoa humana, capaz de atingir os componentes da *personalidade* e do prestígio social. 4. O dano moral não se revela na dor, no padecimento, que são, na verdade, sua consequência, seu resultado. O dano é fato que antecede os sentimentos de aflição e angústia experimentados pela vítima, não estando necessariamente vinculado a alguma reação psíquica da vítima". STJ: REsp nº 1245550 MG 2011/0039145-4. QUARTA TURMA. *DJe* 16.04.2015. Ministro LUIS FELIPE SALOMÃO.

[380] "Conforme tem decidido o STJ, o ressarcimento não constitui sanção propriamente dita, mas sim consequência necessária do prejuízo causado. Caracterizada a improbidade administrativa por dano ao Erário, a devolução dos valores é imperiosa e deve vir acompanhada de pelo menos uma das sanções legais que, efetivamente, visam a reprimir a conduta ímproba e a evitar o cometimento de novas infrações. Precedentes." (STJ - REsp: 1302405 RR 2012/0002412-4, Relator: Ministro HERMAN BENJAMIN, Data de Julgamento: 28/03/2017, T2 - SEGUNDA TURMA, Data de Publicação: DJe 02/05/2017).

[381] SOBRANE, Sérgio Turra. *Improbidade Administrativa*. São Paulo: Atlas, 2010, p. 158.

Igualmente, o Egrégio Superior Tribunal de Justiça tem desenvolvido raciocínio no sentido de que, ao julgar ação civil pública por ato de improbidade, o magistrado não é obrigado a aplicar cumulativamente as penalidades previstas no art. 12 da Lei de Improbidade Administrativa. Assim, dependendo do caso, é possível a aplicação exclusiva da pena de ressarcimento integral e solidário dos danos causados aos cofres públicos, o que não colide com o posicionamento esposado neste trabalho, no sentido de que o ressarcimento é medida punitiva imediata e necessária da condenação por improbidade administrativa.[382] Existentes o prejuízo ao Erário ou o enriquecimento ilícito, é imperiosa a determinação do ressarcimento ao Erário, a fim de restabelecer o *status* originário do patrimônio público lesado, podendo ser aplicada isoladamente, dependendo das circunstâncias.

Tal discussão é relevante à delimitação das parcelas que integrarão a monta a ser ressarcida, como forma de delinear a natureza dos objetos que estão sujeitos à perda em função do ressarcimento, haja vista que outras sanções poderão ser cumuladas ou não. Exemplifique-se com a sanção de perda do acrescido ilicitamente ao patrimônio. Dirigida aos bens e aos valores retirados da esfera de posse do Poder Público, consubstancia tão somente a devolução do que fora ilegalmente adquirido, não havendo mais estorvos ao patrimônio do agente em razão do adimplemento da obrigação.

Em Wallace Paiva Martins Júnior, o ressarcimento integral do dano abrange a literalidade da devolução total dos valores percebidos ou a diferença entre o custo efetivo e o total de pagamentos. Conclui o referido autor, após análise de precedentes dos tribunais brasileiros, que o ressarcimento do dano não é afastado pelas alegações de efetiva prestação de obras e serviços e de vedação ao enriquecimento ilícito do Poder Público, haja vista que não preponderam sobre a má-fé e a violação aos princípios da moralidade, legalidade e impessoalidade.[383] Nesse sentido, a Lei nº 14.230/2021 incluiu o art. 18, §3º na Lei nº 8.429/92, para determinar que os serviços efetivamente prestados deverão ser descontados para fins de apuração do valor do ressarcimento.

---

[382] STJ. AREsp nº 239300/BA. Rel. Min. Og Fernandes. *DJe*: 1º.07.2015; REsp nº 1.331.203/DF. Rel. Min. Ari Parlagendler. Primeira Turma. Julg.: 21.03.2013. *DJe* 11.04.2013; REsp nº 928.725/DF. Rel. Min. Denise Arruda. Rel. p/Acórdão: Min. Teori Albino Zavascki. Primeira Turma. *DJe* 05.08.09; AgRg no AREsp nº 39.018/MG. Rel. Min. Arnaldo Esteves Lima. Julg.: 21.08.2012. *DJe* 27.08.2012.

[383] MARTINS JÚNIOR, Wallace Paiva. *Probidade administrativa*. 4. ed. São Paulo: Saraiva, 2009. p. 350.

Da doutrina retromencionada emerge a necessidade de distinguir a determinação de ressarcimento ao Erário da sanção de perda do acrescido ilicitamente, que não se aplica à hipótese de violação a princípio da Administração Pública, e de multa civil. Tem-se que a perda do ilicitamente auferido, *a priori*, não atinge o patrimônio do sujeito ativo do ato, tão somente fazendo-o devolver aquilo que não é seu. O ressarcimento de dano ao Erário, por sua vez, deve atingir o patrimônio do requerido. Difere-se da multa civil que, apesar de também adentrar no patrimônio do requerido, tem natureza de sanção, não para a restauração do *status quo*, mas como punição para inibir a prática desse tipo de ilicitude, e, portanto, independe da existência de dano, podendo ser aplicada também na hipótese de ato ímprobo que viola princípio da Administração e é uma faculdade do julgador adstrito às circunstâncias do fato. Assim, o ressarcimento pressupõe dano patrimonial e deve adentrar no patrimônio do agente, fazendo-o reparar o prejuízo produzido, ostentando natureza sancionatória.

Assinala Eurico Ferraresi que quando a ação não vier devidamente instruída com os valores a serem ressarcidos, a realização da perícia é inafastável.[384]

Em se tratando de ressarcimento de dano decorrente de violação a princípio da Administração Pública a sua delimitação exige uma resposta a uma primeira indagação que é da existência de dano ao Erário. Se essa resposta for afirmativa, passa-se a sua individualização. Todavia, se essa resposta não for afirmativa, descabe qualquer tipo de imposição de penalidade nesse sentido pela ausência do requisito fático para a sua incidência: a existência do dano. As outras penalidades é que desempenham a primazia sancionatória nesse tipo de delito, devendo ser aplicadas parcimoniosamente em razão da gravidade do delito.

Prescrito o pedido condenatório na ação de improbidade administrativa, não há óbice ao prosseguimento da demanda no que tange ao pedido ressarcitório patrimonial, haja vista a sua imprescritibilidade, conforme §5º do art. 37 da CRFB/88.[385]

---

[384] FERRARESI, Eurico. *Improbidade administrativa:* Lei 8.429/1992 comentada artigo por artigo. Rio de Janeiro: Forense; São Paulo: Método, 2011. p. 143.
[385] STJ. REsp nº 1089492/RO; REsp. nº 434.661/MS; REsp. nº 1.089.492/RO; REsp. nº 928.725/DF; REsp. nº 1.218.202/MG; REsp. nº 1.089.492/RO; REsp. nº 1.303.170/PA; REsp. nº 1331203/DF.

6.5 Casos de perda da função pública

O §4º do art. 37 da CRFB/88 determinou que os atos de improbidade administrativa importarão a perda da função pública, dentre outras sanções, na forma e gradação previstas na Lei nº 8.429/92, sem prejuízo da ação penal cabível. De acordo com a previsão constitucional, o art. 12 da Lei nº 8.429/92, ao instituir as penas a serem aplicadas ao agente ímprobo, prevê a perda da função pública para os casos de enriquecimento ilícito e lesão ao patrimônio público, considerando-se a gravidade do fato, a extensão do ilícito cometido, o proveito patrimonial caso obtido, a culpabilidade do agente e suas consequências.[386] Importante mencionar, de logo, que a Lei nº 14.230/2021 afastou a sanção da perda de função pública nas hipóteses de condenação por ato de improbidade administrativa que importe em lesão aos princípios da Administração Pública.

O art. 37, §4º, da Constituição da República e o art. 12 e os incisos I e II da Lei nº 8.429/92 referem-se à sanção de perda da função pública, mas houve um equívoco na determinação de seu campo de incidência em decorrência de uma impropriedade terminativa, no que restringiu apenas a "função". Todavia, a única exegese plausível é a de determinar seu significado como o de cercear o vínculo jurídico que o agente mantém com a Administração Pública, seja qual for o seu regime, celetista ou estatutário; seja qual for o seu provimento, se por concurso ou cargo em comissão ou confiança; seja a forma de sua remuneração, se por intermédio de salário, subsídio ou atividade *pro bono*. Da sistemática da Lei de Improbidade advém que a pena de perda da função pública não está limitada a uma visão restritiva, devendo partir-se de um sentido

---

[386] Art. 12. Independentemente do ressarcimento integral do dano patrimonial, se efetivo, e das sanções penais comuns e de responsabilidade, civis e administrativas previstas na legislação específica, está o responsável pelo ato de improbidade sujeito às seguintes cominações, que podem ser aplicadas isolada ou cumulativamente, de acordo com a gravidade do fato: I - na hipótese do art. 9º desta Lei, perda dos bens ou valores acrescidos ilicitamente ao patrimônio, perda da função pública, suspensão dos direitos políticos até 14 (catorze) anos, pagamento de multa civil equivalente ao valor do acréscimo patrimonial e proibição de contratar com o poder público ou de receber benefícios ou incentivos fiscais ou creditícios, direta ou indiretamente, ainda que por intermédio de pessoa jurídica da qual seja sócio majoritário, pelo prazo não superior a 14 (catorze) anos; II - na hipótese do art. 10 desta Lei, perda dos bens ou valores acrescidos ilicitamente ao patrimônio, se concorrer esta circunstância, perda da função pública, suspensão dos direitos políticos até 12 (doze) anos, pagamento de multa civil equivalente ao valor do dano e proibição de contratar com o poder público ou de receber benefícios ou incentivos fiscais ou creditícios, direta ou indiretamente, ainda que por intermédio de pessoa jurídica da qual seja sócio majoritário, pelo prazo não superior a 12 (doze) anos;

mais amplo, de modo que sua decretação abrange igualmente a perda do direito de ocupar função, cargo ou emprego público.[387]

Tem-se que agente público para fins da Lei nº 8.429/92 possui contornos amplos, nos termos dos arts. 2º e 3º do diploma reverenciado, sendo concebível que a concepção de agente público não foi construída sob uma perspectiva meramente funcional, servindo de parâmetro para essa definição a identificação do nexo causal entre o sujeito ativo no exercício de prerrogativas públicas e o sujeito passivo dos atos de improbidade.[388] Obviamente, que em virtude da ausência de vinculação pública, a perda do cargo ou função não pode ser fixada em face do terceiro beneficiado pelo ato de improbidade ou do partícipe.

A função pública pressupõe um vínculo de trabalho com a Administração, sendo essencial à realização das atividades administrativas. Trata-se de um conjunto de atividades que os agentes públicos e equiparados realizam para atender aos objetivos da Administração Pública, consubstanciando verdadeiros encargos atribuídos aos agentes, a serem desenvolvidos à luz da legalidade estrita.[389]

Nesse contexto, a perda da função pública é sanção a ser aplicada a todo e qualquer sujeito que exerça, ainda que de forma transitória e sem remuneração, seja por nomeação, designação, contratação, eleição ou qualquer outro modo de investidura, atividade pública em razão de concessão, permissão, autorização, entre outras modalidades. É, portanto, sanção, que só pode ser aplicada àqueles que exercem função pública.

Nos termos do art. 20 do referido diploma, só se efetiva tal pena com o trânsito em julgado da sentença condenatória, pois a perda do cargo ou função pública se configura como medida extremamente grave, de reversibilidade tortuosa, devendo apresentar como requisito a *autorictas* auferida pela coisa julgada. Não é nem pelo fato de a coisa julgada se configurar intangível, porque ela pode ser modificada pela ação rescisória ou pela *querela nullitatis insanabilis*, mas sua função é garantir a segurança jurídica, no que legitima a aplicação da perda de mandato ou função.

---

[387] STJ. REsp nº 1.069.603/RO. Rel.: Min. Humberto Martins. Segunda Turma. Julg.: 1º.11.2014. DJe 21.11.2014.

[388] GARCIA, Emerson; ALVES, Rogério Pacheco. *Improbidade administrativa*. 2. ed. Lumen Juris, p. 234-235.

[389] MEIRELLES, Hely Lopes. *Direito Administrativo brasileiro*. 28. ed. São Paulo: Malheiros, 2003. p. 74.

No âmbito das ações de improbidade administrativa não se admite a relativização do princípio da presunção de inocência, insculpido nos termos do inciso LVII do art. 5º da CRFB/88, não apenas em razão de sua garantia constitucional, mas também em razão de expresso mandamento da LIA, que exige o trânsito em julgado para a implementação das suas sanções.

Cite-se que, a relativização do princípio da presunção de inocência tem ganhado espaço, tal qual na Lei Complementar nº 135/2010, que determinou a aplicação de inelegibilidade a partir de decisão judicial de segunda instância. Registre-se que em sessão realizada no dia 7 de novembro de 2019, por ocasião do julgamento conjunto das Ações Declaratórias de Constitucionalidade (ADC) nº 43,44 e 54, o Supremo Tribunal Federal, por maioria, julgou procedente os pedidos deduzidos nas referidas ações para assentar a constitucionalidade do art. 283 do Código de Processo Penal, na redação dada pela Lei nº 12.043/2011, com a consequente proibição da execução da pena antes do trânsito em julgado da sentença penal condenatória.[390]

Sustentou-se, na esteira do voto do Relator, o Ministro Marco Aurélio, que o art. 5º, inciso LVII, da Constituição Federal de 1988, não abre campo a controvérsias semânticas, de modo que a harmonia com a Constituição, do art. 283 do Código de Processo Penal, é completa, considerando o alcance do princípio da não culpabilidade. Para o Ministro Celso de Mello, a tese da execução provisória de condenações penais ainda recorríveis transgride, de modo frontal, o princípio constitucional da presunção da inocência, que só deixa de subsistir ante o trânsito em julgado da decisão condenatória.

Ainda que assim não fosse, cabe salientar que o demandado em ação civil de improbidade administrativa não pode ser tratado como se houvesse praticado crime, haja vista que o ilícito que cometera não tem natureza penal, mas, sim, civil. Logo, à execução das sanções, exige-se mais que acórdão de segunda instância, sendo premente o trânsito em julgado, como situação jurídica que qualifica a decisão como indiscutível. Mesmo que o STF reconhecesse, nas ações penais, que a eficácia do julgamento começa após decisão de segunda instância, essa decisão não poderia ser transplantada para o microssistema das improbidades administrativas porque em decorrência de seu regulamento específico,

---

[390] Art. 283. Ninguém poderá ser preso senão em flagrante delito ou por ordem escrita e fundamentada da autoridade judiciária competente, em decorrência de prisão cautelar ou em virtude de condenação criminal transitada em julgado.

o imperativo deontológico normativo apenas possibilita essa sanção após o trânsito em julgado da decisão.

Em casos excepcionais, havendo necessidade de resguardar a instrução processual e de evitar a iminente prática de novos ilícitos, pode a autoridade judicial competente determinar o afastamento do agente público do exercício do cargo, emprego ou função, antes do trânsito em julgado, sem prejuízo da remuneração, nos termos do parágrafo primeiro do art. 20 da Lei nº 8.429/92. Saliente-se que nos casos de mandatários públicos, eles apenas podem sair do cargo por decisão judicial, respeitada a estrutura de prerrogativas diferidas no texto constitucional. A Lei nº 14.230/2021 estipulou um prazo de afastamento do agente público, que é de até 90 (noventa) dias, prorrogáveis por uma única vez por igual prazo, mediante decisão motivada (§2º do art. 20 da LIA).

A possibilidade de afastamento cautelar exige a presença de provas robustas da ocorrência do ato ímprobo e de sua autoria, e de que o agente esteja obstruindo a instrução processual ou possa cometer outras práticas lesivas, sendo insuficiente a alegação genérica de que a separação do cargo teria o condão de evitar prejuízos ao Poder Público. Assinala o Superior Tribunal de Justiça que o afastamento cautelar do agente exige provas precisas do que se investiga e o risco de grave lesão à ordem pública, acrescida ainda da possibilidade de dano à instrução processual.[391] Trata-se de atuação inerente ao poder geral de cautela do julgador. As provas necessárias não podem ser presumidas, elas têm de estar latentes nos autos.

Assim, resulta que para além de um motivo concreto que evidencie risco à instrução processual, impossibilitando a existência de um perigo presumido, deve haver uma junção de fundamentos norteadores do afastamento, quais sejam o *periculum in mora* de ordem processual, previsto no parágrafo primeiro do art. 20 da Lei nº 8.429/92, que se refere não só a interesses ou direitos com conteúdo econômico, adicionando-se o perigo de lesão à ordem pública, à luz do poder geral de cautela, tratando-se de excepcionalidade cuja decretação exige minuciosa fundamentação.[392]

---

[391] STJ. Rel. Min. Barros Monteiro. AgRg na Suspensão de Liminar e de Sentença nº 467/PR. Julg. 07.11.2007. AgRg nº 23.382/MT. Min. Rel. Og Fernandes. Julg.: 20.11.2014. DJE 24.11.2014.

[392] BEDAQUE, José Roberto dos Santos. Tutela jurisdicional cautelar e atos de improbidade administrativa. In: BUENO, Cassio Scarpinella; PORTO FILHO, Pedro Paulo de Rezende (Coord.). *Improbidade administrativa:* questões polêmicas e atuais. 2. ed. São Paulo: Malheiros, 2003. p. 299.

Mesmo existindo probabilidade do êxito da demanda devido ao respaldo em prova robusta, discorda-se da necessidade de afastamento cautelar do mandatário se não houver perigo de grave lesão à ordem pública, acrescido de probabilidade de dano à instrução probatória. Parte-se dessa premissa não apenas em razão do princípio da presunção de inocência ou do princípio da legalidade, mas também com relação a mandatários públicos, para não ultrajar os votos que soberanamente receberam e evitar a rotatividade da representação política, que causa enormes malefícios, comparáveis ao da improbidade, quando há uma alternância demasiada nos cargos.[393]

Importante consignar que a possibilidade de o agente público vir a dificultar a instrução processual não pode ser delimitada por termos presumidos, baseados em ilações genéricas, tomando por base a natureza da função que exerce. Possíveis estorvos à instrução, tais como a omissão e manipulação de documentos, o constrangimento de funcionários subordinados, entre outros, necessitam estar claramente individualizados no processo, sob pena de não haver plausibilidade para pedir a cautelar de afastamento do cargo, emprego ou função ocupada.

Nos tribunais superiores, a análise da possibilidade de afastamento cautelar do cargo, emprego ou função perpassa o estudo de elementos fático-probatórios, o que impede que as Cortes Superiores realizem alteração do decidido em juízo inferior, nos termos da Súmula nº 7 do STJ, a não ser que haja uma reclassificação na tipicidade fática.[394]

A priori, a perda da função pública apresenta-se como sanção que pode ser aplicada em todas as hipóteses de cometimento de improbidade administrativa, desde que guarde correlação com a gravidade do dano, pois o §4º do art. 37 da CRFB/88 determina a possibilidade de sua aplicação, e o inciso IV do art. 17-C da Lei nº 8.429/92 estabelece que a fixação das penas previstas deve considerar os princípios da proporcionalidade e da razoabilidade; a natureza, a gravidade e o impacto da infração cometida; a extensão do dano causado, assim como o proveito patrimonial obtido pelo agente; as circunstâncias agravantes ou atenuantes; a atuação do agente em minorar os prejuízos e as consequências advindas de sua conduta omissiva ou comissiva; e

---

[393] Em sentido contrário ver: ROCHA, João Carlos de Carvalho; HENRIQUES FILHO, Humberto Parreiros; CAZETTA, Ubiratan (Coord.). Ação civil pública: 20 anos de Lei nº 7.347/85. Belo Horizonte: Del Rey, 2005. p. 129-130.

[394] STJ. AgRg na SLS nº 1854/ES. Rel.: Min. Felix Fischer. Corte Especial. Julg.: 13.03.2014. DJe 21.03.2014; REsp nº 1177290/MT. Rel.: Min. Herman Benjamin. Segunda Turma. Julg.: 22.06.2010. DJe 1º.07.2010.

os antecedentes do agente. Destarte, a perda da função pública pode ser aplicada desde que o acinte contra a Administração Pública seja grave e a culpabilidade do agente legitimar a reprimenda.

A intenção do legislador ao prever a sanção da perda da função pública foi claramente a de extirpar da Administração Pública aquele que exibiu inidoneidade ou inabilitação moral e desvio ético para o exercício da função pública, constituindo sanção que decorre da incompatibilidade da conduta do agente com a administração da *res publica*, acarretando a dissolução do vínculo jurídico entre o Poder Público e o agente ímprobo.[395]

Tem-se que a sanção de perda da função pública, disposta no art. 12 da Lei nº 8.429/1992, refere-se à extinção do vínculo jurídico entre o agente ímprobo e a Administração Pública, de tal sorte que ele perderá o direito de ocupar o cargo, função ou emprego público. Trata-se de ordem constitucional para a extinção do vínculo jurídico porventura existente entre o agente ímprobo e a Administração Pública. Assim, consubstancia, em verdade, a perda do direito de ocupar o cargo público, cominação a ser direcionada ao servidor público que cometeu um ato grave de improbidade.

Suscite-se que a sentença penal condenatória também pode ocasionar a perda do cargo público, tendo o Superior Tribunal de Justiça asseverado que os efeitos específicos da condenação não são automáticos, de sorte que, ainda que presentes, em princípio, os requisitos do art. 92, I, do Código Penal, deve a sentença declarar, motivadamente, os fundamentos da perda do cargo público. Ausente a fundamentação, a teor do art. 93, IX, da Constituição Federal, é nulo, neste ponto, o dispositivo de sentença condenatória penal. Entende-se que a perda da função pública como efeito da condenação penal deve ser apontada mediante circunstância particular que recomende a adoção de tal medida.[396]

Questão polêmica que deve ser analisada se configura em saber qual o cargo, função ou emprego que será perdido pelo réu sucumbente na ação de improbidade, se o que ele exercia no momento da prática da conduta delituosa ou o do momento do trânsito em julgado da decisão. A premissa defendida no presente trabalho e também pelo Superior Tribunal de Justiça é que o agente público deve perder o cargo que exercia no momento da prática da ação de improbidade. O fator

---

[395] STJ. REsp nº 924.439/RJ. Rel.: Min. Eliana Calmon. Segunda Turma. Julg.: 06.08.2010. *DJe* 19.08.2009.
[396] STJ. REsp nº 810.931/RS. Rel.: Min. Gilson Dipp. Quinta Turma. Julg.: 06.08.2007.

teleológico é sancionar o agente, em razão do ato ímprobo, fazendo que ele perca o cargo, emprego ou função que o levou a descumprir as suas obrigações legais.[397]

Esse entendimento foi encampado pela Lei nº 14.230/2021, que estabeleceu que a sanção de perda da função pública nos casos de condenação advinda da prática de ato de improbidade administrativa que importe em enriquecimento ilícito e prejuízo ao erário, atinge apenas o vínculo de mesma qualidade e natureza que o agente detinha como o poder público na época do cometimento da infração. No entanto, em se tratando dos atos consubstanciados em enriquecimento ilícito, pode o juiz, em caráter excepcional, estender a sanção da perda da função pública aos demais vínculos, consideradas as circunstâncias do caso e a gravidade da infração (art. 12, §1º, da Lei nº 8.429/1992).

Outra questão polêmica é se a sanção incidiria em agentes públicos que já tenham adquirido sua aposentadoria. O posicionamento adotado é que se o cargo, emprego ou função foi utilizado para perpetrar o ato grave de improbidade, pouco importa se o servidor, posteriormente, aposentou-se ou não, a sanção ocasionará a perda da aposentadoria. Entende-se que a extensão da sanção abrange qualquer tipo de relação formada entre a Administração Pública e o ímprobo, desde que a função tenha nexo causal com a ilicitude, não havendo por que se falar em vínculos de natureza diversa entre o servidor ativo e o inativo.[398]

---

[397] "A teor do entendimento majoritário da Primeira Turma do STJ, a sanção da perda do cargo público, prevista entre aquelas do art. 12 da Lei nº 8.429/1992, não está relacionada ao cargo ocupado pelo agente ímprobo ao tempo do trânsito em julgado da sentença condenatória, mas sim àquele (cargo) que serviu de instrumento para a prática da conduta ilícita." REsp nº 1.766.149/RJ, Rel. p/ Acórdão Ministro Gurgel de Faria.

[398] Em sentido contrário, entende o Superior Tribunal de Justiça que o art. 12 da LIA, "quando cuida das sanções aplicáveis aos agentes públicos que cometem atos de improbidade administrativa, não contempla a cassação de aposentadoria, mas tão só a perda da função pública. As normas que descrevem infrações administrativas e cominam penalidades constituem matéria de legalidade estrita, não podendo sofrer interpretação extensiva" (STJ - AgInt no REsp: 1496347 ES 2014/0205247-0, Relator: Ministro SÉRGIO KUKINA, Data de Julgamento: 02/08/2018, T1 - PRIMEIRA TURMA, Data de Publicação: DJe 09/08/2018). Em precedente mais recente, o STJ pefilhou entendimento no sentido de que "Na esfera administrativa, a eventual prática de ato de improbidade pode ensejar a imposição, pela autoridade administrativa, da sanção de cassação de aposentadoria, por força do que dispõem os arts. 127, IV, 134 e 141, I, da Lei Federal n. 8.112/90. Já na esfera judicial, a apuração de atos de improbidade encontra-se regida especificamente pela Lei Federal n. 8.429/92 [...] Portanto, no âmbito da persecução cível por meio de processo judicial, e por força do princípio da legalidade estrita em matéria de direito sancionador, as sanções aplicáveis limitam-se àquelas previstas pelo legislador ordinário, não cabendo ao Judiciário estendê-las ou criar novas punições, sob pena, inclusive, de violação ao princípio da separação dos poderes". (STJ - REsp: 1941236 ES 2021/0165181-9, Relator: Ministro HERMAN BENJAMIN, Data de Julgamento: 24/08/2021, T2 - SEGUNDA TURMA, Data de Publicação: DJe 18/10/2021).

De modo contrário, se o agente da improbidade se aposentou em determinado cargo e, depois, passou a exercer outro múnus público e devido a sua atuação neste cometeu a ilicitude, não vemos como ele possa perder sua aposentadoria. Se a "função" em que o agente se aposentou não contribuiu em nada para o delito, não há razoabilidade para que ele perca o cargo em que estava em exercício e aquele no qual se aposentou. A sanção é individualizada para o *mister* em que ele praticou o acinte administrativo. Se em razão da prática de uma improbidade, todos os vínculos do agente imputado com a Administração fossem suspensos, acabar-se-ia com a dosimetria sancionatória, já que a finalidade seria o degredo total do indivíduo com a máquina pública e não uma penalidade de acordo com a gravidade da sanção praticada.

Igualmente acarreta dúvidas quando o réu condenado na ação de improbidade tem dois vínculos com a Administração e apenas um deles foi utilizado para a prática do acinte. Nesse caso, a trilha a seguir, para impedir uma exacerbação sancionatória, é a perda apenas do vínculo que foi utilizado para implementar a improbidade administrativa, no que se evita o *bis in idem*. A mesma argumentação utilizada anteriormente deve ser ratificada, ou seja, impedir uma exacerbação sancionatória. Todavia, se para a perpetração do ilícito ele se valeu dos seus dois vínculos públicos, a sanção de perda da função pública importará na perda dos dois liames públicos.

Com relação à perda da função pública, decorrente de ação de improbidade administrativa transitada em julgado, relativa aos mandatários populares, depois da decisão do Min. Celso de Mello, não há mais nenhuma discussão, sendo claro que ela se aplica a todos os agentes públicos, incidindo também sobre os agentes políticos.[399] Todavia, em razão de imposição constitucional, alguns mandatários não podem, de forma imediata, perder os seus cargos em decorrência de decisão transitada em julgado em ação de improbidade. É cediço que o art. 15, V, da CRFB/88 inclui entre as hipóteses de perda ou suspensão dos direitos políticos a improbidade administrativa, nos termos do art. 37, §4º, da CRFB/88. No entanto, essa imposição deontológica configura-se como uma regra geral que sofre especificações.

A Constituição vigente resguardou ao processo de *impeachment* a possibilidade de afastar o Presidente da República do cargo, pena a ser cumulada com a inabilitação para exercer outro cargo ou função pelo período de oito anos, conforme parágrafo único do art. 52 da CRFB/88.

---

[399] STF, AC nº 3.585 MC/RS, Rel. Min. Celso de Mello, *DJe* 05.06.2014.

Então, a condenação em ação de improbidade não é razão suficiente para o afastamento do Presidente, havendo necessidade de realização do processo de *impeachment*. No mesmo sentido, o art. 85, V, da CRFB/88 diz que a improbidade administrativa é crime de responsabilidade. A única questão é que eles apenas podem perder o mandato depois de decisão do Senado Federal, obedecendo ao quórum de dois terços de votos. A questão é que dificilmente depois da condenação por improbidade disporá o mandatário maior da nação das condições políticas para continuar no cargo.

Para os membros do Congresso Nacional, Deputados e Senadores, estabelece o art. 55 da CRFB/88 que a perda do mandato dos parlamentares é reservada à decisão da respectiva Casa ou Mesa, de ofício ou mediante provocação, de qualquer de seus membros ou de partido político representado no Congresso Nacional, assegurada a ampla defesa, nos dizeres do §3º do art. 55 da CRFB/88. Em razão do inciso IV do referido art. 55, estipulou-se que o parlamentar tem o seu mandato ameaçado no caso de perda ou suspensão de direitos políticos, mas apenas após deliberação da Mesa Legislativa da Casa de que ele faz parte. Dessa forma, o parlamentar pode até sofrer uma condenação em ação por improbidade administrativa, mas apenas perde o seu mandato por decisão expressa da Mesa da Casa a que pertencer. A mesma conclusão aplica-se aos Deputados Estaduais, por implicação do art. 27, §1º, da CRFB/88.

No que se refere aos Governadores, igualmente não há nenhum impedimento para que eles sejam condenados em ação de improbidade administrativa em qualquer das sanções por ato de improbidade prevista no art. 37, §4º, da CRFB/88, de modo que seria incompatível com a Constituição eventual preceito normativo infraconstitucional que impusesse imunidade dessa natureza.[400] No entanto, tal entendimento não permite a tese de que possam perder o cargo de forma imediata por decisão do órgão jurisdicional competente. Apenas a Assembleia Legislativa está autorizada a declarar a perda do mandato do Governador, regra por vezes expressa nas Constituições Estaduais, tal qual na experiência paulista, ou de forma implícita, como decorrência da simetria com o processamento em nível federal.[401]

---

[400] STF. Rcl nº 2.790/SC. Rel. Min. Teori Albino Zavascki. Corte Especial. Julgado em 02.12.2009. DJe 04.03.2010.
[401] "Artigo 20 – Compete exclusivamente à Assembléia Legislativa:
[...]
XVII – declarar a perda do mandato do Governador;".

Em relação aos prefeitos, diante da ausência de regulamentação simétrica à do Presidente e à do governador, dispondo sobre a competência dos respectivos Poderes Legislativos para decidir pela perda de mandato, o efeito da condenação em improbidade administrativa é imediato, a não ser que se obtenha efeito suspensivo da decisão. No entanto, em Wolgran Junqueira Ferreira encontra-se defesa diversa, no sentido de que a perda do mandato é ato constitutivo e resultado de procedimento vinculado de incumbência do plenário da casa legislativa.[402]

Com relação aos vereadores, como inexiste norma semelhante na Constituição Federal vigente, é defensável a aplicação da pena de perda da função pública, em razão de condenação em improbidade transitada em julgado, de forma imediata.

6.6 Suspensão dos direitos políticos

Como novidade na Constituição Federal de 1988, o art. 37, §4º, da CRFB/88 definiu que os atos de improbidade administrativa também importarão a suspensão dos direitos políticos, entre outras sanções, nos termos e gradação previstos na Lei nº 8.429/92, sem prejuízo da ação penal cabível. Em materialização à previsão constitucional, o art. 12 da Lei nº 8.429/92 instituiu que a suspensão dos direitos políticos será pena aplicada para os casos de enriquecimento ilícito, lesão ao patrimônio público e violação aos princípios da Administração Pública. Com a alteração promovida pela Lei nº 14.230/2021, a pena de suspensão dos direitos políticos deixa de ser aplicada nas hipóteses em que há violação aos princípios da Administração Pública.

Fixada em abstrato de forma gradativa, em consideração à gravidade que o legislador confere a cada espécie de improbidade, a pena em concreto ao ser extraída, nos termos do *caput* do reverenciado art. 12 e do inciso IV do art. 17-C, considerará a gravidade do fato, a culpabilidade, a extensão do dano causado e o proveito patrimonial obtido, estando o julgador limitado às máximas e mínimas definidas para cada hipótese. Na jurisprudência pátria, a aplicação ou não da pena de suspensão dos direitos políticos segue a mesma lógica ponderativa, podendo ser aplicada ou não.[403]

---

[402] FERREIRA, Wolgran Junqueira. *Responsabilidade dos prefeitos e vereadores*: Decreto-Lei nº 201/67, comentários, legislação, jurisprudência de acordo com a Constituição Federal de 1988. 7. ed. São Paulo: Edipro, 1996. p. 154.

[403] Cite-se o Informativo nº 0395 do STJ. 18 a 22 de maio de 2009. Segunda Turma. A Turma entendeu que a suspensão dos direitos políticos do administrador público pela utilização

A Lei nº 14.230/2021 retira a previsão da pena mínima de suspensão dos direitos políticos e majora o prazo máximo para até 14 (catorze) anos, na hipótese de condenação de atos que importem em enriquecimento ilícito (art. 12, inciso I, da LIA); e para até 12 (doze) anos em relação à condenação de atos de improbidade consubstanciados em prejuízo ao erário (art. 12, inciso II, da LIA).

A Lei nº 8.429/92, no seu art. 20, ainda delimita que a suspensão de direitos políticos só se efetiva com o trânsito em julgado da sentença condenatória.

Para Pinto Ferreira os direitos políticos consubstanciam prerrogativas que permitem ao cidadão a participação na formação de comando do governo. Previstos na Constituição Federal, trazem um conjunto sistemático de normas que dizem respeito à atuação da soberania popular.[404] Jairo Gomes leciona que eles configuram os direitos e deveres inerentes à cidadania, abrangendo o direito de participar, seja direta ou indiretamente, do governo, da organização e do funcionamento do Estado.[405] Pimenta Bueno conceitua-os como atributos, faculdades ou poder de intervenção, direta ou indireta, dos cidadãos ativos no governo do seu país, cuja amplitude é mensurada segundo a intensidade de gozo desses direitos.[406] Ou, conforme sintetiza Pontes de Miranda, configura-se no direito de participar da organização e funcionamento do Estado.[407]

Tratando-se de direito de primeira dimensão, aos defensores de tal organização metodológica dos direitos, os direitos políticos são prerrogativas consagradas em diversos diplomas, verdadeiros direitos públicos subjetivos e afirmadores da democracia, decorrendo diretamente da natureza humana, de onde emerge seu caráter atemporal, inviolável e universal.[408]

---

indevida do trabalho de servidores públicos municipais durante 31 horas, ato que foi mensurado como de irrefutável censura, não se molda aos princípios da proporcionalidade e da razoabilidade; tendo sido decretado imperioso o afastamento da sanção. Contudo, manteve-se a condenação de ressarcimento aos cofres públicos a importância equivalente às horas de serviço dos funcionários utilizados de forma indevida, além da multa civil fixada em duas vezes o acréscimo patrimonial decorrente da irregularidade. Precedente citado: REsp nº 875.425-RJ, *DJ* 11/2/2008. REsp nº 1.055.644-GO, Rel. Min. Castro Meira, julgado em 21.05.2009.

[404] FERREIRA, Pinto. *Comentários à Constituição brasileira*. São Paulo: Saraiva, 1989. p. 288-289.
[405] GOMES, José Jairo. *Direito Eleitoral*. 10. ed. rev. atual. e ampl. São Paulo: Atlas, 2014. p. 4.
[406] BUENO, Pimenta. *Direito público brasileiro e análise da Constituição do Império*. Rio de Janeiro: Ministério da Justiça, Serviço de Documentação, 1958. p. 458.
[407] MIRANDA, Pontes de. *Comentários à Constituição de 1967*. Rio de Janeiro, Forense, 1987. v. 4, p. 573.
[408] Cite-se o Pacto Internacional sobre Direitos Civis e Políticos, de 1966, ratificado pelo Brasil mediante o Decreto-Legislativo nº 226/91 e promulgado pelo Decreto Presidencial

A Constituição Federal vigente tratou dos direitos políticos no Capítulo IV, prescrevendo o seu gozo como condição de elegibilidade, nos termos no art. 14, §3º, II, vedando no art. 15 a cassação dos direitos políticos, sendo apenas possível a sua suspensão e a perda e nos casos de cancelamento da naturalização por sentença transitada em julgado; de incapacidade civil absoluta; de condenação criminal transitada em julgado, enquanto durarem os seus efeitos; de recusa de cumprir obrigação a todos imposta ou prestação alternativa, nos termos do art. 5º, VIII; e de improbidade administrativa, nos termos do já reverenciado art. 37, §4º.

Da leitura do art. 15, V, com o §4º do art. 37, ambos da CRFB/88, advém que a condenação por ato de improbidade administrativa implica a suspensão dos direitos políticos, que na definição de Cretella Júnior consubstancia a interrupção temporária do que está em curso, cessando com o término dos efeitos de ato ou medida anterior, o que traz como pressupostos a preexistência do direito e a superveniência de ato que o interrompa.[409]

Em razão de tal conceito, deflui a necessidade de salientar que todos possuem direitos políticos em potencial, considerando-se que se trata de direito cuja origem reconstitui a própria natureza humana. No entanto, nem todos gozam os direitos políticos em plenitude. Há quem esteja habilitado apenas para alguns de seus preceitos e outros que não se investem em quaisquer deles. A capacidade civil e a nacionalidade são pressupostos para aquisição da capacidade política. Disso decorre que os estrangeiros e os menores de 16 anos não gozam os direitos políticos. Por outro lado, gozam parcialmente de direitos políticos os inelegíveis, tais como os menores de 18 e maiores de 16 anos e os analfabetos (art. 14, §4º c/c §1º e §3º da CRFB/88).

Gozar em plenitude os direitos políticos significa estar habilitado a alistar-se eleitoralmente, prestar-se às candidaturas para os cargos eletivos ou às nomeações para determinados cargos públicos não eletivos (arts. 87; 89, VII; 101 e 131, §1º, todos da CRFB/88), participar

---

de nº 592/92, cujo art. 25 estabelece que "Todos los ciudadanos gozarán, sin ninguna de la distinciones mencionadas en el artículo 2, y sin restricciones indebidas, de los siguientes derechos y oportunidades: a) Participar en la dirección de los asuntos públicos, directamente o por medio de representantes libremente elegidos; b) Votar y ser elegidos en elecciones periódicas, auténticas, realizadas por sufragio universal e igual y por voto secreto que garantice la libre expresión de la voluntad de los electores; c) Tener acceso, en condiciones generales de igualdad, a las funciones públicas de su país".

[409] CRETELLA JÚNIOR, José. *Comentários à Constituição brasileira de 1988*. Rio de Janeiro: Forense Universitária, 1989. v. II, p. 1118.

de sufrágios, votar nas eleições, plebiscitos e referendos, apresentar projetos de lei pela via da iniciativa popular (arts. 61, §2º e 29, XI, ambos da CRFB/88) e propor ação popular (art. 5º, LXXIII, da CRFB/88). De igual modo, quem não está no gozo dos direitos políticos não pode filiar-se a partido político (art. 62 da Lei nº 5.682/71) e nem investir-se em qualquer cargo público, mesmo os não eletivos (art. 5º, II, Lei nº 8.112/90). Não pode, também, ser diretor ou redator-chefe de jornal ou periódico (art. 7º, §1º, da Lei nº 5.250/67), obter passaporte, cursar faculdade pública e nem exercer cargo em entidade sindical (art. 530, V, da Consolidação das Leis do Trabalho). Dessa forma, percebe-se que a perda dos direitos políticos é muito mais forte do que a inelegibilidade sancionatória, em que o cidadão apenas fica privado de sua prerrogativa de disputar cargos públicos.

Destarte, como todas as sanções aplicadas em razão da improbidade administrativa perquirida, a suspensão dos direitos políticos pode ser fixada independentemente de processo criminal. Nesse sentido, a suspensão dos direitos políticos, *in casu*, não constitui mera pena acessória. No entanto, não pode ser aplicada em processo administrativo, devendo preceder de processo judicial, à luz das garantias constitucionais, posto que não se possa admitir a aplicação das penas restritivas de direitos fundamentais por via que não seja a Judiciária, quando a Constituição não indique outro meio, premissa que decorre do inciso XXXV do art. 5º da CRFB/88, tendo como juízo competente o do processamento da ação impugnatória do ato de improbidade.

No que tange à reaquisição dos direitos políticos suspensos, nada fora formalmente previsto na Constituição Federal vigente. No entanto, tem-se que, inclusive por decorrência de premissa lógica, cessados os motivos que ensejaram a suspensão, reabilitam-se os direitos políticos, ocorrendo automaticamente com o fim dos motivos que acarretaram a sanção. Considerando que se trata de medida transitória, a suspensão dos direitos políticos só dura enquanto durar a causa que a culminou, uma vez cessada a causa, cessam de pleno direito os seus efeitos.

Tratando-se de suspensão originada pela condenação em improbidade administrativa, o tempo e as condições de cessação há de constar na decisão que a fixou, de modo que, decorrido o prazo ou cumpridas as condições estabelecidas, o condenado recuperará seus direitos suspensos.

Como a suspensão dos direitos políticos é uma penalidade extremamente grave, extirpando o cidadão de uma de suas mais valiosas prerrogativas, postula-se que ela apenas se efetive quando o ilícito aos entes públicos for grave e houver aproveitamento patrimonial ou dano ao Erário. Em consequência, naqueles atos de acinte aos princípios da Administração Pública considerados insignificantes, sem que haja gravidade na conduta realizada, a sanção de suspensão dos direitos políticos não deveria ser aplicada.

6.7 Multa civil

O art. 12 da Lei nº 8.429/92 institui que a multa civil é pena que pode ser aplicada para os casos de enriquecimento ilícito, lesão ao patrimônio público e violação aos princípios da Administração Pública. Ao ser cominada a pena em concreto, nos termos do *caput* e inciso IV do art. 17-C da LIA, considerar-se-ão os princípios da proporcionalidade e da razoabilidade; a natureza, a gravidade e o impacto da infração cometida; a extensão do dano causado; o proveito patrimonial do agente; as circunstâncias agravantes ou atenuantes; os antecedentes; e a atuação do agente em minorar os prejuízos e as consequências advindas de sua conduta omissiva ou comissiva, devendo o julgador estar atento às máximas cominadas para cada espécie de ato ímprobo.

O legislador ordinário, ao prever a multa civil como pena por ato de improbidade administrativa, foi além das sanções previstas no art. 37, §4º, da Constituição Federal vigente. Esse cenário trouxe vasta discussão fundada na defesa de que o §4º do artigo 37 da CRFB/88 seria taxativo, tratando exaustivamente das penalidades a serem impostas por ato de improbidade.[410] Nesse sentido, ter-se-ia que o legislador ordinário avolumara indevidamente o espectro sancionatório, agravando as consequências do ato ímprobo para além do que foi pretendido pelo Constituinte, fazendo tal espécime sancionatória padecer de inconstitucionalidade.

No entanto, tem-se que a Constituição Federal, ao tratar sobre a existência de punição por atos de improbidade, elencou algumas das possíveis sanções a serem aplicadas, não havendo inconstitucionalidade em lei especial que exerce sua função de regulamentar o texto constitucional, haja vista que ele não proibiu, de forma expressa ou implícita, a adição de novas formas punitivas, obviamente, obedecendo às garantias constitucionais e ao princípio da proporcionalidade. Não se pode nem mesmo falar de acinte ao seu conteúdo sistêmico ou teleológico.

---

[410] Cite-se a doutrina do Mauro Roberto Gomes de Mattos, para quem expressamente a previsão da multa civil padece de inconstitucionalidade material. MATTOS, Mauro Roberto Gomes de. *O limite da improbidade administrativa*. Niterói: Impetus, 2009. p. 6.

O legislador infraconstitucional teve liberdade para definir as hipóteses de improbidade, classificá-las, estipular os limites máximos e mínimos de cada sanção e, apesar de não poder deixar de contemplar quaisquer das reprimendas apontadas no texto constitucional, não houve impedimento, por parte do legislador constitucional, em asseverar que tais sanções fossem taxativas. Além do que, em uma interpretação sistemática, não se denota nenhum óbice para o incremento das mencionadas punições.

Das disposições da Lei nº 8.429/92 advêm cominações formalmente e materialmente constitucionais, oriundas da remissão ao legislador da tarefa de sancionar adequadamente o ato ilícito de improbidade. Com obediência aos direitos e garantias constitucionais, o legislador esteve e está impedido de estipular penas excessivas, sem amplo lastro comprobatório; bem como não pode impor a sanção de banimento do agente ímprobo, da obrigação de realização de trabalhos forçados, ou, ainda, que transfira a suspensão de direitos aos sucessores do condenado. Portanto, as sanções que acrescentou estão em consonância com as hipóteses constitucionais, não sendo razoável seu expurgo do ordenamento jurídico.

Feita essa ressalva, descabendo qualquer imputação de inconstitucionalidade, a multa é sanção condenatória consubstanciada na prestação pecuniária compulsória instituída em lei ou contrato, em favor de particular ou do Estado, tendo por causa a prática de um ilícito, seja o descumprimento de dever legal ou contratual.[411] Como sanção pecuniária, que incide sobre o patrimônio do transgressor, a multa pode ter caráter coercitivo ou de reparação civil. Na primeira hipótese, cumpre papel de intimidação, de modo a impedir que o agente pratique a infração e desobedeça as determinações ordinatórias. Na segunda, sua incidência decorre da compensação do dano presumido pelo acinte cometido.[412]

Esse tipo de sanção, com o escopo instituído pela Lei nº 8.429/92, não tem a finalidade ressarcitória de repor uma perda acarretada ao patrimônio da Administração Pública, e não poderia ser diferente, em virtude de que a mencionada lei expressamente faz menção a ressarcimento integral do dano e a multa. Em razão disso, dessa distinção normativa e ontológica, sua função é cominatória e pedagógica, impondo

---

[411] COELHO, Sacha Calmon Navarro. *Teoria e prática das multas tributárias*. Rio de Janeiro: Forense, 1992. p. 41.
[412] MELLO, Oswaldo Aranha Bandeira de. *Infrações e sanções administrativas*. São Paulo: Revista dos Tribunais, 1985. p. 86.

uma sanção ao agente ímprobo que descumpriu com as suas obrigações legais e, pelo exemplo, evitar outros acintes à Administração Pública.

A tese aqui esposada é que a multa civil não deve ser, inexoravelmente, aplicada em qualquer um dos casos de configuração de improbidade administrativa. Atestada a sua existência, o magistrado tem de avaliar a gravidade do ato, sua dimensão, a intensidade do dolo, a existência ou não do dano ao Erário e sua extensão, se houve enriquecimento ou não, verificando sua reprovabilidade social. Pensar de forma contrária, postulando que a multa civil deve ser aplicada, indistintamente, em todos os casos de improbidade, pode possibilitar sanções desproporcionais ao gravame praticado, acarretando uma exacerbação da reprimenda estatal.

E outra não poderia ser a interpretação decorrente do art. 12 da Lei nº 8.429/92, que solenemente declara que todas as sanções previstas podem ser aplicadas isolada ou cumulativamente, de acordo com a gravidade da ofensa praticada contra a Administração Pública.

Nesse diapasão, se o dano ao Erário foi de pequena monta, ausente a vontade livre e consciente para a realização de tal desiderato, tendo ela ocorrido por uma negligência, não se justifica a imposição da multa civil porque as outras reprimendas já são mais do que suficientes para a punição da conduta. De igual modo, ela não deve ser aplicada nos casos de afronta aos princípios da Administração Pública, quando não houver dolo específico, a dimensão do fato e sua repercussão não foram significativas e a gravidade é irrelevante. Emerge a tese de que a incidência de multa civil em tais hipóteses configuraria enriquecimento ilícito do Poder Público.[413]

Não obstante, sem apresentar uma contradição com o que foi exposto anteriormente, para a aplicação da multa civil não há necessidade de se comprovar a existência de um prejuízo patrimonial, podendo ela ocorrer quando não houver valor pecuniário, como na infração aos princípios da Administração Pública que tenham significativa gravidade e significativa culpabilidade. Isso porque sua taxonomia é sancionatória para qualquer tipo de improbidade que tenha relevância, causando grande repercussão social.

Entende o Superior Tribunal de Justiça, como também é o posicionamento aqui esposado, que a multa civil é opcional, enquanto o ressarcimento, quando for o caso, inexoravelmente se configura

---

[413] STJ. REsp nº 717.375-PR, *DJ* 8/5/2006; REsp nº 514.820-SP, *DJ* 05.09.2005, e REsp nº 861.566-GO, *DJe* 23.04.2008. REsp nº 1.238.466-SP, Rel. Min. Mauro Campbell Marques, julgado em 06.09.2011.

obrigatório.[414] Uma vez existentes os requisitos do dano ou do enriquecimento ilícito, é imperiosa a determinação do ressarcimento do dano, a fim de restabelecer o *status quo*, restaurando o patrimônio público lesado. A multa, que não tem natureza de ressarcimento, apenas seria cobrada naqueles casos em que a gravidade fosse atestada.

Se a multa for aplicada em excesso ou em casos em que ela não deveria ser aplicada, a instância revisora pode corrigir esse excesso e, mesmo que não tenha constado do pedido, pode, de ofício, corrigir esse abuso. Para a Primeira Turma do Superior Tribunal de Justiça, o procedimento de aplicação da sanção está além da regra da correlação ou congruência da decisão, pela qual o juiz está restrito aos elementos objetivos da demanda, entende-se que, por se tratar de matéria de direito sancionador, revelando-se patente excesso ou desproporção da sanção aplicada, pode o Tribunal reduzi-la, ainda que não tenha sido alvo de impugnação recursal.[415]

No que tange ao valor da multa, o legislador previu que em se tratando de enriquecimento ilícito o pagamento deve ser equivalente ao valor do acréscimo patrimonial; em caso de lesão ao Erário, o pagamento de multa civil circunscreve-se ao valor do dano; quanto à violação aos princípios da Administração Pública, o pagamento de multa civil seria de até 24 (vinte e quatro) vezes o valor da remuneração percebida pelo agente. A gradação, adstrita aos limites fixados, considerará a natureza e a gravidade do fato. E no caso do ato praticado contra o patrimônio de entidade que receba subvenção, benefício ou incentivo, fiscal ou creditício, de órgão público bem como daquelas para cuja criação ou custeio o Erário haja concorrido ou concorra com menos de cinquenta por cento do patrimônio ou da receita anual, também está limitada à repercussão do ilícito sobre a contribuição dos cofres públicos. Exceção da multa civil no valor de duas vezes o dano ocorre no art. 10-A, que trata da fixação do ISS em percentual menor que 2%, em que o valor da multa será o valor de três vezes do benefício financeiro ou tributário concedido.

Não obstante, a Lei nº 14.230/2021 incluiu dispositivo na LIA para preconizar que a multa pode ser aumentada até o dobro, se

---

[414] No mesmo sentido, STJ: REsp nº 664.440/MG, Rel. Min. José Delgado, Primeira Turma, *DJU* 08.05.2006, que assinalou na ementa a frequência de tal entendimento no órgão.

[415] STJ. Informativo nº 533. REsp nº 1.293.624/DF. Rel. Min. Napoleão Nunes Maia Filho. Julg.: 05.12.2013. No mesmo sentido, STJ: AgRg no REsp nº 1122984/PR, Rel. Ministro Humberto Martins, Segunda Turma, julg.: 21.10.2010, *DJe* 09.11.2010; REsp nº 1.134.461-SP, Rel. Min. Eliana Calmon, Segunda Turma, julg.: 03.08.2010. RE nº 1.314.194/MG. Rel. Min. Herman Benjamin. Julg.: 09.05.2013.

o juiz considerar que, em virtude da situação econômica do réu, o valor calculado seria ineficaz para reprovação e prevenção do ato de improbidade (art. 12, §2º, da Lei nº 8.429/1992). Evidentemente que a aplicação do mencionado preceptivo legal deve ocorre sob os auspícios irrestritos do princípio da motivação das decisões judiciais e da individualização da pena, sob pena de incorrer-se em odioso acinte ao princípio da proporcionalidade e da razoabilidade.

O legislador infraconstitucional na gradação da pena de multa não agiu de forma proporcional à gravidade do delito, pois no caso de violação aos princípios da Administração Pública, que teoricamente ostenta uma gravidade menor do que o enriquecimento ilícito e o dano ao Erário, autorizou uma exacerbação de até vinte e quatro vezes o valor da remuneração recebida pelo agente, o que, em alguns casos, pode ser desproporcional à repercussão da quebra do princípio administrativo e impossibilitar o adimplemento pelo cidadão, principalmente se ele não tiver outra fonte de renda a não ser a remuneração advinda do cargo, emprego ou função pública. Arbitrada em seus patamares mais altos, a multa civil relativa à violação dos princípios da Administração Pública pode ser mais sancionatória do que aquela cominada para o enriquecimento ilícito e o dano ao Erário, no que se consubstancia como uma teratologia.[416]

Os valores ressarcidos voltarão a integrar os cofres da pessoa jurídica lesada, conforme o art. 18 da Lei nº 8.429/92, não se aplicando ao caso o art. 13 da Lei nº 7.347/85, que determina o recolhimento em favor de um fundo especial para a reparação de interesses difusos lesados.

6.8 Proibição de contratar com o Poder Público ou receber incentivos fiscais ou creditícios, direta, indiretamente, ainda que por intermédio de pessoa jurídica da qual seja sócio majoritário

O art. 12 da Lei nº 8.429/92 institui a proibição de contratar com o Poder Público ou receber benefícios ou incentivos fiscais ou creditícios, direta ou indiretamente, ainda que por intermédio de pessoa jurídica da qual seja sócio majoritário, como pena que pode ser aplicada para os casos de enriquecimento ilícito, lesão ao patrimônio público e de

---

[416] Nos atos de improbidade administrativa que importam enriquecimento ilícito, a multa civil é de até três vezes o valor do acréscimo patrimonial; em caso de dano ao Erário, o pagamento de multa civil é de até duas vezes o valor do dano.

violação aos princípios da Administração Pública. A cominação da pena em abstrato, realizada pelo legislador, nos termos dos incisos I, II e III do dispositivo supramencionado, que se especifica na determinação da pena em concreto, decidindo o julgador pela aplicação de tal sanção, obriga-o a levar em consideração os seguintes parâmetros: a gravidade do fato, a culpabilidade, a extensão do dano causado, o proveito patrimonial obtido, e a reincidência do agente na conduta.

O dispositivo em referência expressa que a penalidade discutida será aplicada igualmente para as pessoas jurídicas da qual o agente causador da improbidade seja sócio majoritário. A sanção é direcionada expressamente ao agente, estendendo-se à pessoa jurídica da qual ele seja sócio majoritário para garantir a eficiência da reprimenda, que de outro modo restar-se-ia esvaída. Perfilhando-se no sentido do étimo legal, a mencionada pena cominada não incide nas pessoas jurídicas nas quais o agente participe de forma minoritária.[417]

Suscite-se que, ao vedar expressamente as contratações diretas e indiretas, o legislador abrangeu as situações de sucessão societária e consórcio, de modo que a exclusão ou sucessão dentro do quadro societário não tem o condão de impedir os efeitos da condenação. Havendo, inclusive, declaração de desconstituição da personalidade jurídica, atingindo diretamente os sócios, haja vista que é pessoal a responsabilidade dos sujeitos ativos do ato de improbidade.[418]

O cônjuge cujo casamento civil tenha sido realizado sob o regime de comunhão total ou parcial de bens será atingido indiretamente pela sanção com relação aos bens comuns do casal. A vedação da possibilidade de receber benefício atinge o cônjuge do agente ímprobo porque os seus bens são conjuntos, totalmente ou parcialmente, não havendo uma diferenciação entre eles. Se não fosse assim, o impedimento estaria estorvado em razão de que os benefícios dados ao cônjuge seriam usufruídos pelo agente causador da improbidade. Afinal, as eventuais vantagens fiscais ou creditícias trazem consequências por via indireta ao patrimônio do agente condenado por improbidade em razão do regime

---

[417] TJ-SP. APL nº 0047677522009826 0053/SP. Rel. Des. Vicente de Abreu Amadei. Julgamento: 18.112014; TJ-PR. APL nº 13655219/PR. Rel. Des. Carlos Mansur Arida. Julgamento 25.08.2015; TJ-RS. AC nº 70056697493/RS. Rel. Des. Sérgio Luiz Grassi Beck; Julgamento: 03.09.2014; TJ-MG. AC nº 10343070000132001/MG. Rel. Des. Ronaldo Claret Moraes. Julgamento: 02.06.2015; TRF-5. AC nº 00049775220134058100/AL. Rel. Des. Federal Ivan Lira de Carvalho. Julgamento: 13.01.2015.

[418] Em Carlos Alberto Ortiz, trata-se da aplicação da teoria da desconstituição da personalidade jurídica, onde se presume a fraude. ORTIZ, Carlos Alberto. Improbidade administrativa. *Cadernos de Direito Constitucional e Eleitoral*, v. 28. p. 28, 2008.

de bens adotado. Tal hipótese não configura desrespeito ao sistema de pessoalidade da sanção, pois a vedação de estabelecer contratos com a Administração Pública poderia ser violada com o cônjuge realizando contratações com o Poder Público. Atingem os bens do casal, porque eles são considerados como um patrimônio comum.

Assim, diante do regime matrimonial, as vantagens que vierem a ser adquiridas em função do contrato estabelecido com a Administração Pública reverteriam, por seu turno, ao agente condenado por improbidade, violando frontalmente o aspecto teleológico da sanção em comento e, por consequência, da sistemática oriunda da tutela à probidade. Tem-se que o agente estaria, indiretamente, estabelecendo um contrato que lhe havia sido vedado em decisão judicial transitada em julgado.

É plena a possibilidade da incidência das sanções às pessoas jurídicas, pois o art. 3º da Lei nº 8.429/92 responsabiliza todo aquele, seja pessoa física ou jurídica, que tiver induzido, concorrido ou se beneficiado sob qualquer forma direta ou indireta do ato de improbidade administrativa.[419] As sanções nessa hipótese, evidentemente, considerarão a condição da pessoa jurídica, sendo-lhes aplicável o ressarcimento ao Erário, perda dos bens acrescidos ilicitamente, multa civil e proibição de contratar com o Poder Público. Em consonância com o que foi citado, a Lei nº 12.846/2013, denominada de Lei Anticorrupção, asseverou a sua incidência às pessoas jurídicas que pratiquem atos de corrupção ou improbidade administrativa contra a Administração Pública.

Pelas razões expostas anteriormente, tanto as pessoas físicas quanto as jurídicas responsáveis pelo ato de improbidade ou beneficiadas ilicitamente estarão impedidas de participar de procedimentos licitatórios, considerando que o fim da norma é impedir pessoa inidônea de contratar ou firmar negócios com o Poder Público.

Cite-se que a Lei nº 14.133/2021, em seu art. 156, III e IV, institui como sanções da inexecução total do contrato; de deixar de entregar a documentação exigida para o certame; de não manter a proposta, salvo em decorrência de fato superveniente devidamente justificado; de não celebrar o contrato ou não entregar a documentação exigida para a contratação, quando convocado dentro do prazo de validade da sua proposta; e de ensejar o retardamento da execução ou da entrega do objeto da licitação sem motivo justificado; o impedimento do responsável

---

[419] MORAES, Alexandre de. Ministério Público e o combate à corrupção: breves comentários à Lei de Improbidade Administrativa. *Doutrina. Ministério Público de São Paulo*. Disponível em: http://www.mpsp.mp.br/. Acesso em: 16 set. 2015.

de licitar ou contratar no âmbito da Administração Pública direta ou indireta do ente federativo que tiver aplicado a sanção, pelo prazo máximo de 3 (três) anos (art. 156, §3º, da Lei nº 14.133/2021).

A Lei nº 14.133/2021 também impõe a pena de declaração de inidoneidade para licitar ou contratar (art. 156, inciso IV), que pode ser aplicada ao responsável pelas infrações administrativas também consubstanciadas nas mesmas condutas descritas em linhas anteriores (art. 156, §4º, da Lei nº 14.133/2021). Ainda, impende salientar que a Lei nº 14.133/2021 a admite a reabilitação do licitante ou contratado perante a autoridade que aplicou a penalidade, exigindo-se, de forma cumulativa, a reparação integral do dano, pagamento de multa, transcurso do prazo mínimo de 1 (um) ano da aplicação da penalidade, no caso de impedimento de licitar e contratar, ou de 3 (três) anos da aplicação da penalidade, no caso de declaração de inidoneidade; cumprimento das condições de reabilitação definidas no ato punitivo; e análise jurídica prévia quanto ao cumprimento dos requisitos delineados no art. 163 da Lei nº 14.133/2021.

Conforme defendido por Márica Santos, a declaração de inidoneidade se projeta perante qualquer órgão público do país;[420] por sua vez, a suspensão provisória e impedimento de contratar limitam-se aos órgãos, entidades e unidades administrativas concernentes ao Poder Público que lhes aplicou a sanção.[421]

A Lei nº 8.429/92 define prazo certo em caso de condenação, não deixando a graduação da sanção ao alvedrio da discricionariedade jurisdicional. Ao julgador caberá dispor acerca da incidência ou não da sanção, de modo que, uma vez determinada tal espécime de pena, fixar-se-ão os prazos não superior a 14 anos, não superior a 12 anos e não superior a 4 anos, de acordo com a classificação do ato de improbidade (capitulados, respectivamente, nos arts. 9º, 10 e 11 da Lei nº 8.429/92). Esses prazos mencionados não são flexíveis, o que impossibilita sua mensuração pelo magistrado. Frise-se: são fixos, variando apenas consoante a *fattispecie* subsumida e se aplicam tanto à proibição de

---

[420] Saliente-se a mudança de entendimento do TCU, que, indo em sentido contrário ao STJ, restringia o âmbito de abrangência da suspensão temporária do direito de licitar e contratar. Atualmente, tem-se seguido a posição esposada no Acórdão nº 2218/2011 da 1ª Câmara do TCU, ampliando os efeitos da sanção para qualquer órgão público nacional.

[421] SANTOS, Márica Walquiria Batista dos. Sanções administrativas: suspensão temporária e declaração de inidoneidade. In: DI PIETRO, Maria Sylvia Zanella (Coord.). *Temas polêmicos sobre licitações e contratos*. 5. ed. São Paulo; Malheiros, 2006. p. 152-153.

contratar com o Poder Público, quanto à percepção dos benefícios ou incentivos fiscais ou creditícios.⁴²²

Nesse sentido, diante de benefício de fruição continuada, as benesses cessarão a partir do trânsito em julgado da sentença condenatória, pelos prazos supramencionados, quais sejam dez, cinco e de três anos, respectivamente, por enriquecimento ilícito, dano ao patrimônio público e violação aos princípios da Administração Pública.

A previsão da proibição de contratar com a Administração Pública e de receber benefícios ou incentivos fiscais ou creditícios, como sanção culminada em abstrato além dos termos do §4º do art. 37 da CRFB/88, trouxe inúmeros questionamentos quanto à sua constitucionalidade, dúvida que não merece prosperar, em virtude de que a Constituição não é um texto pertinente para esmiuçar detalhes de natureza sancionatória, nem haver impedimento para que o Governo Federal, através de mandamento infraconstitucional, exerça uma competência implícita para impor penalidades administrativas, como já o fez em outros textos.⁴²³

---

⁴²² Diverge Marcelo Figueiredo, para quem o legislador não fixou prazo para a proibição de contratar com o Poder Público. FIGUEIREDO, Marcelo. *O controle da moralidade na Constituição*. São Paulo: Malheiros, 1999. p. 124.

⁴²³ A defesa da inconstitucionalidade tem sido fundamentada na incompetência legislativa, sob o argumento de que inexiste no texto constitucional, em especial, nas disposições que tratam da distribuição de competências dos entes federados, autorização à União à outorga de competência legislativa em termos de normas gerais sobre o assunto de improbidade administrativa. E nem poderia existir, haja vista que se trata de impor sanções aos funcionários e agentes da Administração, de modo que a matéria cai inteiramente na competência legislativa em tema de Direito Administrativo, e, portanto, na competência privativa de cada ente político. Assim, se o funcionário é federal, somente lei federal pode impor-lhe sanções pelo seu comportamento irregular; se o funcionário é municipal, somente lei administrativa do Município ao qual está ligado por impor-lhe sanções. Segue a adução no sentido de que qualquer sanção administrativa prevista em lei federal, a ser imposta ao funcionário estadual ou municipal, se aplicada por agente, ainda que competente, ou mesmo pelo juiz, estará esse ato contaminado de absoluta e irrefragável inconstitucionalidade. Uma sentença judicial, ao aplicar as sanções previstas no art. 12 da Lei nº 8.429/92 a um agente público estadual ou municipal, seria inconstitucional, pois não poderia aplicar sanção nenhuma a um agente público de tais entes. Neste sentido está MUKAI, Toshio. A inconstitucionalidade da lei de improbidade administrativa – Lei Federal nº 8.429/92. *BDA*, p. 720, 722, 1999. Por outro lado, irrefutável que, apesar de a Constituição Federal/88, em seu art. 37, §4º, não ter feito menção às sanções de perdas de bens, multas e proibição de contratar com o Poder Público ou receber incentivos fiscais ou creditícios, não há inconstitucionalidade no art. 12 da Lei 8.429/92. Afinal, não é papel da Constituição fixar pena, bem como tem-se que essas penas significam reforço à tutela dos direitos transindividuais. O rol do §4º do art. 37 é exemplificativo, fato constatável pelos próprios termos redacionais ao expressar a ausência de prejuízo das sanções penais, *v.g.*. Neste sentido, ALMEIDA, Gergório Assagra de. *Manual das ações constitucionais*. Belo Horizonte: Del Rey, 2007. p. 317-318; GARCIA, Emerson; ALVES, Rogério Pacheco. *Improbidade administrativa*. Rio de Janeiro: Lumen Juris, 2002. p. 335-337; RIZZARDO, Arnaldo. *Ação civil pública e ação de improbidade administrativa*. Rio de Janeiro: GZ, 2009. p. 520-521.

As penas de proibição de contratar com a Administração Pública e de receber benefícios ou incentivos fiscais ou creditícios consubstanciam restrições de direitos que atingem a liberdade econômica, negocial, dos particulares condenados por improbidade administrativa. Advém que, por um lado, restringe o exercício de atividade profissional, impedindo que o agente condenado por improbidade contrate com a Administração Pública; por outro, configura impedimento aos direitos de percepção de benefícios e/ou incentivos fiscais ou creditícios do agente ímprobo junto ao Poder Público.

Em um Estado que tutela a livre iniciativa como princípio da ordem econômica, os limites ao exercício da liberdade empreendedora devem ser razoáveis e em razão do bem-estar comum, exigindo total congruência entre a intensidade da intervenção, a gravidade, os bens jurídicos atingidos e as circunstâncias relevantes que a justificam.

Atento a esse fato, máxime quanto à necessidade de promover efetivo prestígio ao princípio da função social da empresa, o legislador acentuou que na responsabilização da pessoa jurídica, deverão ser considerados os efeitos econômicos e sociais das sanções, de modo a viabilizar a manutenção de suas atividades (art. 12, §3º, da Lei nº 8.429/1992). Sobreleve-se que a função social da empresa não se resume à norma programática, mas, sim ao princípio que vincula a atividade empresarial à realização da justiça social, de maneira a modificar a noção de interesse social para abarcar todos os sujeitos que, de alguma forma, sejam afetados pela atividade empresarial, interna ou externamente. A dimensão ativa da função social consiste justamente na criação de um *plus* ao princípio norteador da atividade econômica constante da Constituição de 1988, impondo obrigações destinadas a garantir que o patrimônio, os lucros e demais recursos da companhia sejam igualmente investidos para o atendimento dos demais interesses que se projetam sobre a empresa.[424]

Pondera Gladston Mamede que a proteção da empresa não recai sobre a pessoa física do empresário ou da sociedade empresária – na realidade, nem se resume essa proteção à própria empresa –, uma vez que tal garantia protetiva se espraia também para o Estado e para a comunidade, que se beneficiam do bom funcionamento do setor empresarial.[425] Mais do que isso, é o mercado, bem de valor jurídico e

---

[424] FRAZÃO, Ana. *Função social da empresa*: repercussões sobre a responsabilidade civil de controladores e administradores de S/As. Rio de Janeiro: Renovar 2011. p. 263.
[425] MAMEDE, Gladston. *Direito empresarial brasileiro*: falência e recuperação de empresas. São Paulo: Atlas, 2006. v. 4, p. 607.

tutelado constitucionalmente, que experimenta uma especial atenção normativa com o instituto da função social da empresa.[426]

Não por outro motivo, ensina Manoel Pereira Calças que na medida em que a empresa tem relevante função social, já gera riqueza econômica, cria empregos e rendas e, desta forma, contribui para o crescimento e o desenvolvimento socioeconômico do País, deve ser preservada sempre que for possível. O princípio da preservação da empresa tem extração constitucional, haja vista que a Carta Magna, ao regular a ordem econômica, impõe a observância dos postulados da função social da propriedade (art. 170, inciso III, da CF/88), vale dizer, dos meios de produção ou em outras palavras: função social da empresa. O mesmo dispositivo constitucional também estabelece o princípio da busca pelo pleno emprego (art. 170, inciso VIII, da CF/88), o que só poderá ser alcançado se as empresas forem preservadas.[427]

Tanto é assim que a Lei nº 14.230/2021, ao prever que a sanção de proibição de contratação com o poder público pode extrapolar o ente jurídico lesado pelo ato de improbidade, alertou sobre a necessidade de observância dos impactos econômicos e sociais das sanções, de modo a preservar a função social da pessoa jurídica (art. 12, §4º, da Lei nº 8.429/1992). Também nesse sentido, o novel diploma legislativo salienta que as sanções aplicadas às pessoas jurídicas com base na Lei de Improbidade Administrativa e na Lei nº 12.846/2013, deverão observar o princípio constitucional do *non bis in idem* (art. 12, §6º, da Lei nº 8.429/1992).

Proferido trânsito em julgado em provimento da exordial acusatória, os agentes/pessoas jurídicas envolvidas têm suspenso o direito de realizar qualquer tipo de contrato com a Administração Pública, seja ela direta ou indireta, em todos os entes federativos. Esta limitação afasta a possibilidade de vínculos laborais a serem firmados mediante contrato de trabalho, de prestação de serviço ou qualquer outra espécie contratual às pessoas jurídicas de direito público. Dessa forma, as pessoas jurídicas que contenham agente ímprobo em seus quadros societários majoritários serão atingidas quando elas supostamente forem as beneficiárias da improbidade.

A sanção tem espectro absoluto, sendo aplicada para qualquer âmbito de governo, seja federal, estadual e municipal, e em face,

---

[426] TAVARES, André Ramos. *Direito constitucional da empresa*. São Paulo: Método, 2013. p. 100.
[427] CALÇAS, Manoel de Queiroz Pereira. A nova lei de recuperação de empresas e falências: repercussão no Direito do Trabalho. *Revista do Tribunal Superior do Trabalho*, a. 73, n. 4, out./dez. 2007. p. 40.

inclusive, da Administração indireta e fundacional.[428] Entende a Segunda Turma do Superior Tribunal de Justiça, citando precedentes no mesmo sentido, que, sob a pontuação de distinção entre os termos administração e Administração Pública e suas modalidades, tem-se que a sanção de impedimento de contratar estende-se a qualquer órgão ou entidade daquela que haja incorrido na tipicidade de ato ímprobo.[429]

6.9 Independência e comunicabilidade entre as instâncias penal, civil e administrativa

Uma só conduta pode simultaneamente consubstanciar ilícito civil, administrativo e penal. Em razão do princípio da independência das instâncias, os sujeitos podem vir a ser responsabilizados em dimensões distintas, haja vista que as relações jurídicas na sociedade hodierna são extremamente complexas e multifacetadas. Eximir o sujeito das múltiplas responsabilidades que o ordenamento jurídico lhe impõe em decorrência de conduta ilícita seria conclusão desconectada dos valores imbuídos nas normas jurídicas e da própria sistemática do ordenamento. Assim, não há violação ao princípio *non bis in idem*, pois as instâncias são, em princípio, independentes e autônomas.[430] A conduta pode ser apenas uma, mas suas consequências podem incidir em várias searas protegidas juridicamente, o que acarreta uma sanção por cada um dos acintes a esses microssistemas protegidos legalmente.

Diversos dispositivos da Constituição Federal vigente anunciam a defesa da independência de instâncias. O art. 37, §4º, ao dispor acerca das penas por ato ímprobo, institui que a sanção será aplicada sem prejuízo da ação penal cabível. No mesmo sentido está o art. 53, determinando a extensão da imunidade material dos Deputados e Senadores às searas civil e penal, expressividade que consubstancia a natureza autônoma das esferas. O art. 225, §3º, delimita que as condutas e atividades consideradas lesivas ao meio ambiente sujeitarão os infratores,

---

[428] MARTINS JUNIOR, Wallace Paiva. *Probidade administrativa*. 2. ed. São Paulo: Saraiva, 2002. p. 327.

[429] STJ. RMS nº 326.628/SP, Rel. Min. Mauro Campbell Marques, Segunda Turma, j. 06.09.2011, DJe 14.09.2011.

[430] Tal princípio possui dupla funcionalidade, quais sejam, substantiva e processual. Nascido como instituto genérico processual, esteve inicialmente ligado à ideia de coisa julgada, o que enfatiza a tutela da segurança jurídica. A evolução do princípio culminou em termos mais substanciais e consistentes com a proibição de infligir de duplo castigo a um mesmo sujeito por idênticos fatos, o que corresponderia à mesma repercussão normativa. QUERALT, Joan J. *El principio non bis in idem*. Madrid: Tecnos, 1992. p. 10.

sejam pessoas físicas ou jurídicas, às sanções penais e administrativas, independentemente da obrigação de reparar os danos causados. O art. 245, por sua vez, ao instituir que a lei disporá sobre as hipóteses e condições em que o Poder Público dará assistência aos herdeiros e dependentes carentes de pessoas vitimadas por crime doloso, anuncia a possibilidade da concomitância da responsabilidade civil do autor do ilícito à sua investigação.

No mesmo sentido, a Lei nº 8.429/82 no *caput* do art. 12 determina a independência das sanções penais, civis e administrativas na punição do ato ímprobo. O mesmo diploma anuncia no parágrafo único do art. 19 que, além da sanção penal, o denunciante do suposto ato de improbidade está sujeito a indenizar o denunciado pelos danos materiais, morais ou à imagem que houver provocado, quando a representação for realizada apesar de conhecida a inocência do pretenso sujeito ativo.

A jurisprudência do Superior Tribunal de Justiça tem entendido que, para que seja configurado o crime de denunciação caluniosa, isto é, quando se dá causa à instauração de investigação policial, de processo judicial, instauração de investigação administrativa, inquérito civil ou ação de improbidade administrativa contra alguém, é imprescindível que a imputação seja objetiva e subjetivamente falsa, ou seja, o sujeito ativo tenha inequívoca ciência da inocência da vítima. É indispensável a má-fé das afirmações, havendo consciência da inocência da vítima.[431] Seguindo essa analogia, o mesmo ocorre em relação à representação de ato de improbidade contra agente público ou terceiro beneficiário, quando o autor da denúncia tem ciência da inocência do(s) imputado(s) ou da inexistência do fato. Nesse caso há uma tipificação penal, punível com detenção de seis a dez meses e multa.

Cite-se ainda a Lei nº 8.112/90 que, em seu art. 125, ao dispor acerca do regime jurídico dos servidores públicos civis da União, das autarquias e das fundações públicas federais, normativa aplicada por analogia a todos os entes federativos, preceitua que as sanções civis, penais e administrativas poderão cumular-se, sendo independentes entre si. O art. 122 expressa que a responsabilidade civil decorre de ato omissivo ou comissivo, doloso ou culposo, que resulte em prejuízo ao Erário ou a terceiros. A responsabilidade penal, conforme o art. 123, por sua vez, abrange os crimes e contravenções imputadas ao servidor, nessa qualidade. No que tange à responsabilidade civil-administrativa,

---

[431] AgRg no REsp nº 1482998/MT, Rel. Ministro Rogerio Schietti Cruz, Sexta Turma, julgado em 13.11.2018, *DJe*: 03.12.2018.

delimita o art. 124 que resulta de ato omissivo ou comissivo praticado no desempenho do cargo ou função.

Para Carvalho Filho, a responsabilidade se origina de uma conduta ilícita ou da ocorrência de determinada situação fática prevista em lei e se caracteriza pela natureza do campo jurídico em que se consuma. Desse modo, a responsabilidade pode ser civil, penal e administrativa, em princípio, cada uma independente da outra. Explica o reverenciado autor que, em algumas ocasiões, o fato que gera certo tipo de responsabilidade é simultaneamente gerador de outro tipo, o que impõe a conjugação das responsabilidades. Essa é a razão pela qual a mesma situação fática é idônea a criar, concomitantemente, as responsabilidades civil, penal e administrativa.[432]

Justen Filho advoga que a responsabilidade administrativa consiste no dever de o agente estatal responder pelos efeitos jurídico-administrativos dos atos praticados no desempenho de atividade estatal, suportando a sanção administrativa cominada em lei pela prática do ato ilícito.[433] Saliente-se que a punição administrativa ou disciplinar não depende de processo civil ou criminal a que se sujeite também o servidor pela mesma falta, sendo totalmente independente, não havendo inferências obrigatórias das demais instâncias.

O Supremo Tribunal Federal, ao assinalar a independência da instância penal da administrativa, determinou que a rejeição de denúncia por insuficiência de provas não impede a responsabilização pelo mesmo fato na instância administrativa, desde que haja provas robustas, tendo sido fundamentado que há e deve haver sempre a aplicação do princípio da independência das instâncias. O relator defende que o princípio da independência permite que as esferas atuem juntas, sem, contudo, afetarem-se, de modo que prejudiquem a punição daquele que mereça sanção por ato ilícito.[434] De igual modo, o ajuizamento de ação civil

---

[432] CARVALHO FILHO, José dos Santos. *Manual de Direito Administrativo*. 25. ed. São Paulo: Atlas, 2012. p. 756-757.

[433] JUSTEN FILHO, Marçal. *Curso de Direito de Administrativa*. 11. ed. São Paulo: Revista dos Tribunais, 2015. p. 1124.

[434] STF. Pleno. Informativo nº 250. A rejeição de denúncia por insuficiência de provas não impede a Responsabilização pelos mesmos fatos em instância administrativa, uma vez que as instâncias penal e administrativa são independentes. Com esse entendimento, o Tribunal indeferiu mandado de segurança impetrado por ex-prefeito, que teve rejeitada a denúncia contra ele apresentada por crime de peculato, mediante o qual se pretendia o arquivamento da tomada de contas especial do TCU sobre os mesmos fatos. Precedente citado: MS nº 21.708-DF. MS nº 23.625-DF. Rel. Min. Maurício Corrêa. Julg.: 08.11.2001. *DJU* de 18.11.2001) Cite-se, no mesmo sentido, o MS nº 22899 AgR, Rel.: Min. Moreira Alves, Tribunal Pleno, julg.: 02.04.2003, *DJ* 16-05-2003 PP-00092 EMENT VOL-02110-02

pública não impede o trâmite de ação penal condenatória, haja vista que tais ações possuem finalidades distintas, não havendo que se falar em litispendência ou de prejudicialidade entre as ações.[435]

Igualmente, o Supremo Tribunal Federal delimitou a independência da instância civil da administrativa ao estabelecer que o ajuizamento de ação civil pública não retira a competência do Tribunal de Contas da União para instaurar a tomada de contas especial e condenar o responsável a ressarcir ao Erário os valores indevidamente percebidos.[436] O que não se permite, de forma clara e lógica, é que o ressarcimento seja realizado duas vezes, na instância civil ou administrativa, por exemplo.[437] Afinal, a pena de ressarcimento integral do dano está limitada à reconstrução do estado original. Atingido o patamar, não há que se falar em nova pena de ressarcimento.[438]

Mencionado julgado encontra amparo normativo no art. 21, II, da Lei nº 8.429/92, que determina que a aplicação de sanções por via judicial independe da aprovação ou da rejeição das contas pelo órgão de controle interno ou pelo Tribunal ou Conselho de Contas. Suscite-se que a ausência de definitividade das decisões administrativas não faz tal instância menos importante. A apuração dos fatos pela via administrativa pode ser, inclusive, essencial à melhor instrução de eventual processo judicial. Trata-se tão somente da estrutura de garantias e competências realizada pela Constituição que ostenta a inafastabilidade do controle pelo Judiciário, inclusive, dos atos da Administração Pública. Assim, é irrelevante a aprovação ou rejeição das contas para pronunciamento jurisdicional de mérito sobre a imputação de ato de improbidade administrativa, haja vista que tais decisões não vinculam o pronunciamento judicial. Todavia, ressalte-se novamente, que os dados contábeis e técnicos produzidos pelos órgãos de contas, inexoravelmente, devem ser considerados pelas instâncias judiciárias quando forem provas *juris et de juris*.

PP-00279; AI 681487 AgR, Rel.: Min. Dias Toffoli, Primeira Turma, julg.: 20.11.2012, DJe-022 31.01.2013, pub.: 01.02.2013.

[435] STF. AgRgRcl nº 11101/DF. Rel.: Min. Celso de Mello. Tribunal Pleno. Julg.: 25.11.1999. DJe 26.11.1999.

[436] STF. MS nº 25880/DF. Rel.: Min. Eros Grau. Tribunal Pleno. Julg.: 07.02.2007. DJ 16.03.2007.

[437] STJ. REsp nº 1135858/TO. Min. Rel. Humberto Martins. Segunda Turma. Julg.: 22.09.2009.

[438] Nesse sentido, citem-se OSÓRIO, Fábio Medina. *Direito administrativo sancionador*. 5. ed. São Paulo: Revista dos Tribunais, 2015. p. 114-116; e GARCIA, Emerson; ALVES, Rogério Pacheco. *Improbidade administrativa*. 5. ed. rev., ampl. e atual. Rio de Janeiro: Lumen Juris, 2010. p. 611.

Da independência de instâncias civil e administrativa também advém que a ação popular, que pode ocasionar anulação de ato administrativo e determinação de ressarcimento do dano (art. 1º, *caput*, e art. 14, §3º, ambos da Lei nº 4.717/65), pode tramitar concomitantemente à ação civil pública, não havendo que se falar em litispendência, haja vista a diversidade de objeto, sendo o da última mais amplo. A eventual improcedência da ação popular por falta de provas ou sua extinção sem resolução do mérito não pode impedir o ajuizamento de ação civil pública. Outrossim, ressalve-se o direito ao ressarcimento das pessoas indiretamente lesadas pelo ato ímprobo. A responsabilização civil do agente, regulamentada no §6º do art. 37 da CRFB/88, abrange agente público, partícipe ou beneficiário do ato de improbidade administrativa, podendo atingir os seus bens particulares, quando eles tiverem agido com dolo ou culpa.[439]

A lei prevê, todavia, casos excepcionais em que as instâncias serão comunicáveis, havendo vinculação entre as mesmas. Assim, o agente não poderá ser condenado na esfera cível ou administrativa quando for absolvido na esfera penal por inexistência de fato e negativa de autoria (art. 386, incisos I e IV, do Código de Processo Penal; art. 21, §3º da LIA). O Código de Processo Penal vigente, por meio do art. 66, determina que não pode ser intentada ação cível quando for reconhecida a inexistência material do fato ou negada a sua autoria.

Tal preceito também está presente nos termos do art. 126 da Lei nº 8.112/90 que determina que a responsabilidade administrativa do servidor será afastada no caso de absolvição criminal que negue a existência do fato ou sua autoria. No mesmo sentido, o Código Civil vigente determina em seu art. 935 que a responsabilidade civil é independente da criminal, não se podendo questionar mais sobre a existência do fato, ou sobre quem seja o seu autor, quando essas questões se acharem decididas no juízo criminal.

O Superior Tribunal de Justiça vem reiterando que a sentença criminal afastará a punição administrativa se reconhecer a não ocorrência do fato ou a negativa de autoria.[440] Mesmo através de pesquisa *en passant*, advém o unânime entendimento das Cortes brasileiras acerca da

---

[439] GARCIA, Mônica Nicida. *Responsabilização do agente público*. Belo Horizonte: Fórum, 2004. p. 293-302.
[440] STJ. Terceira Seção. Informativo nº 260. "(...) tendo em vista a independência das instâncias administrativa e penal, a sentença criminal somente afastará a punição administrativa se reconhecer a não-ocorrência do fato ou a negativa de autoria, o que não existiu na espécie" (MS nº 9.772/DF. Rel. Min. Laurita Vaz. Julg.: 14.09.2005)

independência das ações penais, cíveis e administrativas, e a reafirmação de que o reconhecimento de inexistência do fato ou negativa de autoria na ação penal impõe que na instância administrativa não haja punição.

Trata-se de exceção ao princípio da independência das instâncias, cuja decisão proferida no juízo penal fará coisa julgada na seara cível e administrativa, já que o procedimento penal permite uma maior dilação probatória. Acrescente-se que a responsabilidade administrativa do servidor público será afastada nos termos da exceção ao princípio da independência das instâncias. Anote-se, à derradeira, que Lei nº 14.230/2021 incluiu dispositivo na LIA para fazer constar que a absolvição criminal em ação que discuta os mesmos fatos, confirmada por decisão colegiada, impede o trâmite da ação de improbidade, havendo, por consequência, comunicação com todos os fundamentos de absolvição previstos no art. 386 do Código de Processo Penal (art. 21, §4º, da LIA).

6.10 Individualização e dosimetria das sanções

O princípio constitucional da individualização das penas indica que a pena deve ser cominada e aplicada considerando os elementos específicos do fato perquirido. Previsto no inciso XLVI do art. 5º da CRFB/88,[441] tal princípio é constantemente aplicado com amparo na proporcionalidade e no princípio da intransferibilidade das penas, previsto no inciso XLV do dispositivo em referência.[442]

Defende-se a aplicação de tal princípio também na esfera administrativa e cível, sob o argumento de que os ilícitos administrativos, cíveis e criminais, bem como suas respectivas sanções, são ontologicamente iguais, de modo que os termos "pena" e "condenado" são utilizados no direito punitivo *lato senso*, o que conduz ao fato de que o princípio da individualização das penas é princípio geral do direito punitivo.[443]

Para Régis Fernandes, não se pode afirmar que os reverenciados incisos da Constituição Federal só se aplicam a quem pratica ilícito penal, haja vista que a Carta Política de um Estado não precisa se deter a especificações exaurientes. Não se pode partir de uma interpretação

---

[441] "Art. 5º. [...] XLVI – A lei regulará a individualização da pena e adotará, entre outras, as seguintes: a) privação ou restrição da liberdade; b) perda de bens; c) multa; d) prestação social alternativa; e) suspensão ou interdição de direitos."

[442] "Art. 5º. [...] XLV – Nenhuma pena passará da pessoa do condenado, podendo a obrigação de reparar o dano e a decretação do perdimento de bens ser, nos termos da lei, estendidas aos sucessores contra eles executadas, até o limite do valor do patrimônio transferido."

[443] VITTA, Heraldo Garcia. *A sanção no Direito Administrativo*. São Paulo: Malheiros, 2003. p. 148.

restrita para afirmar que as prerrogativas explanadas no art. 5º, incisos XLVI e XLV, foram outorgadas apenas para a garantia do réu do processo-crime. A individualização da pena alcança toda e qualquer infração, decorrência da interpretação sistemática e teleológica do ordenamento pátrio.[444]

Assim, no plano abstrato, o princípio da individualização das penas limita o legislador, impondo que, ao eleger uma conduta como ilícita, deve observar a gravidade da mesma à luz do valor dos bens a serem tutelados e protegidos, estabelecendo os patamares mínimo e máximo da sanção com justeza e proporcionalidade. No plano concreto, por sua vez, o princípio da individualização das penas limita o julgador em sede de aplicação e infere que em sede de execução da sanção a individualização impõe atenção ao caráter educativo, de suficiência e reintegração da pena aplicada. Para tanto, as cominações, sejam abstratas ou concretas, devem considerar os elementos específicos de cada caso, consagrando também o respeito à isonomia material. É um caso de concretização em que o conteúdo dedutivo tem que se curvar às nuances e especificidades dos *topoi* fáticos.

Tal princípio decorre de que a pena administrativa só deve atingir a pessoa sancionada, o agente a ser punido, não podendo ultrapassá-lo. A pessoalidade da sanção administrativa veda a chamada responsabilidade solidária, ainda que estabelecida por lei, haja vista que a lei não pode violar um princípio constitucional que rege o Direito Administrativo, que goza, portanto, de supremacia e supralegalidade, consubstanciando preceito norteador de toda a sistemática sancionadora administrativa.

Tal premissa ganha relevância quando diante do art. 12 da Lei nº 8.429/92, cuja normativa determina a aplicação da penalidade de proibição de contratar com o Poder Público ou de receber incentivos fiscais ou creditícios, direta ou indiretamente, ainda que por intermédio de pessoa jurídica da qual seja sócio majoritário e também no caso do cônjuge do agente que ostente bens em comunhão. Tal previsão fez emergir o debate de que a sistemática sancionatória da Lei de Improbidade viola o princípio da individualização das penas, considerando que a conduta de um sócio acarretaria a punição de uma sociedade que, em razão da personalidade jurídica, não deveria se confundir com a pessoa do sócio, punindo também os demais membros que não tenham participado da prática do ilícito, de onde adveio a tese de sua

---

[444] OLIVEIRA, Regis Fernandes. *Infrações e sanções administrativas*. 2. ed. São Paulo: Revista dos Tribunais, 2005. p. 96.

inconstitucionalidade. Igualmente, no caso do cônjuge, em referência aos bens comuns, quando ele não participou nem interferiu na realização do ilícito administrativo.

Nos dois casos não há uma extrapolação à garantia de individualização da pena, que engloba quaisquer das espécies de sanção aplicadas, sejam elas civis, administrativas, políticas, etc. Nessas hipóteses, a extensão é necessária para evitar que o agente ímprobo furte-se da reprimenda prevista e torne o comando normativo inócuo. Em ambas as situações a manutenção do interesse público exige determinadas restrições, que, mesmo não tendo sido causadas pelo cidadão, foram ocasionadas por pessoas que têm relações muito íntimas com ele. O elemento subjetivo do tipo é elastecido pelas circunstâncias do fato jurídico que enlaçam essas pessoas. Na verdade, a penalidade não se direciona aos sócios minoritários ou aos cônjuges casados mediante o regime de comunhão total ou separação parcial de bens.

Nessas duas hipóteses de extensão normativa citadas, cidadãos que não participaram diretamente do ato ímprobo sofrem suas consequências em virtude de uma situação jurídica que poderia beneficiá-los de forma indireta. Se em qualquer um desses casos evidencia-se que contribuíram para a prática ilícita, induzindo, concorrendo ou beneficiando-se, passam a ser réus do processo de improbidade e sofrerão diretamente as sanções previstas legalmente.

Os que defendem a aberração dessa extensão justificam seu posicionamento alegando a intransferibilidade da pena prevista no reverenciado inciso XLV e a individualização da pena com previsão no inciso XLVI, ambos do art. 5º da CRFB/88. Arguem que tais normas constitucionais fornecem ao intérprete o vetor segundo o qual a pena não poderá ultrapassar a pessoa singular do condenado e que a mesma se contenha nele. Assim, se a pena deve recair sobre quem praticou o ilícito, seja penal-administrativo ou civil, é impraticável a extensão da pena.

Em que pese opiniões em contrário, a defesa da inconstitucionalidade da incidência às pessoas jurídicas pela Lei de Improbidade não pode prosperar porque, além de o art. 3º asseverar ser sujeito ativo do ato de improbidade administrativa todo aquele que induzir a prática do ato, ou ainda, que com ele concorrer ou em razão de ele auferir qualquer vantagem, inexiste impedimento constitucional para a imputação, de forma direta ou sistemática.

No exercício de seu múnus público, não podem os magistrados desprezar os primados basilares da dosimetria da pena, devendo ela ser realizada nos limites previstos pelo legislador, considerando os aspectos factuais do caso em apreço. A escolha da modalidade e do *quantum* de penalidade aplicável não pode ser um ato de livre-arbítrio da autoridade. Em consonância com o princípio da individualização da pena, o julgador deve levar em consideração as circunstâncias de cada caso concreto, explicitando-as na decisão, de modo que, inclusive, quando diante de um polo passivo processual plural, o reconhecimento de participações diversas dos agentes impede a aplicação de penalidades iguais, sem individuação ou fundamentação.

Conforme defendido em capítulo específico, o rol de sanções previstas no art. 12 da Lei nº 8.429/92 não deverá ser aplicado obrigatoriamente de forma cumulativa. Defende-se que o Poder Judiciário não está vinculado, abstratamente, à aplicação de todas as sanções nas hipóteses de ato de improbidade administrativa, pois, em virtude do princípio da individualização da pena, exige-se uma estreita correspondência entre a responsabilização da conduta do agente e a sanção a ser aplicada, de maneira que a pena atinja suas finalidades de prevenção e repressão.

A legislação brasileira, ao dispor sobre as infrações administrativas, optou por elencar as diversas penalidades que, em tese, poderiam ser impostas em um determinado caso concreto ou por estabelecer gradação de determinada modalidade de penalidade. Esse sistema, que é semelhante ao adotado pelo Código Penal de 1940, tem a vantagem de dar ao julgador a "faculdade controlada" de escolher a sanção mais adequada, haja vista as circunstâncias de cada caso. Nesse sentido, a imposição da pena exige a realização de um juízo individualizado da culpabilidade do agente, analisando-se a gravidade, bem como as outras circunstâncias relevantes, a fim de que o magistrado escolha pela aplicação daquelas reprimendas que sejam suficientes para a justa repressão do ilícito administrativo praticado.

As Turmas do Superior Tribunal de Justiça já apontaram que a aplicação de penalidades, mesmo que na esfera administrativa, deve considerar os princípios da proporcionalidade e da individualização da pena. A fixação da punição deve considerar as circunstâncias objetivas do fato, demarcada na natureza da infração e no dano que dela provir à Administração; e as subjetivas do infrator, quais sejam as ocorrências atenuantes e antecedentes funcionais. A sanção não pode ultrapassar, seja em espécie ou em quantidade, o limite previsto legalmente.[445]

Uma vez reconhecida a ocorrência de fato que tipifica improbidade administrativa, cumpre ao juiz aplicar a correspondente sanção. Para tal efeito, não está obrigado a aplicar cumulativamente todas

---

[445] STJ. RMS nº 20.665. Rel. Min. Laurita Vaz. Julg.: nov. 2009.

as penas previstas na Lei nº 8.429/92, podendo, mediante adequada fundamentação, fixá-las e dosá-las segundo a natureza, a gravidade e as consequências da infração, individualizando-as. A motivação da punição é indispensável para a sua validade, pois é ela que permite a averiguação da conformidade da sanção com a falta imputada ao servidor.[446] Não pode haver dispensa da necessidade de fundamentação porque ela é a correlação entre o fato praticado, a extensão do dano, o grau de ofensa ao bem jurídico, o proveito patrimonial obtido pelos agentes, a gravidade, com a sanção aplicada no caso concreto.

Resta evidenciada a imprescindibilidade de que as penalidades sejam mensuradas de acordo com a conduta individualizada do sujeito ímprobo, afastando-se a incidência de penas em bloco. Do princípio em comento advém, por outro lado, que nada impede que as penas do art. 12 da Lei nº 8.429/92 sejam aplicadas cumulativamente, desde que as circunstâncias do caso assim o requeiram e haja provas robustas nos autos para tal decisão.

O Superior Tribunal de Justiça entende que pode haver revisão da dosimetria das sanções aplicadas em ações de improbidade administrativa, mesmo havendo o reexame do conjunto fático-probatório dos autos, quando for a hipótese de evidente desproporcionalidade entre a conduta do agente e as sanções aplicadas.[447] Em virtude desse posicionamento suplanta-se a Súmula nº 7/STJ, que impede a reanálise do acervo probatório, para se evitar um excesso na punição do ato ímprobo, no que exige do julgador uma apreciação da simetria entre a conduta do agente e a sanção que deve ser aplicada.

Apesar dos *standards* jurisprudenciais e normativos sinalizarem para que a fase de dosimetria seja temperada sob os eflúvios dos princípios da proporcionalidade e da razoabilidade, tanto no que se refere à seleção das penas a serem impostas quando no dimensionamento e na intensidade, levando-se em conta a extensão do dano, a práxis pôs em evidência, no decorrer dos anos, uma exasperação da dosimetria, de modo a recrudescer os critérios de aferição para a aplicação da reprimenda. Isso porque, por vezes, as penas são impostas através de uma moldura que não guarda consonância com qualquer parâmetro normativo, especificamente à míngua de motivação hábil a demonstrar

---

[446] STJ. REsp. nº 513.576/MG. Rel. Min. Teori Albino Zavascki. 1ª Turma. Julg.: 03.11.2005. *DJ*. 06.03.2006; RO em MS nº 20.665/MS. Rel.: Min. Laurita Vaz. 5ª Turma. Julg.: nov. 2009.
[447] STJ - AgInt no AREsp: 1243865 PE 2018/0026273-9, Relator: Ministro Francisco Falcão, Data de Julgamento: 14.08.2018, T2 - Segunda Turma, Data de Publicação: *DJe*: 17.08.2018.

a razão de ser da densificação da pena, em uma total afronta ao disposto no art. 93, inciso IX, da CF/88.

O palmilhar legislativo já atentava para essa disfuncionalidade que promovia acintes ao princípio constitucional da individualização da pena, de modo que a LINDB, com as alterações promovidas pela Lei nº 13.655/2018, passou a estabelecer que na aplicação de sanções, serão consideradas a natureza e a gravidade da infração cometida, os danos que dela provieram para a administração pública, as circunstâncias agravantes ou atenuantes e os antecedentes do agente; bem como também determinou que as sanções aplicadas ao agente serão levadas em conta na dosimetria das demais sanções de mesma natureza relativas ao mesmo fato (art. 22, §§2º e 3º, da LINDB).

Desse modo, a Lei nº 14.230/2021, para além de repisar a necessária observância dos princípios da proporcionalidade e da razoabilidade; da natureza, gravidade e o impacto da infração cometida; a extensão do dano causado; e o proveito patrimonial obtido pelo agente; incluiu como critério na dosimetria a análise das circunstâncias agravantes ou atenuantes; a atuação do agente em minorar os prejuízos e as consequências advindas de sua conduta omissiva ou comissiva; e os antecedentes do agente (art. 17-C, inciso IV, da Lei nº 8.429/1992).

Outrossim, reproduziu-se, no inciso V do art. 17-C da LIA, o disposto no art. 22, §2º, da LINDB, para fins de considerar na aplicação das sanções a dosimetria das sanções relativas ao mesmo fato já aplicadas ao agente. Ainda nesse norte de prestígio ao princípio da individualização, a Lei nº 14.230/2021dispôs que deve-se considerar, na fixação das penas relativamente ao terceiro, quando for o caso, a sua atuação específica, não admitida a sua responsabilização por ações ou omissões para a quais não tiver concorrido ou das quais não tiver obtido vantagens patrimoniais indevidas (art. 17-C, inciso VI, da LIA). Por fim, determinou-se, por imperativo legal, que na hipótese de ocorrência de ofensa aos princípios da Administração Pública, deve-se indicar critérios objetivos que justifiquem a imposição de sanção (art. 17-C, inciso VII, da LIA).

CAPÍTULO 7

EFEITOS ESPECÍFICOS DA CONDENAÇÃO POR ATO DE IMPROBIDADE

7.1 Prescrição

7.1.1 Ação e pretensão

A ação é um direito público subjetivo do homem, expresso no inciso XXXV do art. 5º da Constituição Federal vigente, do qual decorre o princípio do monopólio e inafastabilidade da jurisdição.[448] Trata-se de fenômeno de relevância material e processual, haja vista que, em sentido material, ela existe em favor do titular de um direito, do nascimento até sua extinção ou preclusão. O exercício do direito à ação desemboca na instauração de uma relação processual, outorgando a regulamentação de seu exercício à seara processual. Uma vez exercido o direito de acesso à via jurisdicional, que se dá por meio da demanda, é a ordem jurídica de natureza processual que passa a dispor a respeito da ação.

Ensina Pontes de Miranda que o direito à ação existe durante a maior parte do tempo que permeia o nascer e a extinção do direito material. A *deductio in iudicium* não é inexoravelmente igual ao conteúdo da ação, posto que esta é anterior ao monopólio da justiça pelo Estado, de modo que é possível a dedução em juízo de ações cujo amparo material não existe, cabendo ao Estado, com fulcro na ordem processual e por

---

[448] CINTRA, Antonio Carlos de Araújo; GRINOVER, Ada Pellegrini; DINAMARCO, Cândido Rangel. *Teoria Geral do Processo*. 25. ed. São Paulo: Malheiros, 2009. p. 273.

intermédio de agente público competente, declarar que não existe, ou não existia quando foram deduzidas.[449]

A pretensão, por sua vez, é ato, declaração de vontade, por meio do qual se solicita a atuação do órgão jurisdicional frente à pessoa determinada e distinta ao autor da declaração. Trata-se de ato processual e, ao mesmo tempo, de fator teleológico do processo. O fenômeno processual da pretensão é também direito prévio ao processo, deduzindo-se simultaneamente ou não com a demanda.[450] Assim, a pretensão é uma posição subjetiva de poder exigir de outrem alguma prestação positiva ou negativa.[451]

Para Humberto Theodoro Júnior, as nuances dos referidos institutos assumem especial forma diante da complexidade das relações jurídicas hodiernas, de modo que é possível existir direito sem ação e, consequentemente, sem pretensão. Pode-se falar em direito material insuscetível de gerar pretensão, embora possa ser exercitado por meio de ação em juízo, como se vislumbra nos direitos formativos ou potestativos. É curial também que todo direito violado gere pretensão, cuja realização pode ser deduzida em juízo, por meio de ação, ou pelas vias extrajudiciais, conforme o caso. Assim como há direitos à tutela jurisdicional em casos em que não se referem à pretensão de exigir prestação reparadora de lesão ao direito da parte, nem à constituição de situação jurídica nova, mas apenas ação e pretensão à certeza jurídica, como se visualiza nas ações puramente declarativas.[452]

Chiovenda enfrenta a natural confusão entre os institutos da ação e pretensão. Fundamenta que a lei é o resultado de um consenso coletivo e objetiva prover os sujeitos jurídicos de um conjunto de instrumentos que possam regular os objetos juridicamente relevantes, a fim de garantir sua consecução e conservação, inclusive por meios

---

[449] PONTES DE MIRANDA, Francisco Cavalcanti. *Tratado das ações*. Campinas: Bookseller, 1998, p. 128.
[450] GUASP, Jaime. *La Pretensión Procesal*. 2. ed. Madrid: Civitas, 1985. p. 3.
[451] "Anspruch (pretensão) es – se dice – un derecho dirigido a exigir o a reclamar de otra persona una conducta positiva o negativa, es decir,un hacer o un omitir. La 'Anspruch' – que pertenece al mundo del derecho sustantivo – se distingue perfectamente de la 'actio', entendida como ius persequendi in iudicio, que se correspondería en la terminología alemana con la 'Klage' o, acaso mejor, con el 'Klagerecht'. Pero la 'Anspruch' se distingue también del derecho subjetivo considerado como la unidad del poder jurídico conferido a la persona". DÍEZ-PICAZO, Luis. *La prescripción en el Código Civil*. Barcelona: Bosch, 1964. p. 35.
[452] THEODORO JÚNIOR, Humberto. *As novas reformas do Código de Processo Civil*. 2. ed. Rio de Janeiro: Forense, 2007. p. 50.

cogentes.⁴⁵³ Ao analisar a ação, o referido autor ressalta a estreiteza de espaço que ficou entre o direito em si e a ação pertinente, registrando que o que deveria ser mera conexão foi, em certa medida, exagerada ao ponto de confundir os termos da lesão do direito e da ação. Esta era encarada como um elemento material que poderia ser deduzido em juízo, um poder de reagir contra a violação inerente ao direito. Confundiam-se, pois, duas entidades, duas prerrogativas absolutamente distintas entre si.⁴⁵⁴

Planteia Wambier que o direito de ação refere-se ao meio processual através do qual se busca junto ao Poder Judiciário a tutela jurisdicional, ao passo que a pretensão é a intenção de subordinar interesse alheio ao próprio. Explicita o reverenciado autor que todas as normas que criam, regem e extinguem relações jurídicas, definindo aquilo que é lícito e pode ser feito, aquilo que é ilício e não deve ser feito, constituem-se normas jurídicas de direito material. Essas normas tratam das relações jurídicas que se travam no mundo empírico. São regras que regulam as relações jurídicas em geral, excluída a matéria relativa à disciplina dos fenômenos que se passam no processo, inclusive da relação jurídica processual. Estas últimas que tratam da disciplina processual, da forma como se fará a veiculação da pretensão, com vistas à composição da lide, com o conteúdo nitidamente vinculado àquilo que acontece em juízo, quando o litígio chega ao Poder Judiciário sob a forma de lide. As normas processuais também proporcionam a criação, modificação e extinção de direitos e obrigações. A diferença é que as normas de direito material disciplinam relações jurídicas que se travam nos mais variados ambientes, ao passo que aquelas têm a taxonomia de *adjective law*, pois são pertinentes ao direito processual, sendo disciplinadas como fenômenos endoprocessuais.⁴⁵⁵

O conhecimento do delineado de ambos os institutos é essencial ao enfrentamento da prescrição.

Para Clóvis Beviláqua, a prescrição é a perda da ação destinada a um direito, bem como de toda a capacidade defensiva, como decorrência do não uso dela em determinado lapso temporal.⁴⁵⁶ Para Pontes de

---

⁴⁵³ CHIOVENDA, Giuseppe. *Instituições de Direito Processual Civil*. Campinas: Bookseller, 1998. p. 17.
⁴⁵⁴ *Idem*, p. 38.
⁴⁵⁵ WAMBIER, Luiz Rodrigues. *Curso avançado de Processo Civil*. 7. ed. São Paulo: RT, 2005. v. 1, p. 58-59.
⁴⁵⁶ BEVILÁQUA, Clóvis. *Teoria geral do direito civil*. 2. ed. Rio de Janeiro: Editora Rio, 1980. p. 286.

Miranda, trata-se da exceção que alguém tem em face de quem não exerceu, durante certo tempo, a sua pretensão ou ação.[457]

Sílvio Venosa, por sua vez, afirma que o direito pode sobreviver à ação, havendo a possibilidade de sua defesa através de outros instrumentos processuais que não uma ação. A inércia é causa eficiente apenas da prescrição, não podendo ceifar o direito que não é o seu objeto imediato.[458]

O art. 189 do Código Civil vigente cessa quaisquer divergências ao estipular que, violado o direito, nasce para o titular a pretensão, a qual se extingue, pela prescrição, nos prazos a que aludem os arts. 205 e 206 do mesmo diploma. Similar foi o legislador no Capítulo VII da Lei nº 8.429/92, que, ao regular o instituto da prescrição, estipulou o prazo para que fossem manuseadas as ações destinadas a levar a efeitos as sanções por ato ímprobo.

Tem-se que existem quatro requisitos para que se configure a prescrição, quais sejam: a) a existência de uma pretensão; b) a inércia do titular da ação que não a exerce; c) a continuidade desta inércia por um período prefixado em lei; d) a ausência de fato ou ato a que a lei confira eficácia impeditiva, suspensiva ou interruptiva de curso prescricional.[459]

Em regra, o termo inicial do prazo prescricional da ação de improbidade conta-se da ciência do ato ímprobo pelo seu sujeito passivo, regulamentado pelo princípio da *actio nata*, sendo esse conhecimento auferido pelas suas condições objetivas, como a notória divulgação de sua existência ou a evidência de sua prática por parte do ente público. Normalmente, a ciência do ato ímprobo decorre das conclusões do inquérito policial, da data de publicação jornalística ou com apuração em âmbito administrativo.

A redação original da Lei nº 8.429/1992 encampava, em seu art. 23, três diferentes prazos prescricionais.

O primeiro quando o ato ímprobo fosse imputado a agente público no exercício de mandato, de cargo em comissão ou de função de confiança, com um prazo de cinco anos para propositura da ação, contado no primeiro dia após a cessão do vínculo público. Sendo mandatário, na hipótese de reeleição, o termo a quo começaria a contar no primeiro dia após o término do segundo mandato. Neste caso, a doutrina e a jurisprudência se posicionavam, majoritariamente, pela

---

[457] MIRANDA, Pontes de. *Tratado de Direito Privado*. Rio de Janeiro: Borsoi, 1955. t.VI, p. 100.
[458] VENOSA, Sílvio de Salvo. *Direito Civil*. 7. ed. São Paulo: Atlas, 2007. p. 524-525.
[459] DINIZ, Maria Helena. *Curso de Direito Civil brasileiro*. 32. ed. São Paulo: Saraiva, 2015. v. 1, p. 441.

continuidade no exercício do mister público.[460] Contudo, se o mandatário se afastasse antes do término do segundo mandato, a contagem do prazo prescricional começaria na data do afastamento.

O segundo prazo prescricional era para agente público que exercesse cargo efetivo ou emprego público, em que o termo prescritivo, seguindo a regra geral, era de cinco anos, contados da ciência do ato ímprobo, conforme o estabelecido pelo art. 142 da Lei nº 8.112/1990, que dispõe sobre o regime jurídico dos servidores públicos civis da União, das autarquias e das fundações públicas federais. Entretanto, fugiam à regra geral as categorias que dispusessem, em lei específica, de outros prazos prescricionais para faltas disciplinares puníveis com a pena de demissão.

Por fim, a terceira hipótese contida na redação original da Lei de Improbidade estabelecia o prazo de cinco anos a partir da apresentação de contas a entidades da administração direta, indireta ou fundacional, em qualquer das esferas federativas, para a apuração de qualquer ato ímprobo praticado por parte de seus dirigentes.

Feitas essas reminiscências, é preciso destacar que a Lei nº 14.230/2021 alterou substancialmente o regime prescricional aplicável às ações civis públicas de improbidade administrativa, reformando o art. 23 da Lei nº 8.429/1992. Dentre as principais inovações, têm-se: i) a unificação dos prazos prescricionais incidentes sobre os atos ímprobos; ii) a previsão expressa da prescrição intercorrente; iii) a enumeração de causas específicas de suspensão e interrupção do prazo prescricional, excepcionando-se as regras gerais do Código Civil de 2002.

Com efeito, a Lei nº 14.230/2021 fixou ser de 8 (oito) anos o prazo prescricional geral das ações de improbidade administrativa, tendo como termo inicial a ocorrência do fato, ou, em caso de infrações permanentes, o dia em que cessou a permanência (art. 23, *caput*). É inegável a intenção do legislador de aproximar o microssistema da improbidade administrativa aos ditames da seara criminal, o que se percebe pela equiparação dos marcos iniciais de contagem do prazo prescricional nas duas esferas (art. 111 do Código Penal).[461]

---

[460] Explana o Ministro Mauro Campbell: "a reeleição [...] importa em fator de continuidade da gestão administrativa [...]; o vínculo com a Administração, sob o ponto de vista material, em caso de reeleição, não se desfaz em 31 de dezembro do último ano do primeiro mandato para se refazer em 1º de janeiro do ano inicial do segundo mandato". REsp nº 1.107.833/SP, julgado em 08.09.2009. Rel. Min. Mauro Campbell.

[461] SANTOS, Alexandre Silva Medeiros. Sobre o novo regime de prescrição da LIA: diálogo com o professor Tiago Martins. *Conjur*. Disponível em: https://www.conjur.com.br/2021-dez-26/

Cessam, dessa forma, as disparidades outrora existentes quanto ao termo inicial, quando o agente ímprobo fosse agente político ou agente administrativo. Outrossim, no caso do particular beneficiado ou partícipe do ato ímprobo, deve ser mantido o entendimento de que os termos do prazo prescricional serão os mesmos aplicáveis aos servidores públicos e agentes políticos, haja vista que não haveria o ilícito sem o concurso com agentes públicos, mesmo que seja na condição de beneficiários desses atos.[462]

No que tange ainda às especificidades da sistemática punitiva de ato ímprobo, saliente-se que o §5º do art. 37 da CRFB/88 pôs a ação de ressarcimento de dano na esfera de ato imprescritível, excepcionando tal consequência em relação à regra geral da prescritibilidade. Tem-se que em relação ao patrimônio estatal deve ser aplicada essa prerrogativa especial do Poder Público, haja vista a imprescindibilidade da necessidade de proteção dos interesses coletivos.[463]

Entretanto, seguindo o próprio comando normativo, a imprescritibilidade apenas é regra para o ressarcimento ao Erário, ou seja, para reaver o montante que fora subtraído da Administração Pública pelo ato ímprobo. Com relação ao restante das penalidades, tais quais a perda dos bens ou valores acrescidos ilicitamente ao patrimônio, a perda da função pública, a suspensão de direitos políticos, a multa civil e a proibição de contratar com o Poder Público ou receber benefícios ou incentivos fiscais ou creditícios, vive a regra da prescritibilidade.

Uma vez autorizada a cumulação de pedidos no âmbito da ação por improbidade administrativa, a rejeição do pedido condenatório fundada na prescrição não obsta o prosseguimento da demanda quanto ao pedido ressarcitório, em razão da sua imprescritibilidade.[464]

Suscite-se ainda que os pedidos que integram as ações constitutivas e, portanto, criadoras, modificativas ou extintivas de um estado jurídico, e os pedidos que compõem as ações declaratórias, afirmação ou negação de direitos na relação jurídica, são imprescritíveis, de modo

---

opiniao-regime-prescricao-lei-improbidade#:~:text=Conforme%20o%20novo%20artigo%20 23,essa%20realidade%20que%20devemos%20lidar.. Acesso em: 07 jan. 2022.

[462] STJ. Resp nº 704.323-RS. Rel.: Min. Francisco Falcão. 1ª Turma. Julg.: 16.02.2006. DJ 06.03.2006. REsp nº 1433552/SP; Rel. Min. Humberto Martins. 2ª Turma. Julg.: 25.11.2014. DJE 05.12.2014.

[463] LANDI, Guido; POTENZA, Giuseppe. *Manuale de diritto amministrativo*. 6. ed. Milão: Dott A. Giuffré, 1978. p. 99.

[464] REsp nº 1.089.492/R0, Rel. Min. Luiz Fux, Primeira Turma, julgado em 04.11.2010, DJe 18.11.2010. REsp nº 1.374.741 – CE, Rel. Min. Og Fernandes, 21.11.2018.

que o debate quanto à prescrição dirige-se, apenas, aos pedidos que formam ações condenatórias, onde se busca uma sanção.[465]

Tem-se que o tempo é fator de grande relevância e pode, com o concurso de outros fatores, funcionar como causa de aquisição ou perda de direitos, de modo que o ordenamento jurídico não tutela quem não exerce o seu direito, desprezando-o.[466]

Em que pesem a redação constitucional e as opiniões doutrinárias em favor da imprescritibilidade das ações de ressarcimento ao erário, o Supremo Tribunal Federal fixou tese de repercussão geral no Tema nº 666, por meio da qual declarou serem prescritíveis, como regra, as ações de reparação de danos à Fazenda Pública decorrentes de ilícito civil.[467] Posteriormente, em 2018, a Corte Suprema fixou tese de repercussão geral no Tema nº 897, estabelecendo que "são imprescritíveis as ações de ressarcimento ao erário fundadas na prática de ato doloso tipificado na Lei de Improbidade Administrativa".[468]

Tem-se, portanto, pacificado o panorama jurisprudencial quanto à aplicação do art. 37, §5º, da CRFB/1988: as ações de ressarcimento ao erário são, em regra, prescritíveis, excepcionadas aquelas que se fundem em atos dolosos de improbidade administrativa, tipificados na Lei nº 8.429/1992 – que, com o advento da Lei nº 14.230/2021, passou a dispor de um rol taxativo de atos ímprobos.

Em 2020, tal entendimento foi estendido pelo Supremo Tribunal Federal[469] às condenações e imputações de débito oriundas dos Tribunais de Contas. Definiu-se que as pretensões de ressarcimento ao erário fundadas em decisões dos Tribunais de Contas são, em regra, prescritíveis, ressalvadas aquelas fundadas em atos dolosos tipificados na Lei de Improbidade Administrativa.

Por fim, quanto ao prazo prescricional aplicável especificamente às ações de ressarcimento ao erário, o Superior Tribunal de Justiça[470] firmou em sua jurisprudência a incidência do período quinquenal

---

[465] RIZZARDO, Arnaldo. *Parte geral do Código Civil*. 3. ed. Rio de Janeiro: Forense, 2005. p. 613-614.
[466] RUGGIERO, Roberto de. *Instituições de Direito Civil*. Campinas: Bookseller 1999. v. 1, p. 411-412.
[467] STF. Plenário. RE 669069/MG, Rel. Min Teori Zavascki, julgado em 03.02.2016 (Repercussão Geral – Tema 666).
[468] STF. Plenário. RE nº 852.475/SP, Rel. orig. Min. Alexandre de Moraes, Rel. para acórdão Min. Edson Fachin, julgado em 08.08.2018 (Repercussão Geral – Tema 897).
[469] STF. Plenário. RE nº 636.886, Rel. Alexandre de Moraes, julgado em 20.04.2020 (Repercussão Geral – Tema 899).
[470] AgRg no REsp 1.423.088/PR, Rel. Ministro Humberto Martins, Segunda Turma, DJe 19.05.2014.

estipulado no art. 1º do Decreto nº 20.910/1932. Para o Tribunal da Cidadania, cuida-se de um imperativo de isonomia, devendo ser aplicado ao particular o mesmo prazo prescricional de que dispõe a Fazenda Pública nas execuções em seu desfavor.

7.1.2 Prescrição aquisitiva e prescrição extintiva

O instituto da prescrição terá sempre como essência o decurso do tempo e a inércia do titular do direito. Diz respeito aos efeitos que o transcurso do tempo pode causar sobre direitos subjetivos, devendo, portanto, ser compreendido a partir de uma dualidade conceitual, servindo, a um só tempo, para extinguir situações jurídicas e para consolidar relações que se protraem, perpetuam-se no tempo.[471]

Em seu sentido extintivo, atua como força destrutiva do direito de pretensão do titular negligente. Ocorre o perdimento do poder de exigibilidade em face de quem tem o encargo do cumprimento de determinada obrigação e não o fez dentro de certo elastério temporal. Tem-se que a prescrição está em função do tempo, não operando sem a sua fluência, aliada ao desleixo, à negligência do sujeito, que permite a outrem a manutenção da negação prática da relação jurídica.[472] Assim, a prescrição extintiva concede ao devedor a faculdade de não ser molestado, sendo oponível, em regra, em face das ações condenatórias.

Por outro lado, a prescrição aquisitiva tem por objeto a propriedade, na esfera restritamente civil, possuindo como condições elementares a posse e o tempo, acompanhadas de justo título e boa-fé, quando ordinária, tendo como efeito a aquisição do domínio. Tem-se que a pessoa que desfruta de um direito por longo tempo, prefixado este em lei, tende a incorporá-lo ao seu patrimônio, retirando a coisa ou o direito do patrimônio do titular em favor do prescribente que, com ânimo de dono, exercita de fato as faculdades decorrentes do domínio.[473] Na prescrição aquisitiva predomina a força criadora, de onde nasce o direito e com isso extingue o direito de pretensão do inerte.

Nesse sentido, adotada uma concepção dualista, a prescrição aquisitiva implica um sentido positivo do lapso temporal, culminando

---

[471] CHAVES, Cristiano; ROSENVALD, Nelson. *Curso de Direito Civil:* parte geral e LINDB. 13. ed. São Paulo: Atlas, 2015. v. I, p. 117.

[472] LEAL, Antônio Luiz da Câmara. *Da prescrição e da decadência.* 3. ed. Rio de Janeiro: Forense, 1978. p. 7.

[473] PEREIRA, Caio Mário da Silva. *Instituições de Direito Civil.* 23. ed. Rio de Janeiro: Forense, 2010. v. I, p. 585.

na aquisição de direito em desfavor do inerte; a prescrição extintiva, por sua vez, tem um sentido negativo, acarretando a perda do direito de ação, no que pode acarretar a perda de um bem. Segundo a teoria monista, da mesma forma que a prescrição é meio de extinção da pretensão, igualmente, ela é fato jurídico para eventualmente concretizar aquisição de terceiro, devido à extinção do direito para o antigo titular.[474] Defende Carvalho Filho que considerando as relações jurídicas e os sujeitos que as compõem, a extinção de um direito acarreta a criação de outro: "A perda e a aquisição são faces da mesma moeda".[475]

No que tange à pretensão que circunda o ato de improbidade, tem-se que a inação com o decurso do tempo culminará, invariavelmente, na prescrição extintiva, colmatando no empecilho à condenação do agente. Não há que se falar em aquisição de direitos em razão de inércia, haja vista que a prescrição na perquirição do ilícito de improbidade administrativa não configura fato jurídico apto à consecução de direito, o que afasta do microssistema criado pela Lei nº 8.429/92 a possibilidade de ocorrência de prescrição aquisitiva. Dessa forma, cabe clarear ao máximo de que não pode haver aquisição de direito ou bem em face de qualquer tipo de inércia em ações de improbidade administrativa.

7.1.3 Impedimento, suspensão e interrupção

O curso do prazo prescricional pode ser impedido, suspenso ou interrompido. O impedimento, a suspensão e a interrupção são institutos que relativizam a inexorabilidade da contagem do tempo prescricional, obstando a fluidez normal de sua contagem.

As situações impeditivas evitam que o curso do prazo prescricional se inicie, mesmo diante de violação a direito. As hipóteses têm como base o estado da pessoa, seja individual ou familiar, atendendo às razões de confiança, amizade e motivos de ordem moral. Os incisos I a III do art. 197 do CC/02 impedem o curso da prescrição entre os cônjuges, na constância da sociedade conjugal; entre ascendentes e descendentes, durante o poder familiar; e entre tutelados ou curatelados e seus tutores ou curadores, durante a tutela ou curatela. O inciso I do art. 198 do CC/02, por sua vez, soma às hipóteses de impedimento à

---

[474] GOMES, Orlando. *Direitos reais*. 16. ed. Rio de Janeiro: Forense, 2010. p. 161.
[475] CARVALHO FILHO, José dos Santos. *Improbidade administrativa:* prescrição e outros prazos extintivos. São Paulo: Atlas, 2012. p. 19.

prescrição aquela arguível contra os absolutamente incapazes. Por fim, o art. 199, incisos I e II, impõe não correr a prescrição quando pender condição suspensiva e não estando vencido o prazo.

Evidentemente, as hipóteses mencionadas de impedimento não podem ser vivenciadas em sede de improbidade administrativa, ante a inexistência das relações exigidas pelo legislador civilista às hipóteses elencadas. A que, hipoteticamente, poderia ser vislumbrada seria o impedimento do prazo contra o absolutamente incapaz, o que faria emergir a discussão se um absolutamente incapaz poderia cometer um ato ímprobo. Considerando que, nos termos do art. 3º do CC/02, com a redação dada pela Lei nº 13.146/15, apenas os menores de dezesseis anos são considerados como absolutamente incapazes, inexistente a incidência em hipótese de emancipação legal, a responsabilização civil do incapaz está condicionada à ausência de obrigação dos responsáveis de fazê-lo ou de meios suficientes à indenização, conforme art. 928 do CC/02. Ademais, sem a intenção de exaurir a temática, à configuração de ato ímprobo exige-se um dolo qualificado, cuja existência de total discernimento é essencial à imputabilidade, razão pela qual não se vislumbra a responsabilização do menor de dezesseis anos por ato ímprobo.

As causas suspensivas, por sua vez, paralisam temporariamente o curso do prazo prescricional. Uma vez superado o fato suspensivo, a prescrição continua a correr, computando o tempo decorrido antes dele. Nesse sentido, a suspensão tem como pressuposto o curso do prazo prescricional já iniciado, sendo situação superveniente ao termo inicial.[476] Como mais uma inovação da Lei nº 14.230/2021, a Lei de Improbidade Administrativa passou a prever, de forma expressa, modalidades de suspensão e interrupção do prazo prescricional em substituição à aplicação subsidiária das regras gerais do Código Civil sobre a matéria.

Nos termos do novel art. 23, §1º, da Lei nº 8.429/1992, suspende-se o prazo prescricional nos 180 (cento e oitenta) dias seguintes à instauração de inquérito civil ou de "processo administrativo". Em que pese a impropriedade na redação do dispositivo, o termo "processo administrativo" deve ser lido como "processo administrativo disciplinar".

Tanto a instauração de inquérito civil quanto a de processo administrativo disciplinar não podem prescindir de atos administrativos formais que demarquem o seu limiar, o que se dá na forma de portaria.

---

[476] AZEVEDO, Fábio de Oliveira. *Direito Civil*: introdução e teoria geral. Rio de Janeiro: Lumen Juris, 2009. p. 474.

No caso do inquérito civil, a instauração ocorre somente após a conclusão dos procedimentos preparatórios de investigação, que, por seu turno, são deflagrados a partir de uma notícia de fato.[477] Já no processo administrativo disciplinar, decidiu o Superior Tribunal de Justiça[478] que a portaria de instauração prescinde da exposição detalhada dos fatos a serem apurados, sob pena de comprometimento da presunção de inocência do servidor processado.

A previsão em comento é análoga à contida na Lei de Execuções Fiscais (Lei nº 6.830/1980) para os créditos não tributários, cujo prazo prescricional é suspenso por 180 (cento e oitenta) dias após a inscrição em dívida ativa (art. 2º, §3º). O legislador aplicou ao novo art. 23, §1º, da Lei nº 8.429/1992 o mesmo raciocínio encampado pelo dispositivo fiscal: se o inquérito civil ou o processo administrativo disciplinar forem formalmente concluídos no interregno dos 180 (cento e oitenta) dias, cessa a suspensão, voltando a correr o prazo prescricional. Contudo, se o procedimento não for concluído no prazo de 180 (cento e oitenta dias), a prescrição volta a ser contabilizada, eis que o investigado não pode ser prejudicado pela mora atribuível unicamente ao órgão sindicante.

Essa previsão não pode ser confundida com aquela encampada pelo Superior Tribunal de Justiça em sua Súmula nº 635.[479] Com efeito, a suspensão por 140 (cento e quarenta) dias do prazo prescricional diz respeito à pretensão administrativa de sanção disciplinar prevista em estatuto, não impactando, portanto, na pretensão ínsita às sanções de improbidade administrativa.

Atento ao prejuízo que a perpetuação de investigações pode causar aos particulares, o legislador incluiu na Lei de Improbidade Administrativa disposição de difícil operacionalização, qual seja, a estipulação de um prazo máximo para a conclusão dos inquéritos civis, 365 (trezentos e sessenta e cinco) dias, prorrogável apenas uma vez por igual período (art. 23, §2º). Encerrado esse prazo, a ação deve ser proposta em 30 (trinta) dias, se não for o caso de arquivamento do inquérito civil (art. 23, §3º). No caso do processo administrativo disciplinar, a

---

[477] Conselho Nacional do Ministério Público (CNMP). Resolução nº 23, de 17 de setembro de 2007. Art. 4º.
[478] Súmula STJ nº 641.
[479] Súmula 635: "Os prazos prescricionais previstos no artigo 142 da Lei 8.112/1990 iniciam-se na data em que a autoridade competente para a abertura do procedimento administrativo toma conhecimento do fato, interrompem-se com o primeiro ato de instauração válido – sindicância de caráter punitivo ou processo disciplinar – e voltam a fluir por inteiro, após decorridos 140 dias desde a interrupção".

jurisprudência do Superior Tribunal de Justiça[480] admite a decretação de nulidade de todo o procedimento por excesso de prazo, desde que comprovado o prejuízo à defesa, em materialização do brocardo *pas de nullité sans grief*.

As causas que interrompem a prescrição decorrem de fatos hábeis à destruição dos efeitos do tempo já decorrido, desembocando na anulação do prazo que tenha sido contado.[481] Tornam o termo já iniciado inútil, acarretando o recomeço da contagem ao tempo do ato que se interrompeu. A Lei nº 14.230/2021 disciplinou a interrupção do prazo prescricional nas ações de improbidade administrativa, enumerando cinco hipóteses nos incisos do art. 23, §4º, e inserindo hipótese de prescrição intercorrente.

Desse modo, interrompem o prazo prescricional: a) o ajuizamento da ação de improbidade administrativa; b) a publicação da sentença condenatória; c) a publicação de decisão ou acórdão de Tribunal de Justiça ou Tribunal Regional Federal que confirma sentença condenatória ou que reforma sentença de improcedência; d) a publicação de decisão ou acórdão do Superior Tribunal de Justiça que confirma acórdão condenatório ou que reforma acórdão de improcedência; e) a publicação de decisão ou acórdão do Supremo Tribunal Federal que confirma acórdão condenatório ou que reforma acórdão de improcedência.

Quanto à primeira hipótese, a terminologia "ajuizamento da ação" é distinta do "despacho judicial que ordena a citação", regra geral do art. 202, I, do Código Civil para a interrupção da prescrição. Contudo, a disciplina geral dada pela legislação processual quanto aos efeitos da citação deve ser mantida para as ações de improbidade. Assim, o que interrompe a prescrição é o despacho judicial que ordena a citação, ainda que ordenada por juízo incompetente, e, uma vez realizada a citação válida, os efeitos da interrupção retroagem à data de ajuizamento da ação (art. 240, §1º, do CPC). Suscite-se que não pode ser beneficiada a parte processual negligente que requer a interrupção do prazo prescricional. A citação deve interromper a prescrição coberta de validade intrínseca, pois a prescrição não se interrompe com a citação nula por vício de forma ou por achar perempta a instância ou a ação.

Inegável a similitude das causas interruptivas do art. 23, §4º, da Lei nº 8.429/1992 com aquelas do art. 117 do Código Penal, em mais

---

[480] MS nº 13.074/DF, Min. Relator Rogerio Schietti Cruz, 3ª Seção, julgado em 27.05.2015, DJe 02.06.2015.
[481] PEREIRA, Caio Mário da Silva. *Instituições de Direito Civil*. 23. ed. Rio de Janeiro: Forense, 2010. v.1, p. 598.

uma demonstração da intenção do legislador de aproximar os sistemas de direito sancionador. Com efeito, deve ser aplicado às ações de improbidade o entendimento já consolidado na seara penal, no sentido de que a sentença absolutória (*in casu*, a sentença de improcedência da ação de improbidade) não tem o condão de interromper o transcurso do lapso prescricional.

Ressalve-se que o enunciado da Súmula nº 106 do STJ, sob o qual, uma vez proposta a ação no prazo fixado para o seu exercício, a demora na citação, por motivos inerentes ao mecanismo da Justiça,[482] não justifica o acolhimento da arguição de prescrição ou decadência, deve ser interpretado com ponderação para não perpetrar um ato teratológico.

Partindo-se de uma interpretação sistêmica da Lei nº 8.429/92 com os cânones do Código de Processo Civil, inexiste razoabilidade para que uma demanda ajuizada e que não tenha sido providenciada a citação interrompa o lapso prescricional indefinidamente. Anuir que a citação pode ser realizada dentro de lapso temporal indeterminado é uma afronta à razoável duração do processo.

Na hipótese de não se conseguir de imediato efetivar a citação, a medida prevista é requerer ou diligenciar para sua efetiva realização. Mesmo diante do conteúdo deontológico do §3º do art. 240 do CPC/15, de que prejuízo causado pela demora da citação imputável exclusivamente ao serviço judiciário não pode ser de responsabilidade do sujeito ativo, não se pode protelar indefinidamente essa situação, pois os entes públicos têm a obrigação de velar de forma imediata pelo ressarcimento ao erário e aplicação dos parâmetros legais.

Igualmente, é improvável uma demora exacerbada na citação do réu na ação de improbidade porque a notificação para a defesa prévia é ato próprio do juízo, e não do autor da ação, nos termos do §7º do art. 17 da Lei nº 8.429/92, por se tratar de ato inerente e necessário ao processo, levando-se ao conhecimento do impetrado as informações imprescindíveis para a defesa do pretenso ato de improbidade. Tal

---

[482] A compreensão exarada na origem, quanto à não interrupção do prazo prescricional em virtude da ausência de citação válida nos prazos constantes dos §§2º e 3º do art. 219 do CPC/73, imputada exclusivamente à parte demandante, não merece reparos, pois em consonância com a lei de regência, bem como com a jurisprudência pacífica desta Corte de Justiça sobre o tema. Efetivamente, nos termos do art. 219, §4º, do CPC, "não se efetuando a citação nos prazos mencionados nos parágrafos antecedentes, haver-se-á por não interrompida a prescrição", a qual somente se interrompe, com efeitos retroativos à data da propositura da ação, quando verificada que a demora da citação deu-se por motivos inerentes ao mecanismo da Justiça, nos termos da Súmula nº 106/STJ. AgInt no Agravo em Recurso Especial nº 962.865 – SC (2016/0205935-0). Rel. Min. Marco Aurélio Bellizze.

conclusão advém do texto normativo, que institui que, estando a inicial em devida forma, o juiz mandará autuá-la e ordenará a notificação do requerido para oferecer manifestação por escrito, que poderá ser instruída com documentos e justificações, dentro do prazo de quinze dias.

Destarte, uma vez ordenada a citação, sem que tenha sido operada a prescrição, ela retroagirá a data da propositura da ação apenas se o ato de chamamento ao processo se efetivar. Caso ele não ocorra, a causa interruptiva não ocorrerá, pois a condição essencial para sua configuração não aconteceu.

Uma vez interrompida, a prescrição retoma seu curso no período seguinte ao da interrupção ou da data do último ato do processo dirigido à operação da interrupção (parágrafo único do art. 202 do Código Civil/02).

De modo a evitar a perpetuação de processos de improbidade nos juízos e tribunais pátrios, a Lei nº 14.230/2021 trouxe previsão específica para a ocorrência da prescrição intercorrente nas ações de improbidade administrativa através da alteração do art. 23 do diploma legal e inclusão do §5º.[483]

Portanto, para que haja o esclarecimento de quais atos configuram o dispositivo, destaca-se que é necessária a paralisação não justificada e longa de um processo judicial, ou seja, é mister que não haja ocorrido alguma das hipóteses de interrupção da prescrição previstas no §4º do art. 23.

Portanto, nos termos do dispositivo legal, o juiz ou o tribunal, depois de ouvido o Ministério Público, deverá reconhecer a prescrição intercorrente da pretensão sancionadora e decretá-la de imediato, de ofício ou a requerimento da parte interessada, caso, entre os marcos interruptivos referidos no § 4º, conforme citado, transcorra o prazo previsto no § 5º, que se estabelece à metade do prazo previsto no *caput* do art. 23, ou seja, quatro anos.

Isto posto, destaca-se que a delimitação da prescrição intercorrente prevista pela Lei 14.230/2021 vem sendo aplicada de modo não uníssono pelos Tribunais.[484]

---

[483] § 5º Interrompida a prescrição, o prazo recomeça a correr do dia da interrupção, pela metade do prazo previsto no caput deste artigo.

[484] TRF-4 - AG: 50515523220214040000 5051552-32.2021.4.04.0000, Relator: VIVIAN JOSETE PANTALEÃO CAMINHA, Data de Julgamento: 14/12/2021, QUARTA TURMA.
TJ-MT- Ação Civil Pública - Processo 0000790-56.2015.8.11.0040, 4ª Vara Cível de Sorriso.

Dessa forma, instaura-se a discussão doutrinária e jurisprudencial em torno da aplicabilidade da prescrição intercorrente em relação à peculiaridade de tratamento a ações já ajuizadas e em curso, através da retroatividade da Lei.

Assim, consideradas as alterações relevantes à Lei 8.429/92, impetradas pela Lei 14.230/21, de maneira que alguns dos dispositivos se tornaram mais benéficos para os réus de ações movidas sob sua égide, é mister que se empreenda um questionamento acerca do impasse intertemporal estabelecido em relação a ações de improbidade administrativa já ajuizadas, considerada a possibilidade de aplicação do princípio da irretroatividade da lei do Direito Penal[485] ao Direito Administrativo Sancionador,[486] diante do cunho repressivo e sancionatório da ação de improbidade administrativa.[487]

Tomando como base a Lei de Introdução às Normas do Direito Brasileiro, temos que "A lei em vigor terá efeito imediato e geral, respeitando o ato jurídico perfeito, o direito adquirido e a coisa julgada".[488]

Desta forma, tem-se que a Lei apenas não poderá retroagir ao encontro dos atos jurídicos elencados pela legislação, contando com aplicação procedimental, no entanto, aos processos em curso, desde que mantidos os atos já realizados e efeitos resultantes, nos termos do Artigo 14 do Código de Processo Civil.[489]

TRF-3 — ApCiv: 50005477920184036118 SP, Relator: Desembargador Federal LUIS CARLOS HIROKI MUTA, Data de Julgamento: 17/12/2021, 3ª Turma, Data de Publicação: Intimação via sistema DATA: 14/01/2022.

[485] Artigo. 5º, XL da Constituição Federal: "XL - a lei penal não retroagirá, salvo para beneficiar o réu;"

[486] Nesse sentido, deve-se asseverar a regência das normas do direito administrativo sancionador para a Lei de Improbidade Administrativa, considerando o exposto pelo §4º do Artigo 1º da Lei 8429/92, com a seguinte redação: § 4º Aplicam-se ao sistema da improbidade disciplinado nesta Lei os princípios constitucionais do direito administrativo sancionador.

[487] Neste prisma, aponta-se o seguinte trecho de julgamento do Tribunal de Justiça de São Paulo: "Doutrina e jurisprudência majoritárias consideram que normas de direito administrativo sancionador possuem similitude com normas penais; e, quando mais benéficas, devem retroagir em benefício do réu".
TJ-SP; Agravo de Instrumento 2146747-50.2021.8.26.0000; Relator Torres de Carvalho; 10ª Câmara de Direito Público; Foro de Arujá - Juizado Especial Cível e Criminal; Data do Julgamento: 16/12/2021; Data de Registro: 16/12/2021.

[488] Trecho correspondente ao Artigo 6º do Decreto n. 4.657/1942. Neste mesmo sentido, dispõe a Constituição Federal, Artigo 5º, XXXVI, que "A lei não prejudicará o direito adquirido, o ato jurídico perfeito e a coisa julgada."

[489] Artigo 14 do Código de Processo Civil: "A norma processual não retroagirá e será aplicável imediatamente aos processos em curso, respeitados os atos processuais praticados e as situações jurídicas consolidadas sob a vigência da norma revogada."

Nesse sentido, a jurisprudência tem se manifestado majoritariamente de maneira favorável à aplicação da Lei 14.230/2021 aos processos em curso.[490]

Desta forma, tem-se que, para a determinação da aplicabilidade retroativa da nova Lei de Improbidade Administrativa, devem ser observados os critérios de respeito à coisa julgada, ao ato jurídico perfeito e do direito adquirido, os quais não se alteram, bem como identificar a natureza da matéria discutida, se material ou processual, para que sejam analisadas as possibilidades de aplicação efetiva do novo dispositivo. Sobretudo, os aplicadores devem reter especial atenção à aplicação imediata da Lei 14.230/21, bem como ao prestígio majoritário à regência da prescrição intercorrente para processos em curso, desde que beneficie o réu.[491]

7.1.4 Renúncia à prescrição e prescrição *ex officio*

Quando o prazo prescricional chegar ao seu término, versando o litígio sobre bens disponíveis de seu titular, a prerrogativa sobre o bem litigioso pode ser renunciada, desde que não cause prejuízo a terceiro. Se o bem pretendido for indisponível, não cabe a utilização do instituto da renúncia na seara prescritiva. Esse ato pode ser expresso ou tácito, esta última forma de renúncia decorre da prática de atos incompatíveis com o fato prescricional, materializando a vontade do prescribente.[492]

Para Venosa, a renúncia é um ato de vontade abdicativo de um direito por parte do titular, sendo totalmente dependente da vontade do renunciante, desmerecendo a aprovação ou aceitação de terceiro, consubstanciando, portanto, um ato unilateral a ser declarado depois de consumada a prescrição.[493] Tal premissa tem o condão de manter a estabilidade das relações jurídicas, impedindo que uma das partes imponha um pacto de renúncia.

---

[490] Agravo de instrumento nº 2171166-37.2021.8.26.0000- 5ª Câmara de Direito Público, Relatora desembargadora Maria Laura Tavares, Julgado em 6 de dezembro de 2021.
Agravo de instrumento nº 2029132-39.2021.8.26.0000,- 8ª Câmara de Direito Público, Relator designado desembargador Leonel Costa, julgado em 24 de novembro de 2021.

[491] Destaca-se posicionamento do STF de que "norma de natureza jurídica mista e mais benéfica ao réu, deve retroagir em seu benefício".
AgRg no HC 575.395/RN, relator ministro NEFI CORDEIRO, SEXTA TURMA, julgado em 08/09/2020, DJe 14/09/2020.

[492] "L'application de la prescription résultant d'un acte de volonté du débiteur, il depend de lui de renoncer à la prescription, une fois celle-ci acquise". COLIN, Ambroise; CAPITANT, Henri. *Cours élémentarie de droit civil français*. 8. ed. Paris: Libr. Dalloz, 1935. p. 364.

[493] VENOSA, Silvio de Salvo. *Direito Civil*. 7. ed. Rio de Janeiro: Atlas, 2007. p. 532.

Regulada no art. 191 do Código Civil/02, a literalidade do instituto da renúncia implica que esta apenas ocorrerá depois da consumação da prescrição. No entanto, é lógico que a causa interruptiva de prática de ato inequívoco, ainda que extrajudicial, que importa no reconhecimento do direito pelo devedor, previsto no inciso VI do art. 202 do referido diploma, apenas não configura renúncia no sentido técnico da palavra porque ela ainda não se concretizou, mas acarreta a interrupção do curso do prazo prescricional.

Em razão de que o *télos* da ação de improbidade é a defesa do bem público, seguindo os rigores do princípio da legalidade estrita, pode-se sustentar que é incabível a renúncia ao instituto no curso do prazo.[494] Para José dos Santos Carvalho Filho, a renúncia ao prazo prescricional não se aplica em sede de improbidade administrativa ante ao fato de natureza da relação jurídica entre a Administração Pública e o administrado ser eminentemente de Direito Público.[495] Sustenta-se que, em razão da proeminência do ordenamento jurídico, não se pode vislumbrar renúncia à prescrição em sede de improbidade administrativa.

No que tange à prescrição *ex officio*, o CPC/15 manteve reconhecida a natureza de ordem pública da matéria, fazendo com que os magistrados devam apreciá-la de ofício, excepcionando-se as hipóteses que envolvam direitos patrimoniais. Ademais, faz-se necessária a manifestação da parte acerca da prescrição e decadência antes de ser resolvida a causa, podendo o juiz tão somente conhecer a prescrição depois de ser dada às partes oportunidade de se manifestarem, conforme art. 10 c/c parágrafo único do art. 487, ambos do CPC/15.

Considerando a previsão legal citada, da declaração *ex officio* da prescrição, que só faz ressalva às hipóteses que versem sobre direitos patrimoniais, inexiste possibilidade de sua exclusão da seara da improbidade administrativa. Tanto é assim que a prescrição pode ser declarada a qualquer tempo, inclusive em sede de recurso, como verdadeira matéria de ordem pública e, portanto, consubstancia uma garantia que não pode ser solapada.

A necessidade da perquirição do ato ímprobo decorre do dever de zelo ao patrimônio público. A negativa desse dever jurídico desprotege o setor público e, por conseguinte, os valores e princípios nele abrigados.

---

[494] STJ. AgRg no REsp nº 1038103/SP. Segunda Turma. *DJ* de 04.05.2009; REsp nº 1067561/AM. Segunda Turma. *DJ* de 27.02.2009; REsp nº 801846/AM. Primeira Turma. *DJ* de 12.02.2009.
[495] CARVALHO FILHO, José dos Santos. *Improbidade administrativa*: prescrição e outros prazos extintivos. São Paulo: Atlas, 2012. p. 114.

Todavia, a exação da obtenção indevida de vantagens patrimoniais a expensas do Erário pelo exercício nocivo das funções públicas necessita ser plasmado pelo princípio da legalidade, obrigando que os magistrados reconheçam de ofício a prescrição. Atente-se que a única das sanções que não sofre os efeitos da prescrição é o ressarcimento ao Erário, como já fora várias vezes asseverado.[496]

7.1.5 Legitimação para arguir a prescrição

A Lei nº 8.429/92 nada mencionou acerca da legitimidade para arguição da prescrição, o que implica a aplicação da legislação cível como normativa genérica do instituto. O art. 193 do Código Civil/02 preleciona que o legítimo à arguição da prescrição é a parte a quem aproveita. Outrossim, desde as alterações realizadas pela Lei nº 11.280/06, ao Código de Processo Civil/15, tem sido reconhecida a natureza de matéria de ordem pública da prescrição, determinando-se que o juiz a pronuncie de ofício.

No entanto, a nova sistemática processual impôs a necessidade de manifestação da parte acerca da prescrição e decadência antes de ser resolvida a causa, podendo o juiz tão somente conhecer a prescrição depois de ter dado às partes oportunidade de se manifestar, conforme art. 10 c/c parágrafo único do art. 487, ambos do CPC/15. Esta regra é excepcionada nas causas que dispensem a fase instrutória, nas quais o juiz pode julgar liminarmente o pedido quando verificar a ocorrência de decadência ou prescrição, nos termos do §1º do art. 332 do CPC/15.

Para além do critério cronológico, o fato de a prescrição implicar a perda do direito de pretensão, que é ato, objeto e fenômeno processual, a especialidade da matéria demanda a superação da restrição de sua legitimidade estabelecida pelo Código Civil.

A matéria de ordem pública, apesar da dificuldade e consequente diversidade conceitual, pode ser compreendida como um conjunto de princípios implícitos ou explícitos, que regulamentam bens públicos, conhecidos num determinado ordenamento jurídico e considerados fundamentais.[497] Para Luís Roberto Barroso é um princípio geral de preservação de valores jurídicos, morais e econômicos de determinada

---

[496] "É prescritível a ação de reparação de danos à Fazenda Pública decorrente de ilícito civil, não se aplicando aos prejuízos que decorram de ato de improbidade administrativa". STF. Plenário. RE nº 669069/MG, Rel. Min. Teori Zavascki, julgado em 03.02.2016.

[497] STRENGER, Irineu. *Curso de direito internacional privado*. Rio de Janeiro: Forense, 1978. p. 512.

sociedade política, que, consequentemente, deve ser aplicado pelo juiz no caso concreto. Negados os meios e propósitos arbitrários, a discricionariedade impõe o zelo pela base fundamental do ordenamento jurídico presente nos preceitos contidos na Constituição Federal.[498]

Nesse sentido, ordem pública consubstancia verdadeiro critério axiológico vivenciado em constante ambiguidade, haja vista que seu campo de incidência se adapta às peculiaridades históricas, culturais, sociológicas e jurídicas existentes em cada país. Todavia, o elemento que mais fortemente exala de seu substrato material é sua essencialidade para o funcionamento do tecido social, disciplinando prioritariamente as limitações ao exercício de poder e a eficácia dos direitos humanos.

Tal avaliação parte do fato de que a ordem pública constitui princípio único, que irradia seus efeitos em planos diversos, de modo que, internamente, age no sentido de limitar a autonomia de vontade das partes, dando prevalência aos comandos estatais.[499] Ela é um conjunto de regramentos que se diferenciam da ordem privada, em razão de que não há predominância do princípio da autonomia da vontade e existe a prevalência altaneira do princípio da supremacia do interesse público.

Portanto, pela preponderância do interesse público envolto na Lei de Improbidade Administrativa, de taxonomia indubitável de ordem pública, a prescrição pode ser suscitada por todo aquele que de alguma forma se beneficie de seus efeitos, mas, obrigatoriamente, em razão do princípio da legalidade, pelo Judiciário, em virtude do não envolvimento de direitos disponíveis. Igualmente, ela deve ser alegada pelo Ministério Público, *custos legis*, por essência dessa matéria. No mesmo sentido, é facultado ao terceiro aduzir a prescrição em qualquer grau de jurisdição, ainda que não o tenha feito o agente público, aproveitando-lhe quando o fato extintivo lhe trouxer benefícios.[500]

Uma vez verificada a prescrição, deve o ente público, pela obrigação na consecução dos parâmetros da legalidade, não entrar com a ação de improbidade e, sendo ela apenas verificada em seu curso, não discordar de sua existência pela simples razão de se opor ao pedido formulado pelo Requerido. Não se trata de uma contenda de interesses

---

[498] BARROSO, Luís Roberto. *Interpretação e aplicação da constituição*. 3. ed. rev. e atual. São Paulo: Saraiva, 1999, p. 50.

[499] BARROSO, Luís Roberto. *Interpretação e aplicação da constituição*. 3. ed. rev. e atual. São Paulo: Saraiva, 1999. p. 46.

[500] CARVALHO FILHO, José dos Santos. *Improbidade administrativa:* prescrição e outros prazos extintivos. São Paulo: Atlas, 2012. p. 116.

disponíveis, mas de assegurar a moralidade administrativa e respeitar os direitos fundamentais dos cidadãos.

7.1.6 Alterabilidade de prazos

O art. 192 do Código Civil/02 determina que os prazos prescricionais não podem ser alterados por acordo das partes, premissa que densifica a concepção da natureza de matéria de ordem pública, retirando-se, sob esse fundamento, o instituto do livre-arbítrio dos particulares.

José dos Santos Carvalho Filho leciona que se a vedação de alteração dos prazos prescricionais por acordo das partes é dirigida às relações privadas em geral, mais forte ainda é a razão para aplicá-la na relação jurídica entre Estado e particular, no que tange à probidade na administração da *res publica*.[501]

Assim, os prazos prescricionais estabelecidos no art. 23 da Lei nº 8.429/92 têm caráter de ordem pública, o que os retira da esfera de variabilidade caso a caso com fulcro em interesses particulares e casuísticos, aplicando-se a vedação prevista no art. 192 do Código Civil/02.

7.2 Decadência

O Código Civil/02 foi construído sob o princípio da operacionalidade, estabelecendo soluções normativas a fim de facilitar a interpretação e aplicação pelo jurista, esforçando-se no delineamento do instituto da decadência, que outrora não era claro.[502] A inovação conduziu ao disciplinamento expresso da decadência nos arts. 207 a 211 do referido diploma, mencionando-a em inúmeros outros dispositivos, aplicável de modo subsidiário ou suplementar nas demais searas.

Para Maria Helena Diniz, a decadência é conceituada como extinção do direito pela inatividade do titular, que deixou *in albis* o prazo para o exercício fixado voluntariamente ou pela lei. O objeto da decadência é um direito que, seja por determinação legal ou por vontade

---

[501] CARVALHO FILHO, José dos Santos. *Improbidade administrativa*: prescrição e outros prazos extintivos. São Paulo: Atlas, 2012. p. 117.

[502] REALE, Miguel. As diretrizes fundamentais do Projeto do Código civil. Comentários sobre o projeto do Código Civil brasileiro. *Série Cadernos do CEJ*, v. 30, 2002. Disponível em: http://www.cjf.jus.br/CEJ-Coedi/serie-cadernos/. Acesso em: 29 abr. 2016.

unilateral ou bilateral, tem condicionado o exercício em determinado espaço de tempo, sob pena da caducidade. Assim, a inação do titular diante de seu direito potestativo, dentro de predeterminado lapso de tempo, opera o perecimento do direito, impedindo-se o seu usufruto.[503]

Para Câmara Leal, trata-se da "extinção do direito pela inércia de seu titular", haja vista que sua eficácia foi originariamente subordinada à condição de exercício dentro de prazo determinado, e este se consumiu sem que o exercício houvesse verificado.[504]

O direito potestativo, tal qual conceituado por Chiovenda, traduz-se em uma prerrogativa, mediante a manifestação de vontade, de produzir-se um efeito jurídico desejado ou finalizar-se um estado jurídico de desvantagem. Para que se atinja o efeito jurídico, não há condicionamento ao sujeito passivo, de modo que a oposição deste não gera empecilhos.[505] A afetação a esfera jurídica de outra pessoa impõe a aceitação ou a tolerância da modificação jurídica.[506]

Quando um direito potestativo não é exercido dentro do prazo, provoca-se a decadência do mesmo, extinguindo-se, o que também acarreta a supressão instantânea da pretensão e da ação. Os direitos potestativos são despretensiosos por não tratarem de oposição a um dever, sendo insuscetíveis, portanto, à violação. Doutrina Moreira Alves que eles representam a mera sujeição de alguém às consequências da modificação de estado jurídico existente, não configurando violação a direito, haja vista que este sequer é perquirido para que se fale em descumprimento, razão pela qual a decadência alcança a todos, com exceção dos absolutamente incapazes.[507]

Por atacar direito, não há que se falar em impedimento, interrupção ou suspensão. O instituto depende tão somente da inação do sujeito perante seu direito. Sintetiza Carlos Roberto Gonçalves que a

---

[503] DINIZ, Maria Helena. *Curso de Direito Civil brasileiro*. 32. ed. São Paulo: Saraiva, 2015. v. I, p. 460-462.

[504] LEAL, Antônio Luiz da Câmara. *Da prescrição e da decadência*. 3. ed. Rio de Janeiro: Forense, 1978. p. 101.

[505] "[...] poder del titular del derecho, de producir, mediante una manifestación de voluntad, un efecto jurídico en el cual tiene interés, o la cesación de un estado jurídico desventajoso; y esto frente a una persona, o varias, que no están obligadas a ninguna prestación respecto de él, sino que están solamente 'sujetas', de manera que no pueden sustraerse a él, al efecto jurídico producido". CHIOVENDA, Giuseppe. *La acción en el sistema de los derechos*. Bogotá: Temis, 1986. nº 11, p. 31.

[506] LARENZ, Karl. *Derecho Civil:* parte general. Tradução Miguel Izquierdo y Macías-Picavea. Madrid: Edersa, 1978. p. 282.

[507] ALVES, José Carlos Moreira. *A parte geral do projeto do Código Civil brasileiro*. São Paulo: Saraiva, 1986. p. 155-156.

decadência, como regra geral, não pode ser impedida, suspensa ou interrompida.[508] No entanto, excepcionalmente, tal qual exemplificado no art. 208 do CC/02, o prazo decadencial pode ser interrompido ou suspenso quando a lei expressamente o fizer, o que não implica o acolhimento da possibilidade de convenção neste sentido.

Caio Mário da Silva Pereira sustenta que a decadência legal é fixada por motivo de ordem pública, como decorrência da imperiosidade de respeito ao princípio da estabilidade das relações jurídicas. A decadência convencional, por sua vez, é benefício às partes, sendo opcional pronunciá-la. Optando por não fazê-lo, aduz-se renunciado o prazo convencionado.[509]

A eventual perda de direito em virtude de ausência tempestiva do seu exercício no relacionamento direto entre agente público e cidadão faz com que este conviva com os efeitos da decadência.[510] Não se pode macular o princípio da segurança e da estabilidade das relações jurídicas, mesmo diante do confronto entre a necessidade do ressarcimento ao Erário e de observância do princípio da indisponibilidade do interesse público.[511]

A decadência fixada em lei, regra no mundo jurídico, e, uma vez existente, exclui a convencional, não pode ser modificada pelas partes, sendo nula a renúncia neste caso, conforme art. 209 do CC/02, vedação que comprime a autonomia privada e conduz à obrigação do juízo de conhecer a decadência de ofício, ainda que "renunciada" pelo titular do direito, provocando a extinção da ação com análise de mérito, conforme art. 487, II, do CPC/15, após a manifestação da parte acerca da prescrição e decadência. A decadência legal tem natureza jurídica de ordem pública, devendo ser conhecida a qualquer tempo e em qualquer grau ordinário de jurisdição, podendo, inclusive, causar a improcedência liminar do pedido, conforme o §1º do art. 332 do CPC/15, hipótese que desmerece a manifestação prévia da parte.

Se ela for classificada como convencional, suscetível a ser objeto de pacto, o prazo decadencial pode ser eleito pelos sujeitos do negócio

---

[508] GONÇALVES, Carlos Roberto. *Direito Civil Brasileiro*: parte geral. 9. ed. São Paulo: Saraiva, 2011. p. 535.
[509] PEREIRA, Caio Mário da Silva. *Instituições de direito civil*. 23. ed. Rio de Janeiro: Forense, 2010. v. I, p. 591.
[510] JUSTEN FILHO, Marçal. *Curso de direito administrativo*. 6. ed. Belo Horizonte: Fórum, 2010. p. 1237.
[511] GRINOVER, Ada Pellegrini. Ação de improbidade administrativa: decadência e prescrição. *In*: JORGE, Flávio Cheim; RODRIGUES, Marcelo Abelha; ALVIM, Eduardo Arruda (Coord.). *Temas de improbidade administrativa*. Rio de Janeiro: Lumen Juris, 2010. p. 13.

jurídico – quando não estabelecido prazo em lei para o direito substrato do que fora pactuado. Por decorrência do art. 211 do CC/02, as partes podem convencionar a decadência do direito objetivo da relação jurídica que celebram e, a quem aproveita, cabe a alegação a qualquer tempo e grau ordinário de jurisdição.[512] Nesse cenário, sendo fruto de convenção, veda-se que o juiz a declare de ofício.

Mesmo considerando que, em regra, os provimentos de natureza constitutiva são aqueles passíveis de sujeição aos efeitos da decadência,[513] Ada Pellegrini Grinover sustenta que a mudança de estado jurídico propugnada pela sanção de ressarcimento integral do dano prevista no art. 12 da Lei nº 8.429/92, com o decurso inerte do lapso temporal, sofre os efeitos da decadência, não estando sujeita à suspensão ou interrupção do prazo, fugindo da tipificação delineada no §5º do art. 37 da CRFB/88.[514] Por outro lado, para José dos Santos Carvalho Filho, as ofensas ao princípio da probidade e à preservação material e moral da sociedade não estão sujeitas ao instituto da decadência por se tratar de pretensão punitiva da Administração.[515]

Conforme agasalhado anteriormente, pela sua natureza nitidamente sancionatória, não existe prazo decadencial nas sanções previstas na Lei de Improbidade Administrativa. Sua natureza, em regra, configura-se em prazo prescricional.

7.3 Distinção entre prescrição e decadência segundo a doutrina clássica

A distinção segura entre a prescrição e decadência é objetivo antigo e remonta à própria origem dos institutos. Ainda distante de alcançar a unanimidade conceitual, as divergências doutrinárias representam a complexidade da matéria que aparentemente não foi mitigada com o decurso do tempo. Há, inclusive, quem já sucumbiu aos desforços e opta por negar a existência de qualquer diferença entre as duas principais

---

[512] LÔBO, Paulo. *Direito Civil:* parte geral. 4. ed. São Paulo: Saraiva, 2013. p. 330.
[513] YARSHELL, Flávio Luiz. *Tutela jurisdicional*. São Paulo: Atlas, 1999. p. 147.
[514] GRINOVER, Ada Pellegrini. Ação de improbidade administrativa: decadência e prescrição. In: JORGE, Flávio Cheim; RODRIGUES, Marcelo Abelha; ALVIM, Eduardo Arruda (Coord.). *Temas de improbidade administrativa*. Rio de Janeiro: Lumen Juris, 2010. p. 17-18.
[515] CARVALHO FILHO, José dos Santos. *Improbidade administrativa:* prescrição e outros prazos extintivos. São Paulo: Atlas, 2012. p. 121.

espécies de efeitos do tempo sobre as relações jurídicas.[516] Para Giorgi, resta indiscutível que a ciência ainda não encontrou um critério seguro para distinguir a prescrição das caducidades, consubstanciando um dos problemas mais insistentes da teoria geral do direito.[517]

Partindo-se da análise das semelhanças, haja vista que é mais consente, resume Francisco Amaral que os institutos se aproximam em três aspectos, que são pela natureza, pela fundamentação teleológica e pelos fatores determinantes. O primeiro aspecto resulta do fato de constituírem causa e disciplina de extinção de direitos e de suas respectivas ações. O fundamento teleológico como segundo aspecto advém da convergência do objetivo da preservação da paz social, certeza e da segurança jurídica. O terceiro aspecto, por sua vez, decorre do fato de que tanto a prescrição como a decadência consuma-se pelo decurso do tempo, aliado à inércia do titular do direito.[518]

Câmara Leal sustenta que é de decadência o prazo estabelecido pela lei ou pela vontade, unilateral ou bilateral, quando prefixado ao exercício do direito pelo seu titular. Por outro lado, o prazo seria de prescrição quando fixado legalmente, não para o exercício do direito, mas para o exercício da ação que o protege. Planteia ainda que se configura como prazo decadencial quando a ação e o direito originam-se do mesmo fato jurídico, de modo que o exercício da ação representa o próprio exercício do direito, embora aparentemente assemelhe-se ao instituto da prescrição. Para a efetivação desse instituto, a ação deve ser considerada como prefixada ao exercício do direito.[519]

Apesar de útil, o resultado da busca reverenciado carece de segurança metodológica, tendo o autor conferido um critério empírico de grande liberdade aos fundamentos de sua tese, fazendo menção a uma "discriminação prática dos prazos de decadência das ações".[520] Apesar de usual em várias hipóteses, uma vez determinado pelo legislador se o prazo é prescricional ou decadencial, ainda permanece o aplicador jurídico sem subsídios para poder realmente identificar a taxonomia do instituto realmente vivenciado. Mesmo seguindo-se a doutrina de

---

[516] RUGGIERO, Roberto de. *Instituições de Direito Civil*. Campinas: Bookseller, 1999. v. 1, p. 335.
[517] GIORGI, Jorge. *Teoria de las obligaciones en el Derecho moderno*. Madrid: Editorial: Reus, 1977. v. 9, p. 217.
[518] AMARAL, Francisco. *Direito Civil: introdução*. 5. ed. Rio de Janeiro: Renovar, 2003. p. 580.
[519] LEAL, Antônio Luiz da Câmara. *Da prescrição e da decadência*. 3. ed. Rio de Janeiro: Forense, 1978. p. 133-134.
[520] *Idem*, p. 434.

Câmara Leal, ainda há incerteza quanto ao momento do surgimento do direito, se concomitante ou não à ação.

Nos ensinamentos de Humberto Theodoro é possível encontrar relevante distinção entre os institutos da prescrição e da decadência, qual seja, o fato de os direitos potestativos só serem aplicadas as normas pertinentes à decadência. Sendo a prescrição a perda da pretensão, que consubstancia a força de reagir contra a violação do direito subjetivo, não se pode aplicar a prescrição aos direitos potestativos. Estes são poderes ou faculdades do sujeito detentores da mencionada prerrogativa de provocar a alteração de alguma situação jurídica, sem que haja contraposição de uma obrigação ou prestação por parte de outrem. Tem-se que a contraparte está meramente sujeita a sofrer as consequências da inovação jurídica e, nesses termos, não cabe aplicar aos direitos potestativos a prescrição. Afinal, não há, separadamente ao direito subjetivo, prestação a ser extinta. É o próprio direito potestativo que desaparece, por completo, ao término do prazo prefixado para seu exercício.[521]

Para Maria Helena Diniz, as divergências são apresentadas de forma sistemática, aduzindo a autora que a decadência extingue o direito e, indiretamente, a ação; a prescrição, por sua vez, extingue a ação e, por via oblíqua, pode impossibilitar a utilização do direito. O prazo decadencial é estabelecido por lei ou vontade unilateral ou bilateral; o prazo prescricional, somente por lei. A prescrição supõe uma ação cuja origem seria diversa da do direito; a decadência requer uma ação cuja origem é idêntica à do direito. A decadência corre contra todos; a prescrição não corre contra aqueles que estiverem sob a égide das causas de interrupção ou suspensão previstas em lei. A decadência decorrente de prazo legal pode ser julgada, de ofício, pelo juiz, independentemente de arguição do interessado; a prescrição das ações patrimoniais não pode ser, *ex officio*, decretada pelo magistrado. A decadência resultante de prazo legal não pode ser renunciada; a prescrição, após sua consumação, pode sê-lo pelo prescribente. Por fim, discorre que só as ações condenatórias sofrem os efeitos da prescrição; a decadência, preponderantemente, atinge direitos que tendem à modificação do estado jurídico existente.[522]

---

[521] THEODORO JÚNIOR, Humberto. *Comentários ao novo Código Civil*. Rio de Janeiro: Forense, 2003. t. 2, v. 3, p. 344.
[522] DINIZ, Maria Helena. *Curso de Direito Civil brasileiro*. 32. ed. São Paulo: Saraiva, 2015. p. 468-469. v. I.

Para finalizar a discussão, traz-se à baila a contribuição dos estudos do conterrâneo Agnelo Amorim, para quem estão sujeitas à prescrição todas as ações condenatórias, e somente elas, em virtude da prescrição da pretensão a que correspondem; estão sujeitas à decadência, por sua vez, as ações constitutivas que têm prazo especial de exercício fixado em lei, em razão da decadência do direito a que correspondem. Por sua vez, seriam imprescritíveis as ações constitutivas que não têm prazo especial de exercício fixado em lei e todas as ações declaratórias, especialmente se essa vedação for localizada em sede constitucional.[523]

A Lei de Improbidade Administrativa não trouxe nenhum prazo decadencial, em razão de seu caráter eminentemente sancionatório. Todas as sanções nela previstas são prescritíveis, à exceção, exclusivamente, do ressarcimento ao Erário, em virtude do cominado no §5º do art. 37 da CRFB/88. Essa prerrogativa deve ser interpretada de forma restritiva, pois não contribui para a consolidação de uma situação fática em razão da inexistência de qualquer prazo extintivo.[524]

---

[523] AMORIM FILHO, Agnelo. Critério científico para distinguir a prescrição da decadência e para identificar as ações imprescritíveis. *Revista de Direito Processual Civil*. São Paulo, v. 3, p. 95-132, jan./jun. 1961.

[524] SAVIGNY, Friedrich Carl Von. *Sistema de direito romano atual*. Ijuí: UNIJUI, 2005. t. IV, p. 185.

CAPÍTULO 8

O MOMENTO INVESTIGATIVO. O INQUÉRITO CIVIL

8.1 Natureza jurídica e origem do inquérito civil

O inquérito civil está previsto no art. 129, III, da CF, que o funda mediante a estipulação das funções institucionais do Ministério Público, dentre elas a de promoção do inquérito civil e da ação civil pública, a fim de proteger o patrimônio público e social, o meio ambiente e outros interesses difusos e coletivos.

Tratando-se de uma investigação administrativa prévia e a cargo do Ministério Público, o inquérito civil destina-se, elementarmente, a colher dados de convicção para que o próprio órgão ministerial possa identificar a presença ou não de circunstâncias que ensejem eventual propositura de ação civil pública ou outra ação coletiva.[525] Assim, tendo surgido com o intuito de coletar preliminarmente elementos instrutórios, propicia a persuasão do órgão do Ministério Público, encarregado da tutela difusa ou coletiva em análise, que, uma vez concluída a coleta, ponderará acerca do ajuizamento da referida ação ou do arquivamento da investigação.[526]

A origem do inquérito civil remonta à vivência da própria ação civil pública. A primeira menção desta, nos termos contemporâneos,

---

[525] ROCHA, Ibraim José das Mercês. Natureza jurídica do inquérito civil público: um breve estudo do seu ocaso e o Ministério Público do Trabalho. *Boletim de Direito Administrativo*, São Paulo, v. 18, n. 7, p. 549, jul. 2002.
[526] CRUZ, Ana Paula Fernandes Nogueira. O Ministério Público e a tutela preventiva dos interesses metaindividuais: o papel do inquérito civil. *Revista de Direitos Difusos*, Rio de Janeiro, v. 4, n. 18, p. 253, mar./abr. 2003.

foi realizada pela Lei nº 6.938/81, a Lei da Política Nacional do Meio Ambiente, que em seu art. 14, §1º, dispunha que o Ministério Público da União e o dos Estados têm legitimidade para propositura da ação de responsabilidade civil e criminal, por danos causados ao meio ambiente. Em seguida, o instituto da ação civil pública fora trazido em terminologia exata pela Lei Orgânica do Ministério Público, LC nº 40/81, utilizando-se de opção redacional em seu art. 3º, cujo escopo claro é distinguir a ação civil da ação penal pública.[527] Até então, a defesa difusa por meio de ação cível no direito pátrio era restrita ao cidadão, conforme a Lei nº 4.717/65, por intermédio da ação popular.

A ação civil pública no Brasil encontra sua ascendência formal no PL nº 3.034/84, que era baseado no anteprojeto discutido no I Congresso Nacional de Processo Civil, realizado em Porto Alegre, em 1983. Diante da densidade das elucubrações, posteriormente, adveio outro anteprojeto, a partir do PL nº 3.034/84, e nele incluiu-se o inquérito civil, entre outros instrumentos, a fim de subsidiar a ação civil.

Ao ingressar no mundo jurídico, a Lei nº 7.347/85 manteve a figura do inquérito civil, de modo que, nos termos do §1º do art. 8º, o Ministério Público pode instaurar, sob sua presidência, inquérito civil, ou requisitar, de qualquer organismo público ou particular, certidões, informações, exames ou perícias, no prazo que assinalar, que não pode ser inferior a dez dias. Caso haja convencimento da inexistência de elementos para a propositura da ação civil, pode-se pedir o arquivamento do inquérito civil, art. 9º da mencionada lei, remetendo-se os autos no prazo de três dias ao Conselho Superior do Ministério Público, sob pena de incorrer em falta grave.

O inquérito civil igualmente fora mencionado pela Lei nº 7.853/89, que dispõe sobre a proteção das pessoas portadoras de deficiência, instituindo a obrigatoriedade de o Ministério Público intervir nas ações públicas, coletivas ou individuais, em que se discutam interesses relacionados à deficiência das pessoas, permitindo a instauração do inquérito civil e aplicando-se no que couber a Lei nº 7.347/85. Fora mencionado também pelo art. 201 da Lei nº 8.069/90, o Estatuto da Criança e do Adolescente; pelo art. 90 do Código de Defesa do Consumidor/90.

Pela sua própria hipótese de incidência, a Lei Orgânica Nacional do Ministério Público, Lei nº 8.625/98, discorreu de forma mais minudente

---

[527] "Art. 3º – São funções institucionais do Ministério Público:
I – velar pela observância da Constituição e das leis, e promover-lhes a execução;
II – promover a ação penal pública;
III – promover a ação civil pública, nos termos da lei".

sobre a matéria. Outorgou ao *Parquet* a função de promoção do inquérito civil e da ação civil pública, na forma da lei, para a proteção, prevenção e reparação dos danos causados ao meio ambiente, ao consumidor, aos bens e direitos de valor artístico, estético, histórico, turístico e paisagístico, e a outros interesses difusos, coletivos e individuais indisponíveis e homogêneos, bem como para a anulação ou declaração de nulidade de atos lesivos ao patrimônio público ou à moralidade administrativa do Estado ou de Município, de suas administrações indiretas ou fundacionais ou de entidades privadas de que participem. Encontra-se menção ao inquérito civil também na Lei Orgânica do Ministério Público da União, LC nº 75/93; na Lei nº 9.605/98, que dispõe sobre os crimes ambientais; e na Lei nº 10.741/03, que instituiu o Estatuto do Idoso.

No campo legislativo estadual, o inquérito civil está previsto nas respectivas Constituições, bem como nas leis orgânicas estaduais do Ministério Público, além de ser mencionado e comumente regulamentado por mandamentos internos de cada instituição, especialmente por súmulas dos Conselhos Superiores respectivos. A sistemática do inquérito é de tamanha relevância que alcança a competência concorrente dos Estados-membros, assim como normas institucionais, a fim de regulamentar o trâmite do procedimento.[528]

Para Édis Milaré, o inquérito civil, instaurado pela Lei nº 7.347/85 e inserido no rol das funções institucionais privativas do Ministério Público, é procedimento de natureza administrativa, de caráter pré-processual, que se destina à colheita de elementos prévios e indispensáveis ao exercício responsável da ação civil pública.[529] Tal posicionamento majoritário acerca da natureza do inquérito civil também é seguido pelo Supremo Tribunal Federal.[530] Todavia, saliente-se que o inquérito civil não é pressuposto processual para o ajuizamento das ações a cargo do Ministério Público, nem para a concretização das demais medidas de sua competência própria.

Assim, como procedimento administrativo pré-processual é instrumento dispensável, afinal, embora de grande utilidade, pode configurar-se procrastinatório em determinados casos.[531] No mesmo

---

[528] Conforme o art. 24, XI, da CRFB/88, que institui a concorrência de competência formal sobre os procedimentos em matéria processual.
[529] MILARÉ, Édis. *A ação civil pública na nova ordem constitucional*. São Paulo: Saraiva, 1990. p. 18.
[530] Cite-se a ADI-MC nº 1285/SP. Rel. Min. Moreira Alves. J. 25.10.1995. *DJ* 23.03.2001, p. 84.
[531] MAZZILLI, Hugo Nigro. *O inquérito civil*. 3. ed. São Paulo: Saraiva, 2008. p. 51; VIGLIAR, José Marcelo Menezes. *Tutela jurisdicional coletiva*. São Paulo: Atlas, 2001. p. 127; FERRAZ,

sentido, o inquérito civil possui natureza inquisitiva, informal, não sendo regido pelo contraditório,[532] razão pela qual eventual nulidade ou vício não provoca qualquer prejuízo na lide futura.[533] Ademais, uma vez manuseado, é exclusivamente instaurado e presidido pelo Ministério Público, tendo como aspecto teleológico a viabilização da apuração de lesão a interesses transindividuais, frustrando, assim, a possibilidade, ainda que eventual, de instauração de lides temerárias, não havendo prazo de duração fixado em lei federal.[534]

Antônio Augusto Mello de Camargo. Apontamentos sobre o inquérito civil. *Justitia*, n. 54, v. 157, jan./mar. 1992.

[532] O afastamento do contraditório do inquérito civil hoje encontra resistência, tendo escopo na ampliação da interpretação do inciso LV do art. 5º da CRFB/88, de modo a abranger qualquer pessoa que tenha sobre si um procedimento do Estado que almeje apurar, investigar, colher dados a seu respeito ou de atividade que exerça, pois materialmente é assim que se sente qualquer pessoa sujeita a procedimento estatal desta natureza investigatória, acolhendo nesta lógica o investigado, também denominado de inquirido. Parte-se do pressuposto de que o inquérito civil não é somente um procedimento para coleta de dados para apurar a autoria e materialidade de eventual lesão a interesse transindividual. Apresenta função jurisdicional, de tutela preventiva, materializada pela possibilidade de solucionar conflitos de interesses, tanto que é visto como um instrumento preventivo de defesa do ambiente, no que pode ocasionar um Termo de Ajustamento de Conduta, cuja feitura não é obrigatória. Assim, a ausência de contraditório pode dificultar a realização do Termo de Ajustamento de Conduta, uma vez que o investigado pode não se convencer de assiná-lo, preferindo recorrer ao Poder Judiciário. FIORE, Edgard. *O contraditório no inquérito civil*. São Paulo: Revista dos Tribunais, 2003, p. 39.

[533] BURLE FILHO, José Emmanuel. Principais aspectos do inquérito civil. *In*: MILARÉ, Édis (Coord.). *Ação civil pública*. São Paulo: Revista dos Tribunais, 2005. p. 324; MAZZILLI, Hugo Nigro. *A defesa dos interesses difusos em juízo*: meio ambiente, consumidor, patrimônio cultural, patrimônio público e outros interesses. 20. ed. São Paulo: Saraiva, 2007. p. 421-439; DI PIETRO, Maria Sylvia Zanella. *Direito Administrativo*. 28. ed. São Paulo: Atlas, 2015.

[534] Importante citar o trabalho distintivo do Hugo Nigro Mazzilli, que ao tratar das principais linhas distoantes entre inquérito civil e inquérito policial, aduz que a disciplina legal do inquérito policial encontra-se nos arts. 4º e ss. do Código de Processo Penal (CPP); a do inquérito civil, nos arts. 8º e 9º da LACP. O objeto do inquérito policial consiste em apurar infrações penais na sua materialidade e autoria para servir de base à denúncia; o do inquérito civil é apurar lesões a interesses metaindividuais, ao patrimônio público e social, ou a qualquer interesse cuja tutela esteja afeta ao Ministério Público; a finalidade da apuração é determinar a materialidade e a autoria dessas lesões, para servir de base à ação civil pública. Também se prestam os elementos de convicção colhidos no inquérito civil para servir de base, eventualmente, à propositura de ação penal pública. A presidência do inquérito policial cabe à autoridade policial; a do inquérito civil cabe ao Promotor de Justiça. O controle de arquivamento, no inquérito policial, ocorre da seguinte maneira: o Promotor de Justiça requer o arquivamento, que é determinado pelo Juiz, com a possibilidade de reexame da promoção de arquivamento pelo Procurador-Geral de Justiça (art. 28 do CPP). No inquérito civil, o Promotor de Justiça não requer, mas determina o arquivamento, e sempre há o obrigatório reexame pelo Conselho Superior do Ministério Público (CSMP), independentemente de provocação ou requerimento de quem quer que seja. MAZZILLI, Hugo Nigro. Pontos controvertidos sobre o inquérito civil. *Revista da Fundação Escola*, Brasília, ano 7, nº 14, p. 44- 45, jul./dez. 1999.

No instituto do inquérito civil permeiam três aspectos decorrentes dos princípios dialógicos que inspiram a legislação de tutela de interesses transindividuais, quais sejam: o fato de que nem a instauração nem o arquivamento do inquérito civil traduz fato impeditivo ao intento dos colegitimados de ajuizarem ação civil pública em proteção ao direito coletivo violado; todos os interessados, e em especial, as associações legitimadas ao ajuizamento de ação civil pública, participam do processo de homologação ou rejeição do arquivamento do inquérito, conforme o §2º do art. 9º da Lei nº 7.347/85; por fim, tem-se a exigência de que a atuação ministerial pressuponha fato determinado em situação lesiva a interesse difuso ou coletivo. O representante ministerial não pode se basear em vestígios genéricos, partindo de suposição ou presunção de acontecimento sem vinculação fática para impetrar uma ação civil pública. A materialidade tem que estar comprovada ou ao menos que existam substanciais elementos comprobatórios que atestem a existência do fato imputado.

No mesmo sentido está Marino Pazzaglini Filho, para quem não é possível que o Ministério Público se preste a investigar uma eventual descoberta de fatos aleatórios para, se eventualmente os detectar, passar então a apurar cada um deles. A sustentação de assertivas sem substanciais amarras fáticas não condiz com a destinação constitucional do Ministério Público de órgão permanente, essencial à função jurisdicional do Estado, que foi incumbido da defesa da ordem jurídica, do regime democrático e dos interesses sociais e individuais indisponíveis, conforme promana o art. 127 da CRFB/88.[535]

Conforme doutrina Burle Filho, a existência de fato jurídico determinado é, em verdade, pressuposto da instauração regular do inquérito civil, a fim de que tal instrumento atenda a sua finalidade legal, configurando premissa constituidora da distinção entre a utilização legítima e abusiva do inquérito civil.[536] Suscite-se ainda que a decisão administrativa do Ministério Público não faz coisa julgada, podendo o inquérito civil ser reaberto se existirem novas provas.[537] Em caso de arbitrariedades cometidas em sede do inquérito civil, o mandado de segurança é meio cabível para fazê-las cessar.[538]

---

[535] PAZZAGLINI FILHO, Marino. *Inquérito civil*: caderno de doutrina e jurisprudência. São Paulo: Associação Paulista do Ministério Público, 1999. v. 34, p. 14.
[536] BURLE FILHO, José Emmanuel. Principais aspectos do inquérito civil. *In*: MILARÉ, Édis (Coord.). *Ação civil pública*. São Paulo: Revista dos Tribunais, 2005. p. 322.
[537] NERY JUNIOR, Nelson. *Ação civil pública*. São Paulo: Revista dos Tribunais, 1996. p. 95-97.
[538] FERRAZ, Antônio Augusto Mello de Camargo. Apontamentos sobre o inquérito civil. *Justitia*. São Paulo, n. 54, v. 157, jan./mar, 1992.

Ademais, superada qualquer discussão quanto à exclusividade do Ministério Público para instaurar e presidir o inquérito civil, a individuação do membro é delimitada conforme atribuição à propositura da ação civil pública correspondente. Assim, identificado o foro competente, segue-se a distribuição do expediente administrativo à luz das normas internas previamente definidas, em densificação do princípio do promotor natural.

Para Frischeisen, o princípio do promotor natural estabelece-se como verdadeira garantia de índole constitucional, mais da própria sociedade do que dos membros do *Parquet*, assegurando que, na atuação ministerial, nenhuma autoridade ou poder poderá escolher Promotor ou Procurador específico para determinada causa e que o pronunciamento do membro dar-se-á livremente, sem qualquer tipo de interferência de terceiros.[539]

O Supremo Tribunal Federal, por meio do voto do Ministro Celso de Mello, esclareceu que o postulado do promotor natural revela-se imanente ao sistema constitucional brasileiro, repelindo, a partir da vedação de designações casuísticas efetuadas pela chefia da instituição, a figura do acusador de exceção. Nesse sentido, anuncia que tal princípio consagra uma garantia de ordem pública, destinada tanto a proteger o membro do Ministério Público, na medida em que lhe assegura o exercício pleno e independente de seu ofício, quanto a tutelar a própria coletividade, a quem se reconhece o direito de ver atuando, em quaisquer causas, apenas o Promotor cuja intervenção se justifique a partir de critérios abstratos e predeterminados, estabelecidos em lei.[540]

O inquérito civil pode ser iniciado por mero despacho ou por Portaria, seja de ofício ou em atendimento de determinação da Procuradoria-Geral de Justiça e do Conselho Superior do Ministério Público, seja em função de representação formulada por qualquer pessoa, nos termos do art. 6º da Lei nº 7.347/85, sob a qual qualquer cidadão poderá, e o servidor público deverá, provocar a iniciativa do Ministério Público, ministrando-lhe informações sobre fatos que constituam objeto da ação civil e indicando-lhe os elementos de convicção.

No tempo máximo de análise de trinta dias, conforme art. 27, parágrafo único, inciso II, da Lei nº 8.625/93, poderá o Promotor rejeitar a representação, desencadeando toda uma sequência de atos

---

[539] FRISCHEISEN, Luiza Cristina Fonseca. Princípio do Promotor Natural. *In*: VIGLIAR, José Marcelo Menezes; MACEDO JR, Ronaldo Porto (Org.). *Ministério Público II*: democracia. São Paulo: Atlas, 1999. p. 139.
[540] HC nº 67.759/RJ. Rel. Min. Celso de Mello. *RTJ* 150/124.

procedimentais internos, quais sejam, o indeferimento fundamentado e a ciência ao representante para fins de recurso ao Conselho no prazo de trinta dias que, se interposto, autorizará juízo de retratação em cinco dias, nos termos do art. 120, Ato nº 484/06-CPJ. Se o recurso vier a ser provido pelo Conselho, nomear-se-á outro Promotor de Justiça para continuidade das diligências, restando protegidas a independência funcional do membro da Instituição e a liberdade de convicção, bem como a defesa do interesse difuso de modo insuspeito.[541]

Apesar da natureza jurídica de procedimento administrativo, o inquérito civil pode ser utilizado como prova no processo judicial, de modo que seu valor como tal decorre do fato de ser uma investigação pública e de caráter oficial. Entretanto, para que isso ocorra, torna-se necessário que a ampla defesa e o contraditório sejam agasalhados em sua feitura. Uma vez regularmente realizado, o que nele se apurar tem validade e eficácia em juízo, como as perícias e inquirições, contudo, sem valoração absoluta.[542] Ainda que o inquérito civil sirva essencialmente para preparar a propositura da ação civil pública, as informações nele contidas podem concorrer para formar e reforçar a convicção do julgador, desde que não colidam com outras provas, como aquelas colhidas sob as garantias do contraditório.

É irrefutável, como defendido anteriormente, que quando as provas colhidas no inquérito civil forem postas em juízo, estas devem ser revestidas à luz dos princípios do contraditório substancial e da ampla defesa (CRFB/88, art. 5º, LV). Outrossim, não existindo qualquer impugnação formal formulada pelo réu, caberá ao julgador, em cotejo com os demais elementos fático-probatórios constantes dos autos, atribuir o adequado valor às provas produzidas, a fim de subsidiar a decisão a ser prolatada.[543]

Destarte, da mesma forma que não se deve atribuir valor probatório absoluto aos elementos colhidos no inquérito civil, não se pode desprezar a valia das peças e informações produzidas, ainda que de forma relativa. Havendo a cristalização das garantias constitucionais,

---

[541] Importante citar a divergência doutrinária aqui presente, de modo que em Marino Pazzaglini Filho não há reexame obrigatório pelo Conselho Superior. PAZZAGLINI FILHO, Marino. *Inquérito civil*: caderno de doutrina e jurisprudência. São Paulo: Associação Paulista do Ministério Público, 1999. v. 34, p. 14. Por outro lado, em Hugo Nigro Mazzilli é imprescindível. MAZZILLI, Hugo Nigro. *A defesa dos interesses difusos em juízo*: meio ambiente, consumidor, patrimônio cultural, patrimônio público e outros interesses. 20. ed. São Paulo: Saraiva, 2007 p. 293.

[542] MAZZILLI, Hugo Nigro. *O inquérito civil*. 3. ed. São Paulo: Saraiva, 2008. p. 61.

[543] PEDROSO, Fernando de Almeida. *Prova penal*. Rio de Janeiro: AIDE, 1994. p. 141.

todas as provas tem que ser balizadas, interpretadas de forma sistemática para tentar-se auferir a maior proximidade possível com a seara fática trazida para discussão no processo.

No mesmo sentido está o material jurisprudencial, afirmando que havendo algum suporte probante na fase judicial, a prova colhida no inquérito policial pode ser convocada para fundamentar decisão condenatória, desde que garantido o contraditório.[544] A prova inquisitória só deve ser desprezada, afastada como elemento válido e aceitável de convicção quando não for confirmada por prova judicial ou desmentida pelos elementos probantes colhidos em juízo, através de regular instrução.[545]

8.2 Finalidade

O inquérito civil tem como aspecto teleológico a formação da convicção do Promotor de Justiça, podendo ser arquivado, em caso de certeza negativa acerca do fato investigado, remetendo-se ao Conselho Superior do Ministério Público, ou, em sentido positivo, resultar em ação judicial, ou em compromisso de ajustamento em quaisquer das hipóteses previstas legalmente. Em suma, ele serve como guia ao Ministério Público na busca pela verdade material.

Tendo como objeto a apuração de lesões aos interesses metaindividuais, ao patrimônio público e social, ou a qualquer interesse cuja tutela esteja afeta ao Ministério Público, o inquérito civil tem como finalidade a apuração e determinação da materialidade e autoria das lesões, a fim de servir de base à ação civil pública e à eventual propositura de ação penal pública.[546]

Para Rogério Pacheco Alves, é um instrumento posto pelo legislador, com exclusividade, à disposição do *Parquet*. Tratando-se de precioso elemento de formação da *opinio actio*, o inquérito civil viabiliza, a depender dos resultados alcançados, o exercício da ação civil pública. Por seu intermédio, através da coleta de documentos e de testemunhos, da realização de perícias e de inspeções pessoais, entre outros meios,

---

[544] Cite-se STJ. HC nº 89.175-PB. Rel.: Min. Felix Fischer. Quinta Turma. Julg.: 11.12.2007. REsp nº 1040839/SP. Rel. Min. Antônio Saldanha Palheiro. Sexta Turma. Julg.: 12.06.2018. *DJE* 26.06.2018.

[545] Cite-se STF. HC nº 96.356-RS. Rel.: Min. Menezes Direito. Segunda Seção. Julg.: 08.10.2008. *DJe* 20.10.2008.

[546] PROENÇA, Luis Roberto. *Inquérito civil*: atuação investigativa do Ministério Público a serviço da ampliação do acesso à Justiça. São Paulo: Revista dos Tribunais, 2001. p. 32.

busca-se, num primeiro momento, a identificação das hipóteses que, em tese, ao teor do texto constitucional e da legislação infraconstitucional, legitimam o agir do Ministério Público, identificando a existência de lesão ou ameaça a interesses difusos, coletivos e individuais homogêneos.[547]

Burle Filho delimita que a finalidade do inquérito civil, nos termos constitucionais, não é a aplicação de pena ou sanção, mas tão somente a apuração dos fatos.[548] Assim, objetiva propiciar a coleta de provas a fim de que o Ministério Público possa reunir elementos necessários à correta avaliação de um suposto dano a interesse difuso ou coletivo que esteja apurando.[549] Salienta Camargo Mancuso que tal escopo possibilita uma triagem das várias denúncias que chegam ao conhecimento do Ministério Público, haja vista que somente as que resultarem fundadas e relevantes acarretarão a propositura da ação.[550]

8.3 Instrumento de investigação da improbidade administrativa

O inquérito civil pode ser dirigido à investigação de acintes aos direitos difusos e coletivos, sejam concretos ou potenciais, o que, indubitavelmente, o torna corriqueiro na investigação da improbidade administrativa. A Constituição Federal de 1988 quis preservar a integridade material, legal e moral da Administração Pública, mediante um exercício amplo de investigação, através de procedimentos administrativos e da propositura de ações judiciais, tendo outorgado ao Ministério Público o zelo pelo patrimônio público e social, coroando-o, em seu art. 127, guardião permanente da ordem jurídica e democrática, função essencial à concretização da justiça.

Assim, o Ministério Público é titular do inquérito civil e colegitimado à propositura da ação civil pública, possuindo papel de grande relevância na invalidação dos atos de improbidade que afrontam a *res publica* e os princípios norteadores do ordenamento jurídico. Mais que a condenação dos agentes públicos e terceiros, o Ministério Público

---

[547] ALVES, Rogério Pacheco; GARCIA, Emerson. *Improbidade administrativa*. Rio de Janeiro: Lumen Juris, 2002. p. 442-443, 447.
[548] BURLE FILHO, José Emmanuel. Principais aspectos do inquérito civil. *In*: MILARÉ, Édis (Coord.). *Ação civil pública*. São Paulo: Revista dos Tribunais, 2005. p. 322.
[549] SOUZA, Motauri Ciocchetti de. *Ação civil pública e inquérito civil*. 2. ed. São Paulo: Saraiva, 2005. p. 101.
[550] MANCUSO, Rodolfo de Camargo. *Ação civil pública*: em defesa do meio ambiente, do patrimônio cultural e dos consumidores – Lei 7.347/1985 e legislação complementar. 13. ed. São Paulo: Revista dos Tribunais, 2014. p. 151-152.

se propõe à preservação da integridade da Administração Pública, à recomposição do patrimônio público que foi lesionado, seja moral ou materialmente, e, pela sua vigilância, exerce um papel de prevenção aos acintes contra a coisa pública. Para tanto, o órgão ministerial está munido de instrumentos de atuação, tal qual o inquérito civil.

Nesse diapasão, indubitável a relevância do Ministério Público na fiscalização da Administração Pública e, em consequência, a importância do inquérito civil como instrumento de sua atuação, tratando-se de procedimento administrativo disposto a colher provas para eventual propositura de ação civil pública.

O art. 17 da Lei nº 8.429/92 estabelece a legitimidade do órgão ministerial para o ajuizamento da ação que investiga o ato ímprobo. No mesmo sentido, está o art. 5º da Lei nº 7.347/85, estabelecendo sua legitimidade para a propositura da ação civil pública e cautelar. Nesse diploma, a autorização à instauração e presidência de inquérito civil está presente no art. 8º, §1º.

A Lei nº 8.429/92, por sua vez, no art. 22, trouxe que, para apurar qualquer ilícito previsto no diploma, o Ministério Público, de ofício, a requerimento de autoridade administrativa ou mediante representação formulada, poderá requisitar a instauração de inquérito policial ou procedimento administrativo, o que demonstra a relevância do Ministério Público na investigação da imoralidade qualificada. Apesar da redação criticável, em razão de estar situado em capítulo diverso do que trata da investigação preliminar de improbidade administrativa e por não citar o inquérito civil, o instrumento de investigação de improbidade em referência encontra respaldo e previsão na Constituição Federal vigente (arts. 127 e 129, III e VI), na Lei nº 7.347/85 e na Lei nº 8.625/93.

Por outro lado, por estar embasado em diversos diplomas, tem-se um contexto ampliativo das opções do Ministério Público em fase preliminar da perquirição de potencial ato ímprobo, podendo sua escolha recair sobre o inquérito civil, que evidentemente não foi excluído pela Lei nº 8.429/92, ou sobre inquérito policial ou procedimento administrativo,[551] não havendo necessidade da instauração de inquérito civil diante da requisição de procedimento administrativo, que poderá servir tal qual o primeiro.[552]

---

[551] MARTINS JÚNIOR, Wallace Paiva. Alguns meios de investigação da improbidade administrativa. *Revista dos Tribunais*, nº 727, p. 325-344, abr. 2012.

[552] FIGUEIREDO, Marcelo. *Probidade administrativa:* comentários à Lei 8.429/92 e legislação complementar. 3. ed. São Paulo: Malheiros, 1998. p. 103.

Nesta senda, a depender da hipótese, por mera conveniência, pode o Ministério Público deixar de instaurar o inquérito civil, requisitando, em seu lugar, a instauração do procedimento administrativo. Assim como, ao invés de instaurar o inquérito civil sob sua presidência, poderá requisitar o inquérito policial, afinal, na maioria dos casos, o ato de improbidade administrativa constitui também crime. Tais instrumentos podem ser, inclusive, manuseados com o fim de colher prova para compor o inquérito civil, dirigido, em ambos os casos, à promoção de ação civil pública. Esses instrumentos servem à formação da convicção do Ministério Público, devendo a autoridade administrativa ou policial encetar todas as diligências, especificadas ou não, para averiguação do fato. A ampliação do poder requisitório aparenta ter fulcro no fato de que, apesar das limitações, a polícia judiciária ainda é mais bem aparelhada para apuração dos fatos. A própria Administração Pública também é mais bem servida de organismos de controle interno de seus atos, dedicados à obtenção de provas, afinal, é seu dever zelar pela moralidade administrativa e quase sempre o ato de improbidade provocará alguma sanção decorrente do poder disciplinar.

Salienta Rogério Pacheco Alves e Emerson Garcia que, constituindo-se o inquérito civil uma das principais atribuições do Ministério Público a fim de proteger o patrimônio público e social, não se trata de uma opção, baseada em sua manifestação volitiva. Na verdade, existe um dever de ação, não havendo nada que impeça a instauração plúrima de procedimentos investigatórios, sob pena, inclusive, de violação ao princípio da obrigatoriedade de arquivamento, prevista no art. 9º da Lei nº 7.347/85, determinando que, uma vez esgotadas todas as diligências, se convencido o Ministério Público de que inexistem fundamentos à propositura da ação civil, promover-se-á, fundamentalmente, o arquivamento do inquérito civil ou das peças informativas.[553]

É possível que o Ministério Público requeira certidões, informações, documentos, perícias, auditorias, exames, entre outros documentos e eventuais provas de que se possa valer a pretexto da Lei nº 7.347/85, da Lei nº 8.625/93, da LC nº 75/93 e da própria sistemática constitucional, podendo solicitar auditorias específicas às instituições, tais quais ao Banco Central, ao Tribunal de Contas, Juntas Comerciais, a fim de obter acesso às informações patrimoniais, negociais, tributárias, relativas às pessoas investigadas sob a suspeita de prática de ato de imoralidade

---

[553] ALVES, Rogério Pacheco; GARCIA, Emerson. *Improbidade administrativa*. Rio de Janeiro: Lumen Juris, 2002. p. 458-459.

qualificada, tendo amplos poderes de investigação, partindo-se do equilíbrio entre as premissas de proteção da intimidade do investigado e da preservação do interesse público consistente na apuração de improbidade administrativa.

Em decorrência do caráter sistêmico que advém da legislação pertinente à matéria de proteção da coisa pública, as disposições do art. 21 da Lei nº 7.347/85 aplicam-se à Lei nº 8.429/92, no que não for incompatível com as particularidades de sua sistemática, tal qual o poder de requisição de documentos e da instauração de inquérito civil (art. 8º da Lei nº 7.347/85). Tem-se que a finalidade do art. 22 da Lei nº 8.429/92 é a ampliação dos meios de investigação de atos de improbidade administrativa a serem postos à disposição e manuseados pelo Ministério Público.

A apuração por qualquer das vias pode ser decretada de ofício pelo Ministério Público, a requerimento de autoridade administrativa ou mediante representação formulada por qualquer do povo, mesmo que tenha sido rejeitada pela autoridade administrativa. A representação, para evitar investigações temerárias de pouco amparo substancial, deve preencher os mínimos requisitos de admissibilidade, como os constantes do art. 14 da Lei nº 8.429/92.

O Representante deve, inelutavelmente, indicar as informações sobre o fato e a sua autoria, alicerçando com um mínimo de plausibilidade probatória as suas alegações. O dever de indicar as provas emana quando delas o Representante tiver conhecimento. Isso mostra que, havendo suspeita de ato ímprobo, a investigação somente poderá ter ensejo com a apresentação desses elementos mínimos e imprescindíveis. Entretanto, não é qualquer tipo de suspeita de ato ímprobo que pode acarretar a investigação; elementos que atestem a autoria e os fatos devem respaldar a abertura do procedimento investigativo. É uma temeridade abrir-se procedimento investigativo sem a existência de elementos de sua existência, pois ele pode se tornar instrumento de disputa política, colmatando dano desnecessário ao investigado.

Tal cenário tem o escopo de cumprir a exigência de justa causa como condição de validade para a instauração, premissa do inquérito policial, da ação penal, do processo administrativo disciplinar, do inquérito civil e também da ação de improbidade administrativa, haja vista que em todas essas situações jurídicas é atingido o *status dignitatis* daquele cujos atos são perquiridos. Nesse sentido, repita-se, são necessários indícios suficientes de autoria e da existência de prova direta da materialidade do ilícito praticado, como condição de validade para a instauração, a fim de que sejam adequados com a legalidade da investigação ou da própria acusação. Sem a atestação cabal da justa causa, o procedimento investigativo, seja ele qual for, não pode ser aberto.

A autoridade administrativa tem o dever de representar ao Ministério Público, dando ciência de ato de improbidade administrativa e solicitando providências, sem prejuízo da iniciativa concorrente da pessoa jurídica que representa, como deflui da leitura conjunta dos arts. 15 e 22 da Lei nº 8.429/92, obrigação também imposta pela norma do art. 6º Lei nº 7.347/85.

Suscite-se que a representação pode ser deduzida tanto perante o Ministério Público quanto à autoridade administrativa. Da normativa dos arts. 14 e 22 da Lei nº 8.429/92 advém que a atribuição investigatória é concorrente, não havendo previsão ou razoabilidade no condicionamento do direito de representação ao prévio exaurimento da via administrativa. Não há nenhum empecilho lógico ou legal para que as duas tramitem simultaneamente.

Instaurado o inquérito civil pelo Ministério Público, ou possuindo peças de informação derivadas de procedimento administrativo ou inquérito policial a ele remetidos, ou ainda apresentada representação ou requerimento da pessoa jurídica interessada, se o Ministério Público não estiver convencido da caracterização de improbidade administrativa deverá promover o arquivamento ou rejeitá-la, respectivamente, com motivação suficiente.

A promoção de arquivamento do inquérito civil, das peças de informação, ou de qualquer outro instrumento aludido no art. 22 da Lei nº 8.429/92, deverá ser submetida ao reexame obrigatório do Conselho Superior do Ministério Público, conforme art. 9º da Lei nº 7.347/85. Embora a Lei nº 8.429/92 não faça nenhuma menção a respeito, todo e qualquer inquérito civil ou meio de investigação presidido pelo Ministério Público referente a qualquer interesse coletivo ou difuso submete-se às formalidades do arquivamento regidas pela Lei nº 7.347/85, pela Lei nº 8.625/93 e pela respectiva legislação estadual.

8.4 O princípio da obrigatoriedade: conteúdo e sentido

Calamandrei doutrina que o princípio da obrigatoriedade implica que, uma vez identificada hipótese em que a lei exija atuação do Ministério Público, ele não poderá abster-se de agir.[554] Tem-se que,

---

[554] CALAMANDREI, Piero. *Istituzioni di diritto processuale civile*. 2. ed. Pádua: Cedam, 1943. v. II, p. 469.

alicerçado de fartos elementos factuais para a propositura de eventual ação, o inquérito reveste-se de imprescindibilidade.

Nesse sentido, a obrigatoriedade advém de uma lógica condicional, emergindo os conclames do referido princípio apenas quando há a exigência de uma atuação legal, que na hipótese consubstanciar-se-á na abertura de investigação para preencher o pressuposto de suficiência de elementos necessários ao embasamento da convicção do ato ímprobo.

A obrigatoriedade para a realização do inquérito civil somente é imprescindível se houve a atestação da realização de um ato ímprobo, não havendo provas suficientes para a designação da autoria. A defesa dessa lógica parte da irrefutável prescindibilidade do inquérito civil para o ajuizamento de ação civil pública, conforme disposição dos arts. 14 e 22 da Lei nº 8.429/92 concomitante às sistemáticas das Leis nº 7.347/85 e 8.625/93, à luz dos arts. 127 e 129, III e VI, ambos da Constituição Federal vigente.

Saliente-se especificamente que o art. 22 da Lei nº 8.429/92 institui a faculdade de que o Ministério Público requisite a instauração de inquérito policial ou procedimento administrativo para a colheita de provas que possam embasar o pedido da ação civil pública. No mesmo sentido está o §1º do art. 8º da Lei nº 7.347/85, cuja redação tão somente possibilita que o Ministério Público instaure, sob sua presidência, inquérito civil, ou requisite, de quaisquer organismos públicos ou particulares, certidões, informações, exames ou perícias, no prazo que assinalar, o qual não poderá ser inferior a dez dias úteis.

Martins Júnior sustenta que a ausência apriorística de obrigatoriedade tem fulcro no fato de que o inquérito civil seria uma prerrogativa instituída, logo, mera faculdade conferida ao Ministério Público. Deduz o autor que o órgão ministerial, recebendo ou conhecendo notícia de improbidade administrativa, poderá optar pela solução que lhe for mais conveniente à apuração do ato de improbidade administrativa e promoção de futura ação civil pública. Assim, o inquérito civil, tal qual o inquérito policial e o procedimento administrativo, é mera faculdade, dispensável e prescindível, quando o Ministério Público possuir elementos probatórios da convicção da prática de improbidade administrativa, como depoimentos, documentos e laudos. A ação civil pública de improbidade administrativa de modo algum estaria subordinada à prévia conclusão ou instauração de inquérito civil, policial ou procedimento administrativo.⁵⁵⁵ O Ministério Público pode ainda dispensá-lo por motivo de urgência, como se vislumbra na hipótese do processo cautelar,⁵⁵⁶ ou ainda ajuizar a aludida ação no curso do inquérito civil.⁵⁵⁷

Tem-se que a obrigatoriedade não implica que a instauração do inquérito civil é indispensável à propositura da ação civil pública. O princípio dirige-se à obrigação que emerge para o Ministério Público na apuração dos supostos atos de improbidade, servindo-se, ordinariamente, do inquérito civil. Antes do direito, existe o dever de agir.⁵⁵⁸ O poder não é conferido às autoridades públicas para ser exercido como elas queiram, mas para que seja executado de acordo com as regras estabelecidas ou princípios gerais pressupostos.⁵⁵⁹

Por outro lado, já dispondo de elementos suficientes à formação de sua convicção, evidentemente, não há que se exigir, sob a pena de exacerbado formalismo, que o inquérito civil seja instaurado onde somente seriam reproduzidos os elementos já existentes. Peças de mera informação já se mostrarão aptas a embasar a ação civil pública, a fim de assegurar a efetiva punição dos causadores de danos a interesses difusos e coletivos, ou qualquer outro tipo de ação no campo da improbidade, não sendo concebível a instauração do inquérito civil dada a sua prescindibilidade como condição de procedibilidade.⁵⁶⁰

Utilize-se, ainda, a título de analogia, o art. 39, §5º, do Código de Processo Penal/41, que estabelece a disponibilidade do inquérito policial quando existirem elementos que habilitem o Ministério Público

---

555 MARTINS JÚNIOR, Wallace Paiva. *Probidade administrativa*. 4. ed. São Paulo: Saraiva, 2009. p. 480.

556 MAZZILLI, Hugo Nigro. *Regime jurídico do ministério público:* análise da Lei Orgânica Nacional do Ministério Público, aprovada pela Lei nº 8.625, de 12 de fevereiro de 1993. 2. ed. São Paulo: Saraiva, 1995.

557 ALMEIDA, João Batista de. *Aspectos controvertidos da ação civil pública:* doutrina e jurisprudência. São Paulo: Revista dos Tribunais, 2001.

558 GARCIA, Emerson; PACHECO ALVES, Rogério. *Improbidade administrativa*. Rio de Janeiro: Lúmen Juris, 2002.

559 ROSS, Alf. *Direito e justiça*. São Paulo: Edipro, 2003. p. 199.

560 "Compete ao Ministério Público facultativamente promover, ou não, o inquérito civil (§1º, art. 8º, Lei 7.347/85), procedimento administrativo e de caráter pré-processual, com atos e procedimentos extrajudiciais. Não é, pois, cogente ou impositivo, dependendo a sua necessidade, ou não, das provas ou quaisquer elementos informativos precedentemente coligidos. Existindo prévia demonstração hábil para o exercício responsável da Ação Civil Pública, o alvitre do seu ajuizamento, ou não, é do Ministério Público, uma vez que o inquérito não é imprescindível, nem condição de procedibilidade. A decisão sobre a dispensa, ou não, está reservada ao Ministério Público, por óbvio, interditada a possibilidade de lide temerária ou com o sinete da má-fé. (REsp nº 152447/MG. Relator: Min. Milton Luiz Pereira. Primeira Turma. Julgamento: 28.08.2001. *DJ*: 25.02.2002)

à propositura da ação penal. Assim, paralelamente, se à propositura da ação penal o inquérito policial é dispensável diante da existência de outras provas, também o será o inquérito civil para o ajuizamento de ação civil pública quando já dispuser de lastro probatório suficiente.

Evitando-se o ajuizamento de uma ação cujos elementos mínimos são, em máxime, potenciais, o Ministério Público está vinculado, como forma de evitar abusos, à exigência de justa causa na instauração dos procedimentos legais e, em espécie, judiciais, sendo premente que fundamente a acusação, mediante descrição circunstanciada e detalhada dos fatos seguidos das provas.[561] Exige-se um juízo positivo de possibilidade de condenação, ainda que esse juízo inicial de probabilidade indique rasamente que houve um ato ilícito cometido pelo investigado. Assim, a constatação da indispensabilidade de instauração do inquérito civil é realizada paralela à análise da legalidade e legitimidade próprias à investigação, visto que a demonstração da mesma somente se torna obrigatória quando existir fundamento jurídico para a investigação.

A justa causa é conceituada como suporte probatório mínimo onde se deve lastrear a acusação, tendo em vista que a simples instauração do processo penal já atinge o chamado *status dignitatis* do imputado.[562] Em tempos em que a objetividade e restrição conceitual eram mais valorizadas, o Supremo Tribunal Federal já assinalou que a falta de justa causa é abuso de poder por parte do membro do *Parquet*.[563] O abuso, seja como substantivo ou como adjetivo, é noção que não tem delimitação precisa, incumbindo à jurisprudência, no exame do caso concreto, verificar a existência de fundamentação à restrição imposta ao paciente, ou se, por outro lado, está configurado o abuso de poder que a qualifica como coação ilegal.

Tem-se que restará configurada a justa causa quando comprovada através de provas diretas e relevantes que denotem a existência da materialidade e indícios suficientes em relação à autoria da mesma. Sem tal demonstração, a investigação não poderá ser instaurada, exigindo-se da autoridade pública um juízo de valor sério e justo, através de critérios objetivos, ligados aos fatores jurídicos que estabeleçam uma conexão legal à instauração e o aprofundamento de uma investigação

---

[561] SILVA, Paulo Márcio da. *Inquérito civil e ação civil pública:* instrumento da tutela coletiva. Belo Horizonte: Del Rey, 2000. p. 102.
[562] JARDIM, Antônio Silva. *Direito Processual Penal:* estudos e pareceres. Rio de Janeiro: Forense, 1987. p. 70.
[563] STF. HC nº 42.697/GB. Rel. Min. Victor Nunes. 1ª Turma. *DJ* de 02.02.1966.

técnico-jurídica, sob a pena de se transformar em instrumento de coação ilegal, contra a liberdade jurídica do acusado.[564]

As investigações a serem realizados pelo Ministério Público consubstanciam um trabalho institucional, sem prejuízo da liberdade e independência funcional dos membros, seus atos estão sujeitos aos controles de obrigatoriedade e legalidade, considerando que tal controle é de interesse da coletividade.

Suscite-se que não há que se empenhar na defesa de que o arquivamento do inquérito civil viola o princípio da obrigatoriedade, haja vista que, sob o nosso sistema jurídico, o Ministério Público tem liberdade para examinar o caso, identificando ou não a hipótese de agir. Sendo a resposta positiva, situação em que a lei exige atuação, emerge a imprescindibilidade da atuação.

Nesse sentido, sob o princípio da obrigatoriedade, tem-se que não há faculdade de inércia ao representante ministerial. Se ele é expressamente comunicado sobre algum fato, ou vem dele a ter notícia por qualquer meio, uma providência obrigatoriamente deverá ser tomada, sob a pena de cometer, no mínimo, falta funcional grave. Na existência de elementos, o órgão ministerial poderá intentar ação civil pública; se não vislumbrar nenhuma irregularidade ou ilegalidade no ato, deve submeter o arquivamento de plano ao Conselho Superior do Ministério Público; ou, ainda, instaurar o inquérito civil, para uma melhor apuração dos fatos.

8.5 Instauração do inquérito civil

Apesar de não existir um procedimento muito rígido quanto ao desenvolvimento do inquérito civil, é possível vislumbrar nitidamente três fases: instauração; instrução, dirigida à coleta de provas, oitiva de testemunhas, juntada de documentos, exames, perícias, enfim, a formação de todo o acervo probatório; e a fase conclusiva, composta pelo relatório final, com a consequente promoção de arquivamento ou propositura de ação civil pública.

Importante mencionar que a instauração de inquérito civil ou processo administrativo para apuração dos ilícitos previstos na Lei nº 8.429/1992 suspende o curso do prazo prescricional por, no máximo 180 (cento e oitenta) dias corridos, recomeçando a correr após a sua conclusão

---

[564] MOURA, Maria Thereza Rocha de Assis. *Justa causa para a ação penal*. São Paulo: RT, 2001. p. 18.

ou, caso não concluído o processo, esgotado o prazo de suspensão (art. 23, §1º, da LIA). Nesse passo, o inquérito civil instaurado para apurar ato de improbidade deve ser concluído no prazo de 365 (trezentos e sessenta e cinco) dias corridos, prorrogável por uma única vez por igual período, mediante ato fundamentado submetido à revisão da instância competente do órgão ministerial, conforme dispuser respectiva lei orgânica (art. 23, §2º, da LIA). Encerrado o prazo de conclusão do inquérito civil, bem como sua eventual prorrogação, a ação deverá ser proposta no prazo de 30 (trinta) dias, se não for o caso de arquivamento (art. 23, §3º, da LIA).

No que tange à fase inicial, à luz do art. 22 da Lei nº 8.429/92, bem como da Resolução nº 23/2007 do Conselho Superior do Ministério Público, o inquérito pode ser instaurado de ofício, pelo Promotor de Justiça; mediante portaria, quando ele toma conhecimento do fato e reputa necessária a investigação; com base em requerimento ou representação de qualquer pessoa, mesmo que tenha sido rejeitada pela autoridade administrativa, ou comunicação de outro órgão do Ministério Público, ou qualquer autoridade; ou ainda por designação do Procurador-Geral de Justiça, do Conselho Superior do Ministério Público, Câmaras de Coordenação e Revisão e demais órgãos superiores da instituição, nos casos cabíveis.

A representação, para evitar investigações temerárias de pouco amparo substancial, deve preencher os requisitos substanciais de admissibilidade constantes do art. 14 da Lei nº 8.429/92. O Representante deve indicar as provas existentes, salientando-se que tal exigência não é condição ao exercício do direito conferido, haja vista que o dever de as indicar apenas subsiste quando delas tiver conhecimento. Todavia, diante dessa lacuna, o *Parquet*, como condição para iniciar o procedimento investigatório, deve ter elementos plausíveis sobre o fato e a autoria, sob pena de ensejar um constrangimento pernicioso à cidadania.

A representação pode ser deduzida tanto perante o Ministério Público quanto à autoridade administrativa. Da normativa dos arts. 14 e 22 da Lei nº 8.429/92 advém que a atribuição investigatória é concorrente, não havendo previsão ou razoabilidade no condicionamento do direito de representação ao prévio exaurimento da via administrativa.

O instituto da representação não se embasa na exigência legal de que a instauração de inquérito civil contra os atos de improbidade administrativa seja causada por cidadão em sentido estrito, não havendo óbice de que seja, inclusive, perpetrada por estrangeiro, assinalando a sua natureza decorrente do direito de petição, previsto na alínea "a" do inciso XXXIV do art. 5º da CRFB/88.

Em sede de instauração do inquérito civil são taxados dois tipos recursais, ambos dirigidos ao Conselho Superior do Ministério Público. O primeiro, previsto no art. 5º da citada Resolução nº 23/07 do CNMP, é interposto contra a decisão que rejeita a representação. Tem-se que, em caso de evidência de que os fatos narrados na representação não configuram lesão aos interesses ou direitos ou se o fato já tiver sido objeto de investigação ou de ação civil pública ou, ainda, se os fatos apresentados já se encontrarem solucionados, o membro do Ministério Público, no prazo máximo de trinta dias, indeferirá o pedido de instauração de inquérito civil, em decisão fundamentada, da qual se dará ciência pessoal ao Representante e ao Representado. Do indeferimento, cabe recurso administrativo, com as respectivas razões, no prazo de dez dias.[565] Com efeito, tendo o inquérito civil iniciado por representação, o seu desfecho deve ser cientificado ao autor desta, assegurando-se publicidade ao ato de arquivamento.[566]

O segundo recurso é cabível em face do ato que instaura o inquérito civil, devendo ser interposto dentro do prazo de cinco dias contados da ciência. De efeito suspensivo, implica a paralização das investigações.

Suscite-se que cada órgão da Administração tem o dever de apurar eventuais atos de improbidade dos servidores ali lotados e, sendo o caso, representar ao Ministério Público sobre a possível prática do ilícito de improbidade administrativa, solicitando providências, sem prejuízo da iniciativa concorrente da pessoa jurídica que representa, obrigação também imposta pela norma do art. 6º da Lei nº 7.347/85.

Para Luís Roberto Barroso, havendo investigação mediante processo administrativo disciplinar, a comunicação do Ministério Público só deve ocorrer após a sua finalização, como forma de assegurar a ampla defesa na esfera administrativa e o devido processo legal, assim como evitar investigações superpostas e proporcionar melhores condições técnicas de trabalho ao próprio órgão ministerial. Tem-se que não haveria sentido acaso a lei permitisse que outros órgãos da própria

---

[565] Cite-se o Enunciado nº 3 da 5ª CCR, que, ao instruir a notificação ao representante da promoção de arquivamento, delimita que, "promovido o arquivamento de procedimento administrativo ou de inquérito civil, será notificado o representante, ente público ou privado, para ciência da decisão e, no prazo de dez dias, apresentar, querendo, recurso com as respectivas razões. Mantida, na origem, a decisão recorrida, os autos serão remetidos à 5ª Câmara de Coordenação e Revisão para apreciação do recurso". Referência: Ata da Reunião nº 847, de 24/11/2014.

[566] MAZZILLI, Hugo Nigro. *O inquérito civil:* investigações do Ministério Público, compromissos de ajustamento de conduta e audiências públicas. São Paulo: Saraiva, 1999. p. 241.

Administração ignorassem o dispositivo e fraudassem os propósitos da norma.[567]

Em caso de representação que impute falsamente a prática de ato de improbidade administrativa, definida ao mesmo tempo como crime e ilícito administrativo, incorre na previsão do art. 339 do Código Penal/40,[568] e, de igual forma, enquadra-se na sanção prevista no art. 19 da Lei nº 8.429/92.[569]

Importante consignar que o *habeas corpus* se configura como o meio hábil para impugnar constrangimentos oriundos de inquérito civil e de ação civil pública, porquanto, nesses procedimentos, pode haver nítidas ilegalidades ou abuso de poder, principalmente quando não se atesta a justa causa.

8.5.1 Delação anônima

A Constituição Federal de 1988 veda o anonimato no inciso IV do art. 5º, previsão que deve ser interpretada concomitantemente ao dever constitucional imposto ao Ministério Público de promover o inquérito civil e a ação civil pública, com a missão de proteger o patrimônio público e social, do meio ambiente e de outros interesses difusos e coletivos.

De acordo com o já reverenciado art. 22 da Lei nº 8.429/92, o Ministério Público pode, de ofício, requisitar a instauração de inquérito policial ou procedimento administrativo à apuração de qualquer ilícito previsto no aludido diploma legal. Entretanto, quando ela for motivada através de denúncia anônima, em razão de seu impedimento constitucional, carregada de toda a carga axiológica de supralegalidade, a instauração do procedimento administrativo somente será viável se houver outros elementos probatórios que possam indicar a autoria e os fatos fundantes da investigação. Assim, ainda que a notícia de suposto ato de improbidade administrativa tenha decorrido por intermédio de delação anônima, não se pode impedir que o membro do *Parquet* realize medidas proporcionais e razoáveis à investigação da veracidade do juízo apresentado por cidadão que não se tenha identificado. O que

---

[567] BARROSO, Luís Roberto. *Temas de Direito Constitucional*. Rio de Janeiro: Renovar, 2002. t II, p. 586.

[568] "Art. 339. Dar causa à instauração de investigação policial, de processo judicial, instauração de investigação administrativa, inquérito civil ou ação de improbidade administrativa contra alguém, imputando-lhe crime de que o sabe inocente: (Redação dada pela Lei nº 10.028, de 2000)"

[569] BITENCOURT, Cezar Roberto. *Tratado de Direito Penal:* parte especial 5. 6. ed. São Paulo: Saraiva, 2012. p. 522.

não pode acontecer é que uma denúncia anônima, por si só, seja causa ensejadora de uma investigação destituída de qualquer amparo fático de sua existência e de indicações relevantes sobre sua autoria. Todavia, quando essa denúncia é referendada por manancial fático, ela se torna um instrumento de propulsão para o agir do Ministério Público. Meros indícios, muitas vezes silogismos capciosos, sem amparo na facticidade, não propiciam exequibilidade à representação anônima.

O art. 2º, §3º, da Resolução nº 23/07 do CNMP autoriza a instauração de inquérito civil mesmo em caso de manifestação anônima, exigindo-se tão somente a obediência aos mesmos requisitos para as representações em geral, quais sejam, o manejo de meios legalmente permitidos e informações sobre o fato e seu autor.

Em sentido oposto, a defesa da desvalorização da delação anônima encontra suposto embasamento na ilegalidade dos dispositivos que a prestigia, sob o argumento de que estimula a comunicação irresponsável, aquela realizada por razões metajurídicas, inconformismos criativos e infundados, o que, sob essa conjectura, cercearia a possibilidade da apreciação pelo Poder Judiciário da consequente responsabilização civil e penal dos autores da comunicação. A reverenciada tese parece encontrar agasalhamento nas considerações de Alexandre de Moraes, para quem a proibição ao anonimato é ampla, abrangendo todos os meios de comunicação. Assim, a finalidade constitucional de evitar manifestação de opiniões fúteis, infundadas, somente com o intuito de desrespeito à vida privada, à intimidade, à honra de outrem.[570]

Nesse diapasão, a declaração anônima por si só não constitui elemento de prova sobre a autoria delitiva, ainda que indiciária.[571] A investigação nesse cenário seria supostamente abusiva e ilegítima, em face do princípio de que ninguém poderá ter a sua intimidade violada sem uma causa legítima, constituindo, tão somente, mera notícia remetida por pessoa, de modo anônimo, sem nenhum compromisso com a verdade dos fatos que relata, não podendo ser responsabilizada por, premeditadamente, ocultar sua identificação.[572]

Hugo Nigro Mazzili planteia que a delação anônima não deve ser rejeitada se houver elementos da prática de ato ilícito por parte do

---

[570] MORAES, Alexandre de. *Constituição do Brasil interpretada*. 6. ed. São Paulo: Atlas, 2006. p. 207.
[571] STJ. AgRg no REsp nº 295155/RJ. Rel. Min. Sálvio de Figueiredo Teixeira. 4ª Turma. Julgamento em 05.08.2002.
[572] STJ. HC nº 95838/RJ. Rel. Min. Nilson Naves. 6ª Turma. Julgamento em 17.03.2008; HC nº 44.649/SP. Rel. Min. Laurita Vaz. 5ª Turma. Julgamento em 08.10.2007; HC nº 38.093/AM. Rel. Min. Gilson Dipp. 5ª Turma. Julgamento em 17.12.2004.

agente investigado. Aduz o referido autor que, não obstante o art. 5º, IV, da CRFB/88, norma proibitiva ao anonimato na manifestação do pensamento e de opiniões diversas nada impede a notícia anônima do crime, denominada *notitia criminis* inqualificada. Nessa hipótese, constitui dever funcional da autoridade pública destinatária, preliminarmente, proceder com a máxima cautela e discrição às investigações preliminares no sentido de apurar a verossimilhança das informações recebidas. Somente com a certeza da existência de elementos da ocorrência do ilícito é que deve instaurar o procedimento regular.[573]

As turmas do Superior Tribunal de Justiça já assinalaram que a denúncia anônima pode originar procedimentos de apuração de crime, desde que empreendidas investigações preliminares e respeitados os limites impostos pelos direitos fundamentais do cidadão, o que conduz à consideração de impropriedade da realização de medidas coercitivas absolutamente genéricas e invasivas à intimidade cujo fundamento seja tão somente este elemento de indicação da prática delituosa.[574] A exigência de fundamentação das decisões judiciais, contida no art. 93, IX, da CRFB/88, não se compadece com justificação transversa, utilizada apenas como forma de tangenciar a verdade real e confundir a defesa dos investigados, mesmo que posteriormente suponha-se estar imbuída dos melhores sentimentos de proteção social.[575]

Em 2018, o Superior Tribunal de Justiça fez editar o Enunciado nº 611 de sua súmula, cujo teor, embora direcionado aos processos administrativos disciplinares (PAD), é plenamente aplicável ao âmbito dos inquéritos civis: "Desde que devidamente motivada e com amparo em investigação ou sindicância, é permitida a instauração de processo administrativo disciplinar com base em denúncia anônima, em face do poder-dever de autotutela imposto à administração". Ainda mais quando, à luz das alterações promovidas pela Lei nº 14.230/2021, se previram expressamente o PAD e o inquérito civil como as formas preliminares de apuração da ocorrência de atos ímprobos. O princípio da obrigatoriedade é a contrafação da autotutela para a instância ministerial, que tem, portanto, o dever de encampar diligências para apurar a verossimilhança de denúncia anônima recebida.

---

[573] MAZZILI, Hugo Nigro. *O inquérito civil*. 3. ed. São Paulo: Saraiva, 2008. p. 65.
[574] STJ. RMS nº 37.166/SP. Rel. Ministro Benedito Gonçalves. Primeira Turma. Julgamento em 15.04.2013; RMS nº 30.510/RJ. Rel. Ministra Eliana Calmon. Segunda Turma. Julgamento em 10.02.2010; MS nº 13.348/DF. Rel. Ministra Laurita Vaz. Terceira Seção. Julgamento em 16.09.2009.
[575] STJ. HC nº 137 349/SP. Rel.: Min. Maria Thereza de Assis Moura. 6ª Turma. Julgamento em 13.02.2010.

Na esfera penal, o Supremo Tribunal Federal já assentou que nada impede que o Poder Público, provocado por delação anônima, adote medidas informais destinadas a apurar, previamente, em averiguação sumária, com prudência e discrição, a possível ocorrência de eventual situação de ilicitude penal, desde que o faça com o objetivo de conferir a verossimilhança dos fatos nela denunciados, a fim de promover, então, em caso positivo, a formal instauração da *persecutio criminis*, mantendo-se, portanto, completa desvinculação desse procedimento estatal em relação às peças apócrifas.[576]

Ademais, não se deve banalizar a persecução criminal, haja vista que tal atitude também macula o princípio da dignidade da pessoa humana, cuja base positiva está no art. 1º, III, da CRFB/88. Como se sabe, na acepção originária, esse princípio proíbe a utilização ou transformação do homem em objeto dos processos e ações estatais. O Estado está vinculado ao dever de respeito e proteção do indivíduo contra exposição a ofensas e humilhações.[577]

8.6 O alcance dos poderes de investigação e o seu sigilo

O poder de investigação por via do inquérito civil é exclusivo do Ministério Público sob a justificativa de que se trata de função institucional do órgão, determinada pela Constituição vigente, de modo que os demais legitimados da eventual ação coletiva podem buscar embasamento por meio de outros mecanismos. Citem-se a ação cautelar preparatória probatória e a quebra de sigilo bancário no curso das investigações,[578] mediante ordem judicial, arrimado na LC nº 105, que no §4º do art. 1º determina que, quando necessária para apuração de ocorrência de qualquer ilícito, a quebra de sigilo poderá ser decretada em qualquer fase do inquérito ou do processo judicial, e especialmente nos crimes de terrorismo; de tráfico ilícito de substâncias entorpecentes ou drogas afins; de contrabando ou tráfico de armas, munições ou material destinado a sua produção; de extorsão mediante sequestro; contra o sistema financeiro nacional; contra a Administração Pública; contra a ordem tributária e a previdência social; lavagem de dinheiro

---

[576] STF. Inq nº 1.957. Rel. Min. Carlos Velloso. Plenário. Voto do Min. Celso de Mello. Julgamento em 11.05.2005. *DJ* de 11.11.2005.
[577] STF. HC nº 102.477/SP. Rel. Min. Gilmar Mendes. Segunda Turma. Julgamento em 28.06.2011.
[578] NEVES, Daniel Amorim Assumpção. O inquérito civil como uma cautelar preparatória probatória *Sui Generis*. *In*: MAZZEI, Rodrigo; NOLASCO, Rita Dias. *Processo civil coletivo*. São Paulo: Quartier Latin, 2005. p. 219, 233.

ou ocultação de bens, direitos e valores; e praticado por organização criminosa.[579]

Registre-se que, na esfera penal, o Supremo Tribunal Federal reconheceu, sob o rito dos recursos extraordinários com repercussão geral (Tema nº 184), a constitucionalidade do poder de investigação do órgão ministerial, desde que preservadas outras balizas essenciais da ordem jurídica, tais como as garantias do investigado, as cláusulas de reserva de jurisdição, as prerrogativas dos advogados e, ainda, a conclusão das investigações em prazo razoável.[580]

A função do inquérito civil é, em salvaguarda da coletividade, esclarecer os fatos, devendo ser dirigido com o escopo de evitar acusações temerárias ou levianas. Assim, tal qual qualquer mecanismo investigatório, o eventual exercício da ação coletiva por atos de improbidade administrativa deve evitar teratologias, como proferir uma punição antecipada do agente, mesmo que haja lastro fático para isso.

Foram conferidos ao Ministério Público meios para que seja alcançado o *télos* normativo de forma eficaz, inclusive aplicando-se a teoria dos poderes implícitos, pois o *Parquet* se configura como um dos órgãos mais importantes na defesa da Constituição, o que eiva de inconstitucionalidade propostas legislativas que impeçam o órgão ministerial de exercer sua função investigativa, obviamente, que respeitando as garantias constitucionais. Essa prerrogativa de investigação não é ilimitada, em razão de que na democracia, os poderes do Estado são limitados e harmônicos entre si, o que faz inconcebível a atribuição de poderes sem limites a um órgão do Estado.[581]

O exercício das atribuições ministeriais dentro do modelo de Estado Democrático Social de Direito brasileiro faz premente a análise da legitimidade e dos limites da atuação do Ministério Público no

---

[579] No mesmo sentido, MIRANDA, Gustavo Senna. Tutela repressiva da improbidade administrativa: princípios e microssistema. *In*: OLIVEIRA, Alexandre Albagli; CHAVES, Cristiano; GHIGNONE, Luciano. *Estudos sobre improbidade administrativa*. Rio de Janeiro: Lumen Juris, 2010. p. 266-267.

[580] "O Ministério Público dispõe de competência para promover, por autoridade própria, e por prazo razoável, investigações de natureza penal, desde que respeitados os direitos e garantias que assistem a qualquer indiciado ou a qualquer pessoa sob investigação do Estado, observadas, sempre, por seus agentes, as hipóteses de reserva constitucional de jurisdição e, também, as prerrogativas profissionais de que se acham investidos, em nosso País, os Advogados (Lei 8.906/1994, art. 7º, notadamente os incisos I, II, III, XI, XIII, XIV e XIX), sem prejuízo da possibilidade – sempre presente no Estado democrático de Direito – do permanente controle jurisdicional dos atos, necessariamente documentados (Súmula Vinculante 14), praticados pelos membros dessa Instituição."

[581] TAVARES, Juarez. O Ministério Público e a tutela da intimidade na investigação criminal. *Revista Brasileira de Ciências Criminais*, p. 227, jan./mar. 1993.

ordenamento jurídico, seja em plano abstrato e prévio ao fato em espécie, seja em plano concreto. O eventual conflito entre o interesse público na apuração de atos ilícitos que geram danos à coletividade e à preservação dos direitos fundamentais individuais dos investigados impõe trato cuidadoso cuja ausência de mácula é essencial ao aperfeiçoamento do ordenamento jurídico e à garantia dos direitos fundamentais.

Nesse sentido, devem ser preenchidos os elementos mínimos à instauração do inquérito civil ou de outra espécie de investigação ministerial, guardando-se as devidas considerações expressas anteriormente no pertinente ao princípio da obrigatoriedade. Em sede investigatória, a tutela da probidade administrativa dependerá da presença de hipótese relativa à prevenção/repressão aos atos de improbidade administrativa tipificados nos arts. 9º, 10 e 11, da Lei nº 8.429/92. Almejando-se que seja, primordialmente, determinado o ressarcimento ao Erário ou a anulação de ato lesivo à Administração Pública, desde que seja constatada a existência de elementos suficientes de prática dos atos ilícitos a serem investigados, partindo-se de notícia de fato individualizado, descrito coerentemente e com norte probatório.

Considerando-se que o inquérito civil é atividade pré-processual facultativa, de caráter meramente informativo, e conduzido por um agente público, deve nele predominar a publicidade, sendo esse entendimento uma consequência do art. 37, *caput*, da Constituição Federal, e da própria Resolução nº 23/2007 do CNMP. Os incisos I e IV do §2º do art. 7º da referida resolução estabelecem que, dentre outras hipóteses, a publicidade consistirá na divulgação oficial, com o exclusivo fim de conhecimento público, mediante publicação de extratos na imprensa oficial e na prestação de informações ao público em geral, a critério do presidente do inquérito civil.

No entanto, em sede dos inquéritos civis que perquirem ato ímprobo, a publicidade não é absoluta, enquadrando-se em severa mitigação. A Constituição vigente admite a possibilidade de restrição do princípio da publicidade dos atos processuais mediante previsão legal e em defesa da intimidade ou do interesse social, conforme inciso LX do art. 5º. Como fatos investigados nessa seara acarretam um prejuízo ao *jus honorum* do cidadão, consoante as circunstâncias da prática do delito, inexiste obstáculos para que o processo tramite em segredo de justiça, respeitando-se o princípio constitucional da presunção de inocência.[582]

---

[582] STJ. REsp nº 1.296.281.2011/RS. Rel. Min. Herman Benjamin. Segunda Turma. Julg:. 14.05.2013. *DJe* 22.05.2013; RMS nº 28949 2009/PR. Rel. Min. Denise Arruda. Primeira Turma. Julg.: 05.11.2009. *DJe* 26.11.2009.

Obviamente, que o mencionado segredo de justiça não atinge as partes e os seus advogados, pois, caso contrário, seria um processo kafkiano.

O interesse social como conceito jurídico indeterminado, além de proteger o patrimônio político de cidadãos contra processos desarrazoados, pode também ser conceituado para evitar grave prejuízo para as investigações, situação a ser avaliada em cada caso concreto por aquele que preside o inquérito civil. O mesmo interesse público que impõe a perquirição do ato ímprobo pode justificar a restrição da publicidade. O sigilo poderá ser invocado mediante a evocação analógica do art. 20 do CPP/41, que anuncia que a autoridade assegurará no inquérito o sigilo necessário à elucidação do fato ou exigido pelo interesse da sociedade.[583] O perfil dos investigados e a matéria perscrutada impõem a possibilidade de tal medida. Conforme Daniel Amorim Assumpção Neves, a possibilidade de sigilo também encontra fundamento no art. 189, I, do CPC/15 e no próprio art. 5º, LX, da CRFB/88.[584]

Discorre Hugo Nigro Mazzili, ser inconteste que nessas hipóteses os sensacionalismos devem ser evitados, assim como a necessária cautela de informar que se trata de investigação, e não de autores de infrações, haja vista que a presunção de inocência não é vivida apenas sob o ângulo penal, possibilitando a construção de um arcabouço probatório válido e robusto.[585]

Ressalte-se que o *Parquet*, responsável pela presidência do inquérito civil, tem o dever de fundamentar a necessidade da decretação do sigilo, preceito considerado no art. 7º, *caput*, da Resolução nº 23/2007 do CNMP, sendo imperioso também que se estipule um prazo razoável de duração, resguardando-se, via de regra, o direito do próprio investigado de ter acesso aos autos do inquérito, tal qual seu advogado, como estatui o art. 7º, XIV, da Lei nº 8.906/94.

Por outro lado, no inquérito civil não há incidência plena de contraditório e da ampla defesa, já que tal entendimento conduziria a sua descaracterização.[586] É da essência das investigações o caráter

---

[583] PROENÇA, Luis Roberto. *Inquérito civil*: atuação investigativa do ministério público a serviço da ampliação do acesso à justiça. São Paulo: Revista dos Tribunais, 2001. p. 39-40.

[584] NEVES, Daniel Amorim Assumpção. O inquérito civil como uma cautelar preparatória probatória sui generis. In: MAZZEI, Rodrigo; NOLASCO, Rita Dias. *Processo civil coletivo*. São Paulo: Quartier Latin, 2005. p. 241.

[585] MAZZILLI, Hugo Nigro. *O inquérito civil*. São Paulo: Saraiva, 1999. p. 192.

[586] Nesse sentido é forte a posição doutrinária, podendo aqui ser lembrado, dentre outros, os seguintes autores: VIGLIAR, José Marcelo Menezes. *Tutela jurisdicional coletiva*. São Paulo: Atlas, 1998, p. 128. Em sentido contrário, registramos, dentre outras, a posição de Rogério Lauria Tucci, Ação civil pública: falta de legitimidade e interesse do Ministério Público. *Revista dos Tribunais*, n. 745, p. 83-84, 1997.

inquisitivo. Por essa razão, como já mencionado anteriormente, as provas obtidas no inquérito civil apenas podem ser utilizadas no processo judicial quando for garantida a ampla defesa, o contraditório e o devido processo legal ou forem ratificadas por outros elementos probatórios colhidos judicialmente.

O advogado do acusado ostenta o direito de ter acesso amplo aos elementos de prova que, já documentados em procedimento investigatório realizado por órgão com competência de polícia judiciária, digam respeito ao exercício do direito de defesa.[587] Por essa razão, o Supremo Tribunal Federal decidiu ser cabível o ajuizamento de reclamação constitucional com o fim de acessar aos autos do inquérito civil sobre o qual tenha sido decretado sigilo.[588] No entanto, uma vez postos à disposição do investigado os elementos necessários à elaboração de sua defesa técnica, tal qual na hipótese do acesso às peças que lhes dizem respeito, não há que se falar em violação à ampla defesa.[589] No mesmo sentido, tem-se por excluídas das hipóteses de cabimento da reclamação as informações e providências investigatórias ainda em curso de execução e, portanto, não documentadas no próprio inquérito ou processo judicial.[590]

O investigado tem o direito de ter ciência da existência de investigação contra si. A atuação ministerial deve ser conduzida a fim de garantir o máximo de participação do investigado, podendo ser bastante útil para maior efetividade do objeto do inquérito. Uma maior participação do investigado e seu patrono impõe maior valor à prova colhida, além de configurar economia em relação às futuras diligências em eventual processo coletivo. Tanto é assim que de acordo com o parágrafo único do art. 22 da LIA, na apuração dos ilícitos previstos no referido diploma, será garantido ao investigado a oportunidade de manifestação por escrito e de juntada de documentos que comprovem suas alegações e auxiliem na elucidação dos fatos. De igual modo, tal premência conduz a uma atuação mais próxima do princípio do contraditório substancial, o que concede maiores razões ao juiz para dispensar a produção da mesma prova durante a fase processual.[591]

---

[587] Súmula Vinculante nº 14.
[588] STF. Rcl nº 12810 MC/BA. Rel. Min. Celso de Mello. Julg.: 28.10.2011. DJe 07.11.2011; HC nº 92.331/PB. Rel. Min. Marco Aurélio. DJe 1º.08.2008; HC nº 82.354/PR. Rel. Min. Sepúlveda Pertence. DJ 24.09.2004.
[589] STF. RCL nº 13283 /MT. Min. Rel. Dias Toffoli. Julg.: 25.03.2013.
[590] STF. RCL nº 17653 /MG. Rel. Min. Dias Toffoli. Julg.: 07.11.2014.
[591] NEVES, Daniel Amorim Assumpção; NEVES, Daniel Amorim Assumpção. O inquérito civil como uma cautelar preparatória probatória *Sui Generis*. *In*: MAZZEI, Rodrigo; NOLASCO, Rita Dias (Coord.). *Processo civil coletivo*. São Paulo: Quartier Latin, 2005. p. 235-237.

Ademais, tal perspectiva deve conviver com o disposto no art. 20 do CPP/41, que traz o sigilo do inquérito como mecanismo necessário à elucidação do fato ou por exigência do interesse da sociedade.

8.7 Valor probatório

O inquérito civil é valioso instrumento para a coleta de provas a embasar eventual ação coletiva e também se destina a evitar ações infamantes e prematuras, sem um mínimo de dados fáticos que viabilizem sua impetração. Tem-se que o valor do inquérito civil como prova em juízo decorre do fato de ser investigação pública e de caráter oficial.[592]

Apesar de as provas na instância administrativa serem unilateralmente produzidas e de possuírem valor probatório relativo, ante a inobservância de debates e refutações, elas podem ser analisadas em sede de contraditório judicial. A prova colhida no inquérito civil, ou seja, inquisitorialmente, não é afastada por mera impugnação, tornando-a cerceada de produção de efeitos. Este é o entendimento do Superior Tribunal de Justiça.[593] Todavia, elas precisam ser comprovadas na instância judiciária ou embasadas em outros elementos probatórios, de modo que, seja para seu afastamento ou para a sua perpetuação, faz-se imperiosa a sua ratificação em juízo.

Uma vez razoavelmente impugnada a prova produzida no inquérito civil, é certo que deve ser repetida em juízo, com o escopo de impedir que não haja violação aos princípios da ampla defesa, do contraditório e do devido processo legal.[594] A atuação do poder jurisdicional impõe a garantia da paridade de armas, em densificação do princípio do livre convencimento motivado, evitando-se que possíveis ilegalidades na comprovação do fato viciem a apreciação do órgão prolator do direito no caso concreto. Da impugnação, emerge o dever de o magistrado proferir *decisum* motivado, decorrente de seu livre convencimento acerca da validade *iuris tantum* da prova colhida fora dos autos.

Esse posicionamento também é sedimentado em sede do inquérito policial, não sendo admissível condenação baseada exclusivamente em

---

[592] MAZZILLI, Hugo Nigro. *O inquérito civil*. São Paulo: Saraiva, 1999. p. 53
[593] STJ. Resp. 476660/MG. Rel. Min. Eliana Calmon. Segunda Turma. *DJe* 04.08.2003; REsp nº 76.660-MG. Rel. Min. Eliana Calmon. *DJ* de 04.08.2003; REsp nº 644994/MG. Rel. Min. João Otávio de Noronha. Segunda Turma. *DJ* de 21.03.2005.
[594] STJ. REsp nº 849841 MG. Rel. Min. Eliana Calmon. Segunda Turma. *DJe* 11.09.2007.

provas colhidas na fase policial. Ainda que a prova auxilie o juiz em sua formação de convicção, a prolação de condenação firmada unicamente nesses elementos colhidos durante a investigação preliminar, realizada sem o crivo do contraditório, tal qual o inquérito civil, é considerada ilegal.[595]

Não tendo o inquérito civil força de prova judicializada, deve a acusação transformar os elementos do inquérito em elementos judiciais, ratificando o que fora produzido na fase administrativa-extrajudicial, com o escopo de garantir a compatibilidade do material probatório com as garantias agasalhadas pela Constituição Federal.[596]

Esse é o mesmo sentir do Supremo Tribunal Federal, que, reiteradamente, tem entendido que os elementos probatórios contidos no inquérito podem influir na formação do livre convencimento do magistrado, integrando a decisão somente quando complementado por outras provas que passam pelo crivo do contraditório em juízo.[597] Para que os elementos colhidos na fase extrajudicial possam ser adotados em futura sentença, eles não podem ser os únicos a embasar o decreto condenatório.[598]

Quanto às provas que são impossíveis de repetição por questões de impedimento fático, como perícias de materiais que não mais existem ou depoimentos de pessoas falecidas, tais elementos poderão ser levados em conta pelo juiz para a formação de seu convencimento, desde que corroboradas por outros substratos fáticos. Trata-se do contraditório diferido, o que não implica exceção ao princípio dialético, mas, tão somente, em um adiamento de exercício, não acarretando vícios ao procedimento.[599]

8.8 Vícios do inquérito civil e seus reflexos na ação de improbidade administrativa

O inquérito civil não tem força de prova judicializada, sendo premente que a acusação transforme os elementos do inquérito em

---

[595] STJ. Rel. Min. Campos Marques. 5ª Turma. *DJ* de 05.04.2013. HC nº 230922/RS. STJ. Rel. Min. Gilson Dipp. Quinta Turma. *DJ* de 1º.08.2012.
[596] STJ. HC nº 148140/RS Rel. Min. Celso Limongi. Sexta Turma. *DJ* de 25.04.2011.
[597] STF. HC nº 96356/RS. Rel. Min. Ricardo Lewandowski. Segunda Turma. *DJ* de 12.03.2013.
[598] STF. HC nº 103660. Rel. Min. Ricardo Lewandowski. Primeira Turma. *DJ* de 06.04.2010. HC nº 96356/RS. Rel. Min. Marco Aurélio. Primeira Turma. *DJ* de 23.09.2010.
[599] GARCIA, Emerson; ALVES, Rogério Pacheco. *Improbidade administrativa*. 5. ed. Rio de Janeiro: Lumen Juris, 2010. p. 595.

elementos embasados nos princípios constitucionais do contraditório, ampla defesa e do devido processo legal, confirmando o que foi construído sem a presença dessas garantias. Em decorrência dessa ilação, as nulidades ou vícios de um inquérito civil não possuem reflexo na ação judicial, posto que não têm qualificação maior senão a de ofuscar o seu valor *probandi*, ante o princípio da incolumidade do separável.

Tal conclusão decorre do fato de que o inquérito civil é prescindível e tem natureza inquisitiva, de modo que irregularidades ou nulidades existentes em seu trâmite jamais poderão ensejar a nulidade da ação – em sentido estrito – que vier a tramitar.[600]

O Superior Tribunal de Justiça tem assinalado o mesmo posicionamento, asseverando a incapacidade das peças da fase pré-processual de inquinar de nulidade a posterior ação civil pública.[601] Portanto, qualquer tipo de nulidade no inquérito civil, independentemente de sua taxionomia e extensão, não acarreta reflexos na ação de improbidade administrativa.

8.9 Encerramento, arquivamento, trancamento e desarquivamento das investigações

Utilizando-se de uma terminologia escorreita, o encerramento do inquérito civil pode se dar por arquivamento, a ser procedido pelo membro do *Parquet* e homologado pelo Conselho Superior do órgão, ou por trancamento, quando diante de ilegalidades, desvio de finalidade ou da falta de atribuição do agente propulsor do inquérito. O desarquivamento/destrancamento seria o desfazimento do encerramento, devendo ser realizado quando diante da insuficiência de motivos à manutenção do estado de desfecho ou quando existentes novas evidências.

O inquérito civil, como instrumento de investigação exclusivo do Ministério Público, tramita em via administrativa, depois de instaurado e presidido por membro dessa instituição, a fim de apurar fatos ou atos possivelmente atentatórios ao interesse público, difuso ou coletivo. Entre o seu âmbito de incidência, incluem-se os atos atentatórios à probidade administrativa, tendo por objetivo a coleta de elementos probatórios para formação do convencimento do órgão ministerial

---

[600] SOUZA, Motauri Ciocchetti de. *Ação civil pública e inquérito civil*. 2. ed. São Paulo: Saraiva, 2005. p. 102.
[601] Cite-se o seguinte julgado, que faz referência à reincidência do referido posicionamento: REsp nº 1119568 PR 2009. Rel. Min. Arnaldo Esteves Lima. Primeira Turma. Julg.: 02.09.2010. DJe 23.09.2010.

sobre o ajuizamento da ação civil de improbidade administrativa ou sobre o arquivamento, seja por não configuração ou por falta de provas acerca do fato violador investigado ou de sua autoria.[602]

O arquivamento do inquérito civil é o encerramento da investigação, em razão de solicitação do membro do *Parquet*. Convencido de que, esgotadas as diligências sobre o fato investigado, não há ato de improbidade administrativa ou que os indícios reunidos não são suficientes, incumbe ao presidente da investigação proceder ao arquivamento motivado do inquérito civil e remetê-lo ao Conselho Superior do Ministério Público, encaminhando-o para a homologação do arquivamento, no prazo de três dias, tal qual disciplina o art. 10, §1º, da Resolução nº 23/2007.

Recebidos os autos do inquérito, o Conselho Superior do Ministério Público poderá homologar o arquivamento, requerer novas diligências ou reformar o arquivamento, determinando que outro membro do órgão ministerial promova a ação.

Acolhida ou não a promoção de arquivamento do inquérito civil, cria-se para o Promotor de Justiça que o requereu um impedimento, não podendo funcionar em possível ação promovida com base nos mesmos fatos, conforme art. 9º, §4º, da Lei nº 7.347/85.[603] Afinal, omissa a Lei nº 8.429/92 no que tange ao arquivamento, devem ser observadas as regras do art. 9º da Lei nº 7.347/85, aplicável, nesse aspecto, aos casos de improbidade administrativa. A designação de outro membro do *Parquet* tem o escopo de preservar a independência funcional, o livre convencimento motivado, a convicção de quem promoveu o arquivamento do inquérito civil ou das peças de informação e decorre também do natural impedimento para ajuizá-la, bem como para oficiar em quaisquer fases, no que se evitariam juízos contraditórios.

A homologação do arquivamento vincula a instituição do Ministério Público, como decorrência dos princípios da unidade e indivisibilidade, e somente mediante provas novas pode ser promovido o desarquivamento, não havendo empecilho, por outro lado, que terceiros interessados e legitimados ingressem com novo feito investigando o mesmo fato.

O arquivamento do inquérito civil não é crível de controle judicial, tratando-se de matéria restrita ao âmbito *interna corporis* do

---

[602] PAZZAGLINI FILHO, Marino. *Lei de improbidade administrativa comentada*: aspectos constitucionais, administrativos, civis, criminais, processuais e de responsabilidade fiscal. 3. ed. São Paulo: Atlas, 2006. p. 179-180.
[603] Capítulo 5 de MAZZILLI, Hugo Nigro. *O inquérito civil*. São Paulo: Saraiva, 1999.

Ministério Público. No entanto, uma vez instaurado sem justa causa, o seu controle pode ser realizado na instância judicial, sendo cabível o manuseio de mandado de segurança ou *habeas corpus*, dependendo das peculiaridades, para obter o trancamento.

Conforme expõem Nelson Nery Júnior e Rosa Maria de Andrade Nery, o trancamento judicial do inquérito civil só ocorrerá em hipóteses restritas, como nos casos de ilegalidade, desvio de finalidade ou falta de atribuição, sendo possível impetrar mandado de segurança contra a instauração do inquérito civil e, no caso de o membro ministerial determinar a condução coercitiva ilegal, caberá *habeas corpus*.[604] Saliente-se que o Superior Tribunal de Justiça já determinou o destrancamento quando o motivo que o ocasionou não mereceu prosperar, baseado em causa sem fundamentação robusta.[605]

Consigne-se que é inconcebível que uma ação com efeitos tão graves seja ajuizada quando há sérias dúvidas acerca da existência do ato, sem a fundamentação de elementos probatórios mínimos. Tal lógica é rememorada no §6º do art. 17 da Lei nº 8.429/92, que determina que a ação seja instruída com documentos ou justificação que contenham indícios suficientes da existência do ato de improbidade administrativa, ressalvando a hipótese, devidamente justificada, da impossibilidade de apresentação de tais provas. Nesse sentido, pairando dúvida substanciosa acerca da (i)licitude ou (in)existência do ato perquirido, não deverá ser ajuizada a ação civil.

Atento aos efeitos deletérios que a perpetuação de inquéritos civis ocasiona, não só ao princípio da eficiência, como à própria esfera individual dos investigados, o legislador positivou um prazo máximo de duração da investigação. Nos termos do art. 23, §2º, da Lei nº 8.429/1992, incluído pela Lei nº 14.230/2021, o inquérito civil para a apuração de atos ímprobos deverá ser concluído no prazo de 365 (trezentos e sessenta e cinco) dias corridos, prorrogável uma única vez por igual período, mediante ato fundamentado submetido à revisão da instância competente do órgão ministerial, conforme dispuser a respectiva lei orgânica ministerial. Outrossim, uma vez encerrado o prazo em questão – que pode se estender, como visto, por, no máximo, 2 (dois) anos – a ação civil pública de improbidade administrativa deverá ser proposta em até 30 (trinta) dias.

---

[604] NERY JR., Nelson; NERY, Rosa Maria de Andrade. *Código de Processo Civil comentado*. 6. ed. São Paulo: RT, 2002. p. 1350-1351.
[605] STJ. REsp. nº 644.287/RJ. Rel. Min. Denise Arruda. Primeira Turma. DJe 1º.02.2007.

Pretendeu-se resguardar a autonomia dos Ministérios Públicos para a procedimentalização do processo de renovação e arquivamento do inquérito civil. Embora a lei não tenha cominado sanções ao descumprimento desses prazos, a simples consideração de se tratar de prazos impróprios não pode significar uma complacência generalizada com a morosidade dos órgãos de investigação. Deve ser aplicada aos inquéritos civis, nesse caso, a mesma disciplina aplicada pelo Superior Tribunal de Justiça para os processos administrativos disciplinares, sintetizada no Enunciado nº 592 de sua súmula: "O excesso de prazo para a conclusão do processo administrativo disciplinar só causa nulidade se houver demonstração de prejuízo à defesa". O mesmo *télos* é encampado pelo Tribunal da Cidadania na esfera penal, ao admitir o trancamento de inquéritos policiais pelo excesso de prazo, desde que configurado o constrangimento ilegal sob o pálio da razoabilidade, em que se deve considerar a complexidade do objeto investigado e a existência de diligências em andamento.

Consigne-se que é inconcebível que uma ação com efeitos tão graves seja ajuizada quando há sérias dúvidas acerca da existência do ato, sem a fundamentação de elementos probatórios mínimos. Tal lógica é rememorada no inciso II do §6º do art. 17 da Lei nº 8.429/92, que determina que a ação seja instruída com documentos ou justificação que contenham indícios suficientes da veracidade dos fatos e do dolo imputado, ressalvando a hipótese, devidamente justificada, da impossibilidade de apresentação de tais provas. Nesse sentido, pairando dúvida substanciosa acerca da (i)licitude ou (in)existência do ato perquirido, não deverá ser ajuizada a ação civil.

8.10 Termo de ajustamento de conduta, recomendações na seara da improbidade administrativa

Sob a vigência da Medida Provisória nº 703/2015, que alterou o art. 16 da Lei nº 12.846/2013, o acordo de leniência celebrado com a participação das respectivas Advocacias Públicas impedia que os entes celebrantes ajuizassem ou prosseguissem com a ação de que trata o art. 17 da Lei nº 8.429/92 ou de ações de natureza civil, de modo que o acordo de leniência celebrado com a participação da Advocacia Pública e em conjunto com o Ministério Público impedia o ajuizamento ou o prosseguimento da ação já ajuizada por qualquer dos então legitimados à ação civil de improbidade administrativa. Cessada a vigência do referido instrumento legislativo, a mesma regra não fora repetida, de modo que, atualmente, a Lei nº 12.846/2013 queda-se omissa quanto ao ponto.

A interpretação condizente com a instrumentalização do processo, a organicidade do Direito Sancionatório e a densificação dos direitos fundamentais insculpidos na Constituição é de que a vedação à celebração de acordo, transação ou conciliação no âmbito das ações de improbidade ostenta a finalidade de impedir que o agente possa se esvair das sanções impostas, no que contribuiria para a fragilização de sua eficácia normativa. Em vez de acarretar impunidade, o ajustamento de conduta pode consolidar o efeito inverso, em razão de a punição ser imediata, optando-se por reprimendas mais leves, e permitindo-se a consolidação de práticas que evitem a reiteração de novos atos ímprobos.

Essa proibição legal tornou-se obsoleta, na medida em que a evolução legislativa passou a convergir para as possibilidades de autocomposição no processo, tanto na seara criminal, quanto na cível. Da análise da morfologia procedimental, coadunada as sanções decorrentes das espécies transgredidas, denota-se a proximidade evidente entre a ação penal e a ação de improbidade administrativa. Explanam Fredie Didier Júnior e Daniela Santos Bomfim que, muito embora os regimes jurídicos sejam distintos, um de direito administrativo, outro de direito penal, a própria estruturação do processo da ação de improbidade administrativa, com uma fase de defesa prévia, semelhante ao que acontece no processo criminal, é a demonstração cabal dessa proximidade.[606] Inclusive, na ação de improbidade há um amplo espectro de garantias ao réu, diante da gravidade das sanções que porventura venham a ser impostas.

De qualquer forma, o art. 36, §4º, da Lei nº 13.140/15, ab-rogou o art. 17, §1º, da Lei nº 8.429/92, ao preceituar que a conciliação prevista dependerá da anuência expressa do juiz da causa ou do Ministro Relator, na matéria objeto do litígio que esteja sendo discutida em ação de improbidade administrativa ou sobre ela haja decisão do Tribunal de Contas da União. Ou seja, uma lei posterior menciona especificamente que houve a revogação de determinado conteúdo da Lei de Improbidade Administrativa, não podendo mais haver restrição a acordo, transação ou conciliação por não mais encontrar validade no mundo jurídico.

---

[606] DIDIER JR., Fredie; BOMFIM, Daniela Santos. A colaboração premiada como negócio jurídico processual atípico nas demandas de improbidade administrativa. *A&C – Revista de Direito Administrativo & Constitucional*, Belo Horizonte, ano 17, n. 67, p. 116, jan./mar. 2017.

No que tange às recomendações, elas, inexoravelmente, arrimam-se sob o pálio do princípio da prevenção, haja vista que inúmeras vezes a repressão não restaura o *status* anterior ao prejuízo, considerando-se que a reconstrução da crença na probidade administrativa não é linear, perpassando o turbilhão da complexidade do processo social e político.

Cite-se a experiência portuguesa, em que se relata, em apertada síntese, que durante o ano de 2006, o Provedor de Justiça recebeu 6.377 queixas formalizadas de cidadãos, sendo a maioria contra atos da Administração. Cerca de 60% das queixas mereceram apuração do órgão. Algumas delas foram indeferidas liminarmente e outras foram encerradas após instrução, com uma taxa de sucesso na resolução de forma positiva das reclamações de 87,5%. Mencionado resultado foi obtido com a expedição de tão somente 25 recomendações, e a maioria delas foi acatada de pronto.[607]

Atento a essa ponderação, o Ministério Público do Estado de São Paulo trouxe, em sua Tese nº 11, aprovada em Plenária no I Congresso do Patrimônio Público e Social, a importância do instituto da recomendação na tutela do patrimônio público, tendo sido eleito que a recomendação é instrumento com assento legal e que permite estender a função do Ministério Público de defesa das manifestações dos cidadãos, à função de proteção do patrimônio público e social, ambas funções de *tópos* constitucional. Assinalou que o instrumento deve ser largamente manuseado, seja como mera forma de correção de ilegalidades ou como medida preliminar, no exame de atos em que possam existir dúvidas acerca da má-fé do investigado, incidindo no aspecto subjetivo dos elementos de eventual demanda. Na oportunidade, fora salientado o dever de cuidado para que não haja a banalização do uso. De igual modo, a recomendação deve ser instruída por densa fundamentação, agregando conteúdo jurídico à força moral que dela decorre.

Nesse sentido, defende-se que a recomendação seja manuseada pelo Ministério Público com o *télos* de conferir ao instrumento eficácia preventiva, retardando ou evitando a jurisdicionalização de lide tão gravosa.

Muito se discute sobre a aplicabilidade do instituto da delação premiada no âmbito da ação de improbidade administrativa. Como é cediço, um dos maiores problemas que a sociedade enfrenta é a macrocriminalidade, em especial o crime organizado. São inúmeras as

---

[607] PORTUGAL. *Relatório do provedor de justiça à assembleia da república*. Lisboa: Provedoria de Justiça – Divisão de Documentação, 2006. v. I, p. 11-31.

operações deflagradas com o cerne de desarticular as redes de corrupção e desmontar as profanações ao princípio republicano. Ainda assim, a diversidade de ilícitos dessa natureza continua a florescer nos recônditos meandros das negociações espúrias que se avolumam no cotidiano. Essa espécie de poder invisível, soerguido em segredo, propicia uma ambiência favorável para a proliferação de desvios prejudiciais, tanto à sociedade quanto ao regime democrático.[608]

A delação premiada, por isso mesmo, é o meio de prova pelo qual o investigado ou acusado, ao prestar suas declarações, coopera com a atividade investigativa, no que confessa crimes e indica a autuação de terceiros envolvidos, de sorte a alterar o resultado das investigações em troca de benefícios processuais.[609] Vale dizer, a colaboração premiada consubstancia-se em um negócio jurídico processual personalíssimo, uma vez que, além de ser qualificada pela Lei nº 12.850/2013 como "meio de obtenção de prova", seu objetivo é a cooperação do imputado para a investigação e para o processo penal.[610] Demais disso, tenha-se que no campo penal os efeitos da colaboração premiada possibilitam a diminuição da pena ou até mesmo o perdão judicial em alguns casos, no que não haveria motivos pelos quais proibir o legitimado ativo da ação de improbidade administrativa de pleitear a aplicação deste recurso na seara cível.

Suscite-se que alguns tribunais ainda relutam em aceitar a aplicação da delação premiada nas ações de improbidade administrativa, sob o argumento de que não se afiguraria juridicamente possível a extensão dos seus benefícios aos requeridos em ação de improbidade, uma vez que se tratam de benefícios penais e a legislação não prevê qualquer extensão dos benefícios à esfera cível.[611] Lado outro, também já se permitiu a irradiação dos efeitos da colaboração premiada para os então outros legitimados para a propositura da ação de improbidade administrativa.[612]

---

[608] BOBBIO, Norberto. *Democracia e Segredo*. Organização Marco Ravelli; tradução Marco Aurélio Nogueira. São Paulo: Editora Unesp, 2015. p. 83.
[609] SOBRINHO, Mário Sérgio. O crime organizado no Brasil. *In*: FERNANDES, Antonio Scarance; ALMEIDA, José Raul Gavião; MORAES, Maurício Zanoide de (coord.). *Crime organizado*: aspectos processuais. São Paulo: Revista dos Tribunais, 2009, p. 47.
[610] STF, HC nº 127.483/PR, *DJe* 27.08.15 (Informativo STF nº 796).
[611] TRF-1 - AC: 1741520044014200, Relator: Juíza Federal Clemência Maria Almada Lima de Ângelo (Conv.), Data de Julgamento: 08.04.2014, Quarta Turma, Data de Publicação: 02.06.2014.
[612] "O ponto desta discussão é: ao firmar acordo de colaboração com um ente acusatório, os efeitos de tais acordos irradiam-se para os outros entes legitimados para a propositura da ação de improbidade administrativa? Os acordos de delação premiada servem para reduzir

Sendo esse o contexto, sobreleve-se que não seria crível obstar a utilização do instrumento da delação premiada nas ações de improbidade administrativa, uma vez que tanto a Lei nº 8.4.29/92 quanto a Lei nº 12.846/2013 possuem a finalidade de combater os atos de corrupção que corroem a Administração Pública. Portanto, a melhor exegese a ser aplicada seria aquela mais consentânea com a vontade da Constituição Federal e do legislador ordinário, qual seja, a de ampliar os meios de combate e repressão às práticas criminosas.

8.11 Acordo de não persecução cível nas ações de improbidade administrativa

O acordo de não persecução cível é um instrumento de consensualidade por meio do qual o titular da ação civil de improbidade administrativa fixa sanções pessoais e reparações ao erário prejudicado, que, aceitas pelo investigado ou denunciado, tornam mais célere e efetiva a aplicação do microssistema da improbidade administrativa.

O "Pacote Anticrime" (Lei nº 13.964/2019) positivou o acordo de não persecução cível, dispondo, de maneira genérica, que "as ações de que trata este artigo admitem a celebração de acordo de não persecução cível, nos termos desta Lei". Além disso, a lei cuidou de revogar, expressamente, o criticado art. 17, §1º, da Lei nº 8.429/1992, que dispunha ser "vedada a transação, acordo ou conciliação" nas ações de improbidade administrativa.

A reforma da Lei de Improbidade promovida pela Lei nº 14.230/2021 inseriu o art. 17-B à Lei nº 8.429/1992, regendo com um maior detalhamento a celebração dos acordos de não persecução cível. Há requisitos materiais e requisitos procedimentais para a feitura do acordo. Os dois primeiros são o integral ressarcimento do dano e a reversão à pessoa jurídica lesada das vantagens obtidas, ainda que por agentes privados. Tais condicionantes constituem um piso mínimo reparatório que deve compor qualquer proposta de acordo de não persecução cível, sob pena de sua invalidade (art. 17-B, *caput*, Lei nº 8.429/1992).

---

os custos de transação na obtenção de provas. Assim, o colaborador entrega todas as provas que possui em troca de benefícios, tais como diminuição de pena, ausência de sanções civis, menor confisco de bens. Ao entregar tais provas, o colaborador precisa de garantias e elas são dadas pelo órgão que efetuou a delação" (TRF-4 - AG: 50365009820184040000 5036500-98.2018.4.04.0000, Relator: Luís Alberto Azevedo Aurvalle, Data de Julgamento: 11.10.2018, Quarta Turma).

Em termos procedimentais, a celebração do acordo poderá depender: da oitiva do ente federado lesado; da aprovação do acordo pelo órgão do Ministério Público responsável pela homologação de arquivamento de inquéritos civis; da oitiva do Tribunal de Contas; da homologação judicial. A oitiva da pessoa jurídica lesada é obrigatória em qualquer hipótese, antes ou depois da propositura da ação, assim como a homologação judicial, sempre imprescindível. A aprovação pelo órgão especial do Ministério Público (no caso do Ministério Público Federal, as Câmaras de Coordenação e Revisão do MPF) somente é exigida quando o acordo for proposto antes do ajuizamento da ação, isto é, no curso do inquérito civil, devendo ser levada a efeito no prazo de 60 (sessenta) dias. A oitiva do Tribunal de Contas, que deverá ser concluída em até 90 (noventa) dias, é obrigatória para determinar a correta apuração do dano – previsão legal que decerto tornará morosa e dispendiosa a conclusão dos acordos de não persecução cível (art. 17-B, §3º, Lei nº 8.429/1992).

Nos termos do art. 17-B, §2º, da Lei nº 8.429/1992, a celebração do acordo de não persecução cível deverá considerar a personalidade do agente, a natureza, as circunstâncias, a gravidade e a repercussão social do ato de improbidade, bem como as vantagens, para o interesse público, da rápida solução do caso. Outrossim, prevê o art. 17-B, §4º, que o acordo poderá ser celebrado a qualquer momento, durante o inquérito civil, o curso da ação ou, ainda, durante a execução da sentença condenatória. Tal disposição é problemática, dada a nítida vulneração da coisa julgada.

O descumprimento do acordo acarretará, para o investigado, a proibição de celebrá-lo pelo prazo de cinco anos, contados do conhecimento pelo Ministério Público do efetivo descumprimento (art. 17-B, §7º, da Lei nº 8.429/1992). Com efeito, o descumprimento implicará, igualmente, na retomada da persecução pela via judicial, com o ajuizamento ou o prosseguimento da ação civil pública de improbidade administrativa pelos mesmos fatos.

8.12 Princípio da insignificância e atos de improbidade administrativa de "menor potencial ofensivo"

Conforme tem sido defendido nessas linhas, a tutela da probidade administrativa não pretende criar arbitrariedades na utilização de ações coletivas por atos de improbidade administrativa. A não banalização de tal mecanismo tem importância inconteste e conduz, inclusive, à exponencialização da efetividade no combate à improbidade.

Todavia, a análise da tipificação dos atos de improbidade administrativa exige a prévia consideração de que o legislador preocupou-se com condutas acentuadas do ponto de vista social, aquelas que causam consequências para o regular andamento da Administração Pública. O que se tenta coibir são atos que dolosamente configuram condutas desonestas relevantes ou, até mesmo culposamente, desde que revelem relevante gravidade e culpabilidade em seus acintes ao Erário.

Conforme expõe José Antônio Lisboa Neiva, a interpretação literal dos tipos legais de improbidade conduziria ao absurdo e poderia acarretar que até uma simples violação das normas de trânsito por um servidor público, condutor de uma viatura policial, pudesse ser considerada como ímproba, fazendo incidir todas as graves sanções impostas pelo constituinte e legislador, ou até mesmo o agente público que anota um recado pessoal em papel da repartição pública, causando prejuízo, em tese, ao Erário.[613] A insignificância dessas condutas exemplificadas faz premente o afastamento da responsabilização do agente. A impossibilidade da interpretação literal desses comandos normativos é atestada pela incoerência de equiparar coisas, valores e conceitos distintos, caminho cujo fim certeiro é o arbítrio, não sendo possível que o legislador esgote todas as possibilidades de concretização de atos de improbidade.[614]

Em se tratando de acinte aos princípios da Administração Pública, a violação a um princípio não aceita a lógica do tudo ou nada. O fato de as cominações principiológicas serem esparsas não quer dizer que o julgador pode amoldar qualquer conduta como gravame aos princípios da Administração. A única interpretação que se adapta ao princípio da segurança jurídica e do respeito aos parâmetros legais conduz que o comportamento impugnado tem de afrontar os deveres legais e ainda ser subsumido em um dos incisos do art. 11 da Lei nº 8.429/92. Impõe-se a realização de uma interpretação *cum grano salis*, de forma que a extensão de incidência não tipifique fatos jurídicos que são irrelevantes para a subsunção da pena.

Em decorrência da profundidade e gravidade das consequências dos tipos previstos na Lei nº 8.429/1992, tem-se como defensável a

---

[613] NEIVA, José Antonio Lisboa. *Improbidade administrativa*: estudo sobre a demanda na ação de conhecimento e cautelar. 2. ed. Niterói: Impetus, 2006. p. 17.
[614] FIGUEIREDO, Marcelo. *Probidade administrativa*: comentários à Lei 8.429/92 e legislação complementar. 4. ed. São Paulo: Malheiros, 2000. p. 125.

aplicação do princípio da insignificância, a fim de promover a perquirição judicial apenas dos atos que consubstanciam não mais que pequenos arranhões à moralidade qualificada.[615]

Para Carlos Frederico Brito dos Santos, alguns atos de improbidade que causam prejuízo à Administração Pública dão margem para que o julgador, perante o fato concreto, invocando o princípio da proporcionalidade, enquadre-o como ato atentatório aos princípios da administração, reduzindo a intensidade das sanções, mas condenando o agente ímprobo, mesmo que em reparação de pequena monta. Sendo a hipótese de ofensa insignificante, cuja punição é fixada pelo estatuto dos servidores públicos com sanção de advertência, inexistente a justa causa para o acionamento do agente como incurso nas penas do art. 12, III, da Lei nº 8.429/92, devendo a responsabilização ocorrer apenas na seara administrativo-disciplinar.[616]

É um truísmo que não se pode clarificar conceitualmente todos os casos em que o princípio da insignificância possa operar fluidamente. Portanto, não se defende que a insignificância seja atestada caso a caso, no que provocaria casuísmos atrozes. Haveria a especificação de *standards* para que os operadores jurídicos pudessem balizar suas atuações. A conceituação desse princípio não atingiria apenas a proporção do ilícito, mas também peculiaridades atinentes ao seu agente. Propõe-se que as balizas que tracem os contornos da insignificância sejam as seguintes: que a gravidade não seja relevante dentro do contexto social específico; que a extensão do dano seja diminuta; que não haja aproveitamento patrimonial auferido pelo agente; que o aspecto subjetivo não denote um grau exacerbado de periculosidade; que o agente não seja reincidente.

A insignificância do acinte produzido não serviria para excluir a ilicitude, mas para atenuar as sanções impostas. Diante dos pesados gravames impostos pela Lei de Improbidade Administrativa, atestada a hipótese de insignificância, com a confissão do réu, poderia a autoridade judicial deixar de aplicar as mencionadas sanções e determinar penas restritivas de Direitos, por exemplo, sem que haja qualquer tipo de desvio ao fator teleológico da legislação. Essa possibilidade, de forma alguma sinalizaria impunidade, muito pelo contrário, sua eficácia concretiva seria reforçada, sendo o processo muito mais célere, a *res*

---

[615] STJ. REsp nº 714935/PR. Rel. Min. Castro Meira. Segunda Turma. Julg.: 25.04.2006. *DJe* 08.05.2006. AgRg no REsp nº 968447/PR. Rel. Min. Napoleão Nunes Maia Filho. Primeira turma. Julg.: 16.04.2015. *DJE* 18.05.2015.

[616] SANTOS, Carlos Frederico Brito dos. *Improbidade administrativa*. 2. ed. Rio de Janeiro: Forense, 2007. p. 45-46.

publica preservada e a certeza de imposição de castigo proporcional exemplo claro para os operadores da coisa pública.

A temática ora mencionada é bastante controversa dentro do cenário atual, considerando que sequer existe uma unanimidade doutrinária e jurisprudencial sobre o assunto. O Superior Tribunal de Justiça entende que os crimes contra a Administração Pública trazem consigo não apenas o impacto patrimonial, mas, sobretudo, o bem incorpóreo da Administração Pública, o caráter da moral administrativa, ainda que irrisório o dano ao Erário. Em razão desse posicionamento, editou a Súmula nº 599, asseverando que não se aplica o princípio da insignificância na seara da improbidade administrativa.[617] Todavia, há algumas decisões em que é possível observar uma transformação daquele pensamento conservador do "tudo ou nada", direcionando-se a um posicionamento mais preocupado com a individualidade dos casos.[618] Ademais, o alicerce para essa nova forma de pensar está justamente no encontro entre os princípios da proporcionalidade e razoabilidade, que se unem ao princípio da insignificância trazido analogicamente do direito penal, promovendo, assim, uma harmonia entre o grau do ato praticado e a punição aplicada a este.

Portanto, defende-se, conscientemente, que se configura mais razoável, quando o ato ímprobo é classificado como insignificante, que as penas impostas sejam diversas das previstas, podendo ser cumulativas ou não com as sanções aplicadas na seara administrativa.[619] Foi diante dessa contextura que a Lei nº 14.230/2021 incluiu o §5º no art. 12 para estabelecer que nos caso de atos de menor ofensa aos bens jurídicos tutelados, a sanção limitar-se-á à aplicação de multa, sem prejuízo do ressarcimento do dano e da perda dos valores obtidos, quando for o caso.

---

[617] Súmula nº 599: "O princípio da insignificância é inaplicável aos crimes contra a administração pública".

[618] "Ademais, o ato havido por ímprobo deve ser administrativamente relevante, sendo de se aplicar, na sua compreensão, o conhecido princípio da insignificância, de notável préstimo no Direito Penal moderno, a indicar a inaplicação de sanção criminal punitiva ao agente, quando o efeito do ato agressor é de importância mínima ou irrelevante, constituindo a chamada bagatela penal: *de minimis non curat Praetor*..." (REsp nº 1536895/RJ, Rel. Ministro Napoleão Nunes Maia Filho, Primeira Turma, julgado em 15.12.2015, *DJe* 08.03.2016).

[619] MEDEIROS, Sérgio Monteiro. *Lei de improbidade administrativa*. São Paulo: Juarez de Oliveira, 2003. p. 52.

CAPÍTULO 9

ASPECTOS PROCESSUAIS

9.1 Ação civil pública: hipótese de cabimento

Antes da Constituição Federal de 1988, as hipóteses de cabimento da ação civil pública estavam taxadas em rol cujo tratamento circundava os direitos transindividuais. A vigência da atual Carta Política indicou que não mais se pode falar em taxatividade do objeto de proteção da ação civil pública, estando esta dirigida à proteção dos direitos coletivos em sentido lato, quais sejam, os direitos difusos, os direitos coletivos em sentido estrito e os direitos individuais homogêneos.

Realizada uma análise em ordem cronológica, tem-se que antes da Lei nº 7.347/85 poucas leis conferiam legitimidade ativa às pessoas ou entidades para a tutela de direitos transindividuais. Cite-se a Consolidação das Leis Trabalhistas, que concedia legitimidade aos sindicatos para representarem, judicial e administrativamente, os interesses da categoria, com previsão do dissídio coletivo como ação para viabilizar a tutela jurisdicional coletiva, nos termos dos arts. 513 e 856. A Lei nº 4.215/63, atualmente revogada pela Lei nº 8.906/94, dispôs, em seu art. 1º, caber à Ordem dos Advogados do Brasil representar os interesses gerais da classe. A Lei nº 4.717/65 instituiu a ação popular e legitimou o cidadão em sentido estrito à impugnação judicial de ato ilegal ou lesivo ao patrimônio público.

O primeiro espectro da ação civil pública, qual seja, a Lei nº 6.938/81, Lei da Política Nacional do Meio Ambiente, trouxe como objeto de proteção os direitos difusos decorrentes de danos causados ao meio ambiente e legitimidade ativa circunscrita ao Ministério Público. Tal diploma, em seu art. 14, §1º, instituiu a responsabilidade objetiva do poluidor, determinando que ele está obrigado, independente de culpa, a indenizar ou reparar os danos causados ao meio ambiente e a terceiros, afetados por sua atividade.[620]

A LC nº 40/81, a Lei Orgânica do Ministério Público da União, foi a primeira a mencionar expressamente a ação civil pública, em seu art. 3º, III, elencando como uma das funções institucionais do *Parquet* a promoção da ação civil pública. Todavia, a mencionada regulamentação não definiu com precisão como seria exercida a incumbência institucional, o que somente veio a ser realizado pela Lei nº 7.347/85, regramento próprio da ação civil pública. Em sua versão original, esta restringia o uso à defesa de direitos difusos e coletivos de natureza indivisível, tais como o meio ambiente e bens e direitos de valor artístico, estético, histórico, turístico e paisagístico. Portanto, infelizmente, existia uma disposição que poderia levar à exegese da taxatividade dos direitos tuteláveis via ação civil pública.

O fato é que até a promulgação da Magna Carta vigente defendia-se a taxatividade dos interesses transindividuais a serem tutelados por meio da ação civil pública. Hodiernamente, o art. 129, III, da CRFB/88 prevê expressamente, e sem reserva de lei restritiva, a possibilidade do uso do instrumento processual para a defesa de outros interesses difusos e coletivos. A própria leitura do art. 129, III, realizada concomitantemente ao art. 5º, XXXV, ambos da Constituição Federal de 1988, este em consagração ao princípio do acesso à justiça, conduz ao princípio da não taxatividade do objeto material de proteção da ação civil pública, possibilitando a tutela de quaisquer direitos supraindividuais por meio de tal ação coletiva.

No mesmo sentido, o Código de Defesa do Consumidor não deixou dúvidas de que a ação civil pública é o principal mecanismo de interesse supraindividual, de acesso coletivo à justiça, aberto à proteção de quaisquer direitos transindividuais. Nesse ínterim, a opção redacional do Constituinte e do legislador ordinário, por meio do art. 81 do Código de Defesa do Consumidor/90, implica a consideração dos direitos individuais homogêneos, no que agasalha a compreensão de um sentido amplo do objeto da ação civil pública.

A Magna Carta não institui reserva de lei restritiva ao objeto jurídico tutelado pela ação civil pública.[621] Tal contexto implica a

---

[620] MANCUSO, Rodolfo de Camargo. A ação civil pública como instrumento de controle judicial das chamadas políticas públicas. *In*: MILARÉ, Edis (Coord.). *Ação civil pública*: Lei 7.347 – 15 anos. São Paulo: Revista dos Tribunais, 2001. p. 711.

[621] CANOTILHO, José Joaquim Gomes. *Direito constitucional e teoria da constituição*. 3. ed. Coimbra: Livraria Almedina, 1999. p. 1196-1197.

conclusão de que não é concebível uma interpretação restritiva ou a denominada interpretação de bloqueio, o que corrobora com o processo de evolução das tutelas jurisdicionais coletivas, conforme espírito do Estado Social Democrático de Direito.[622]

Em relativização à pressuposta imutabilidade, os princípios da máxima efetividade, da unidade da Constituição e o princípio da vedação ou proibição do retrocesso social direcionam o intérprete à primazia das soluções hermenêuticas que conduzam à atualização normativa da Constituição, garantindo maior densificação das normas constitucionais, a fim de impedir que se aniquilem os avanços conquistados em sede da proteção da dignidade da pessoa humana, sustentação de todos os demais direitos fundamentais.[623]

Nesse cenário, a ação civil pública pode instrumentalizar pretensões ligadas a direitos transindividuais que tenham fundamento jurídico nas mais variadas leis e atos normativos. Conforme lição de Hugo Nigro Mazzilli, o que se faz *mister* é que exista uma situação de onde exsurja plurissubjetividade de interesses, considerando que a própria Constituição inserira normativa extensiva, antes mesmo do advento do Código de Defesa do Consumidor, em admissão da iniciativa do órgão ministerial na defesa do meio ambiente e de outros interesses difusos e coletivos.

O novo espectro constitucional impôs o afastamento da tese de que o art. 1º da Lei nº 7.347/85 traz hipóteses taxativas, e todos os incisos vigentes no art. 1º têm objetos de grande abstração, devendo ser vividos em sua generalidade ante a referência ao meio ambiente; ao consumidor; aos bens e direitos de valor artístico, estético, histórico, turístico e paisagístico; a quaisquer outros interesses difusos ou coletivos; por infração da ordem econômica; à ordem urbanística; à honra e à dignidade de grupos raciais, étnicos ou religiosos; e ao patrimônio público e social.

Para Gregório Assagra de Almeida, à luz do inciso IV do art. 1º da Lei nº 7.347/85, acrescentado pelo art. 110 da Lei nº 8.078/90, resta estabelecido que qualquer outro interesse difuso ou coletivo pode ser tutelado pela ação civil pública, haja vista que seu objeto material é amplo, não sendo admissível uma interpretação limitadora que tente

---

[622] PIOVESAN, Flávia. *Proteção judicial contra omissões legislativas:* ação direta de inconstitucionalidade por omissão e mandado de injunção. São Paulo: Revista dos Tribunais, 1995. p. 153.

[623] CANOTILHO, José Joaquim Gomes. *Direito constitucional e teoria da constituição.* 4. ed. Coimbra: Livraria Almedina, 2000. p. 1099-1120.

implantar ou ressuscitar o combatido sistema da taxatividade.[624] Assim, o advento do Código de Defesa do Consumidor, seguindo o palmilhar da Constituição Cidadã, com a consequente vigência do art. 110, que incluiu o inciso IV no art. 1º da Lei nº 7.347/85,[625] implica o cabimento de quaisquer ações civis na defesa de interesses difusos, coletivos e individuais homogêneos.[626]

O art. 83 do Código de Defesa do Consumidor, aplicável *in casu* por força do art. 21 da Lei nº 7.347/85,[627] institui que à defesa dos direitos e interesses protegidos são admissíveis todas as espécies de ações capazes de propiciar a adequada e efetiva tutela, de modo que o princípio da máxima amplitude da tutela jurisdicional comum implica o cabimento de quaisquer tipos de ações, procedimentos, medidas, provimentos, inclusive antecipatórios, desde que adequados para propiciar a efetiva tutela dos direitos supraindividuais.[628]

Para além da amplitude de matérias a serem tratadas em sede de ação civil pública, o objeto a ser investigado também fora ampliado, de modo que quando tiver cunho repressivo poderá haver pedido de indenização por eventuais danos patrimoniais ou morais, isolada ou cumulativamente, conforme a Súmula nº 37 do Superior Tribunal de Justiça, que permite a cumulatividade das indenizações por dano material e dano moral oriundos do mesmo fato. Entretanto, em sede de ação de improbidade essa cumulatividade não é possível, sendo necessária uma ação específica, para o ressarcimento de prejuízo moral ao ente público vilipendiado.

A Lei nº 8.884/94 inseriu no art. 1º da Lei nº 7.347/85 a previsão expressa da possibilidade de responsabilização por danos extrapatrimoniais coletivos. Tal faculdade até então era prevista tão somente no

---

[624] ALMEIDA, Gregório Assagra de. *Direito processual coletivo brasileiro:* um novo ramo do direito processual. São Paulo: Saraiva, 2003, p. 53-54.

[625] "Art. 1º Regem-se pelas disposições desta Lei, sem prejuízo da ação popular, as ações de responsabilidade por danos morais e patrimoniais causados: (Redação dada pela Lei nº 12.529, de 2011).
[...]
IV – a qualquer outro interesse difuso ou coletivo. (Incluído pela Lei nº 8.078 de 1990)."

[626] MAZZILLI, Hugo Nigro. *O acesso à justiça e o Ministério Público.* 3. ed. rev. ampl. e atual. São Paulo: Saraiva, 1998. p. 19.

[627] "Art. 21. Aplicam-se à defesa dos direitos e interesses difusos, coletivos e individuais, no que for cabível, os dispositivos do Título III da lei que instituiu o Código de Defesa do Consumidor. (Incluído Lei nº 8.078, de 1990)."

[628] NERY JÚNIOR, Nelson; ANDRADE NERY, Rosa Maria de. *Código de processo civil comentado e legislação extravagante.* 7. ed. rev. e ampl. São Paulo: Revista dos Tribunais, 2003. p. 1309; ALMEIDA, Gregório Assagra de. *Direito processual coletivo brasileiro:* um novo ramo do direito processual. São Paulo: Saraiva, 2003. p. 307-309, 340, 575, 578.

art. 6º, VII, do Código de Defesa do Consumidor, o que para Rubens Morato denota inovação significativa, pois amplia e atribui o direito a esta reparação não só à pessoa, singularmente considerada, como aos novos sujeitos de direito nesse gênero de relação jurídica. Vive-se um direito de personalidade com nova configuração, que sai do aspecto puramente individualizado.[629] Mesmo entendimento deve ser aplicado na defesa dos interesses individuais homogêneos, haja vista a constante relevância do tipo de interesse levado à relação do processo coletivo.

Diante de tamanha ampliação das hipóteses de cabimento da ação civil pública, o parágrafo único do art. 1º da Lei nº 7.347/85, por sua vez, diz não ser cabível em determinadas hipóteses, criando casos expressos de impossibilidade jurídica do pedido, no que tem acarretado muitas controvérsias.

Assim, veda-se a possibilidade de acesso coletivo à justiça para veiculação de pretensões que envolvam tributos, contribuições previdenciárias, o Fundo de Garantia do Tempo de Serviço – FGTS ou outros fundos de natureza institucional, cujos beneficiários podem ser individualmente determinados.

A primeira problemática que surge com relação a este dispositivo é se o Poder Executivo, ou até mesmo o Legislativo, pode determinar a impossibilidade de cabimento da ação civil pública, nos casos que menciona ou em outros que, amanhã, possam se tornar indesejáveis.

A Constituição Federal de 1988 tão somente assegurou a legitimidade do Ministério Público para ajuizar ação civil pública na tutela de interesses e direitos difusos e coletivos, conforme o art. 129, III, não tratando de seu objeto. Então, se não há um acinte a uma prerrogativa protegida pelo texto constitucional suplantando o aspecto individual, no que violaria o princípio do acesso à justiça, não há inconstitucionalidade na imposição de uma vedação material à utilização da ação civil pública, mormente se esse interesse não for metaindividual ou ostentar natureza patrimonial.

Não obstante, há juristas que defendam a inconstitucionalidade da limitação conferida pela medida provisória – ato normativo responsável pelo inciso VI do art. 1º da Lei nº 7.347/85 e pela antiga redação de outros, seja pela ausência dos pressupostos legitimadores de sua reedição, previstos no art. 62 da CRFB/88, seja pelo suposto patente desvio de poder na edição criativa e inovadora de ato para além dos

---

[629] LEITE, José Rubens Morato. *Dano ambiental:* do individual ao coletivo extrapatrimonial. São Paulo: Revista dos Tribunais, 2000. p. 285.

limites constitucionais.[630] Discorda-se desse posicionamento porque inexiste bloqueio para esse tipo de regulamentação infraconstitucional, haja vista que não se macula princípio constitucional. Dotar princípios constitucionais de exacerbada extensão, dando-lhes campo normativo que não ostentam, significa um despautério ao princípio da legalidade.

Nesse diapasão, o Supremo Tribunal Federal tem aplicado o referido dispositivo no sentido de reafirmar a ilegitimidade do Ministério Público para ajuizar ação civil pública para questionar determinadas exações tributárias, como as taxas de iluminação pública e IPTU, considerando não ser a hipótese de interesses difusos pertencentes a todos e a cada um dos membros da sociedade.[631] O Pretório Excelso entendeu que não cabe a tutela transindividual quando for o interesse de grupo ou classe de pessoas, sujeitos passivos de uma exigência tributária cuja impugnação, por isso, só pode ser promovida por eles próprios, de forma individual ou coletiva.[632]

9.2 O princípio da obrigatoriedade

O princípio da obrigatoriedade impõe a propositura da ação civil pública quando seus requisitos se fizerem presentes, emergindo um dever de ajuizamento por parte do Ministério Público, diante da gravidade dos fatos. Sob sua vigência, tem-se inaplicável o princípio dispositivo, haja vista que este institui que o titular do direito de ação pode ou não exercê-lo, partindo da consideração de sua natureza de prerrogativa.[633] Do reconhecimento da obrigatoriedade decorre o princípio da indisponibilidade, em razão de que o *Parquet* não dispõe do direito de livremente transacionar com relação à impetração da ação em razão da relevância da motivação.

Como já foi exposto anteriormente, sendo o bem insignificante, com gravidade irrelevante e sem ter havido reincidência de seu agente, o princípio da obrigatoriedade merece uma releitura, atenta à eficiência da função jurisdicional e ao princípio da proporcionalidade, no que determina uma mitigação ao princípio da obrigatoriedade.

A vivência da legalidade impõe que, no que tange ao Ministério Público, para além de um direito há o dever de ação. Para José Frederico

---

[630] CLÈVE, Clèmerson Merlin. *Medidas provisórias*. 2. ed. São Paulo: Max Limonad, 1999. p. 78.
[631] STF. Recursos Extraordinários nºs. 213.631/MG e 195.056/PR
[632] STF. RE nº 213.631-0.
[633] NERY JUNIOR, Nelson. A ação civil pública. *Revista de Processo*, n. 31, p. 224-232, 1983.

Marques os princípios da legalidade e da oportunidade norteiam a atividade persecutória do órgão ministerial, de modo que o primeiro induz a obrigatoriedade da propositura da ação quando houver notícias factuais da ocorrência de um crime; o princípio da oportunidade, por sua vez, traduz-se em que diante de fatos típicos, antijurídicos e culpáveis, mas sem relevância social, seja de melhor alvitre, para defender o interesse social, buscar outras formas de reparação diferentes da impetração de uma ação penal ou ação civil pública.[634]

Na esfera penal, o princípio da obrigatoriedade, hodiernamente, também tem sido conduzido a uma mitigação regrada, inclusive pelo princípio da oportunidade, de modo que, com o instituto da transação, as infrações de menor potencial ofensivo, se presentes os pressupostos, induzem que não deve o órgão ministerial acusar, e sim propor a transação penal.[635] No mesmo sentido está Mirabete, para quem se trata de hipótese de discricionariedade limitada ou regrada, ou regulada, restando ao MP a atuação de fazer a proposta, nos casos em que a lei permita, exercitando o direito subjetivo de punir do Estado com a aplicação de pena não privativa de liberdade nas infrações de menor potencial ofensivo, sem denúncia e instauração de processo.[636]

Apesar de não ter feitura absoluta, a vivência do princípio da obrigatoriedade deve ser plasmada com o fato de que o Ministério Público é movido pelo interesse público, pois ele detém a análise autônoma da oportunidade ou conveniência da ação. O *non facere* diante da ilegalidade é transgressão do dever de ofício. Assim, conjugue-se a lição de Calamandrei, sob a qual, identificada hipótese em que a lei exija atuação, não pode o órgão ministerial se abster, com a liberdade para identificar fundamentadamente a (in)existência de hipótese de ação.[637]

Por outro lado, o Ministério Público não é o único legitimado a propor ação civil pública. A legitimação concorrente implica que, acaso o Ministério Público não aja ou não pratique atos impugnatórios, os colegítimos, tais quais: a União, os Estados-membros, os Municípios, o Distrito Federal, as autarquias, as empresas públicas, as sociedades de economia mista, as fundações, as associações, comprovando estas

---

[634] MARQUES, José Frederico. *Tratado Direito Processual Penal*. São Paulo: Saraiva, 1980. v. II, p. 88.
[635] FERNANDES, Antonio Scarance. *Processo Penal Constitucional*. 3. ed. São Paulo: Revista dos Tribunais, 2002. p. 216.
[636] MIRABETE, Júlio Fabbrini. *Juizados especiais criminais*. 4. ed. São Paulo: Atlas, 2000.
[637] CALAMANDREI, Piero. *Istituzioni di diritto processuale civile*. 2. ed. Pádua: Cedam, 1943. v. II, p. 126.

a pertinência temática, podem fazê-lo, nos termos do art. 5º da Lei nº 7.347/85.

A Lei nº 7.347/85 admite a desistência fundamentada da ação civil pública, conforme o §3º do art. 5º, que, sob a redação conferida pela Lei nº 8.078/90, em caso de desistência infundada ou abandono da ação por associação legitimada, o Ministério Público ou outro legitimado assumirá a titularidade ativa. Há precedentes dos órgãos fracionários do Superior Tribunal de Justiça no sentido de que, à luz dos princípios da indisponibilidade e obrigatoriedade das demandas coletivas, o Ministério Público deve dar continuidade à ação civil pública, a não ser que este demonstre fundamentalmente a manifesta improcedência da ação ou que a lide revele-se temerária, no que deixaria se efetivar a desistência.[638]

Para Mazzilli, tal dispositivo mencionado, implica que o órgão ministerial também pode desistir da ação, desde que haja uma fundamentação inconteste e legítima. Aduz o autor que o recurso à analogia vicejante no sistema processual penal é indevido, ante o fato de que as situações seriam dessemelhantes. O sistema processual penal veda expressamente a desistência da ação penal pública, diferenciando-se da ação civil pública, que não ostenta taxionomia penal. Ademais, não sendo de titularidade privativa de ninguém, no que se distingue da ação penal pública, eventual desistência de um colegitimado sequer impediria, em tese, o acesso à jurisdição.[639]

Seguindo igual diapasão, não há no Código de Processo Civil vedação aos atos de desistência do Ministério Público, o que o faz ato permitido, podendo ser objeto de controle de instrumentos internos, pelos órgãos colegiados competentes e externos, pelo juízo da causa, que decidirá sobre a homologação da desistência ou mediante o controle da legitimidade disjuntiva.

Em sentido contrário, defende Alessandra Spalding que, apesar da independência funcional dos membros dos órgãos ministeriais, que se sobrepõe, inclusive, à indisponibilidade da ação civil pública, uma vez ajuizada a demanda coletiva, aduz a autora que não poderá mais o Ministério Público desistir da ação, em virtude da relevância e

---

[638] STJ. REsp nº 200.289/SP. Rel. Ministro Vasco Della Giustina. Terceira Turma. Julg.: 02.09.2010. DJe 15.09.2010; REsp nº 1177453/RS. Rel. Ministro Mauro Campbell Marques. Segunda Turma. Julg.: 24.08.2010. DJe 30.09.2010.

[639] MAZZILLI, Hugo Nigro. A defesa dos interesses difusos em juízo: meio ambiente, consumidor, patrimônio cultural, patrimônio público e outros interesses. 20. ed. São Paulo: Saraiva, 2007. p. 313.

magnitude dos direitos tutelado e da natureza funcional conferida a ele pela Constituição Federal.[640] No mesmo sentido está Marcelo Zenkner, que sobressalta a plena vigência do princípio da indisponibilidade, haja vista que se o MP é obrigado a promover a ação na tutela de interesses coletivos, sociais ou individuais indisponíveis, uma vez intentada a mesma, dela não pode desistir, seja como parte, seja como substituto processual.[641]

Considera-se que devido à inexistência de direito humano de teor absoluto e da obrigatoriedade de todos os operadores jurídicos nortearem suas condutas para a concretização da justiça, verificando o Ministério Público que o fato alegado não se configura como qualquer delito, que a ação seja manifestamente improcedente ou que a lide revela-se temerária, não lhe resta outra conduta a não ser a solicitação da desistência da ação civil pública, ficando o seu ato ao controle das instâncias superiores do *Parquet* e do Poder Judiciário.

O princípio da obrigatoriedade, que no caso da ação pública é mitigado, devendo ser balizado diante da significância do bem público maculado, também espalha seus espectros no processo de execução coletiva, sendo estabelecido no art. 15 da Lei nº 7.347/85 que, se a associação autora não promover a execução decorridos sessenta dias do trânsito em julgado da sentença condenatória, deverá fazê-lo o Ministério Público, facultada igual iniciativa aos demais colegitimados. No mesmo sentido está o art. 16 da Lei nº 4.717/65, que institui que, decorridos sessenta dias da publicação da sentença condenatória de segunda instância, não tendo o autor ou terceiro promovido a respectiva execução, o órgão ministerial deverá promovê-la em trinta dias, sob a pena de falta grave. Tal cenário tem o condão de reafirmar o dever do Estado de efetivar o direito coletivo.

9.3 Controle incidental de constitucionalidade

O controle incidental de constitucionalidade caracteriza-se pela verificação de uma questão concreta de inconstitucionalidade como incidente em caso apresentado para exame do Poder Judiciário, de modo que a relevância e necessidade dessa apreciação é questão prejudicial.

---

[640] SPALDING, Alessandra Mendes. *Legitimidade ativa nas ações coletivas*. Curitiba: Juruá, 2006. p. 125.
[641] ZENKNER, Marcelo. Ministério Público e efetividade do processo civil. *In*: *Temas Fundamentais de Direito*. São Paulo: Revista dos Tribunais, 2006. v. 3, p. 113.

A controvérsia levada a juízo tem como finalidade principal a defesa de interesses subjetivos, por via indireta e subsidiária da Constituição objetivamente considerada, tratando-se de verdadeiro controle de prerrogativas fundamentais.[642]

Diz-se difuso porque todos os órgãos jurisdicionais dispõem de competência para exercê-lo. A cada membro do Judiciário, dentro de sua competência, atribui-se a prestação da jurisdição constitucional, sendo o seu dever examinar primordialmente a compatibilidade do ato normativo infraconstitucional com a Carta Magna.[643] Todavia, o exame do incidente não será pertinente se inexistir conexão com o objeto da demanda, motivo pelo qual também é denominado de controle por via de exceção, haja vista que a inconstitucionalidade não se deduz como alvo da ação, mas apenas como subsídio da justificação do direito cuja reivindicação se discute.[644]

Sendo o juiz integrante de tribunal, à declaração de inconstitucionalidade faz-se premente a concordância da maioria absoluta da totalidade dos membros do tribunal ou de órgão especial correspondente, sob a pena de nulidade, decorrência do princípio do *full bench*, agasalhado no art. 97 da CRFB/88. A inconstitucionalidade somente poderá ser declarada por órgão fracionado no caso de já haver sido a questão apreciada pelo plenário ou órgão especial ou ainda pelo plenário do Supremo Tribunal Federal, tendo eles concluído pela existência da mácula mencionada.[645]

A discussão acerca da possibilidade de exercício do controle incidental de constitucionalidade em sede de ação civil pública é controvertida.

Para Hugo Nigro Mazzilli, nada impede que seja realizado o controle difuso ou incidental de constitucionalidade de leis por meio da ação civil pública, regulamentada pela Lei nº 7.347/85. Aduz o autor que, tal qual ocorre na ação popular e mandado de segurança, nada impede que a inconstitucionalidade de um ato normativo seja objetada

---

[642] CLÈVE, Clèmerson Merlin. Declaração de inconstitucionalidade de dispositivo normativo em sede de juízo abstrato e efeitos sobre os atos singulares praticados sob sua égide. *Revista Trimestral de Direito Público*, n. 17, p. 83, 1997.

[643] STRECK, Lenio Luiz. *Jurisdição constitucional e hermenêutica*: uma nova crítica do Direito. Porto Alegre: Livraria do Advogado, 2002. p. 362.

[644] CANOTILHO, J. J. Gomes. *Direito constitucional e teoria da Constituição*. 4. ed. Coimbra: Almedina, 2000. p. 870.

[645] MORAES, Alexandre de. *Direito constitucional*. 17. ed. Rio de Janeiro: Atlas, 2005. p. 590.

em ações individuais ou coletivas, devendo ser pretendida como causa de pedir e não como o próprio pedido.[646]

Para Fredie Didier e Hermes Zaneti, a ação civil pública é também instrumento ao controle difuso de constitucionalidade, desde que não se identifique na controvérsia constitucional o objeto único da demanda. A questão de constitucionalidade deve versar e atuar como questão prejudicial; deve haver nos autos pedido referente à relação jurídica concreta e específica; e a matéria constitucional deve apresentar-se como causa de pedir, e não como pedido.[647]

Ademais, sustenta José Adônis que a declaração incidental de constitucionalidade, em sede de ação civil pública, apesar de a sentença apresentar maior extensão de incidência, representa, em verdade, na negativa de aplicação da norma considerada como inconstitucional, sem que se falasse em retirada do sistema, o que só aconteceria através de recurso extraordinário, com a possibilidade de aplicação do art. 52, X, da CRFB/88.[648]

Em posicionamento contrário está José dos Santos Carvalho Filho, para quem sempre foi sustentável que a ação civil pública não é meio para se realizar o controle incidental de constitucionalidade, devido não ser instrumento idôneo para a concretização da pretensão do impetrante. Continua, que, se por um lado a arguição de inconstitucionalidade de lei ou ato normativo é suscitada como matéria incidental em qualquer ação, propiciando controle difuso de constitucionalidade, sendo normalmente admissível nas ações que têm por objeto a proteção de direitos individuais, por outro lado é necessário proceder com adequação, de modo a compatibilizar tal controle com a natureza de ação que visa a tutela de direitos transindividuais, coletivos e difusos.[649]

Gilmar Ferreira Mendes também é contrário à utilização de ação civil pública no controle difuso de constitucionalidade, posto que esta faz coisa julgada *erga omnes*, o que implicaria a usurpação de competência do Supremo Tribunal Federal. Explica que essa impossibilidade decorre da inviabilidade de concretização de duas consequências alternativas, de modo que: ou a inconstitucionalidade é declarada localmente, tão somente na área de competência do juiz, e, aplicando-se *erga omnes*,

---

[646] MAZZILLI, Hugo Nigro. *O inquérito civil*. 2. ed. São Paulo: Saraiva, 2000. p. 134.
[647] DIDIER JR., Fredie; ZANETI JR., Hermes. *Curso de Direito Processual Civil*: processo coletivo. 4. ed. Salvador: Juspodivm, 2009. v. IV, p. 315.
[648] SÁ, José Adônis Callou de Araújo. *Ação civil pública e controle de constitucionalidade*. Belo Horizonte: Del Rey, 2002. p. 139.
[649] CARVALHO FILHO, José dos Santos. *Ação civil pública*: comentários por artigo (Lei nº 7.347, de 24/7/85). 5. ed. Rio de Janeiro: Lumen Juris, 2005. p. 87.

criaria um direito substantivo estadual diverso do nacional, o que viola a Constituição; ou a inconstitucionalidade é declarada pelo juiz de primeira instância para ter efeitos no plano nacional, hipótese em que há usurpação, pelo juiz, da função do Supremo Tribunal Federal.[650]

O Supremo Tribunal Federal dirimiu essa querela, ao assinalar que é cabível controle difuso de constitucionalidade em ação civil pública se for realizado de forma incidental, pela via difusa, e desde que, nesse processo coletivo, a controvérsia constitucional, longe de identificar-se como objeto único da demanda, qualifica-se como simples questão prejudicial, indispensável à resolução do litígio principal.[651] Tal assertiva denota a preocupação da Corte Suprema com a defesa de sua competência, confirmando que a ação civil pública ou outras ações constitucionais não podem ser utilizadas como sucedâneo de controle concentrado de constitucionalidade, impedindo-se que elas sejam utilizadas para precipuamente declarar a inconstitucionalidade de normas ou atos de forma direta.

A Primeira Turma do Superior Tribunal de Justiça já advogou a impossibilidade da propositura de ação civil pública com o intuito subsidiário de obter a declaração de inconstitucionalidade incidental de lei, justamente em razão dos efeitos *erga omnes* resultantes da respectiva decisão,[652] posicionamento modificado há muito tempo, quando passou a prevalecer o mesmo entendimento do Supremo Tribunal Federal.[653]

Atualmente, não resta a menor dúvida da possibilidade de utilização da ação civil pública para o controle de constitucionalidade incidental, obviamente que respeitando as peculiaridades inerentes a esse tipo de controle. O mencionado mecanismo constitucional, apesar das semelhanças, não tem a taxonomia de controle concentrado, possuindo as características de um processo objetivo.[654]

---

[650] MENDES, Gilmar Ferreira. *Direitos fundamentais e controle de constitucionalidade:* estudos de direito constitucional. São Paulo: Celso Bastos/Instituto Brasileiro de Direito Constitucional, 1998. p. 254.

[651] STF. Inf. 212 de 1º.12.2000. Rcl. Nº 1.733/SP. Rel. Min. Celso de Melo; Ag. Reg. na Recl nº 1897, Rel. Min. Cezar Peluso. Plenário. Julgamento de 18.08.2010. *DJ* de 01.02.2011; Ag. Rg. no RE nº 595213 AgR/PR. Rel. Min. Roberto Barroso. Primeira Turma Julg. 01.12.2017. *DJE* 18.12.2017.

[652] STJ. REsp nº 334.687/DF. Rel Min. Garcia Vieira. Primeira Turma. *DJ* de 04.02.02; REsp nº 197.826/SP. Rel. Min. Milton Luiz Pereira. Primeira Turma. *DJ* de 04.02.02.

[653] STJ. EREsp nº 305.150/DF. Rel. Min. Eliana Calmon. Julgamento em 30.05.2005. *DJ* 30.05.2005.

[654] Em sentido contrário ver: MENDES, Gilmar Ferreira; COELHO, Inocêncio Mártires; BRANCO, Paulo Gustavo Gonet. *Curso de Direito Constitucional.* 5. ed. São Paulo: Saraiva, 2010. p. 1255.

De maneira singular explica Luís Roberto Barroso que o processo da ação civil pública nada tem de objetivo, pois há partes determinadas e uma pretensão deduzida em juízo, por meio de um pedido, que não se confunde com a declaração de inconstitucionalidade. O objeto imediato é a providência jurisdicional solicitada, porquanto o objeto mediato é o bem que o autor pretende conseguir por meio dessa providência. A tutela do interesse público estaria presente, porém de forma subsidiária, o que não é capaz de alterar a natureza do processo ou encobrir a existência do caso concreto.[655]

A questão crucial está na extensão de seus efeitos *erga omnes*, em razão de que o art. 16 da Lei nº 7.347/85 comina que a sentença civil fará coisa julgada *erga omnes* nos limites da competência territorial do órgão prolator, exceto se o pedido for julgado insuficiente por falta de provas, hipótese que qualquer legitimado pode protocolar uma nova ação com idêntico fundamento, desde que fundamentado em nova prova.[656] O dispositivo mencionado impede a extensão dos efeitos da ACP quando inexistir o amparo da competência jurisdicional, o que cerceia uma transposição de seus efeitos para cidadãos que estejam em igualdade de condição fática, mas sem serem enquadrados nos limites da jurisdição.[657] Na verdade, essa mitigação ocorre apenas em relação a interesses individuais homogêneos, cuja taxonomia dificilmente pode ser amparada em sede de improbidade administrativa, não incidindo em interesses difusos ou coletivos.

Em decorrência do dispositivo legal inexiste razoabilidade para a preocupação da extensão *erga omnes* às decisões de ação civil pública,

---

[655] BARROSO, Luís Roberto. *O Direito Constitucional e a efetividade de suas normas:* limites e possibilidades da constituição brasileira. Rio de Janeiro: Renovar, 2006. p. 238-239.

[656] Para Alexandre de Moraes, a realização do controle difuso de constitucionalidade por meio de ação civil pública pode ser efetuada normalmente, contudo, com a vedação de ser realizado com efeitos *erga omnes*. MORAES, Alexandre de. *Direito Constitucional.* 21. ed. São Paulo: Atlas, 2007. p. 692.

[657] STJ. REsp nº 399357 SP. *DJe* 20.04.2009. "PROCESSO CIVIL E DIREITO DO CONSUMIDOR. AÇÃO COLETIVA AJUIZADA POR ASSOCIAÇÃO CIVIL EM DEFESA DE DIREITOS INDIVIDUAIS HOMOGÊNEOS. EXPURGOS INFLACIONÁRIOS DEVIDOS EM CADERNETA DE POUPANÇA EM JANEIRO DE 1989. DISTINÇÃO ENTRE EFICÁCIA DA SENTENÇA E COISA JULGADA. EFICÁCIA NACIONAL DA DECISÃO. – A Lei da Ação Civil Pública, originariamente, foi criada para regular a defesa em juízo de direitos difusos e coletivos. A figura dos direitos individuais homogêneos surgiu a partir do Código de Defesa do Consumidor, como uma terceira categoria equiparada aos primeiros, porém ontologicamente diversa. – Distinguem-se os conceitos de eficácia e de coisa julgada. A coisa julgada é meramente a imutabilidade dos efeitos da sentença. O art. 16 da LAP, ao impor limitação territorial à coisa julgada, não alcança os efeitos que propriamente emanam da sentença. – Os efeitos da sentença produzem-se "erga omnes", para além dos limites da competência territorial do órgão julgador. Recurso Especial improvido".

posto que esteja restrita aos limites da competência territorial do órgão prolator, contexto que se intensifica em questões de improbidade administrativa, ante o fato de que os traços diferenciadores das questões fáticas e dos elementos subjetivos impedem uma maior extensão de seu alcance.

9.4 Ação civil pública e ação popular no campo da improbidade

A ação popular, alçada em nível constitucional pela Carta de 1988, em seu art. 5º, LXXIII, consubstancia verdadeiro remédio constitucional, posto à disposição do cidadão, em sentido estrito, com o *télos* de anular o ato lesivo ao patrimônio público ou à entidade que o Estado esteja participando, à moralidade administrativa, ao meio ambiente e ao patrimônio histórico cultural, ficando o autor, salvo comprovada má-fé, isento de custas judiciais e do ônus da sucumbência, o que demonstra o relevante papel desempenhado por ela, levando o constituinte a facilitar a fiscalização da coisa pública, afastando estorvos que possam dificultar a tutela judicial.

Regulada pela Lei nº 4.717/65, a ação popular confere ao cidadão o direito de fiscalizar e promover a correção dos atos administrativos, quando houver desvio de sua teleologia, permitindo o controle de atos ou contratos administrativos ilegais e lesivos ao patrimônio federal, estadual ou municipal, ou ao patrimônio de autarquias, entidades paraestatais e pessoas jurídicas que recebem auxílio pecuniário do Poder Público.

Nesse cenário, os direitos coletivos, que representam interesses metaindividuais, podem ser tutelados por via de ação popular. A normativa instituidora tem caráter declaratório e assecuratório, conferindo e garantindo o direito de todo cidadão ser fiscal dos atos e contratos administrativos. Trata-se de mecanismo de garantia da participação democrática do próprio cidadão na vida pública, baseando-se no princípio da legalidade dos atos administrativos e também no conceito de que a coisa pública é patrimônio do povo.

Nascida no Direito Romano, a ação popular foi prevista pela primeira vez no ordenamento brasileiro na Carta Política de 1934, de modo que o art. 113, nº 38, previa que qualquer cidadão seria parte legítima para pleitear a declaração de nulidade ou anulação dos atos lesivos do patrimônio da União, Estados ou dos Municípios. Tendo sido suprimida pela ditadura, a Constituição outorgada de 1937 afastou a ação popular, que apenas ressurgiu nos debates da Assembleia Constituinte de 1946, tendo sido reintegrada de forma mais ampla mediante o art. 141, §38, situando que qualquer cidadão seria sempre parte legítima para pleitear a ação ou a declaração de nulidade de atos lesivos ao patrimônio da União, dos Estados, dos Municípios, das entidades autárquicas e das sociedades de economia mista.

Na Constituição Federal de 1967, a ação popular possuía disposição semelhante à da Carta de 1946, sofrendo uma limitação textual ante a opção pela expressão "entidades públicas" no lugar de "entidades autárquicas e sociedades de economia mista", retirando as entidades públicas e as sociedades de economia mista que possuem natureza e estrutura de entidades privadas. A Lei nº 4.717/65, já promulgada à época, que regulamentou a ação popular, claramente enumerou todos os entes da administração indireta como sujeitos alcançáveis pela ação, o que minimizou a suposta controvérsia.

A Emenda Constitucional nº 01/69 manteve, em seu art. 153, §31, a redação antes prevista na Constituição de 1967. No entanto, a Constituição da República Federativa Brasileira de 1988, concedeu-lhe uma maior extensão, haja vista tratar-se do primeiro remédio processual concebido pelo direito positivo brasileiro com nítidas feições de tutela dos interesses difusos. Além dos bens de expressão pecuniária, a ação popular passou a proteger também outros interesses não suscetíveis de dimensão monetária, como os bens e direitos de valor artístico, estético ou histórico, o que mais ressalta a sua feição de remédio tutelar dos interesses difusos.

Para Corrêa Teles, dizem-se populares as ações que podem ser intentadas por qualquer pessoa do povo, para conservação ou defesa de coisas públicas.[658] Assim, a ação popular é verdadeiro mecanismo de controle jurisdicional da Administração Pública. Tem-se que seu beneficiário direto e imediato é o povo, o titular do direito subjetivo à administração da *res publica* honesta. O dever de probidade é constitucionalmente intrínseco à conduta do administrador público como condição necessária à legitimidade de seus atos.

No que tange à legitimidade ativa, conceituado no §3º do art. 1º, tem-se apenas o cidadão em sentido estrito, em gozo dos direitos políticos, devendo o mesmo comprovar esse fato mediante juntada de cópia do título eleitoral quando da propositura da ação. Tem-se que, por

---

[658] CORRÊA TELES, José Homem. *Doutrina das ações*. Rio de Janeiro: Jacintho Ribeiro dos Santos, 1918. p. 44.

se tratar de direito político, a legitimidade ativa pode ser concedida ao eleitor maior de dezesseis anos e menor de dezoito anos. Embora não tenha capacidade civil nem penal, não necessita sequer de assistência para exercer seu direito.[659]

No que tange à pessoa jurídica, esta não se adapta ao conceito legal de cidadão, de modo que em hipótese alguma poderá figurar como autora na ação popular, posto que não detém capacidade política, preceito assinalado na Súmula nº 365 do Supremo Tribunal Federal. Mesma lógica se aplica aos estrangeiros, aos brasileiros não eleitores e aos brasileiros que, definitiva ou temporariamente, estiverem privados de seus direitos políticos.

O Ministério Público assume relevante papel, de modo que, embora não tenha legitimidade à propositura da ação enquanto órgão, atua como *custos legis*, agente impulsionador da produção probatória, sendo legitimado ativo subsidiário na hipótese de o legitimado ativo desistir ou de ser o processo extinto sem julgamento de mérito por inépcia da inicial ou por abandono do feito, hipóteses em que assume a titularidade da ação. Também pode atuar como exequente subsidiário posterior, acaso o cidadão-autor não inicie a execução no prazo de sessenta dias após o trânsito em julgado da decisão.

A legitimidade passiva da ação popular encontra previsão no art. 6º da Lei nº 4.717/65, com campo de abrangência expressamente delimitado. Foram elencadas as pessoas jurídicas públicas ou privadas, ou entidade de que o Poder Público participe, exigindo-se como único requisito para legitimação a simples participação do Poder Público ou do Erário na pessoa jurídica ou entidade. No mesmo sentido, são também legítimos passivos os administradores ou funcionários das pessoas jurídicas ou entidades, cujo Poder Público faça parte, que tenham aprovado, ratificado, autorizado ou praticado diretamente o ato lesivo impugnado.

Não apenas a conduta comissiva, a omissiva pode também caracterizar o ato lesivo, legitimando a propositura da ação. Aquele que diretamente se beneficie do ato lesivo, que aufere os benefícios do mencionado ato praticado em prejuízo da coisa pública, também está passível de ter seus atos impugnados por via de ação popular. O §3º do art. 6º da Lei nº 4.717/65 ainda autoriza a pessoa jurídica de direito público ou privado, cujo ato seja objeto de impugnação, a atuar diretamente ao lado do autor, como meio de proteção do interesse público, almejando

---

[659] MORAES, Alexandre de. *Direito Constitucional*. 17. ed. Rio de Janeiro: Atlas, 2005. p. 167.

a responsabilização dos verdadeiros autores e culpados pelo ato lesivo perpetrado em nome do ente.

Na ação popular, à luz do art. 11 da Lei nº 4.717/65, o pedido imediato será de natureza desconstitutivo-condenatória, ao passo que o mediato será a insubsistência do ato lesivo a interesses difusos. Anulado o ato lesivo aos interesses difusos em questão, pedir-se-á a condenação de ressarcimento dos responsáveis e dos eventuais beneficiários do ato lesivo. Trata-se de um pedido constitutivo-negativo e condenatório, admitindo-se solicitação cautelar na hipótese de lesão virtual ou iminente, dispondo o §4º do art. 5º da Lei nº 4.717/65, acrescido pela Lei nº 6.513/77, que na defesa do patrimônio público cabe a suspensão liminar do ato lesivo impugnado.

Assim, a natureza desconstitutiva do pedido é precedente e condição ao pedido condenatório, tratando-se de verdadeira cumulação sucessiva, em que o acolhimento de um pedido depende do acolhimento do outro. A ação popular destina-se à anulação ou declaração de nulidade de atos administrativos prejudiciais ao Erário, não sendo meio idôneo, por expressa disposição legal, à eventual responsabilização da União e dos entes públicos mencionados no seu dispositivo inaugural.[660] Ademais, na hipótese de propositura da ação sob o fundamento exclusivo de ofensa à moralidade administrativa, tem-se que o pedido pode restringir-se à desconstituição do ato, pois, em tal caso, é possível que não tenha ocorrido lesão ao Erário.

Como causa próxima de pedir deve o autor indicar e dar ao menos indício de prova de que um agente público ou autoridade, dentre os indicados no art. 6º e seus parágrafos da Lei nº 4.717/65, por ação ou omissão, lesou ou está na iminência de lesar o Erário, o meio ambiente ou o patrimônio cultural em sentido lato, ou ainda laborou contra ou está na iminência de afrontar a moralidade administrativa. A causa de pedir remota, por sua vez, é o direito subjetivo público inerente a cada cidadão de exigir que a gestão da coisa pública seja proba, eficaz e responsável.[661]

A procedência da ação deve sempre implicar a preservação da ética no trato da coisa pública, na reposição aos cofres públicos dos valores mal utilizados ou desviados, a recomposição do meio ambiente ao seu *status* original ou ao mais próximo disso, a recuperação do prédio

---

[660] DI PIETRO, Maria Sylvia Zanella. *Direito Administrativo*. 28. ed. São Paulo: Atlas, 2015. p. 959.
[661] MANCUSO, Rodolfo de Camargo. *Ação popular*. 3. ed. São Paulo: Revista dos Tribunais, 1998. p. 91.

de valor histórico, entre outras consequências, de modo que a sentença possui natureza complexa, cumulando ambos os efeitos, desconstitutivo e condenatório. Caberá apelação da sentença que julgar procedente a ação, a ser recebida nos efeitos devolutivo e suspensivo, e agravo de instrumento das decisões interlocutórias, quando possível, nos termos do art. 19 da Lei nº 4.717/65.

Por outro lado, a sentença que declarar a carência ou improcedência da ação está submetida ao duplo grau de jurisdição, produzindo efeitos apenas depois de confirmada pelo tribunal.

A sentença que julga a ação popular terá a eficácia de coisa julgada *erga omnes*, dentro da esfera de competência do órgão que prolatou a medida, excetuando-se a hipótese em que houver sido julgada improcedente por insuficiência de provas, situação em que, conforme disposto, o cidadão poderá ingressar com nova ação.

A ampliação do objeto da ação popular pela vigente Constituição Federal, conforme já defendido supra, trouxe a moralidade administrativa como causa de pedir autônoma, desde que amparada legalmente, com o reconhecimento de seu conteúdo jurídico, prescindindo do tradicional requisito da lesão ao Erário, configurado como requisito econômico.

Deve existir ato ilegal a ser invalidado, que tenha infringido as normas que regem sua prática ou que tenha tergiversado os princípios que norteiam a administração da *res publica*. De igual modo, deve ser constatada a lesividade do ato, seja por lesionar o Erário ou ofender bens e valores artísticos, cívicos, culturais, ambientais ou históricos da comunidade.

A Lei nº 4.717/65, em seu art. 4º, estabelece casos em que a lesividade deve ser presumida, desde que haja prova inequívoca de sua existência, do dolo na conduta do agente e que a subsunção possa ser aplicada em sua integralidade.[662] Toda tipicidade presumida deve ser interpretada *cum granis salis*, pois não pode ser aplicada como um

---

[662] "Art. 4º São também nulos os seguintes atos ou contratos, praticados ou celebrados por quaisquer das pessoas ou entidades referidas no art. 1º.
I – A admissão ao serviço público remunerado, com desobediência, quanto às condições de habilitação, das normas legais, regulamentares ou constantes de instruções gerais.
II – A operação bancária ou de crédito real, quando:
a) for realizada com desobediência a normas legais, regulamentares, estatutárias, regimentais ou internas;
b) o valor real do bem dado em hipoteca ou penhor for inferior ao constante de escritura, contrato ou avaliação.
III – A empreitada, a tarefa e a concessão do serviço público, quando:
a) o respectivo contrato houver sido celebrado sem prévia concorrência pública ou administrativa, sem que essa condição seja estabelecida em lei, regulamento ou norma geral;

imperativo categórico, buscando subsumi-lo com proporcionalidade e segundo os ditames da Justiça.

No que tange ao juízo competente ao processamento e julgamento da ação popular, este será determinado pelo local da origem do ato a ser anulado. Em se tratando de causa cujo interesse seja tanto da União, quanto de algum Estado-membro, qualquer que seja a pessoa ou entidade, dispõe a Lei nº 4.717/65, em seu art. 5º, §1º, que a competência será do juiz federal da secção judiciária do local onde se efetivou o ato lesivo. Em sendo interessados, simultaneamente, Estado-membro e Município, será competente o juízo para julgamento dos feitos privativos da Fazenda Estadual, conforme disposto no §2º do referido dispositivo. O §3º dispõe que a propositura da ação prevenirá a jurisdição do juízo para todas as ações que forem posteriormente intentadas contra as mesmas partes e sob os mesmos fundamentos. Nesse sentido, a ação popular ajuizada em face do Presidente da República, do Presidente do Senado Federal, do Presidente da Câmara dos Deputados, do Governador ou do Prefeito, será processada na Justiça de primeiro grau, passando-se à compreensão dos interessados para determinar qual órgão da Justiça Comum autuar.[663]

---

b) no edital de concorrência forem incluídas cláusulas ou condições, que comprometam o seu caráter competitivo;
c) a concorrência administrativa for processada em condições que impliquem na limitação das possibilidades normais de competição.
IV – As modificações ou vantagens, inclusive prorrogações que forem admitidas, em favor do adjudicatário, durante a execução dos contratos de empreitada, tarefa e concessão de serviço público, sem que estejam previstas em lei ou nos respectivos instrumentos.
V – A compra e venda de bens móveis ou imóveis, nos casos em que não cabível concorrência pública ou administrativa, quando:
a) for realizada com desobediência a normas legais, regulamentares, ou constantes de instruções gerais;
b) o preço de compra dos bens for superior ao corrente no mercado, na época da operação;
c) o preço de venda dos bens for inferior ao corrente no mercado, na época da operação.
VI – A concessão de licença de exportação ou importação, qualquer que seja a sua modalidade, quando:
a) houver sido praticada com violação das normas legais e regulamentares ou de instruções e ordens de serviço;
b) resultar em exceção ou privilégio, em favor de exportador ou importador.
VII – A operação de redesconto quando sob qualquer aspecto, inclusive o limite de valor, desobedecer a normas legais, regulamentares ou constantes de instruções gerais.
VIII – O empréstimo concedido pelo Banco Central da República, quando:
a) concedido com desobediência de quaisquer normas legais, regulamentares, regimentais ou constantes de instruções gerais:
b) o valor dos bens dados em garantia, na época da operação, for inferior ao da avaliação.
IX – A emissão, quando efetuada sem observância das normas constitucionais, legais e regulamentadoras que regem a espécie".

[663] MEIRELLES, Hely Lopes. *Mandado de Segurança, ação civil pública, mandado de injunção, habeas data, ação direta de inconstitucionalidade*. 20. ed. São Paulo: Malheiros, 1998. p. 131.

A ação civil pública, também objeto do presente capítulo, difere da ação popular desde a legitimidade ativa, considerando-se que a legitimação para deflagrar a ação civil pública é deferida a determinados órgãos, quais sejam, o Ministério Público, a União, os Estados, os Municípios, as autarquias, empresas públicas, fundações, sociedades de economia mista ou associação. O cidadão não detém legitimidade ativa para sua propositura, sendo apenas legítimo para impetrar a ação popular. Na ação civil pública, ele somente pode agir por via indireta, provocando a iniciativa do Ministério Público que, em nome do órgão, ingressará com a demanda. A legitimidade de propositura da ação popular é da pessoa que está no gozo de seus direitos políticos, tendo sido vinculada a capacidade processual à capacidade político-eleitoral.

No mesmo sentido, enquanto a ação popular é desconstitutiva e, subsidiariamente, condenatória, nos termos do art. 11 da Lei nº 4.717/65, a ação civil pública, por força do art. 3º da Lei nº 7.437/85, é preponderantemente condenatória, em pecúnia ou em obrigação de fazer ou de não fazer; além do que exerce função constitutiva, evitando que iguais acintes possam ser evitados.

A ação popular objetiva o controle de atos ilegais e prejudiciais ao patrimônio da União, dos Estados e dos Municípios, bem como de qualquer entidade, pública ou privada, que receba verbas públicas, com a finalidade precípua de preservar o patrimônio da sociedade. Por outro lado, a abrangência da ação civil pública é maior, havendo a possibilidade de condenação em sentido constitutivo, que pode ocorrer com mais intensidade por intermédio do termo de ajustamento de conduta.

Ambas as ações têm ajuizamento gratuito, seja pelo comando constitucional, nos termos do art. 5º, LXXIII, da CRFB/88, e do art. 18 da Lei nº 7.347/85. Ademais, à ação popular fora reservado o procedimento ordinário; à ação civil pública, por sua vez, fora deferido procedimento especial. O art. 4º da Lei de Ação Civil Pública também torna factível a possibilidade de ajuizamento de cautelar preparatória ou incidental, aplicando-se subsidiariamente o Código de Processo Civil por determinação do art. 19. No que tange à ação popular, incidem as regras despendidas aos processos cautelares da legislação processual genérica.

A possibilidade de concomitância das ações civil pública e popular está resguardada no art. 1º da Lei 7.347/85, haja vista que as finalidades de ambas não se confundem. Repetidos alguns dos elementos de identificação, poderá haver mera conexão ou continência entre as ações, mas não litispendência. Consoante o art. 54 do CPC/15, reputam-se conexas duas ou mais ações quando lhes for comum o objeto ou a causa de pedir. A continência, por sua vez, materializa-se diante de duas ou mais ações que possuem identidade quanto às partes e à causa de pedir, e o pedido de uma, por ser mais amplo, abrange os das demais, conforme art. 56 do CPC/15.[664] Tem-se que inexistem os requisitos que autorizam o reconhecimento de litispendência, previstos no art. 337, §2º, do CPC/15, haja vista que apenas haverá litispendência quando houver tríplice identidade dos elementos da ação, conjugados os elementos subjetivos e objetivos, bem como a comunhão de mesmo procedimento.[665] Contudo, a teor do art. 17, §5º, da Lei nº 8.429/1992, incluído pela Lei nº 14.230/2021, a propositura da ação de improbidade administrativa prevenirá a competência do juízo cível para todas as ações (inclusive a ação popular) posteriormente intentadas e que possuam a mesma causa de pedir ou o mesmo objeto.

Conforme assinalado pelo Supremo Tribunal Federal, a ação civil pública e a ação popular compõem um microssistema de tutela dos direitos difusos, de onde advém que, não havendo previsão de prazo prescricional para a propositura da ação popular, recomenda-se a aplicação, por analogia, do prazo quinquenal previsto no art. 21 da Lei nº 4.717/65,[666] no mesmo sentido considere-se em caso de execução, à luz do enunciado da Súmula nº 150 do STF, que determina que a execução prescreve no mesmo prazo que prescreve a ação.

Por outro lado, não se admite a impetração dessas duas ações quando o interesse for meramente de conteúdo patrimonial individual, sem que haja repercussão no interesse público.[667] Saliente-se a lição de Édis Milaré, para quem o patrimônio público, em sentido amplo, se compõe de bens disponíveis e indisponíveis, de modo que é devido perquirir em cada caso concreto a (in)existência do interesse público, a fim de justificar o ajuizamento da ação.[668]

No que tange à perquirição do ato ímprobo, não é juridicamente viável através de ação popular a aplicação das sanções previstas no art.

---

[664] STJ. REsp nº 208.680. Rel. Min. Francisco Peçanha Martins. 2ª Turma. Julgamento em 06.04.2004. *DJ* de 31.05.2004.
[665] RODRIGUES, Geisa de Assis. Ação popular. *In*: DIDIER JR, Fredie. *Ações constitucionais*. 2. ed. rev., atual. Salvador: Juspodivm, 2007. p. 213.
[666] RE nº 751404/DF. Min. Rel. Cármen Lúcia. Julgamento em 23.05.2013. *DJ* 29.05.2013.
[667] TUCCI, Rogério Lauria. Ação civil pública: abusiva utilização pelo Ministério Público e distorção pelo Poder Judiciário: aspectos polêmicos da ação civil pública. *Genesis Revista de Direito Processual Civil*, ano 91, p. 456, jan./mar. 2002.
[668] MILARÉ, Édis. *A ação civil pública na nova ordem constitucional*. São Paulo: Saraiva, 1990. p. 24.

12 da Lei nº 8.429/94.[669] Tem-se que o pedido da ação popular é mais restrito, objetivando-se a desconstituição do ato lesivo ao patrimônio público e a condenação em ressarcimento de dano ao Erário, conforme art. 11 da Lei nº 4.717/65. Impede-se, portanto, em virtude dessa restrição, a decretação de perda da função pública, a imposição de suspensão dos direitos políticos, o pagamento de multa civil e a proibição de contratar com a Administração Pública ou de receber benefícios ou incentivos fiscais ou creditícios. A ação popular persegue, basicamente, a nulidade do ato lesivo, acarretando, se procedente, também a condenação, a fim de recompor o patrimônio público lesado ou suspender liminarmente o ato lesivo impugnado, constituindo-se em garantia ativa de direitos individuais e difusos, cuja titularidade é conferida exclusivamente ao cidadão em sentido estrito.

No mesmo sentido, a ação civil pública genérica prevista na Lei nº 7.347/85 também não alcança as sanções previstas no art. 12 da Lei nº 8.429/94, haja vista o art. 3º daquele diploma, que restringe os objetos da ação civil à condenação em dinheiro ou o cumprimento de obrigação de fazer ou não fazer. A ação civil pública da Lei nº 7.347/85, por sua vez, pode prestar-se a evitar o dano ou a reparação do fato consumado, sob a forma de condenação em dinheiro, quando a indenização será revertida ao Fundo de Defesa de Direitos Difusos, conforme art. 13 da Lei nº 7.347/85, dispositivo que não se aplica quando a ação civil dirige-se à investigação específica da improbidade administrativa, ante os termos do art. 18 da Lei nº 8.429/92, em determinação de que os valores ressarcidos voltarão a integrar os cofres da pessoa jurídica lesada.

A Lei nº 14.230/2021 pôs um termo à celeuma envolvendo a aplicação supletiva da Lei nº 7.347/85 ao microssistema da improbidade administrativa. Nos termos do art. 17, *caput*, da Lei nº 8.429/92, as ações que visem à aplicação das sanções cominadas na Lei de Improbidade Administrativa seguirão o rito especial disposto naquele artigo, aplicando-se, de resto, o procedimento comum previsto no Código de Processo Civil de 2015.

9.5 Legitimação ativa *ad causam*

O Código de Processo Civil/15, em seu art. 17, trouxe o interesse e a legitimidade como elementos essenciais à propositura da ação,

---

[669] GARCIA, Emerson; ALVES, Rogério Pacheco. *Improbidade administrativa*. Rio de Janeiro: Lumen Juris, 2002. p. 541.

arrefecendo os acirrados debates acerca da (des)necessidade da possibilidade jurídica como condição da ação e, consequentemente, afastando-se da teoria do tríduo de condições. Como a legitimidade *ad causam* e o interesse de agir são requisitos essenciais à análise do mérito do litígio levado ao juízo, condições de ação, caso eles não estejam presentes, segundo o art. 485, VI, do referido diploma, a ação será extinta sem resolução de mérito.

Partindo da legislação específica à indagação do ato ímprobo, tem-se que, inicialmente, o art. 17, *caput*, da Lei nº 8.429/92 instituiu que a ação que investiga o ato ímprobo será proposta pelo Ministério Público ou pela pessoa jurídica interessada, tratando-se de legitimação não exclusiva, em verdade concorrente e disjuntiva. Conceitua Hugo Nigro Mazzilli que se diz concorrente em razão de os colegitimados poderem agir em defesa de interesses transindividuais; sendo disjuntiva porque o litisconsórcio não é obrigatório.[670] Assim, tinha-se que ambos os legitimados podiam agir autonomamente, independentemente da concordância ou atividade do outro.[671]

A Lei nº 14.230/2021, que alterou a Lei nº 8.429/92, conferiu apenas ao Ministério Público a legitimidade ativa para propor ação de improbidade administrativa (art. 17, *caput*, da LIA). Inclusive, a Lei nº 14.230/2021 estabeleceu o prazo de um ano, a partir da data de sua publicação, para que o Ministério Público competente manifeste interesse no prosseguimento das ações por improbidade administrativa em curso ajuizadas pela Fazenda Pública, inclusive em grau de recurso, sob pena do processo ser extinto sem resolução do mérito (art. 3º, §2º).

À análise dos legitimados em espécie à propositura da ação principal, a Lei nº 8.429/92 trouxe a legitimidade do Ministério Público com evidente fulcro nos arts. 127 e 129, ambos da CRFB/88, que põem o órgão ministerial como instituição permanente, essencial à função jurisdicional do Estado, incumbida da defesa da ordem jurídica, do regime democrático e dos interesses sociais e individuais indisponíveis, prescrevendo que é sua função institucional a promoção do inquérito civil e da ação civil pública à proteção do patrimônio público e social, do meio ambiente e de outros interesses difusos e coletivos. No mesmo sentido estão a Lei nº 7.347/85, o art. 25, IV, "a", da LONMP/93, e a Lei Complementar nº 75/93, que estabelece, no art. 6º, VII, "a" e "d", XII,

---

[670] MAZZILLI, Hugo Nigro. *A defesa dos interesses difusos em juízo*: meio ambiente, consumidor, patrimônio cultural, patrimônio público e outros interesses. 20. ed. São Paulo: Saraiva, 2007. p. 313.

[671] SHIMURA, Sergio. *Tutela coletiva e sua efetividade*. São Paulo: Método, 2006. p. 54.

entre diversas outras funções institucionais do Ministério Público da União, a proteção dos direitos constitucionais, de outros interesses individuais indisponíveis, homogêneos, sociais, difusos e coletivos, mediante a propositura de ação coletiva para a defesa de interesses individuais homogêneos.

Conforme apanhado realizado por Rodolfo Mancuso, não é aleatoriamente que vários textos legais, outorgam poder de agir ao Ministério Público em matéria de interesses socialmente relevantes. Citem-se o próprio código de regulamentação da relação de consumo (art. 82, I, da Lei nº 8.078/90), a reparação do dano ecológico (art. 14, §1º, da Lei nº 6.938/81), a promoção da ação civil pública (art. 129, III, CRFB/88) e, em temas específicos, como deficientes físicos (art. 3º da Lei nº 7.853/89), mercado de valores imobiliários (art. 1º da Lei nº 7.913/89), criança e adolescente (art. 210, I, da Lei nº 8.069/90), comunidades indígenas (art. 232 da CRFB/88), responsabilização de agentes condenados por tribunais e conselhos de contas (art. 25, VIII, da Lei nº 8.625/93), patrimônio genético (art. 13, §6º, da Lei nº 8.974/95) e, em especial, a lei de improbidade administrativa (art. 17 da Lei nº 8.429/92).[672]

A defesa do patrimônio público é interesse de natureza transindividual, indivisível, cujos titulares são determináveis, por versar acerca de interesse presumidamente comum aos integrantes da coletividade em sentido lato,[673] tratando-se de espécie de direito difuso,[674] sendo o órgão ministerial legítimo à propositura sem exclusão de quaisquer dos entes federativos.[675] A legitimação ativa do Ministério Público está fundada no interesse social que norteia o desempenho de suas atribuições, tratando-se de um legitimado extraordinário no exercício de verdadeira função pública.[676]

---

[672] MANCUSO, Rodolfo de Camargo. *Ação civil pública:* em defesa do meio ambiente, do patrimônio cultural e dos consumidores – Lei 7.347/1985 e legislação complementar. 13. ed. São Paulo: Revista dos Tribunais, 2014. p. 126-127.

[673] VIGLIAR, José Marcelo Menezes. *Ação civil pública:* Lei nº 7.347 /85 e legislação posterior, ação civil pública para defesa: meio ambiente, da pessoa portadora de deficiência, da criança e do adolescente, do consumidor, do patrimônio público e combate a improbidade administrativa. 4. ed. São Paulo: Atlas, 1999. p. 45-47.

[674] PAZZAGLINI FILHO, Marino; ROSA, Márcio Fernando Elias; FAZZIO JÚNIOR, Waldo. *Improbidade administrativa:* aspectos jurídicos da defesa do patrimônio público. 2. ed. São Paulo: Atlas, 1997. p. 195.

[675] STF. RE nº 702.129/MG. Min. Rel. Cármen Lúcia. *DJe* 07.08.2012.

[676] STF. RE nº 234439/MA. Rel. Min. Moreira Alves. *DJe* 14.06.2002; STJ. REsp nº 749988/SP. Rel. Min. Luiz Fux. *DJe* 08.08.2006.

A mudança introduzida pela Lei nº 14.230/2021, a respeito de conferir apenas ao Ministério Público a legitimidade para propositura da ação, ensejou o ajuizamento de duas ações direta de inconstitucionalidade (ADIs nº 7.042 e 7.043), sob a relatoria do Ministro Alexandre de Moraes. Argumenta-se que as normas impugnadas retiram a legitimidade dos entes públicos lesados para ajuizar ações de improbidade, de modo a dificultar as investigações de atos ímprobos e impor obrigações às Procuradorias Estaduais, em ofensa ao princípio da vedação do retrocesso social, ao direito fundamental à probidade, ao pacto federativo, à autonomia dos Estados e aos princípios administrativos da eficiência, da segurança jurídica e da moralidade.

Em decisão proferida no dia 17 de fevereiro de 2022, o Ministro Alexandre de Moraes deferiu parcialmente a medida cautelar, *ad referendum* do Plenário do STF, para conceder interpretação conforme a Constituição ao *caput* e §§6º-A, 10-C e 14 do art. 17 da Lei nº 8.429/92, com a redação dada pela Lei nº 14.230/2021, no sentido da existência de legitimidade ativa concorrente entre o Ministério Público e as pessoas jurídicas interessadas para a propositura da ação por ato de improbidade administrativa.

Na oportunidade, o Ministro Alexandre de Moraes também suspendeu os efeitos do §20 do art. 17 da LIA, com a redação dada pela Lei nº 14.230/2021, e do art. 3º da Lei nº 14.230/2021. Para o Ministro relator, "a supressão da legitimidade das pessoas jurídicas interessadas para a propositura da ação de improbidade administrativa pode representar grave limitação ao amplo acesso à jurisdição (CF, art. 5º, XXXV), com ferimento ao princípio da eficiência (CF, art. 37, *caput*) e, no limite, obstáculo ao exercício da competência comum da União, Estados, Distrito Federal e Municípios para 'zelar pela guarda da Constituição' e 'conservar o patrimônio público'(CF, 23, I), bem como um significativo retrocesso quanto ao imperativo constitucional de combate à improbidade administrativa".

Tem-se que, evidentemente, a tutela coletiva não materializa a legitimação ordinária prevista no Código de Processo Civil/15, que nos termos do art. 18 prescreve que ninguém poderá pleitear em nome próprio direito alheio, excepcionando-se a autorização legal. A preservação dos interesses difusos, direitos coletivos ou individuais homogêneos exige legitimação extraordinária, conforme disposto nas já referidas Leis nº 7.347/85 e nº 8.078/90, afinal os legitimados intentarão a ação em seu nome com uma finalidade que transcende à sua estrutura corporativa.

Teori Zavascki, ao fazer referência ao art. 6º do CPC/73, atual art. 18, *caput*, do CPC/15, afere a impossibilidade de incidência de tal dispositivo para fins de legitimação na tutela de direitos transindividuais. Aduz o autor que a natureza dos direitos tutelados impede a defesa de uma legitimação ativa ordinária, de quem se afirma titular do direito material, o que o autor denomina de regime ordinário na ação civil. Tratando-se de direitos difusos ou coletivos, diante de uma titularidade indeterminada, a legitimação ativa será exercida, impreterivelmente, em regime de substituição processual: o autor pleiteará em nome próprio um direito do qual não é titular, assumindo uma condição de substituto processual. Trata-se de um direito de toda a comunidade ou de pessoas indeterminadas, ou ainda determinadas por classes, categorias ou grupos.[677]

Outrossim, existe a defesa de que a legitimação extraordinária por vezes materializa o exercício de uma função pública, como forma de concretização do direito objetivo e sob tal aspecto funda-se a legitimação ativa do Ministério Público.[678] Discussões doutrinárias à parte, em verdade, a bifurcação da legitimação ordinária e extraordinária só tem pertinência no direito individual, posto que exista uma pessoa determinada a ser substituída.[679] Assim, diante das peculiaridades dos direitos difusos e coletivos essa discussão perderia sua importância.[680]

Intentada a ação pelo órgão ministerial, aplica-se o §3º do art. 6º da Lei nº 4.717/65, de modo que a pessoa jurídica de direito público ou de direito privado, cujo ato seja alvo de impugnação, poderá abster-se de contestar o pedido ou atuar e/ao lado do autor, desde que isso se afigure útil ao interesse público, a juízo do respectivo representante legal ou dirigente, tratando-se de verdadeiro litisconsórcio ativo facultativo.[681]

---

[677] ZAVASKI, Teori Albino. *Processo coletivo:* tutela de direitos coletivos e tutela coletiva de direito. 6. ed. São Paulo: Revista dos Tribunais, 2014. p. 63, 138.

[678] TESHEINER, José Maria. Aplicação do Direito objetivo e tutela de direitos subjetivos nas ações transindividuais e homogeneizantes. *Revista Brasileira de Direito Processual – RBDPro*, Belo Horizonte, ano 20, n. 78, p. 13-28, abr./jun. 2012.

[679] Em debate apaixonado e revogador, Rodolfo de Camargo Mancuso defende que o órgão ministerial tem legitimação ordinária, discorrendo que a defesa eficaz dos interesses difusos é também seu interesse. MANCUSO, Rodolfo de Camargo; MANCUSO, Rodolfo de Camargo. *Ação civil pública:* em defesa do meio ambiente, do patrimônio cultural e dos consumidores – Lei 7.347/1985 e legislação complementar. 13. ed. São Paulo: Revista dos Tribunais, 2014. p. 124.

[680] NERY JUNIOR, Nelson; NERY, Rosa Maria de Andrade. *Código de Processo Civil comentado e legislação processual civil extravagante em vigor*. 7. ed. São Paulo: Revista dos Tribunais, 2004. p. 339.

[681] STJ. REsp nº 984.329. Min. Rel. Herman Benjamim. Julg.: 28.10.2008; REsp nº 737.972/PR. Min. Rel. Eliana Calmon. 2ª Turma. Julg.: 03.08.2007; REsp nº 526.982/MG. Rel. Min. Denise Arruda. 1ª Turma. Julg.: 01.02.2006.

A postura a ser exercida pela Administração é definida conforme o interesse público existente, levando-se em consideração sua dimensão.[682]

Tinha-se albergada a possibilidade de que a pessoa jurídica atue ao lado do Ministério Público, como assistente litisconsorcial, ainda que seja a demandada. A pessoa jurídica tem o poder de assumir processualmente a posição que melhor se adapte ao interesse público, afastando ou acordando com as alegações do Ministério Público; ou até mesmo não intervindo na causa na qualidade de assistente, para assumir a posição de *amicus curiae*, atuando no fornecimento de subsídios técnicos ao magistrado para que este decida melhor.[683]

Emerson Garcia e Pacheco Alves defendem a possibilidade de participação dos colegitimados sempre que houver omissão por parte do autor da ação. Aduzem que, sendo a demanda proposta pelo órgão ministerial, a Fazenda Pública deve suprir as falhas da exordial, de forma a garantir a total reparação do patrimônio público desviado, assim como contribuir à aplicação da pena, rejeitando uma posição de neutralidade da Administração ou de figuração como litisconsorte passivo.[684] No entanto, preconiza o art. 17, §14 da LIA, incluído pela Lei nº 14.230/2021, que a pessoa jurídica interessada será intimada para, caso queira, intervir no processo.

Para Teori Zavascki e Hugo Nigro Mazzilli, a busca pela tutela dos direitos transindividuais deve estar relacionada aos interesses da pessoa que propõe a ação civil pública. Aduzem que a legitimação ativa deve ser associada ao interesse de agir, sendo a legitimidade do Ministério Público na defesa de direitos difusos e coletivos configurada em razão de suas funções institucionais.

---

[682] Faça-se uso do conceito despendido por Celso Antônio Bandeira de Mello, que salienta a impossibilidade de noção simplista do tema, arriscando que interesse público é o "interesse resultante do conjunto dos interesses que os indivíduos pessoalmente têm quando considerados em sua qualidade de membros da sociedade e pelo simples fato de os serem". MELLO, Celso Antônio Bandeira de. *Curso de Direito Administrativo*. 32. ed. São Paulo: Malheiros, 2015. p. 62.

[683] DIDIER JR., Fredie; ZANETI JR., Hermes. *Curso de Direito Processual Civil*: processo coletivo. 4. ed. Salvador: Juspodivm, 2009. v. IV, p. 250.

[684] GARCIA, Emerson; ALVES, Rogério Pacheco. *Improbidade administrativa*. 4. ed. Rio de Janeiro: Lumen Juris, 2008. p. 632.

9.6 Legitimação passiva *ad causam*

A legitimidade passiva diz respeito à pessoa do réu, àquele em face de quem o autor se dirige.[685] O legitimado ativo da ação busca a aplicação das medidas previstas na Lei nº 8.429/92 contra os sujeitos ativos dos atos de improbidade administrativa, que, nos termos de tal diploma legal, podem ser agentes públicos (art. 2º), terceiros (art. 3º) ou os sucessores de quem praticou o ato ímprobo (art. 8º).[686]

Conforme já demonstrado, o conceito de agente público deve ser ampliado para fins da Lei nº 8.429/92, abrangendo o servidor público nomeado em caráter efetivo, o funcionário admitido em caráter precário, o temporário e os particulares em colaboração com o Poder Público, de modo que será considerado agente público todo aquele que exerce, ainda que de forma transitória ou sem remuneração, por eleição, nomeação, designação, contratação ou quaisquer outras formas de investidura ou vínculo, mandato, cargo, emprego ou função nas entidades referidas na lei.

Outrossim, o terceiro que induza ou concorra para a prática do ato de improbidade ou dele se beneficie sob qualquer forma, seja direta ou indiretamente, em coautoria ou participação com o agente público, também está sujeito a ser o polo passivo da ação que indaga o ato ímprobo, tal qual o sucessor daquele que causou a lesão ao patrimônio público ou se enriqueceu ilicitamente, que estará sujeito às cominações monetárias da lei até o limite do valor da herança.

No que tange aos agentes políticos, vige maior discussão por gozarem, algumas categorias, de prerrogativas especiais que protegem a função ou o exercício do mandato. Exemplifique-se com os Parlamentares que têm assegurada a inviolabilidade civil e penal por suas opiniões, palavras e votos, bem como a imunidade parlamentar, nos termos do art. 53 da CRFB/88. Os Deputados Estaduais, mediante o art. 27, §1º, da CRFB/88 têm assegurada a mesma garantia, tais quais os vereadores, em relação a sua liberdade de expressão, pelo artigo 29, VIII, da CRFB/88, limitada a inviolabilidade à circunscrição do município.

No entanto, a imunidade parlamentar, seja material ou formal, não apresenta reflexo algum em relação à prática de um ato ímprobo,

---

[685] BARBI, Celso Agrícola. *Comentários ao Código de Processo Civil*. 13. ed. Rio de Janeiro: Forense, 2008, p. 30.

[686] FERRAZ, Sérgio. Aspectos processuais na lei sobre improbidade administrativa. *In*: BUENO, Cassio Scarpinella; PORTO FILHO, Pedro Paulo de Rezende. *Improbidade administrativa*: questões polêmicas e atuais. 2. ed. São Paulo: Malheiros, 2003. p. 415.

como mencionado antes. Um ato de improbidade administrativa não necessariamente se constitui crime de natureza penal, implicando a responsabilização civil do agente, de modo que não há impedimento para que a lei seja aplicada aos parlamentares, sujeitando-os ao polo passivo da demanda, respeitando-se seu fórum privilegiado. Não é despiciendo reafirmar que o denominado foro por prerrogativa de função sofreu mutação, estabelecendo o Supremo Tribunal Federal sua restrição, abrangendo apenas os deputados e senadores que cometam crimes no exercício do mandato e em função do cargo que ocupam.

Importante consignar que o Supremo Tribunal Federal e o Superior Tribunal de Justiça têm entendido que as condutas descritas na Lei nº 8.429/92, quando imputadas às autoridades detentoras de prerrogativa de foro, não se convertem em crimes de responsabilidade como muitos defendem, o que afastaria a possibilidade de figurarem no polo passivo da demanda em análise.[687]

As autoridades que possuem prerrogativa decorrente do art. 102, I, "c", da CRFB/88, quais sejam os Ministros de Estado e os Comandantes da Marinha, do Exército e da Aeronáutica, os membros dos tribunais superiores, os do Tribunal de Contas da União e os chefes de missão diplomática de caráter permanente são julgados em decorrência de seus atos de improbidade pelo Supremo Tribunal Federal, na constância do exercício de suas funções. Assevera-se que se a competência para processar e julgar a ação de improbidade (CF, art. 37, §4º) igualmente abrange os atos praticados pelos agentes políticos citados, já que essa prerrogativa não pode se transmudar em impunidade. De forma evidente, essas autoridades são submetidas ao modelo de competência previsto no regime comum da Lei de Improbidade Administrativa, apenas sendo julgados pelo STF em razão da peculiaridade dos cargos que ocupam.[688]

O Supremo Tribunal Federal dirimiu qualquer tipo de discussão, ao afirmar sua competência e a possibilidade de julgamento em ação de improbidade administrativa contra as autoridades trazidas no art. 2º Lei nº 1.079/50, que inclui o Presidente da República, os Ministros de Estado, os Ministros do Supremo Tribunal Federal, bem como o

---

[687] STF. PET nº 3923QO/SP. Rel. Min. Joaquim Barbosa. Tribunal Pleno. Julg. 13.06.2007; STJ. AgRg na Rcl nº 12514/MT. Rel. Ministro Ari Pargendler. Corte Especial. Julg.: 16.09.2013. *DJe* 26.09.2013.
[688] STF. Rcl nº 2138. Rel. Min. Nelson Jobim. Rel. p/Acórdão Min. Gilmar Mendes. Tribunal Pleno. Julg. 13.06.2007.

Procurador-Geral da República.[689] O Superior Tribunal de Justiça tem reafirmado tal entendimento, defendendo ser majoritária a aplicabilidade do regime da Lei de Improbidade Administrativa às autoridades previstas no art. 2º da Lei nº 1.079/50, competente a Suprema Corte para tanto e ressaltada a impossibilidade de ampliar o rol.[690]

Igualmente, podem ser sujeitos passivos de improbidade administrativa os magistrados, membros do *Parquet* e do Tribunal de Contas Estadual.[691] Inexiste qualquer argumento crível para ser diferente, haja vista que são funcionários públicos como outros quaisquer.

9.7 Competência

A competência como conjunto de atribuições jurisdicionais de cada órgão ou grupo de órgãos estabelecidas pela Constituição e por mandamentos infraconstitucionais delimitando o exercício da jurisdição, no que tange à ação civil pública por ato de improbidade administrativa, foi fixada no foro onde ocorreu o dano ou da pessoa jurídica prejudicada, nos termos do art. 17, §4-A da LIA. A opção legislativa tem fulcro na busca pela maior celeridade no processamento, na instrução e, por conseguinte, no julgamento do feito, considerando que é muito mais fácil apurar o dano e suas provas no juízo em que os fatos ocorreram.[692]

Salienta Arthur Mendes Lobo que pelo próprio objetivo da demanda, de zelar pelo prestígio da administração da *res publica*, o dano que determinará o foro é aquele realizado como lesão aos interesses e princípios da Administração Pública, não se limitando a onde os agentes envolvidos porventura tenham sofrido algum prejuízo.[693]

Para Fazzio Júnior, a ação civil pública por ato de improbidade administrativa poderia ser ajuizada tanto no local do resultado do evento danoso, quanto no foro da prática do ato de improbidade. Aduz o autor

---

[689] STF. Pet nº 3211 QO/DF. Rel. p/acórdão Min. Menezes Direito. Pleno. Jul.: 13.03.2008. *DJe* de 27.06.2008; Rcl. nº 2.138. Rel. p/acórdão Min. Gilmar Mendes. *DJ* 10.04.2008.

[690] STJ. REsp nº 1.138.173/RN. Min. Rel. Humberto Martins. Segunda Turma. Julg.: 23.06.2015. *DJe*: 30.06.2015.

[691] STJ. AgRg no REsp nº 1127541/RN. Rel. Ministro Humberto Martins. Segunda Turma. *DJe* 11.11.2010; EDcl no AgRg na AIA nº 26/SP. Rel. Ministra Denise Arruda. Corte Especial. *DJe* 01.07.2009; REsp nº 1127182/RN, Rel. Ministro Mauro Campbell Marques. Segunda Turma. *DJe* 15.10.2010.

[692] STJ. AgRg nos EDcl no CC nº 113.788/DF. Rel. Min. Arnaldo Esteves Lima. Julg.: 14.11.2012.

[693] LOBO, Arthur Mendes. A ação prevista da lei de improbidade administrativa: competência, legitimidade, interesse de agir e outros aspectos polêmicos. *Revista de Processo*, São Paulo, v. 32, n. 148, p. 49-75, jun. 2007.

em referência que, não havendo regra expressa na Lei nº 8.429/92, a regra é adequável desde que esteja em consonância com a Constituição Federal.⁶⁹⁴ O Superior Tribunal de Justiça já decidiu em certa hipótese que, embora haja ilícitos praticados em diversos estados-membros, o que poderia, *ab initio*, caracterizar a abrangência nacional do dano, deve prevalecer mesmo assim a localidade da informação fornecida pelo autor da demanda, assinalando-se que tal entendimento se coaduna com os princípios da celeridade processual, ampla defesa e duração razoável do processo.⁶⁹⁵

As ações de improbidade são propostas perante o juízo de primeira instância e nos termos preconizados pela lei de organização judiciária do local, que, em regra, determina a competência da vara da Fazenda Pública para tal, de modo que, havendo envolvimento de entes federais cujo processamento se dá em localidades onde inexista seção judiciária da Justiça Federal, a competência será da Justiça Estadual.⁶⁹⁶ Caso haja conflito de competência, ele deve ser solucionado pelo Superior Tribunal de Justiça, conforme art. 105, I, "d", da CRFB/88.

Importante consignar que as regras de competência funcional, demarcadas em razão de o agente indiciado gozar de foro por prerrogativa de função, *a priori*, não se aplicam no âmbito da ação civil por improbidade administrativa.⁶⁹⁷ Conforme já assinalado, o Supremo Tribunal Federal, em sede de controle de constitucionalidade abstrato, em 2005, na ADI nº 2.797/DF e ADI nº 2.860/DF, decidiu pela inconstitucionalidade do artigo 84, §§1º e 2º do CPP/41, com a redação que lhe foi conferida pela Lei nº 10.628/02, o que colimou o afastamento da aplicação do foro por prerrogativa de função na ação de improbidade administrativa. A Corte Suprema decidiu inúmeras vezes pela irrelevância, para efeito de definição da competência originária dos tribunais, da ocupação de cargo público ou de titular de mandato eletivo ainda no exercício das respectivas funções, reafirmando que a ação civil em questão deve ser ajuizada perante magistrado de primeiro grau.⁶⁹⁸

---

⁶⁹⁴ FAZZIO JUNIOR, Waldo. *Improbidade administrativa*: doutrina, legislação e jurisprudência. 2. ed. São Paulo: Atlas, 2014. p. 439.

⁶⁹⁵ STJ. CC nº 97351/SP. Min. Rel. Castro Meira. Primeira Seção. Julg.: 27.05.2009.

⁶⁹⁶ BEZERRA FILHO, Aluízio. *Lei de improbidade administrativa aplicada e comentada*. Curitiba: Juruá, 2006, p. 154.

⁶⁹⁷ STF. PET nº 3923 QO/SP. Rel. Min. Joaquim Barbosa. Tribunal Pleno. Julg. 13.06.2007; STJ. AgRg na Rcl nº 12514/MT. Rel. Ministro Ari Pargendler. Corte Especial. Julg.: 16.09.2013. *DJe* 26.09.2013.

⁶⁹⁸ STF. ADI nº 2182/DF. Min. Marco Aurélio, Rel. p/Acórdão: Min. Cármen Lúcia. Tribunal Pleno. *DJ* 12.05.2010; AI nº 506323 AgR/PR. Min. Celso de Mello. Segunda Turma. *DJ* 02.06.2009; AI nº 653882 AgR/SP. Min. Celso de Mello. Segunda Turma. *DJ* 03.06.2008.

Portanto, o foro por prerrogativa de função em relação às infrações penais não abrange as ações de improbidade administrativa, em razão de sua natureza civil. Segundo o Min. Barroso, os agentes políticos encontram-se sujeitos a um duplo regime sancionatório, submetendo-se, concomitantemente, pelos atos de improbidade e de responsabilidade. Assim, não há razoabilidade para que as sanções de improbidade administrativa sejam absolvidas pelo crime de responsabilidade. Portanto, a competência para julgamento das ações de improbidade pertence à Justiça de primeiro grau.[699]

O Supremo Tribunal Federal também consigna que os seus Ministros respondem por atos de improbidade perante o próprio Tribunal, não em razão do foro por prerrogativa de função, mas pelo fato de que o julgamento de um Magistrado da Corte Suprema por um juiz de primeiro grau de jurisdição feriria a própria sistemática constitucional.[700]

Para o Superior Tribunal de Justiça, a competência para processar e julgar a ação civil pública nos casos de improbidade administrativa é da Justiça Estadual. Exceto quando exista a manifestação de interesse da União, Autarquia ou Empresa Pública Federal que, nesses casos, a competência se deslocará para a Justiça Federal, visto que o art. 109, I, da CRFB/88, menciona um rol taxativo das causas a serem julgadas pelo juízo federal em razão da pessoa, *ratione personae*.[701] Por sua vez, a Corte Superior editou a súmula nº 150 esclarecendo sobre questão da existência do interesse jurídico da união, suas autarquias ou empresas públicas, que justifique o deslocamento dessa competência.[702]

Por fim, as ações de improbidade estão expressamente excluídas da competência dos Juizados Especiais Federais, nos termos do art. 3º, I, da Lei nº 10.259/01, bem como a sua propositura previne a jurisdição do juízo para todas as ações posteriormente intentadas que possuam a mesma causa de pedir ou o mesmo objeto, conforme o §5º do art. 17 da Lei nº 8.429/92.

---

[699] PET nº 3240.
[700] STF. Pet. nº 3211/DF. Rel. Min. Marco Aurélio. Tribunal Pleno. Julg.: 13.03.2008. DJe 27.06.2008, entendimento levantado na Rcl nº 2138. Rel. Min. Nelson Jobim. Rel. p/Acórdão Min. Gilmar Mendes. Tribunal Pleno. Julg. 13.06.2007.
[701] REsp nº 1513925/BA, Rel. Ministro Herman Benjamin, Segunda Turma, julgado em 05.09.2017, DJe 13.09.2017.
[702] Súmula nº 150: "Compete à Justiça Federal decidir sobre a existência de interesse jurídico que justifique a presença, no processo, da União, suas autarquias ou empresas públicas".

9.8 Atribuição do órgão do Ministério Público

A ação civil de improbidade administrativa encontra amparo na previsão constitucional de defesa da ordem jurídico-democrática e do patrimônio público, nos termos do arts. 127, 129, III, e 37, todos da CRFB/88. O referido inciso III do art. 129 também se presta à delimitação da legitimidade ativa do Ministério Público à propositura da ação civil pública em proteção dos interesses difusos e coletivos, o que reafirma uma de suas atribuições, que é a defesa da ordem jurídica e do regime democrático. O constituinte, além de incumbir ao órgão ministerial a defesa da ordem jurídica, instrumentalizou a sua atuação mediante a possibilidade de promoção da repressão dos atos de improbidade, com fulcro na consideração de que um governo honesto é direito difuso do povo.[703]

Na esfera infraconstitucional, conforme já demonstrado nesta obra, seguiu-se a mesma *ratio*, de modo a densificar as atribuições do Ministério Público, construindo um sistema com o *telos* de tutelar da forma mais eficientemente possível o patrimônio público, à luz dos princípios constitucionais e legais da Administração Pública. O ato de improbidade fora conceituado para ser punido singularmente, independentemente de eventual dano patrimonial, e o objetivo do Ministério Público não é a mera condenação dos agentes públicos e terceiros à recomposição do patrimônio público que lesionaram moral ou materialmente, mas sobretudo a preservação da higidez do sistema legal da Administração Pública.

Tal atribuição conferida ao *Parquet* não foi diferida com exclusividade, haja vista que os bens jurídicos em referência são muito valiosos, o que impõe uma colegitimação, legitimação concorrente, como meio da efetiva aplicação da lei. No entanto, a importância do Ministério Público está delineada na Lei nº 7.347/85, que ao regulamentar a ação civil pública genérica, traz que o órgão ministerial poderá atuar como autor, e se não ostentar essa posição, atuará obrigatoriamente como *custos legis*. Deve, ainda, promover a execução, acaso o autor não o faça no prazo de sessenta dias do trânsito em julgado da sentença condenatória, conforme art. 15, e, em caso de desistência infundada ou

---

[703] MANCUSO, Rodolfo de Camargo. *Ação civil pública*: em defesa do meio ambiente, do patrimônio cultural e dos consumidores – Lei 7.347/1985 e legislação complementar. 13. ed. São Paulo: Revista dos Tribunais, 2014. p. 143-145.

abandono da ação por associação legitimada, o Ministério Público ou outro legitimado assumirá a titularidade ativa.[704]

O mesmo sentido aduz-se da reafirmação da legitimidade *ad causam* do Ministério Público para a propositura de ação civil pública objetivando o ressarcimento de danos ao Erário, decorrentes de atos de improbidade.[705]

No que tange à organização das atribuições da referida instituição, o Superior Tribunal de Justiça já fixou que, atuando o Ministério Público Federal como autor da ação civil pública de improbidade administrativa, a competência para o conhecimento e julgamento da ação será deslocada para a Justiça Federal, posto que o Ministério Público Federal é órgão da União, implicando que a sua presença na relação processual é suficiente para fixar a competência da Justiça Federal. É atribuição do órgão especializado do Ministério Público da União promover ações civis públicas que sejam da competência federal em razão da matéria, nos termos do art. 109, III e XI, da CRFB/88, ou em razão da pessoa, conforme art. 109, I, da CRFB/88, assim como as causas que envolvem interesses nitidamente federais, decorrência do princípio federativo.[706]

A legitimidade dos órgãos do Ministério Público estadual à propositura de ação civil pública está relacionada com o âmbito de suas atribuições, fixadas à luz do princípio constitucional da competência residual, de modo que será atribuição do Ministério Público Estadual toda aquela que não estiver conferida, por força de lei ou do sistema, a

---

[704] MANCUSO, Rodolfo de Camargo. *Ação civil pública*. 3. ed. São Paulo: Revista dos Tribunais, 1994. p. 89-90. Levantamento realizado pelo Ministério Público Federal resultou que, no período correspondente aos anos de 2013-2015, foram ajuizadas cerca de 5.445 ações civis por ato de improbidade administrativa pelo órgão ministerial. Disponível em: http://corrupcaonao.mpf.mp.br/ Acesso em: 14.09.2015.

[705] STJ. REsp nº 1261660/SP, Rel. Ministro NAPOLEÃO NUNES MAIA FILHO, Rel. p/Acórdão Ministro BENEDITO GONÇALVES, PRIMEIRA TURMA, julgado em 24.03.2015, DJe 16.04.2015; REsp nº 1435550/PR, Rel. Ministro HUMBERTO MARTINS, SEGUNDA TURMA, julgado em 16.10.2014, DJe 11.11.2014; EDcl no REsp nº 723296/SP, Rel. Ministro MAURO CAMPBELL MARQUES, SEGUNDA TURMA, julgado em 03.04.2014, DJe 19.12.2014; REsp nº 1153738/SP, Rel. Ministro OG FERNANDES, SEGUNDA TURMA, julgado em 26.08.2014, DJe 05.09.2014; REsp nº 1203232/SP, Rel. Ministro NAPOLEÃO NUNES MAIA FILHO, PRIMEIRA TURMA, julgado em 03.09.2013, DJe 17.09.2013; REsp nº 817921/SP, Rel. Ministro CASTRO MEIRA, SEGUNDA TURMA, julgado em 27.11.2012, DJe 06.12.2012; AgRg no AREsp nº 76985/MS, Rel. Ministro CESAR ASFOR ROCHA, SEGUNDA TURMA, julgado em 03.05.2012, DJe 18.05.2012; REsp nº 1219706/MG, Rel. Ministro HERMAN BENJAMIN, SEGUNDA TURMA, julgado em 15.03.2011, DJe 25.04.2011; REsp nº 1089492/RO, Rel. Ministro LUIZ FUX, PRIMEIRA TURMA, julgado em 04.11.2010, DJe 18.11.2010; AREsp nº 484423/MS (decisão monocrática), Rel. Ministra ASSUSETE MAGALHÃES, julgado em 26.03.2015, DJe 10.04.2015.

[706] STJ. REsp nº 1199095/ES. Rel. Min. Napoleão Nunes Maia Filho. Julg.: 17.09.2013. DJe 09.12.2013.

órgão da União. Considerando a natureza dúplice da função do órgão ministerial, tem sido decidido que o Ministério Público estadual possui legitimidade recursal para atuar como parte no Superior Tribunal de Justiça nas ações de improbidade administrativa, reservando-se ao Ministério Público Federal a atuação como fiscal da lei.[707]

9.9 O pedido

O pedido, sob a ótica processual, é a providência jurisdicional almejada; sob a ótica material, é o bem da vida perseguido, o resultado prático pretendido.[708] O pedido imediato da ação civil de improbidade é a declaração da configuração do ato ímprobo e a condenação do réu nas sanções previstas no art. 12 da Lei nº 8.429/92; o pedido mediato, por sua vez, será delineado conforme o ato ímprobo praticado, mas sempre desemboca na higidez da administração da *res publica*.

Enquanto a ação popular se limita aos pedidos de anulação do ato administrativo e de condenação ao ressarcimento dos danos gerados ao patrimônio público; e a ação civil pública genérica prevista na Lei nº 7.347/85 promana à condenação em dinheiro e ao cumprimento de obrigação de fazer ou não fazer; a ação de improbidade, para além dos referidos pedidos, poderá cumular o de aplicação das sanções previstas pelo art. 12 da Lei nº 8.429/92.[709] Mesmo com essa possibilidade de extensão de pedidos, as sanções cominadas dependem do ato ímprobo perpetrado, seguindo as sanções dispostas no seu rol específico.

O pedido do autor é dirigido à declaração da configuração do ato ímprobo e, em sequência, à condenação do réu nas sanções civis previstas na Lei nº 8.429/92. A desconstituição dos atos viciados pode ser cumulada com o pedido de obrigações de fazer, se essa for a solução mais adequada para tutelar o patrimônio público. Todavia, em razão de peculiaridades do caso, pode-se efetuar um juízo de proporcionalidade acerca dos efeitos da sua manutenção ou retirada do campo fático.[710] A mesma inteligência deve ser seguida às sanções não automáticas.

---

[707] STJ. AgRg no AREsp nº 528143/RN, Rel. Ministro BENEDITO GONÇALVES, PRIMEIRA TURMA, julgado em 07.05.2015, *DJe* 14.05.2015; AgRg no REsp nº 1323236/RN, Rel. Ministro HERMAN BENJAMIN, PRIMEIRA TURMA, julgado em 10.06.2014, *DJe* 28.11.2014.

[708] NEVES, Daniel Amorim Assumpção. *Manual de Direito Processual Civil*. 4. ed. Rio de Janeiro: Forense; São Paulo: Método, 2012. p. 103.

[709] NEVES, Daniel Amorim Assumpção. *Manual de processo coletivo*. São Paulo: Método, 2012. p. 28.

[710] NEIVA, José Antonio Lisbôa. *Improbidade administrativa*: legislação comentada artigo por artigo. 5. ed. Niterói: Impetus, 2013. p. 194.

Por consequência, a sentença de mérito no processo de conhecimento das ações de improbidade é estruturada de modo que haverá o momento em que o juiz reconhece os elementos do ato de improbidade, fazendo juízo acerca das provas dos autos e declarando a tipificação devida, seguindo à anulação dos atos administrativos viciados, desconstituindo-os, com a aplicação ou não de obrigações de fazer; e o momento em que condena o agente conforme o regramento legal previsto no art. 12 da Lei nº 8.429/92.[711]

A teoria geral do processo comina que o órgão julgador não está vinculado aos fundamentos jurídicos, tão somente aos fatos trazidos e ao pedido, podendo, inclusive, qualificar juridicamente os atos ilícitos de forma diversa ao sentenciar.[712] Nas ações de índole sancionatória, nas quais o pedido formulado pelo autor não se reveste de precisão, tal qual na ação civil de improbidade, pode o magistrado aplicar dispositivo legal diverso do invocado pelo autor na exordial, desde que seja garantida a ampla defesa.[713] Como consequência, o juiz não está adstrito ao pedido, podendo o magistrado dar definição diversa, inclusive, mais grave, desde que na dilação probatória haja provas exaurientes que possam amparar essa reprimenda legal e que as garantias constitucionais sejam respeitadas.

Para José Antonio Lisbôa Neiva, trata-se de exceção ao princípio da congruência, no que autoriza o juiz, diante da demanda, a aplicar as sanções pertinentes em razão das circunstâncias fáticas expostas no desenvolvimento do acervo probatório, à luz da imperatividade do comando constitucional e legislativo, consubstanciado na indisponibilidade do direito objetivo submetido ao juízo.[714]

Nesse sentido, considerando que nas ações de improbidade as condutas delineadas geralmente não apresentam nuances nitidamente predeterminadas, não sendo possível antever de forma delimitada os efeitos jurídicos do fato narrado na inicial, nos termos do §1º, art. 324, do CPC/15, de modo que é mais razoável que o autor requeira genericamente a aplicação das sanções previstas no art. 12 da Lei nº 8.429/92.

---

[711] COSTA, Susana Henriques da. *O processo coletivo na tutela do patrimônio público e da moralidade administrativa*. São Paulo: Quartier Latin, 2009. p. 170.

[712] CINTRA, Antonio Carlos de Araújo; GRINOVER; Ada Pelegrini; DINAMARCO, Cândido Rangel. *Teoria Geral do Processo*. 25. ed. São Paulo: Malheiros, 2009. p. 73-74.

[713] GARCIA, Emerson; ALVES, Rogério Pacheco. *Improbidade administrativa*. 4. ed. Rio de Janeiro: Lumen Juris, 2008. p. 733.

[714] NEIVA, José Antonio Lisbôa. *Improbidade administrativa*: legislação comentada artigo por artigo. 5. ed. Niterói: Impetus, 2013. p. 198.

No mesmo sentido está Wallace Paiva Martins Junior, para quem o pedido deverá ser de aplicação das penalidades previstas no art. 12 em referência, "na forma e gradação em que o fato se subsumir à modalidade de improbidade administrativa verificada pela sentença". Esclarece o autor que não há que se falar no acúmulo de condenações idênticas, de modo que a questão seria resolvida pelo princípio da especialidade; se o ato, simultaneamente, é de prejuízo ao Erário e atenta aos princípios da Administração Pública, uma vez verificado o primeiro, devem ser-lhe infligidas as penalidade concernentes ao ato mais grave, que abrange o específico.[715]

Cite-se ainda que o art. 16 da Lei nº 8.429/92 trata da possibilidade de pedido de natureza cautelar, em permissivo de que o Ministério Público ou a procuradoria do órgão, uma vez representado pela comissão processante, requeira ao juízo competente a decretação do sequestro dos bens do agente ou terceiro que tenha enriquecido ilicitamente ou causado dano ao patrimônio público, desde que haja nas hipóteses fundadas provas de responsabilidade.

Tal pedido de sequestro/arresto será processado nos termos da legislação processual civil e, quando for o caso, o pedido incluirá a investigação, o exame e o bloqueio de bens, contas bancárias e aplicações financeiras mantidas pelo indiciado no Brasil e no exterior, nos termos da lei e dos tratados internacionais. O legislador previu que apenas fosse requerida a referida medida cautelar nos casos de enriquecimento ilícito ou lesão ao patrimônio público, atos tipificados nos arts. 9º e 10 da Lei nº 8.429/92, excluindo-se o tipificado no art. 11 da Lei nº 8.429/92, em termos mais bem delineados no ponto pertinente.

9.10 Aspectos gerais do procedimento

O processo judicial que investiga a prática de ato de improbidade administrativa está previsto no art. 17 da Lei nº 8.429/92, tendo sofrido alterações significativas a partir do advento da Lei nº 14.230/21.

A exordial da ação civil de improbidade administrativa deverá individualizar a conduta do réu e apontar elementos probatório mínimos que demonstrem a ocorrência dos atos tipificados nos artigos 9º, 10 e 11 da LIA, bem como ser instruída com documentos ou justificação que contenha(m) elementos factíveis da existência do ato de improbidade,

---

[715] MARTINS JUNIOR, Wallace Paiva. *Probidade administrativa*. 4. ed. São Paulo: Saraiva, 2009. p. 328.

nos termos da Lei,[716] e com indicações claras de sua provável autoria, observada a legislação vigente, conforme §6º do art. 17 da Lei nº 8.429/92, aplicando-se subsidiariamente o art. 319 do CPC/15.[717]

Nesse sentido, ressalta-se que a simples narrativa da prática do ato ímprobo é insuficiente, sendo imperiosa a demonstração de que a conduta do requerido enquadra-se no tipo legal, realizando-se a juntada de elementos que denotem indicações suficientes da existência do ato, em consecução aos indícios de que a conduta do agente ocorreu de maneira dolosa. A propositura da ação prevenirá a jurisdição do juízo para todas as ações posteriormente intentadas que possuam a mesma causa de pedir ou mesmo pedido, conforme §5º do art. 17 da Lei nº 8.429/92.

O Superior Tribunal de Justiça entende que, existentes indícios de cometimento de atos enquadrados na Lei de Improbidade Administrativa, a exordial deve ser recebida sob o argumento de que nessa fase vigora o princípio do *in dubio pro societate*, em atenção ao interesse público, resguardado o dever de fundamentação.[718] Todavia, para evitar qualquer tipo de abuso de poder, exige-se a presença de elementos claros delineadores da existência e da autoria do ato ímprobo, especialmente quando considerados as exigências e requisitos acrescidos através da Lei 14.230/21, deixando clara a requisição de materiais fáticos e probatórios para a recepção e autuação da petição inicial.

Sem a existência desses elementos, de melhor alvitre é a continuação de investigação para clareamento dos fatos. A existência de meros indícios não possibilita a abertura de uma ação de improbidade, pois ela causa sérios danos para a honorabilidade do réu, principalmente porque se sabe que ela pode ser utilizada como ferramenta política, no que acarreta injustiças que não têm como ser revertidas.

---

[716] Nesse sentido, observa-se a incidência da necessidade de demonstração do dolo imputado ao réu através de indícios que possam ser provados, sistematizando a interpretação legislativa à luz dos tipos elencados pela Lei 8.429/92, que inferem a necessidade de ato doloso, de maneira efetiva e comprovada, para que haja a caracterização de improbidade administrativa, consoante o exposto nos Arts. 1º, no §1º, Arts. 9º, 10º e 11º.

[717] COSTA, Susana Henriques da. A tutela do patrimônio público e da moralidade administrativa por meio da ação civil pública e da ação de improbidade administrativa. *In*: MAZZEI, Rodrigo; NOLASCO, Rita Dias (Coord.). *Processo civil coletivo*. São Paulo: Quartier Latin, 2005. p. 584.

[718] STJ. REsp nº 1220256/MT. Min. Rel. Mauro Campbell Marques. Segunda Turma. Julg.: 12.04.2011. DJe 27.04.2011.

A Lei 14.230/21 inclui o §6º-B,[719] deixando claras as hipóteses de rejeição da exordial, bem como reforçando a imprescindibilidade dos requisitos probatórios elencados pelo §6º.

Portanto, sustenta-se que, para o recebimento da petição inicial, nos termos do art. 17 da Lei nº 8.429/92, a presença dos indícios deve se constituir em elementos de prova, que descrevem um fato, não podendo ilações, sem amparo em elementos fáticos, apresentar idoneidade para o recebimento da petição inicial.

Sendo assim, o princípio do *in dubio pro societate*, como nenhum outro princípio, pode ostentar teor absoluto. O princípio da dignidade da pessoa humana não pode ficar maculado, em razão de todos os transtornos ocasionados pela abertura de um processo sem um mínimo de fundamento probatório razoável.

Denota-se, ainda, a revogação dos §1º ao §4º e §8º ao §10 do artigo 17 da Lei 8.429/92, trazendo alterações não só em questões de legitimidade da propositura da ação, como também maior elaboração e especificidade acerca de questões processuais da ação de improbidade administrativa.

Portanto, com as alterações previstas pela Lei 14.230/21, faz-se importante pontuar que a Fazenda Pública perde legitimidade para propor ações de improbidade administrativa,[720] em contraposição ao disposto originalmente na Lei 8.429/92. Conforme descrito no artigo 17 do dispositivo em relevo, a propositura de ações relativas a atos ímprobos é restrita ao Ministério Público.

É sempre de melhor alvitre que na ação de improbidade também se peça o ressarcimento integral ao Erário, ao invés de se entrar com duas ações, em virtude de que a recomposição do patrimônio público também se configura como uma sanção.

Uma vez ajuizada a demanda, caso a petição inicial preencha os requisitos de recepção, notifica-se o requerido para a apresentação de contestação, no prazo de trinta dias, conforme o procedimento comum apontado pelo Código de Processo Civil.

---

[719] § 6º-B A petição inicial será rejeitada nos casos do art. 330 da Lei nº 13.105, de 16 de março de 2015 (Código de Processo Civil), bem como quando não preenchidos os requisitos a que se referem os incisos I e II do § 6º deste artigo, ou ainda quando manifestamente inexistente o ato de improbidade imputado.

[720] No entanto, a despeito de não deter legitimidade para a estrita propositura de ação de improbidade administrativa, a Fazenda Pública poderá ser intimada para intervir no processo, a depender do caso, ao que demonstrará interesse processual para sua intervenção, nos termos do §14º do Art. 17, que vigora com a seguinte redação: "§ 14. Sem prejuízo da citação dos réus, a pessoa jurídica interessada será intimada para, caso queira, intervir no processo".

Desta feita, sublinha-se que a Lei abre a possibilidade de cabimento de Agravo de Instrumento para decisão que rejeitar questões preliminares suscitadas pelo réu na contestação.

Assim, mais uma alteração legislativa relevante é a inclusão de possibilidade de solução consensual da lide, através da Lei nº 13.964/2019, conhecida como Lei Anticrime, ao que poderão as partes requerer a interrupção do prazo de 30 dias para contestação. Neste prisma, é possibilitada a realização de acordo de não persecução civil nos casos de improbidade administrativa, o que se revela como fator de extrema relevância para o rito dos processos desta natureza, uma vez que permite a inclusão do processo de improbidade no sistema de autocomposição de conflitos, fato anteriormente vedado pela Lei de Improbidade Administrativa.

Nesse sentido, a inclusão do art. 17-B regulamenta o procedimento e requisitos do acordo de não persecução civil, definindo que deve advir deste, ao menos, o integral ressarcimento do dano causado, com consequente reversão à pessoa jurídica lesada. Sendo assim, considerado o interesse público na autocomposição da demanda, a celebração do acordo dependerá da oitiva do ente federativo lesado, da aprovação do acordo, no prazo de 60 (sessenta) dias, por parte do Ministério Público competente, caso a busca pela solução consensual ocorra anteriormente ao ajuizamento da ação e de homologação judicial. Ressalta-se que, embora o §10-A disponha de prazo de suspensão da contestação por no máximo 90 dias, disto não resta prejudicada a realização do acordo, pois, nos termos do §4º do art. 17-B, determina-se que este poderá ser celebrado no curso da investigação de apuração do ilícito, no curso da ação de improbidade ou no momento da execução da sentença condenatória, ampliando a tempestividade para sua conclusão e celebração.

No entanto, em caso de descumprimento dos termos do acordo de não persecução civil realizado nos termos do art. 17-B, o requerido ou investigado ficará impedido de realizar novo acordo de mesma natureza no prazo de 5 (cinco) anos, a contar do conhecimento pelo MP do descumprimento efetivo dos termos acordados.

Assim, após o oferecimento de contestação pelo réu o juiz procederá ao julgamento conforme o estado do processo, ao que sublinha-se que os fatos devem ser bem delineados, tal qual a causa de pedir, o acervo probatório delimitado e a produção da correspondente prova, sob pena de comprometer, já de início, o seguimento da ação e, até mesmo, implicar a sua rejeição com apreciação de mérito, se houver convicção da inexistência do mencionado ato ímprobo ou da improcedência do pedido. Se não houver um lastro probatório mínimo da existência do delito e indicações de sua autoria, o juiz tem a obrigação de extinguir o processo, bem como será declarada nula decisão de mérito que condene o réu sem a produção de provas requisitadas.

Para além das modificações apontadas, é premente sublinhar a ênfase dada pelos parágrafos incluídos ao art. 17 pela Lei 14.230/21 nas questões de individualização das condutas imputadas como ímprobas, bem como na especificidade necessária às provas concatenadas e na assertividade do tipo, tanto na exordial, quanto ao momento da decisão, espelhando o requerimento de clareza e efetividade das condutas descritas pelos artigos 9º ao 11 da Lei 8.429/92. A sentença proferida nos processos de que trata a Lei 8.429/92, desta feita, recebe especial atenção pela inclusão do art. 17-C, que, para além de dever seguir o procedimento comum do Código de Processo Civil, ganha a obrigatoriedade de indicar precisamente os fundamentos, mais uma vez sublinhando a especificidade exigida pela Lei 14.230/21.

Nesse sentido, observa-se a inclusão de princípios e considerações que devem ser levados em conta no momento da decisão, desde as consequências práticas até as dificuldades atravessadas pelo gestor público e a extensão do dano causado. Dessa forma, observa-se, mais uma vez, a inclinação legislativa de não punir o gestor inábil ou descuidado, mas de oferecer sanções àquele que, de forma deliberada e intencional, com dolo voltado ao ilícito, o cometeu, com vistas à obtenção de benefício próprio ou para outrem, asseverando a relação íntima entre o dolo específico e a possibilidade de condenação por improbidade administrativa. Assim, a aplicação das sanções advindas do enquadramento dos tipos previstos na LIA devem considerar a proporcionalidade e razoabilidade, em uma clara extensão das possibilidades de análise das circunstâncias que levaram ao ato ímprobo.

Por outro lado, outra inovação apontada pela Lei 14.230/21 diz respeito à produção de provas no processo, delimitado o rito de proferimento de decisão que indicará com precisão a tipificação imputada, que servirá de referência para o requerimento das partes em relação às provas que pretendem produzir, interesse que será expresso após intimação, tomando íntima relação com os requisitos de validade da decisão, conforme abordado anteriormente.

Considerado o fato de que a ação principal deve ser intentada pelo Ministério Público, no que couber, será aplicado o §3º do art. 6º da Lei nº 4.717/65, que dispõe que a pessoa jurídica de direito público ou de direito privado, cujo ato seja objeto de impugnação, poderá abster-se de contestar o pedido, ou poderá atuar ao lado do autor, desde que isso se afigure útil ao interesse público, a juízo do respectivo representante legal ou dirigente. Em razão da supremacia do interesse público, se o ente estatal verificar a ocorrência do ato ímprobo, sua missão é ajudar a comprová-lo e a tomar todas as medidas para que a lesão ao Erário seja a menor possível. Ademais, o Ministério Público atuará no processo como parte e fiscal da lei, detendo a legitimidade exclusiva para a propositura da ação de improbidade administrativa.

Por outro lado, verifica-se a segurança conferida ao réu de ação de improbidade administrativa em relação ao direito de ser interrogado acerca dos fatos de que trata a ação, bem como de não ser interrogado, sem que isto implique em confissão da matéria. No mesmo sentido, o processo não segue o rito comum do Código de Processo Civil em relação à presunção de veracidade dos fatos em caso de revelia, que se torna vedada na ação de improbidade, através da inclusão do §19º ao art. 17 da Lei nº 8.429/92. Da mesma maneira, não se aplica a imposição de ônus da prova ao réu e o reexame obrigatório da sentença de improcedência ou de extinção sem resolução do mérito, no que a ação de improbidade administrativa novamente foge ao procedimento comum ditado pela Lei nº 13.105/2015.

Ainda nesse sentido, faz-se mister pontuar a alteração, que se interpreta como resolução de discussão doutrinária, em relação à remessa necessária de decisão que julgue improcedente ou extinta sem resolução de mérito ação de improbidade administrativa. Assim, com o advento da Lei 14.230, o legislador descreve, expressamente,[721] o não cabimento da remessa necessária no caso descrito.

A Lei nº 14.230/2021 suprimiu a fase de apresentação de defesa prévia, de modo que, se a petição inicial estiver em devida forma, o juiz, de pronto, mandará autuá-la e ordenará a citação dos requeridos para que a contestem no prazo comum de 30 (trinta) dias, iniciados na forma do art. 231 do CPC (art. 17, §7º, da LIA). Havendo a possibilidade de solução consensual, poderão as partes requerer ao juiz a interrupção do prazo para apresentação de contestação, por prazo não superior a 90 (noventa) dias (art. 17, §10-A, da LIA). Caso o réu suscite questões preliminares na contestação, da decisão que rejeitá-las caberá agravo de instrumento (art. 17, §9º-A, da LIA).

Oferecida a contestação e, se for o caso, ouvido o autor, o juiz procederá ao julgamento conforme o estado do processo, observada a eventual inexistência manifesta do ato de improbidade; ou poderá

---

[721] Art. 17- C: § 3º Não haverá remessa necessária nas sentenças de que trata esta Lei.

desmembrar o litisconsórcio, com vistas a otimizar a instrução processual (art. 17, §10-A, da LIA).

Após a réplica do Ministério Público, o juiz proferirá decisão na qual indicará com precisão a tipificação do ato de improbidade administrativa imputável ao réu, sendo-lhe vedado modificar o fato principal e a capitulação legal apresentada pelo autor. Desse modo, para cada ato de improbidade administrativa, deverá necessariamente ser indicado apenas um tipo daqueles previstos nos arts. 9º, 10 e 11 da LIA (art. 17, §10-D). Na sequência dos atos processuais, as partes serão intimadas a especificar as provas que pretendem produzir (art. 17, §10-E, da LIA).

Cite-se que, em qualquer momento do processo, verificada a inexistência do ato de improbidade, o juiz julgará a demanda improcedente (art. 17, §11, da LIA). Por fim, tem-se que se, a qualquer momento, o magistrado identificar a existência de ilegalidades ou de irregularidades administrativas a serem sanadas sem que estejam presentes todos os requisitos para a imposição das sanções aos agentes incluídos no polo passivo da demanda, poderá, em decisão motivada, converter a ação de improbidade administrativa em ação civil pública (art. 17, §16, da LIA). Dessa decisão caberá agravo de instrumento (art. 17, §17º, da LIA).

9.11 Publicidade dos atos processuais e direito à informação

A garantia da publicidade dos atos processuais foi inserida no inciso LX do art. 5º da CRFB/88, que determina que a lei só poderá restringir a publicidade desses atos quando a defesa da intimidade ou o interesse social o exigirem. Mencionado preceito tem o condão de assegurar a qualquer pessoa o amplo conhecimento dos atos produzidos no exercício da função jurisdicional, tendo em mira a supremacia do interesse público sobre o particular. É garantia de duplo viés, já que serve tanto de proteção ao povo, quanto de anteparo da magistratura diante do povo.[722] Conforme anunciado por José Carlos Barbosa Moreira, "não basta que se faça justiça: é preciso que se veja que está sendo feita justiça".[723]

---

[722] ALVIM, Arruda. *Manual de Direito Processual Civil*. 3. ed. São Paulo: RT, 1990. v. I, p. 99.
[723] MOREIRA, José Carlos Barbosa. A justiça no limiar do novo século. *Revista Forense*, n. 312, p. 22-24, 1992.

Para Carlos Alberto Álvaro de Oliveira, no direito brasileiro, o princípio da publicidade é elemento básico do devido processo legal, cujo conceito compreende a estruturação correta do procedimento, permitindo tendencialmente aos litigantes o usufruto das garantias, o contato direto do juiz com as partes e a tramitação rápida do expediente. Assim, chega-se à conclusão de que a publicidade traz grande contributo ao aspecto mais essencial do devido processo legal, que é o de assegurar o contraditório e a ampla defesa.[724]

Nesse sentido, visualizável nos arts. 5º, LIV, LX, e 93, IX, CRFB/88, como uma das características do devido processo legal processual brasileiro, o princípio da publicidade é um dos pilares constitucionais do formalismo processual,[725] sendo inclusive denominado como um dos elementos essenciais à ideia de administração democrática da justiça.[726]

A relevância da informação para o pleno exercício dos direitos sociais e individuais, e para o *welfare* de uma sociedade fraterna, pode ser visualizada mediante o fato de que o direito de ser informado encontra substrato em vários princípios fundamentais do ordenamento constitucional. Edílson Farias sustenta que, sem o recebimento de informação pluralista, o cidadão não exercerá com dignidade a sua cidadania e a soberania popular será, inevitavelmente, esvaziada.[727]

Citado princípio, conforme a própria redação do inciso LX, pode ser mitigado por inúmeros preceitos legais. O art. 189 do CPC/15, ao reafirmar a publicidade dos atos processuais, elenca situações que tramitam em segredo de justiça, tal qual o processo que exija o interesse público ou social ou em que constem dados protegidos pelo direito constitucional à intimidade, de modo que o direito de consultar os autos de processo e de pedir certidões de seus atos é restrito às partes e aos seus procuradores, conforme §1º do referido dispositivo. Diante de atenta avaliação no caso concreto, haverá situações em que o mencionado princípio da publicidade terá sua aplicação ponderada em razão de outros valores de considerável relevância.

---

[724] OLIVEIRA, Carlos Alberto Alvaro de. *Do formalismo no processo civil*. 2. ed. São Paulo: Saraiva, 2003. p. 85-86.

[725] *Idem*, p. 86.

[726] TARUFFO, Michele. Il Significato Costituzionale deii'Obbligo di Motivazione. *In*: DINAMARCO, Cândido Rangel; GRINOVER, Ada Pellegrini; WATANABE, Kazuo (Coord.). *Participação e processo*. São Paulo: Revista dos Tribunais, 1988. p. 38; FLORES, Patrícia Teixeira Rezende; PÉCORA, Andréa. Princípio da publicidade: restrições. *In*: PORTO, Sérgio Gilberto. *As garantias do cidadão no processo civil*: relações entre Constituição e processo. Porto Alegre: Livraria do Advogado, 2003. p. 97-123.

[727] FARIAS, Edilson Pereira de. *Liberdade de expressão e comunicação*. São Paulo: Revista dos Tribunais, 2004. p. 169.

Conforme lição de Pontes de Miranda, a restrição à publicidade se refere a todos os atos processuais, abrangendo audiências, sessões, termos nos autos, documentos levados ao cartório para se inserirem ou se juntarem aos autos.[728]

O direito à informação, por sua vez, pode ser vislumbrado no inciso XIV do art. 5º da CRFB/88, assegurando a todos o acesso à informação, resguardando-se o sigilo da fonte quando for necessário ao bom desempenho profissional, e no inciso XXXIII do mesmo dispositivo, que estabelece que todos possuem o direito de obter dos órgãos públicos informações de seu interesse particular, ou de interesse coletivo ou geral, que serão prestadas no prazo da lei, sob pena de responsabilidade, ressalvadas aquelas cujo sigilo seja imprescindível à segurança da sociedade e do Estado. Trata-se de preceitos a serem interpretados à luz do já referido inciso LX, pois configuram exceções em promoção do sigilo dos atos processuais ou administrativos.

A Lei de Improbidade Administrativa, em seu art. 11, IV, da Lei nº 8.429/92, tipifica como ato ímprobo, sujeito às sanções pertinentes, o fato de o agente público "negar publicidade aos atos oficiais, exceto em razão de sua imprescindibilidade para a segurança da sociedade e do Estado ou de outras hipóteses instituídas em lei". Resta abrangido o agente que, deliberadamente, diga-se, mediante dolo, infringe o dever de publicidade. A hipótese nesse caso delineada é negar a publicidade com a intenção de cometer ilicitudes, ferindo o Erário.

Como se depreendeu anteriormente, o princípio da publicidade é imperioso para a consagração do devido processo legal e a preservação da moralidade pública. A este respeito não há qualquer espécie de controvérsia. Todavia, em relação à tramitação do processo de improbidade, muitos deles em que apenas existem indícios e muitos em que pairam em sua gênese intensões exclusivamente políticas, a publicidade do tramitar processual pode ser mantida em sigilo para garantir o interesse público e social. Em assim sendo, não há qualquer tipo de acinte ao ordenamento jurídico, muito pelo contrário; impede-se apenas a difusão de ações de improbidade sem lastro fático, cujo único intento é macular a honorabilidade de pessoas que ostentam uma vida pública.

O fato de o Réu ser detentor de cargo político não é, por si só, suficiente para a decretação do sigilo. Urge uma fundamentação

---

[728] MIRANDA, Pontes de. *Comentários ao Código de Processo Civil*. 3. ed. Rio de Janeiro: Forense, 1996. p. 54.

razoável, comprovando, com elementos fáticos, a necessidade da medida, fazendo com que se possa reconhecer a premência da decretação de sigilo dos atos processuais, que, inclusive, pode ser o meio de atender ao interesse público.[729]

O impasse é elevado à esfera constitucional. Restarão colididos dois direitos fundamentais, quais sejam, o direito da coletividade à informação dos atos processuais e o direito à intimidade e preservação da imagem, conflito a ser resolvido pela aplicação do princípio da proporcionalidade, pois, tal qual leciona Paulo Bonavides, havendo interesses conflitantes, deverão ser apreciados e analisados a fim de ser verificado qual preponderará em determinado caso concreto. Para esse preceito, também chamado "lei da ponderação", o desatendimento de um princípio não pode ser mais forte e nem ir além do que indica a finalidade da medida a ser tomada contra o preceito a ser mitigado.[730]

9.12 Confissão judicial e extrajudicial e revelia

A confissão é a consignação, judicial ou extrajudicial, seja provocada ou espontânea, em que um dos litigantes, capaz e com *animus* de se obrigar,[731] reconhece como verdadeiros, integral ou parcialmente, os fatos alegados pela parte contrária como fundamentais da ação ou da defesa.[732] "É a declaração de conhecimento de fatos contrários ao interesse de quem a emite".[733]

De acordo com o art. 389 do CPC/15, há confissão, judicial ou extrajudicial, quando a parte admite a verdade de fato contrário ao seu interesse e favorável ao do adversário. É irrevogável, mas pode ser anulada se decorreu de erro de fato ou de coação, conforme *caput* do art. 393 do CPC/15. A confissão é, via de regra, indivisível, não podendo a parte que a quiser invocar como prova aceitá-la no tópico que a beneficiar

---

[729] TRF3. AI nº 19690 SP. Des. Federal Relator Nery Junior. Terceira Turma. *DJe* 02.05.2013; AI nº 3516 SP. Des. Federal Rel. Mairan Maia.Sexta Turma. *DJe* 08.11.2012. TRF5. AGTR nº 83297 CE. Des. Federal. Rel. Emiliano Zapata Leitão. Primeira Turma. *DJe* 18.03.2009. TRF1. AG 19088 PA. Des. Federal Rel. Cândido Ribeiro. Terceira Turma. *DJe* 27.03.2009.

[730] BONAVIDES, Paulo. *Curso de direito constitucional*. 4. ed. São Paulo: Malheiros, 2004. p. 591.

[731] THEODORO JÚNIOR, Humberto. *Curso de direito processual civil*: teoria geral do direito processual civil e processo de conhecimento. Rio de Janeiro: Forense, 1999. v. I, p. 432.

[732] SANTOS, Moacyr Amaral dos. *Primeiras linhas de Direito Processual Civil* (adaptadas ao novo Código de Processo Civil). São Paulo: Saraiva, 1977. v. II, p. 390.

[733] DINAMARCO, Cândido Rangel. *Vocabulário do processo civil*. São Paulo: Malheiros, 2009. p. 100.

e rejeitá-la no que lhe for desfavorável, porém cindir-se-á quando o confitente a ela aduzir fatos novos, capazes de constituir fundamento de defesa de direito material ou de reconvenção, nos termos do art. 395 do CPC/15.

À luz do art. 390 do CPC/15, a confissão judicial pode ser espontânea ou provocada, de modo que a confissão espontânea pode ser feita pela própria parte ou por representante com poder especial e a provocada constará do termo de depoimento pessoal. A confissão judicial faz prova contra o confitente, não prejudicando, todavia, os litisconsortes, conforme o art. 391 do CPC/15, no que se configura em um limite subjetivo ao instituto. Não vale como confissão a admissão, em juízo, de fatos relativos a direitos indisponíveis, em virtude de impedimento a qualquer tipo de transação em relação a essas prerrogativas. Tem-se que a confissão será ineficaz se feita por quem não for capaz de dispor do direito a que se referem os fatos confessados e, se feita por um representante, somente é eficaz nos limites em que este pode vincular o representado, nos termos do art. 392 do CPC/15.

A confissão extrajudicial, por sua vez, quando feita oralmente, só terá eficácia nos casos em que a lei não exija prova literal, conforme aduzido do art. 394 do CPC/15.

Mesmo a investigação do ato ímprobo referindo-se a direito indisponível, a possibilidade de confissão para o Réu é plenamente admitida, o que inclusive facilita todo o procedimento posto que ultimaria a tutela jurisdicional. A assunção de sua responsabilidade não pode ser classificada como bem indisponível. O bem público é que se configura indisponível, não a possibilidade de o agente assumir a sua responsabilidade pelo acinte a moralidade administrativa, que não tem ligação ontológica com o bem indisponível. Uma coisa é o bem indisponível, que não cabe nenhum tipo de *volutas*, outra coisa é a responsabilidade do agente que pratica um acinte ao bem tutelado, que pode ser assumido a qualquer momento. Direito indisponível é aquele que a sociedade, por meio de seus representantes, reputa como essencial à consecução da paz social, à luz dos anseios da comunidade, transmudando, por lei, sua natureza originária de pessoal.

Quando os entes públicos ou o *Parquet* forem os autores da ação, verificando que o fato imputado não existiu ou que não existem provas de autoria com relação a determinado réu, seguindo os eflúvios do princípio da legalidade, deve o autor pedir desistência da ação, impedindo qualquer tipo de injustiça ou a prática de excesso na reprimenda. Esta se configura em uma obrigação inafastável dos entes públicos.

Decomain preleciona que as sanções previstas no art. 12 da Lei nº 8.429/92 giram ora em torno de direitos indisponíveis ora de direitos disponíveis. Do ponto de vista da entidade administrativa, o direito ao ressarcimento de eventuais prejuízos é indisponível, máxime quando se trata de pessoa jurídica de direito público, ante a indisponibilidade do patrimônio estatal. Do ponto de vista do requerido, a sanção representada pela suspensão dos direitos políticos também envolve direito indisponível. Tanto é indisponível que é concomitantemente dever, cujo descumprimento recebe sanção prevista na legislação eleitoral. No que tange à proibição de contratar com o Poder Público e à de dele receber incentivos fiscais ou creditícios, tem-se, do ponto de vista do requerido, que são direitos disponíveis.[734]

Assim, não existe nenhum impedimento legal para que o Réu, ciente de suas consequências e por livre expressão de seu pensar, realize sua confissão, seja ela parcial ou total. Procedendo de tal maneira, impõem-se, em razão de que o ato realizado facilita a prestação judicial e diminui sua culpabilidade, que a sanção legal seja arbitrada em patamar mínimo.

Por sua vez, a revelia é considerada como ato-fato processual, que consiste na não apresentação tempestiva da contestação.[735] Consoante o art. 344 do CPC/15, será considerado revel o réu que não contestar a ação, presumindo-se verdadeiras as alegações de fato formuladas pelo autor. Tal efeito não o afasta por inteiro da relação processual, haja vista que, conforme a Súmula nº 231 do Supremo Tribunal Federal, poderá o revel produzir provas desde que compareça em tempo oportuno.

É possível afastar os efeitos da revelia nas situações mencionadas no art. 345 do CPC/15, exemplifique-se com a hipótese de o litígio versar sobre direitos indisponíveis ou quando diante de alegações de fato formuladas pelo autor que sejam inverossímeis ou estiverem em contradição com prova constante dos autos.

Emerson Garcia e Rogério Pacheco entendem que os direitos envolvidos na ação de improbidade administrativa não são direitos disponíveis, o que supostamente implicaria a inexistência da presunção de veracidade.[736] Igualmente, Eurico Ferraresi defende que essa ação

---

[734] DECOMAIN, Pedro Roberto. *Improbidade administrativa*. 2. ed. São Paulo: Dialética, 2014. p. 233.

[735] DIDIER JR., Fredie. *Curso de Direito Processual Civil*: teoria geral do processo e processo de conhecimento. 7. ed. Florianópolis: Podium, 2007. p. 521.

[736] GARCIA, Emerson; ALVES, Rogério Pacheco. *Improbidade administrativa*. 6. ed. Rio de Janeiro: Lumen Juris, 2011. p. 874.

deve ser entendida como uma ação de Estado, haja vista que o polo passivo poderá ter seus direitos políticos suspensos ou ver decretada a perda de sua função pública, o que impõe a não incidência do art. 344 do CPC/15, posto que os direitos envolvidos são indisponíveis.[737] Consequentemente, mesmo diante da indiferença do réu, com o posterior reconhecimento da revelia, a imprescindibilidade da matéria envolvida, torna impossível a aplicação dos efeitos da revelia.[738]

Em razão dos direitos indisponíveis envolvidos, pelo fato de haver a possibilidade de direitos de personalidade de o Réu ser afetado, mesmo que uma das reprimendas possa envolver direito patrimonial, o efeito da veracidade dos fatos alegados pelo autor não pode ser admitido, o que implica dizer que, mesmo diante da ausência do demandado, cabe ao órgão persecutório a comprovação dos atos de improbidade administrativa, ainda que diante da revelia do acusado.

Mesmo que haja a possibilidade da aplicação de penalidades eminentemente relativas a direitos disponíveis, como aquelas de conteúdo patrimonial, a exemplo da pena de ressarcimento ao Erário ou aplicação de multa civil, a possibilidade de aplicação de perda dos direitos políticos ou do cargo público, elencações nítidas de direitos indisponíveis, exclui a possibilidade de aplicação da revelia em sede de ação de improbidade administrativa.

Sob tal perspectiva foram editados os Enunciados 6 do Curso de Aperfeiçoamento da Atividade Judicante TRF1/ESMAF: "Não se aplicam os efeitos materiais da revelia em ação de improbidade e 5 do TJMA/ESMAM". Mesmo na hipótese de o réu, devidamente citado e já tendo sido apresentado a defesa prévia, deixar de comparecer aos demais atos processuais, ainda assim não pode ser decretada a revelia, não incidindo a presunção de veracidade dos fatos narrados na inicial. Diante disso, a Lei nº 14.230/2021 deixou claro que não se aplica na ação de improbidade administrativa a presunção de veracidade dos fatos alegados pelo autor em caso de revelia (art. 17, §19, inciso I, da LIA).

---

[737] FERRARESI, Eurico. *Improbidade administrativa*: Lei 8.429/92 comentada. Rio de Janeiro: Forense; São Paulo: Método, 2011. p. 217.
[738] ANDRADE, Marcelo Santiago de Pádua. Revelia nas ações de responsabilização por atos de improbidade administrativa. *Revista de Processo*, São Paulo, v. 33, n. 163, p. 321-341, set. 2008.

9.13 Produção probatória

A prova objetiva trazer ao processo elementos que possam informar ao julgador a veracidade dos fatos afirmados pelas partes. Assim, a necessidade da produção de provas emerge quando há controvérsia entre os litigantes sobre os fatos. Diante de controvérsia, deverá prevalecer a versão que mais circunstâncias fáticas lhe alicerçarem, possibilitando melhor fundamentação da sentença. Dessa forma, como meio de defesa do alegado, as partes terão prerrogativa constitucional de buscar as provas suficientes para dar embasamento à verdade que tentarão demonstrar em juízo, não devendo estar limitadas a um rol predefinido de espécies probatórias, ressalvando-se as limitações intrínsecas naturais de um ordenamento sistêmico.[739]

No que se refere ao ônus da prova em uma relação processual, constitui-se como um poder ou faculdade de executar com liberdade determinados atos ou adotar certa conduta prevista na norma, em benefício de interesses próprios, sem subordinação nem coerção. Inexiste sujeição para exigir o seu cumprimento, mas sua inobservância pode ensejar consequências desfavoráveis.[740]

Com a edição do Código de Defesa do Consumidor houve uma alteração no art. 21 da Lei nº 7.347/85, em razão de que o Título III do diploma do consumidor é aplicável, em tese abstrata, a todas as demandas que versem sobre direito difuso, coletivo ou individual homogêneo.[741] Em razão disso, sustenta Gregório Assagra Almeida, que se aplica a inversão do ônus *probandi* a todo o microssistema das ações coletivas, em decorrência da previsão no art. 6º, VI, do CDC/90.[742] Entretanto, sua transposição para a Lei de Improbidade Administrativa se mostra impossível, pois pela imbricação de esferas de incidências, que ultrapassam a localização topográfica de um microssistema, as garantias constitucionais não podem ser vilipendiadas.

É cediço que se aplica a Lei nº 7.347/85 na investigação do ato ímprobo. A honestidade é valor exponencialmente protegido. O direito

---

[739] PORTO, Sérgio Gilberto. *As garantias do cidadão no processo civil*: relações entre Constituição e Processo. Porto Alegre: Livraria do Advogado: 2003. p. 83.
[740] PACÍFICO, Luiz Eduardo Boaventura. *O ônus da prova no direito processual civil*. São Paulo: Revista dos Tribunais, 2000. p. 37.
[741] ARRUDA ALVIM, Eduardo. Apontamento sobre o processo das ações coletivas. *In*: MAZZEI, Rodrigo; NOLASCO, Rita Dias (Coord.). *Processo civil coletivo*. São Paulo: Quarter Latin, 2005. p. 46.
[742] ALMEIDA, Gregório Assagra. *Direito processual coletivo brasileiro*: um novo ramo do direito processual. São Paulo: Saraiva, 2003. p. 582.

tutelado sai da esfera da pessoa jurídica de direito público e adentra na esfera de interesse de toda a comunidade, "non sono né pubblici, né privati", mas difuso.[743] Ocorre que pela gravidade das sanções impostas, evitando a perpetração de flagrantes injustiças, não se pode deixar apenas o réu provar a sua inocência, porque ele, na maioria das vezes, não dispõe dos meios necessários para essa tarefa. Como os entes estatais dispõem de maiores recursos e prerrogativas, a parêmia de que o ônus *probandi* cabe a quem alega não pode sofrer mitigação na seara da improbidade administrativa. Esta deve ser um truísmo intangível.

Destarte, tratando-se de direito difuso, a improbidade administrativa deve sofrer sanções severas, conforme o art. 12 da Lei nº 8.429/92, preponderando à exigência do dolo nas condutas diante da grande reprovação social.[744] Para Flávio Chein Jorge, tal cenário contribui para que o referido diploma assuma caráter político-administrativo, não de natureza penal, mas com vários princípios que norteiam tal ramo do direito, a exemplo de que a perda da função pública e a suspensão dos direitos políticos só se efetivam com o trânsito em julgado da sentença condenatória,[745] verdadeira decorrência da garantia constitucional da presunção de inocência, prevista no inciso LVII do art. 5º da CRFB/88.[746]

Nesse sentido, desenvolve Teori Zavascki que, como resquício do processo penal no sistema punitivo de atos de improbidade, o princípio da presunção de inocência também impõe ao autor da ação todo o ônus da prova dos fatos configuradores do ilícito imputado.[747]

Exemplifique-se com o inciso VII do art. 9º da Lei nº 8.429/92, tipificação em que incorre em ato ímprobo os agentes políticos que tiverem patrimônio incompatível com sua renda. Nesse caso, também não se pode falar em inversão do ônus da prova, haja vista a necessidade de elementos fáticos do avolumar incompatível com a renda. Não basta a prova da ausência da origem do patrimônio adquirido, mas necessita-se de sólidos elementos probatórios da origem ilícita do mencionado

---

[743] VIGORITI, Vicenzo. Mauro Cappelletti e altri: davvero impossible la class action in Itália? *Revista de Processo*, n. 131. São Paulo: RT, 2006. p. 85.

[744] ALMEIDA, Gregório Assagra. *Direito processual coletivo brasileiro*: um novo ramo do direito processual. São Paulo: Saraiva, 2003. p. 452.

[745] JORGE, Flávio Chein. A tutela da probidade administrativa: crime de responsabilidade ou ação civil de improbidade administrativa. *Revista de Processo*, São Paulo, n. 131, p. 260, jan. 2006.

[746] PRADO, Francisco Octavio de Almeida. *Improbidade administrativa*. São Paulo: Malheiros, 2001. p. 45.

[747] ZAVASCKI, Teori Albino. *Processo coletivo*: tutela de direitos coletivos e tutela coletiva de direitos. 6. ed. São Paulo: Revista dos Tribunais, 2014. p. 109.

patrimônio, no que não se traduz na inversão do ônus da prova.[748] A prova de que a evolução patrimonial do agente é incompatível com o seu vencimento cabe ao autor da ação.[749]

A conclusão a que se chega é que a inversão do ônus *probandi* nas ações de improbidade administrativa não pode ser aplicada, pois subverteria todo o sistema de garantias constitucionais, dificultando extremamente a defesa do réu. Se um dos fatores teleológicos do processo é garantir a igualdade de tratamento e de oportunidade entre as partes, incumbir o réu de provar a sua inocência significa desnivelar as partes, diante das prerrogativas de que goza os entes estatais. Exatamente em razão disso, a LIA estabelece que não se aplica na ação de improbidade a imposição do ônus da prova ao réu (art. 17, §19, inciso II).

9.14 Medidas de tutela de urgência

As medidas de tutela de urgência têm o fito de evitar a ineficácia do sistema processual. Para tanto, o ordenamento jurídico trouxe instrumento processual cuja finalidade é preservar o *status quo*, eliminando o risco ou perigo da demora natural do processo e garantindo a eficácia da decisão final, tanto do processo de conhecimento, como do processo de execução.[750] Portanto, é instrumento que não visa, em regra, a satisfação de um direito, ressalvado o próprio direito à cautela, mas a assegurar futura satisfação, protegendo-o.[751]

José Roberto dos Santos Bedaque, metaforicamente, ensina que o juiz em face de pedido cautelar atua como verdadeiro artesão, colocando a matéria-prima e as ferramentas em modo mais favorável, impedindo que o tempo comprometa a qualidade do resultado da atividade. Sob tal funcionalismo, é cabível que o juiz impeça a mudança de uma situação, elimine alteração já realizada e antecipe uma transformação.[752]

---

[748] OSÓRIO, Fábio Medina. *Direito administrativo sancionador*. 5. ed. São Paulo: Revista dos Tribunais, 2015. p. 418-420.

[749] MARTINS JUNIOR, Wallace Paiva. *Probidade administrativa*. 4. ed. São Paulo: Saraiva, 2009. p. 235.

[750] THEODORO JÚNIOR, Humberto. *Curso de processo civil*. 20. ed. Rio de Janeiro: Forense, v. 2. p 359.

[751] DIDIER JR., Fredie; BRAGA, Paula Sarno; OLIVEIRA, Rafael Alexandria de. *Curso de Direito processual civil*: teoria da prova, direito probatório, ações probatórias, decisão precedente, coisa julgada e antecipação dos efeitos da tutela. 10. ed. Salvador: Juspodivm, 2015. v. 2, p. 562.

[752] BEDAQUE, José Roberto dos Santos. Tutela jurisdicional cautelar e atos de improbidade administrativa. *In*: BUENO, Cássio Scarpinella; PORTO FILHO, Pedro Paulo de Rezende

Tem-se que o excesso na duração do processo pode estorvar a efetivação da tutela jurisdicional em razão da criação de eventos impeditivos da efetividade; ou/e pelo ensejo de um resultado que acarrete prejuízos capazes de fazer inócua a tutela quando afinal prestada, causando um estado de insatisfação do jurisdicionado.[753]

Assegure-se que, diversamente do que ocorre com os processos cognitivo e executivo, o processo cautelar não satisfaz o direito substancial, de maneira sólida, tão somente garante que este seja realizado em momento futuro, tratando-se de uma forma de tutela jurisdicional mediata.[754] Sendo assim, tal qual conceitua Carnelutti, o processo cautelar em verdade não é autônomo, constituindo uma cautela para um bom final ou um ato de providência no processo definitivo.[755]

As medidas em comento têm fundamento no princípio da inafastabilidade da jurisdição consagrado no inciso XXXV do art. 5º da CRFB/88, o que conduz que a garantia de acesso à justiça não se resume à possibilidade do uso do processo de conhecimento. Tem-se que, como forma de eliminação efetiva do conflito, os mecanismos devem ser capazes de efetivar a tutela pretendida pelo autor do pedido. Nesse sentido, defende Cynthia Teixeira Gadelha que o magistrado deve estar plenamente consciente de que deve conciliar e ponderar o binômio da urgência/necessidade como requisito à validade da providência concedida.[756]

Nesse diapasão, o cenário que faz premente e justifica a prestação da tutela cautelar se caracteriza pela necessidade de uma prestação jurisdicional efetiva em virtude de uma situação concreta que se encontra ameaçada pela ocorrência iminente de situações cerceantes.

Alexandre Freitas Câmara sintetiza que as características do processo cautelar são a instrumentalidade hipotética, haja vista que a medida cautelar é utensílio de concretização do processo principal, afiançando-lhe sua eficácia prática mediante a antecipação de alguns de seus efeitos; a temporariedade, posto que a medida cautelar apresenta

---

(Org.). *Improbidade administrativa:* questões polêmicas e atuais. 2. ed. São Paulo: Malheiros, 2003. p. 289-316.

[753] GUERRA, Marcelo Lima. *Estudos sobre o processo cautelar.* São Paulo: Malheiros, 1997. p. 140.

[754] CÂMARA, Alexandre Freitas. *Lições de direito processual civil.* 11. ed. Rio de Janeiro: Lúmen Juris, 2006. v. III, p. 4.

[755] CARNELUTTI, Francesco. *Instituições do processo civil.* Tradução Adrián Sotero de Witt Batista. São Paulo: Classic Book, 2000. v. I, p. 134.

[756] GADELHA, Cynthia Teixeira. *Medidas cautelares típicas na ação de improbidade administrativa.* Fortaleza, UFC, 2003. Dissertação (Mestrado em Direito) – Faculdade de Direito, Universidade Federal do Ceará, Fortaleza, 2003. p. 42.

duração limitada; a revogabilidade, considerando-se que pode ser transformada e revogada a qualquer tempo; e a fungibilidade, podendo ser conferida medida cautelar diversa da requerida.[757]

Em sua redação original, a Lei nº 8.429/1992 previa um processo cautelar típico e autônomo, instaurado pela Fazenda Pública interessada ou pelo Ministério Público. Uma vez deferida a medida cautelar para decretação da indisponibilidade de bens do acusado, a ação principal deveria ser proposta em 30 (trinta) dias, sob pena de ineficácia da primeira.

A Lei de Improbidade Administrativa previu, em sua redação original, três medidas cautelares específicas, quais sejam, a indisponibilidades de bens, o sequestro de bens e o afastamento provisório do agente público do exercício do cargo, emprego ou função, conforme se aduz, respectivamente, dos arts. 7º, 16 e 20, parágrafo único, todos da Lei nº 8.429/92.

Com a reforma promovida pela Lei nº 14.230/2021, foram mantidas, textualmente, apenas as medidas de decretação da indisponibilidade de bens do acusado (art. 16) e o afastamento do agente público do exercício do cargo, do emprego ou da função, sem prejuízo da remuneração (art. 20).

Ressalte-se que a reforma da Lei de Improbidade (Lei nº 14.230/2021) trouxe previsão expressa no sentido de aplicação, ao microssistema em comento, das disposições do CPC/2015 atinentes à tutela provisória de urgência (art. 16, §8º). Sendo assim, para o deferimento da medida de indisponibilidade de bens, devem ser preenchidos os requisitos do *fumus boni iuris* e *periculum in mora*, que correspondem à existência da aparência de bom direito e ao fundado receio de que, enquanto se aguarda a tutela definitiva, venham a ocorrer fatos que inviabilizem o resultado útil do processo.[758] O Código de Processo Civil definiu esses requisitos na necessidade da existência de elementos que evidenciem a probabilidade do direito e o perigo de dano ou risco ao resultado útil do processo.

Essas são condições cumulativas também exigidas para a concessão de cautelar na ação que perquire o ato ímprobo.[759] Saliente-se que tem

---

[757] CÂMARA, Alexandre Freitas. *Lições de direito processual civil*. 11. ed. Rio de Janeiro: Lúmen Juris, 2006. v. III, p. 22.

[758] WAMBIER, Luiz Rodrigues. *Curso avançado de processo civil*: processo cautelar e procedimentos especiais. 4. ed. São Paulo: Revista dos Tribunais, 2002. p. 28.

[759] LEWANDOWSKI, Enrique Ricardo. Comentários acerca da indisponibilidade liminar de bens prevista na Lei 8.492, de 1992. In: BUENO, Cássio Scarpinella; PORTO FILHO, Pedro Paulo de Rezende (Coord.). *Improbidade administrativa*: questões polêmicas e atuais.

que estar cristalizado a ocorrência do ato ímprobo e haver a existência de robustas indicações da autoria; e apenas podem ser decretadas essas medidas cautelares nas tipificações de enriquecimento ilícito e dano ao Erário. Quando for a hipótese de acinte aos princípios da Administração Pública, como a gravidade do fato jurídico é bem menor, não se justifica a utilização de medidas de tutela de urgência.

Não obstante, foram também rechaçados pelo advento da Lei nº 14.230/2021 os Informativos nº 442/STJ e 503/STJ, e a tese firmada no julgamento do Tema nº 701/STJ, que traziam o entendimento conjunto de que "a indisponibilidade de bens em ação civil pública por ato de improbidade constitui tutela de evidência, dispensando a comprovação de periculum in mora".

Pelas mudanças trazidas pela Lei nº 14.230/2021, contudo, a tutela provisória em ações de improbidade passou a ser de urgência, o que pressupõe a comprovação cumulativa da existência de *fumus boni iuris* e do *periculum in mora*, seguindo-se o rito do CPC quanto a tutelas provisórias e exigindo-se, ainda, o contraditório prévio (preliminar oitiva do acusado em cinco dias antes da decisão sobre a liminar), conforme artigo 16, §§3º e 8º, da Lei nº 8.429/1992.

9.14.1 Possibilidade de decretação de tutela de urgência *inaudita altera pars*

Dentro do processo de tutela de urgência, o *fumus boni iuris* pode ser conceituado como um juízo superficial de probabilidade da existência do direito que o autor afirma possuir, que justifique o deferimento da medida de urgência, ainda que o contraditório só seja estabelecido em momento posterior.[760]

Tal qual defendido por Humberto Theodoro Junior, a obtenção de tutela de urgência exige a demonstração de fundado temor de que, enquanto esperada a tutela definitiva, faltem as conjunturas favoráveis à tutela.[761] Para José Roberto dos Santos Bedaque, sem a demonstração do perigo não há fundamento de recurso à tutela de urgência, haja

---

2. ed. São Paulo: Malheiros, 2003. p. 185; COSTA, José Armando da. *Contornos jurídicos da improbidade administrativa*. 3. ed. Brasília: Brasília Jurídica, 2005. p. 145.

[760] MONTENEGRO FILHO, Misael. *Curso de direito processual civil*: medidas de urgência, tutela antecipada e ações cautelares, procedimentos especiais. 4. ed. São Paulo: Atlas, 2007. v. III, p. 56.

[761] THEODORO JUNIOR, Humberto. *Processo cautelar*. 24. ed. São Paulo: Universitária de Direito, 2008. p. 64.

vista que o medo do dano seja a essência desse mecanismo especial de proteção jurisdicional.[762]

Existem posicionamentos no sentido de não haver necessidade de demonstração do requisito do *periculum in mora* à concessão da tutela de urgência, bastando que seja atestado o dano ao Erário ou o enriquecimento ilícito, com suficientes indícios de autoria. Nessa tese, tem-se que o constituinte e o legislador ordinário presumiram o *periculum in mora*, ou seja, perigo de dano ou risco ao resultado útil do processo.[763] A decretação da tutela de urgência não estaria, portanto, condicionada à comprovação de dilapidação efetiva ou iminente de patrimônio, almejando evitar a dilapidação patrimonial, estando o preenchimento de tal requisito já subentendido.[764]

Como toda tese revestida de presunções absolutas apresenta grande possibilidade de causar injustiças, configura-se mais razoável que seja exigida a demonstração no pedido do *periculum in mora* e do *fumus boni iuris* em quaisquer hipóteses, posto que o recebimento da exordial não acarreta a presunção de que o requerido desviará ou dilapidará seu patrimônio a ponto de dispensar a necessária configuração do *periculum in mora*, perigo de dano ou risco ao resultado útil do processo, para o deferimento do pedido cautelar.[765] Essa ilação se coaduna muito mais

---

[762] BEDAQUE, José Roberto dos Santos. Tutela jurisdicional cautelar e atos de improbidade administrativa. *In*: BUENO, Cássio Scarpinella; PORTO FILHO, Pedro Paulo de Rezende (Org.). *Improbidade administrativa*: questões polêmicas e atuais. 2. ed. São Paulo: Malheiros, 2003. p. 169.

[763] REsp nº 1205119/MT, Segunda Turma, Relator Ministro Mauro Campbell Marques, Dje 28.10.2010; REsp nº 1203133/MT, Rel. Ministro Castro Meira, Segunda Turma, *DJe* 28.10.2010; REsp nº 1161631/PR, Rel. Ministro Humberto Martins, Segunda Turma, *DJe* 24.08.2010; REsp nº 1177290/MT, Segunda Turma, Relator Ministro Herman Benjamin, Dje 1º.07.2010; REsp nº 1177128/MT, Segunda Turma, Relator Ministro Herman Benjamin, Dje 16.0.2010; REsp nº 1134638/MT, Segunda Turma, Relator Ministra Eliana Calmon, Dje23.11.2009.

[764] GARCIA, Emerson; ALVES, Rogério Pacheco. *Improbidade administrativa*. Rio de Janeiro: Lumen Juris, 2002. p. 754; OSORIO, Fábio Medina. *Teoria da improbidade administrativa*. 2. ed. São Paulo: Revista dos Tribunais, 2010. p. 240-241.

[765] LEWANDOWSKI, Enrique Ricardo. Comentários acerca da indisponibilidade liminar de bens prevista na Lei 8.492, de 1992. *In*: BUENO, Cássio Scarpinella; PORTO FILHO, Pedro Paulo de Rezende (Coord.). *Improbidade administrativa*: questões polêmicas e atuais. 2. ed. São Paulo: Malheiros, 2003. p. 185; VELLOSO FILHO, Carlos Mário. A indisponibilidade de bens na Lei 8.492, de 1992. *In*: BUENO, Cássio Scarpinella; PORTO FILHO, Pedro Paulo de Rezende (Coord.). *Improbidade administrativa*: questões polêmicas e atuais. 2. ed. São Paulo: Malheiros, 2003. p. 120-122; FERRAZ, Sérgio. Aspectos processuais na lei sobre improbidade administrativa. *In*: BUENO, Cássio Scarpinella; PORTO FILHO, Pedro Paulo de Rezende (Coord.). *Improbidade administrativa*: questões polêmicas e atuais. 2. ed. São Paulo: Malheiros, 2003. p. 417-418; COSTA, José Armando da. *Contornos jurídicos da improbidade administrativa*. 3. ed. Brasília: Brasília Jurídica, 2005. p. 145.

com a vivência de um Estado Democrático de Direito e com a natureza excepcional da medida.

Em consonância a tais clamores de segurança jurídica, a reforma da Lei de Improbidade (Lei nº 14.230/2021) consignou, expressamente, a *possibilidade* do deferimento da tutela provisória *inaudita altera pars*, vedada, contudo, a *presunção* de quaisquer hipóteses de urgência. Nesse sentido, a redação do novel art. 16, §4º, da Lei nº 8.429/1992: "A indisponibilidade de bens poderá ser decretada sem a oitiva prévia do réu, sempre que o contraditório prévio puder comprovadamente frustrar a efetividade da medida ou houver outras circunstâncias que recomendem a proteção liminar, não podendo a urgência ser presumida".

O pedido de tutela de urgência na ação que investiga o ato ímprobo é sempre feito em prol do Poder Público, afinal, o que se almeja é a defesa do patrimônio que está sob sua tutela. Todavia, mesmo salientando a existência de princípios que garantem a supremacia dos entes públicos, essas prerrogativas não podem obnubilar os direitos subjetivos dos cidadãos, mormente aqueles esculpidos na Carta Magna. Essa medida não deve ostentar caráter deontológico obrigatório, funcionando como um *a priori* kantiano. Os requisitos para sua decretação precisam ser examinados e apenas ela pode ser decretada quando ficar patente sua necessidade.

Antes do advento da Lei nº 14.230/2021, o Superior Tribunal de Justiça consolidou entendimento no sentido de ser lícita a concessão de liminar *inaudita altera parte* em tutela de urgência preparatória ou incidental, a fim de decretar a indisponibilidade e o sequestro de bens necessários adquiridos antes do ato de improbidade, inclusive o bloqueio de ativos do agente público ou de terceiro beneficiado.[766] Outrossim, se a permanência do agente público no cargo implicar a perturbação da coleta das provas do processo, o afastamento da função pública como medida cautelar apenas se justifica quando haja efetivamente riscos, o que impõe que seja exigida para esta espécie de medida cautelar a prévia oitiva do agente público.[767]

Diante da sistemática adotada pelo Código de Processo Civil, com a adoção do contraditório substancial, assevera-se peremptoriamente que a oitiva do réu deveria ser a regra para se decretar medida de urgência em ação de improbidade. Não é apenas pelas suas consequências

---

[766] STJ. AgRg no Ag nº 1.144.682-SP, *DJe* 06.11.2009; REsp nº 1.003.148-RN, *DJe* 05.08.2009; REsp nº 535.967-RS, *DJe* 04.06.2009, e REsp nº 806.301-PR, *DJe* 03.03.2008. REsp nº 1.078.640-ES, Rel. Min. Luiz Fux, julgado em 09.03.2010.

[767] STJ. REsp nº 604.832/ES. Rel. Min. Denise Arruda. 1ª Turma. 03.11.2005.

políticas. Não sendo o caso de comprovada ineficácia da tutela de resguardo ao Erário, a oitiva do réu possibilitaria uma amplitude de informações necessária para que a decisão pudesse ser prolatada com maior segurança, evitando-se, inclusive, a apreensão de bens em excesso. Mais importante ainda é exigir, obrigatoriamente, a oitiva do réu quando for o caso de afastamento do cidadão de suas funções públicas, em razão de suas consequências, já que prejudica a qualidade da prestação do serviço público e cerceia a soberania popular quando for mandatário do povo.

9.14.2 Prazo para o ajuizamento da ação principal

A reforma da Lei de Improbidade (Lei nº 14.230/2021) suprimiu o procedimento específico relativo à ação cautelar, submetendo a regulação da matéria às disposições gerais sobre tutela provisória do Código de Processo Civil (art. 16, §8º, da Lei nº 8.429/1992). Outrossim, o *caput* do art. 16 da Lei de Improbidade estipula a possibilidade de formulação, "em caráter antecedente ou incidente" de pedido de indisponibilidade de bens dos réus. Conclui-se, diante desse panorama normativo, pela aplicação às ações de improbidade da sistemática da tutela cautelar em caráter antecedente, detalhada entre os arts. 305 e 310 do CPC/15.

O art. 308 do CPC/15 dispõe que, uma vez efetivada a tutela cautelar antecedente, o pedido principal deverá ser formulado pelo autor no prazo de trinta dias. Tal dispositivo inovou com a determinação de que o pedido principal será formulado no mesmo auto do pedido de tutela de urgência, independentemente do pagamento de novas custas processuais, no que simplifica o procedimento. O legislador também apôs expressamente que o pedido principal pode ser formulado conjuntamente com o da mencionada tutela, bem como previu a possibilidade de a causa de pedir ser aditada no momento de formulação do pedido principal. O art. 310 ainda determina que o indeferimento da tutela de urgência não obsta que a parte formule o pedido principal, nem influi no julgamento desse, salvo se o motivo do indeferimento for o reconhecimento de decadência ou de prescrição.

O art. 309 do CPC/15 determina que cesse a eficácia da tutela concedida em caráter antecedente se o autor não juntar o pedido principal no prazo legal, se não for efetivada dentro de trinta dias e se o juiz julgar improcedente o pedido principal formulado pelo autor ou extinguir o processo sem resolução de mérito, vedando-se a renovação do pedido, salvo novo fundamento.

Igual ao que existia na antiga sistemática processual, a consequência da não apresentação do pedido principal é a perda da eficácia da medida de urgência e a extinção do processo, sem julgamento do mérito.[768] No mesmo trilho, reafirma o enunciado da Súmula nº 482/STJ, em disposição de que a falta de ajuizamento da ação principal, dentro do prazo legal, acarreta a perda da eficácia da liminar deferida e a extinção do processo de tutela de urgência.

O início do prazo de trinta dias para dedução do pedido principal (art. 308, *caput*, do CPC) é contado a partir da data da efetivação da tutela de urgência, e não da sua ciência ao requerente da cautelar.[769] No mesmo sentido, o início de tal prazo decadencial, acaso seja deferido mais de uma tutela de urgência em uma mesma decisão, será contado a partir da efetivação do primeiro ato constritivo, e não do momento em que se completaram todas as medidas determinadas na decisão, sob o argumento de que a restrição do direito ocorre desde que se verifica o primeiro ato de execução material da medida, e não apenas por ocasião do último.[770]

O Superior Tribunal de Justiça entende que as tutelas de urgência satisfativas, tal qual a exibição de documentos, e as conservativas de direito que gerem prejuízo, como a indisponibilidade patrimonial, o afastamento do cargo público, o sequestro de bens, o bloqueio bancário, o arresto, via de regra, devem obedecer à regra de trinta dias, sob pena de sua revogação e a extinção do feito sem julgamento de mérito.[771]

Nesse sentido, apenas em excepcionalidade é que as tutelas de urgência não se submetem ao prazo legal.[772] Por outro lado, essas tutelas que não geram prejuízos à parte contrária não necessitam obedecer à sistemática legal, tais quais as que asseguram a produção de provas, como a produção antecipada de provas.[773]

---

[768] STJ. REsp nº 1115370/SP. Rel. Min. Benedito Gonçalves. Primeira Turma. *DJe* 30.03.2010; REsp nº 1053818/MT. Rel. Min. Herman Benjamin. Segunda Turma. *DJe* 04.03.2009; REsp nº 692.781/ES. Rel. Min. Carlos Alberto Menezes Direito. Terceira Turma. *DJ* 17.09.2007; REsp nº 528.525/RS. Rel. Min. Denise Arruda. Primeira Turma. *DJ* 01.02.2006.

[769] STJ. REsp nº 327.380/RS. Rel. Min. Pádua Ribeiro. Segunda Turma. *DJe* 04.05.2005.

[770] STJ. REsp nº 1.115.370-SP. Min. Rel. Benedito Gonçalves. Primeira Turma. *DJ* 30.03.2010; REsp nº 945.439-PR. Rel. Min. Teori Albino Zavascki. *DJe* 27.04.2010; REsp nº 1.115.370-SP. Rel. Min. Benedito Gonçalves. Primeira Turma. *DJe* 16.03.2010.

[771] STJ. REsp nº 540.042-CE. Rel. Min. Luis Felipe Salomão. *DJe* 10.08.2010.

[772] STJ. AgRg no REsp nº 1161459/RS. Rel. Min. Mauro Campbell Marques. Segunda Turma. *DJe* 1º.09.2010.

[773] MARINONI, Luiz Guilherme; MITIDIERO, Daniel. *Código Processual Civil*: comentado artigo por artigo. 3. ed. São Paulo: Revista dos Tribunais, 2011. p. 782.

Sendo a tutela de urgência de natureza híbrida, formulado pedido com pretensões satisfativas e conservativas, acaso não seja ajuizada a ação principal no prazo legal, deve ser revogada a cautelar satisfativa após o prazo de trinta dias. Por outro lado, não há que se extinguir o processo, por não ter sido a ação principal ajuizada no prazo legal, quando a natureza da tutela de urgência for conservativa de direito, mantendo-se a relação processual apenas no que tange a esta, tendo em vista a sua finalidade apenas de produção e resguardo da prova, não gerando, *a priori*, quaisquer restrições aos direitos da parte contrária.[774]

A quebra de sigilo bancário e fiscal é inegavelmente aplicável em casos de improbidade administrativa.[775] No entanto, diverge-se se é medida cautelar conservativa ou restritiva de direitos, em razão de que incide em uma prerrogativa protegida constitucionalmente. Discorda-se fulcralmente da possibilidade de ela ser classificada meramente como requisição administrativa ao magistrado, que, em procedimento não jurisdicional, emite uma autorização judicial para a quebra.[776] Sua taxionomia, pelas características essenciais, configura-se como uma restritiva de direito, com a finalidade de resguardar o Erário público, flexibilizando uma garantia constitucional, obrigando a entrada da ação principal no prazo de trinta dias.

Para Flávio Luiz Yarshell, analisando a intervenção estatal necessária, faz-se imperiosa a conclusão de que, embora a decisão na captação antecipada da prova seja do Judiciário, nem sempre materializa a função jurisdicional, mas sendo obrigatório o controle estatal sobre o ato ambicionado.[777]

9.14.3 Afastamento do agente público

A Lei nº 8.429/92 prevê o afastamento do agente público como tutela de urgência de garantia da instrução processual. Incluído no capítulo que trata das disposições penais, o art. 20 do referido diploma prevê que a perda da função pública e a suspensão dos direitos políticos só se efetivam com o trânsito em julgado da sentença condenatória, podendo a autoridade judicial ou administrativa competente determinar

---

[774] STJ. REsp nº 641665/DF. Rel. Min. Luiz Fux. Primeira Turma. *DJe* 04.04.2005.
[775] STJ. REsp nº 996983/PE. Rel. Min. Herman Benjamin. Segunda Turma. *DJe* 30.09.2010.
[776] STJ. ROMS nº 31.362-GO. Rel. Min. Herman Benjamin. Segunda Turma. *DJe* 17.08.2010; RMS nº 17.649/MT. Rel. Min. Laurita Vaz. Quinta Turma. *DJe* 02.08.2004.
[777] YARSHELL, Flavio Luiz. *Antecipação da prova sem o requisito da urgência e direito autônomo à prova*. São Paulo: Malheiros, 2009. p. 301.

o afastamento do agente público do exercício do cargo, emprego ou função, sem prejuízo da remuneração, quando a medida se fizer necessária à instrução processual.

Tem-se que as sanções de suspensão dos direitos políticos e da perda da função pública são bastante rígidas, pois implicam, respectivamente, a restrição temporária do exercício de direitos políticos e a retirada definitiva do agente público do seu exercício funcional. Por tal razão, como regra, tais medidas só se materializam depois de transitada em julgado a sentença condenatória. Como defendeu-se anteriormente, em razão das garantias constitucionais e da possibilidade de implementação de tutelas de urgência, todas as penalidades previstas na LIA apenas podem ser aplicadas após o trânsito em julgado da decisão.

Através desse comando mencionado, vê-se que a Lei de Improbidade Administrativa, nesse ponto, foi sensivelmente desproporcional, já que exigiu para a perda do cargo ou dos direitos políticos o trânsito em julgado, no que assegurou todas as prerrogativas constitucionais; contudo, para o afastamento do agente público, que significa uma morte política, exige-se que o seu requisito seja a necessidade de instrução processual, além da gravidade do acinte ao ordenamento, sem mais nenhuma especificação que possa preservar as garantias constitucionais. Como se trata de medida violenta, que afasta o agente público antes de ele ter sido definitivamente julgado, merece interpretação estrita e cuidadosa.[778]

Para João Gilberto Gonçalves Filho, a determinação do afastamento do agente público do cargo, emprego ou função trata-se de medida de natureza de tutela antecipada, arguindo que se mostra cabível a antecipação de tutela para afastar o agente público de suas funções, elegendo três critérios para nortear a adoção de medida antecipada, quais sejam, a plausibilidade da procedência da ação, a gravidade do ato imputado seja suficiente e os antecedentes do agente sejam desfavoráveis.[779]

Precisa-se deixar bem assente que a medida tem natureza de tutela de urgência, haja vista que nem todo ato de improbidade acarreta a perda da função pública, resultado esperado acaso fosse reconhecida

---

[778] MEIRELLES, Hely Lopes Meirelles. *Mandado de segurança*. 27. ed. São Paulo: Malheiros, 2004. p. 223-224.

[779] GONÇALVES FILHO, João Gilberto. O direito a uma tutela efetiva e tempestiva na ação civil pública. *In*: ROCHA, João Carlos de Carvalho; HENRIQUES FILHO, Tarcísio Humberto Parreiras; CAZETTA, Ubiratan (Coord.). *Ação civil pública*: 20 anos da Lei 7.347/85. Belo Horizonte: Del Rey, 2005. p. 141-142.

como medida antecipatória de tutela.[780] Dessa forma, a pena de perda da função pública pode ser aplicada desde que o acinte contra a Administração Pública seja grave. Como, igualmente, o afastamento se configura como uma sanção, de natureza até mais grave que a perda do múnus público, porque ocorre em juízo perfunctório, a presença de requisitos minudentes necessita estar evidenciada para sua prolatação.

Para o deferimento da cautelar de afastamento do agente público, os seguintes requisitos precisam estar precisamente delineados: firme plausibilidade da ocorrência do ato ímprobo, sem que possa haver uma causa excludente plausível; indicações robustas da autoria do acinte à Administração; que o ato imputado seja grave; que os antecedentes do agente sejam desfavoráveis; e o mais importante, que ainda possa continuar a atingir a *res publica* ou atrapalhar a persecução processual.

Para o Superior Tribunal de Justiça, a perda da função pública não pode ser concedida como medida de urgência, sequer liminar, ressalvada a medida cautelar se a permanência do agente público no cargo implicar a perturbação da coleta das provas do processo. Dessa forma, o Superior Tribunal de Justiça asseverou que a sua taxonomia seria de ação cautelar.[781]

Ademais, a discussão da natureza de tutela cautelar ou antecipada tornou-se totalmente desnecessária ante a unificação das tutelas de urgência sob a vigência do novo Código de Processo Civil. Afinal, o art. 294 do CPC/15 trouxe que a tutela provisória de urgência, cautelar ou antecipada, pode ser concedida em caráter antecedente ou incidental, tendo sido determinado no art. 300 que tal tutela será concedida quando houver elementos que evidenciem a probabilidade do direito e o perigo de dano ou o risco ao resultado útil do processo.

Como medida de tutela de urgência, deve haver subsídios que evidenciem a probabilidade do direito e o perigo de dano ou risco ao resultado útil do processo. Defende-se que o afastamento cautelar do agente público durante a apuração dos atos de improbidade administrativa deve pressupor a demonstração, de forma cumulativa, da presença de risco de dano irreparável à instrução processual e a plausibilidade da pretensão de mérito veiculada pela parte autora. Não

---

[780] GARCIA, Emerson; ALVES, Rogério Pacheco. *Improbidade administrativa*. 3. ed. Rio de Janeiro: Lúmen Juris, 2007. p. 568.
[781] STJ. AgRg na SLS nº 1957/PB. Rel. Min. Francisco Falcão. Corte Especial. Julg: 17.12.2014. *DJe* 09.03.2015; AgRg no AREsp nº 74388/PR. Rel. Min. Benedito Gonçalves. Primeira Turma. Julg.: 08.10.2013. *DJe* 14.10. 2013; MC nº 5.214-MG. Rel. Min. Francisco Falcão. Primeira Turma. Julgado em 10.06.2003.

basta a possibilidade teórica de perigo ou de ameaça. Faz-se mister que os riscos sejam reais, fundados em dados concretos e extraídos da atuação do requerido,[782] sob pena de se transmudar a natureza do instituto de medida de proteção de prova para penalidade antecipada. A mera menção à relevância ou posição estratégica do cargo não constitui fundamento suficiente para o afastamento cautelar.[783]

No mesmo sentido, deve ser demonstrado que a medida é eficaz para o afastamento do risco de continuidade delitiva ao patrimônio público ou tentativa de ludibriar o trabalho da Justiça. Não há que ser deferido o afastamento cautelar se o resultado a que visa puder ser obtido por outros meios, que não comprometam o bem jurídico protegido no *caput* do art. 20 da Lei nº 8.429/92, que é regra a ser vivenciada exponencialmente até que se adentre no campo da excepcionalidade.[784]

O afastamento provisório do agente, desde que presentes seus requisitos inexoráveis, tem o escopo de fornecer ao juiz um importante instrumento com fito de facilitar a busca da verdade real, garantindo a verossimilhança da instrução processual de modo a evitar a deturpação na produção dos elementos necessários à formação do convencimento judicial. A presença do elemento anímico no sentido da prática do ato ímprobo deve ser demonstrada no ato de determinação do afastamento cautelar em referência.[785] Findada a instrução processual, não subsiste razão para se cogitar do afastamento cautelar, uma vez que tal providência nem sequer está contida no rol das penas por cometimento de ato de improbidade administrativa.[786]

É inconteste a necessidade de forte comprovação de que a permanência do réu no exercício de suas funções importará em ameaça à instrução do processo, havendo veementes indícios do que se perquire e o risco de grave lesão à ordem pública, mediante dano à instrução processual.[787] O afastamento da função pública é medida excepcional que exige a observância do princípio da presunção de inocência e do

---

[782] PRADO, Francisco Octavio de Almeida. *Improbidade administrativa*. São Paulo: Malheiros, 2001. p. 160.

[783] STJ - AgRg no AREsp: 472261 RJ 2014/0025180-4, Relator: Ministro Benedito Gonçalves, Data de Julgamento: 13.06.2014, T1 - Primeira Turma, Data de Publicação: *DJe* 01.07.2014.

[784] ZAVASCKI, Teori Albino. *Processo coletivo*: tutela de direitos coletivos e tutela coletiva de direitos. 6. ed. São Paulo: Revista dos Tribunais, 2014. p. 1119.

[785] GARCIA, Emerson; ALVES, Rogério Pacheco. *Improbidade administrativa*. Rio de Janeiro: Lumen Júris, 2002. p. 625-626.

[786] AgRg na MC nº 23.380/MT, Rel. Ministro Og Fernandes, Segunda Turma, julgado em 20.11.2014, *DJe* 05.12.2014.

[787] STJ. REsp nº 929.483-BA. Rel. Min. Luiz Fux. 1ª Turma. Julgado 02.12.2008.

devido processo legal e que apenas se justifica quando haja efetivamente riscos.[788] E, para tanto, defende-se nessa espécie de tutela de urgência, estendendo-se também às outras medidas patrimoniais, a prévia oitiva do agente público e oportunidade de ampla defesa. Tenha-se, nesse cenário, que o fato de o agente público responder a outras ações de improbidade administrativa, nas quais não há notícia de trânsito em julgado de sentença condenatória, não se presta para aportar à conclusão de que a permanência no cargo ocupado pode influenciar a instrução probatória.

A melhor exegese a ser conferida ao artigo 20 da Lei nº 8.429/92 é a de que a medida cautelar de afastamento do agente público do exercício do cargo somente se legitima como medida excepcional. Defende-se que a medida não pode ser deferida se o resultado a que visa pode ser obtido por outros meios, que não comprometam o bem jurídico protegido no *caput*, a saber, o exercício do cargo. Esse requisito se mostra ainda mais evidente nos casos de exercício de mandato eletivo, em razão de que a natural demora na instrução de ações de improbidade administrativa pode acarretar a própria perda definitiva do cargo, que tem prazo certo e insuscetível de restauração, em caso de eventual improcedência da demanda.[789]

No que tange ao sujeito passivo que sofre a medida cautelar de afastamento, a Lei nº 8.429/92, em seu art. 20, §1º (redação dada pela Lei nº 14.230/2021), permite que a autoridade administrativa ou judicial competente determine o afastamento provisório do agente público do cargo, emprego ou função que exerce, sem prejuízo da remuneração. O teor literal do mandamento normativo exige que apenas a autoridade competente, e não qualquer autoridade hierarquicamente superior, pode determinar o afastamento temporário. O que não se exclui a apreciação judiciária caso ocorra qualquer tipo de abuso.

Autores defendiam que a medida cautelar de afastamento não se aplica aos agentes políticos que exercem mandato eletivo, arguindo que o antigo parágrafo único do art. 20 (renumerado art. 20, §1º) não faz menção a mandato, mas apenas a agente público exercente de cargo, emprego e função. Nesse sentido, haveria silêncio eloquente, verdadeira omissão proposital do legislador, com escopo único de excluir os agentes

---

[788] STJ. REsp nº 604.832/ES. Rel. Min. Denise Arruda. 1ª Turma. 03.11.2005.
[789] STJ - REsp: 993065 ES 2007/0230967-0, Relator: Ministro Teori Albino Zavascki, Data de Julgamento: 26.02.2008, T1 - Primeira Turma, Data de Publicação: *DJ* 12.03.2008 p. 1.

políticos do afastamento cautelar, pois quando quis fazer menção ao mandato eletivo, o fez expressamente em vários dispositivos da lei.[790]

Também se sustenta que o agente político é um representante do povo, titular de um mandato eletivo, e que não haveria a possibilidade de afastamento do cargo político por mera decisão cautelar, em decorrência da soberania popular. No mesmo sentido, o afastamento provisório do cargo eletivo seria uma forma de impedimento de exercício de direitos políticos e tal impedimento somente seria possível com decisão judicial transitada em julgado.

Os defensores do afastamento cautelar de agente político exercente de mandato eletivo usam como argumento principal o fato de o art. 2º da Lei nº 8.429/92 se referir a agente público como aquele que também exerce mandato eletivo, e o próprio parágrafo único do art. 20 da mesma lei, que possibilita a sua aplicação ao agente público que ocupa cargo, emprego e função. Assim, como todo agente político ocupa cargo, essa categoria de agentes públicos também estaria abarcada pelo referido dispositivo. Também se argui que, caso o legislador quisesse realmente excluir os agentes políticos da possibilidade de afastamento provisório cautelar, o teria feito expressamente, exatamente para não deixar dúvida ao aplicador do direito.[791]

Discorre Isabel Carvalho que, demonstrada a intenção do agente político de obstruir a instrução processual, inadmitir o seu afastamento cautelar seria conceber uma atuação jurisdicional inefetiva, a qual denomina de segunda classe, o que resultaria no esvaziamento completo da cláusula constitucional de acesso à justiça, prevista no inciso XXXV do art. 5º da CRFB/88, e do próprio devido processo legal. Aduz que seria aniquilar o próprio comando contido no art. 37, §4º, da Carta Magna.[792] No mesmo sentido tem entendido o Superior Tribunal de Justiça, que recentemente não só decretou o afastamento cautelar do

---

[790] PRADO, Francisco Octavio de Almeida. *Improbidade administrativa*. São Paulo: Malheiros, 2001. p. 161-162; FERRAZ DAL POZZO, Antônio Araldo; NEVES DAL POZZO, Augusto. *Improbidade administrativa*: questões polêmicas. São Paulo: Malheiros, 2003. p. 89. BRITO, Edvaldo. *Improbidade administrativa:* 10 anos da Lei 8429/92. Belo Horizonte: Del Rey, 2002. p. 95.

[791] PAZZAGLINI FILHO, Marino; ROSA, Márcio Fernando Elias; FAZZIO JÚNIOR, Waldo. *Improbidade administrativa*: aspectos jurídicos da defesa do patrimônio público. 4. ed. São Paulo: Atlas, 1999. p. 197; CASTRO, Nicolao Dino de. *Improbidade administrativa*: 10 anos da Lei 8429/92. Belo Horizonte: Del Rey, 2002. p. 369.

[792] CARVALHO, Isabel Freitas de. *As medidas cautelares na lei de improbidade administrativa e sua eficácia*. Dissertação (Mestrado) – Universidade de Fortaleza, Fortaleza, Unifor, 2009. p. 106.

agente político, fundamentado no risco à instrução processual, como prorrogou a medida pelo mesmo motivo.[793]

Não há motivo para impedir o afastamento de agentes políticos de seus mandatos, todavia, no sentido de evitar a troca na representação política, que tantos males podem provocar no trato da coisa pública, e em respeito ao princípio da soberania popular, arrimo de todos os regimes democráticos, ela somente pode ser declarada de forma excepcional, quando forem atestados a prática do ato ímprobo, sua autoria, as evidências nos estorvos da instrução processual e quando for oportunizado ao réu a possibilidade de ser ouvido e se defender no processo.

Caso seja a hipótese de afastamento do cargo da autoridade política, agasalha-se o posicionamento de José Augusto Delgado, para quem a aplicação do parágrafo único do art. 20 da Lei nº 8.429/92 (renumerado como §1º pela Lei nº 14.230/2021) deve ser realizada de forma cautelosa pela autoridade administrativa ou pela autoridade judicial, haja vista ser impossível desvincular sua mensagem da regra posta no *caput* do mesmo dispositivo, cuidado a ser majorado quando se trata de agente que exerce mandato eletivo.[794] Há precedentes do Supremo Tribunal Federal e do Superior Tribunal de Justiça de afastamento cautelar do agente político do mandato, mas com a ressalva de que a medida deve ser adotada em última hipótese, devendo tal necessidade emergir dos autos sem qualquer dúvida.[795]

Na vigência da redação anterior da Lei nº 8.429/1992, o Superior Tribunal de Justiça entendia que o prazo máximo de afastamento deve ser de cento e oitenta dias, porque esse seria, em tese, o prazo suficiente para que toda a instrução probatória possa ser concluída.[796] A limitação temporal para o afastamento cautelar do agente político não pode representar uma interferência indevida no mandato eletivo, de modo que os efeitos da decisão somente poderão se estender pelo

---

[793] STJ. AgRg na SLS nº 1957/PB. Min. Rel. Francisco Falcão. Corte Especial. Julg.: 09.03.2015. DJe 09.03.2015.

[794] DELGADO, José Augusto. *Improbidade administrativa*: questões polêmicas. São Paulo: Malheiros, 2003. p. 276.

[795] STF. SL nº 33-1/BA. Julgamento 12.03.2004. DJ 31.03.2004. STJ. AgRg na SLS nº 1957/PB. Min. Rel. Francisco Falcão. Corte Especial. DJe 09.03.2015. MC nº 3181/GO. Min. Rel. José Delgado. DJ 12.03.2001.

[796] STJ. AgRg na SLS nº 1957/PB. Rel. Min. Francisco Falcão. Corte Especial. Julg.: 17.12.2014. DJe 09.03.2015; AgRg na SLS nº 1.854/ES, Rel. Min. Felix Fischer. Corte Especial. Julg.: 13.03.2014, DJe 21.03.2014; MC nº 19.214/PE. Rel. Min. Humberto Martins. Segunda Turma. Julg.: 13.11.2012. DJe 20.11.2012.

prazo de cento e oitenta dias contados da data em que prolatada ou até o término da instrução processual.[797]

A reforma da Lei de Improbidade (Lei nº 14.230/2021) mitigou esse cenário de insegurança jurídica atinente à efetivação da medida de afastamento cautelar do agente público, dispondo que o prazo máximo de afastamento passa a ser de 90 (noventa) dias, prorrogáveis uma única vez por igual prazo, mediante decisão fundamentada. A legislação, nesse ponto, amolda-se à jurisprudência do Superior Tribunal de Justiça que considerava o prazo máximo de cento e oitenta dias. Agora, expirado o prazo máximo fixado em lei para a medida (noventa dias, prorrogáveis uma única vez por igual período), impõe-se a imediata restituição do agente público ao cargo, emprego ou função anteriormente exercido.

Diante do exposto, a possibilidade de afastamento cautelar exige a presença de provas robustas de que o agente esteja obstruindo a persecução processual, sendo insuficiente a alegação de que a separação do cargo teria o condão de evitar prejuízos ao Poder Público. Uma vez concedido o afastamento provisório, e tão logo produzidas as provas requeridas, o agente público deve voltar ao exercício de suas funções.

9.14.4 Tutelas de urgência patrimoniais: a indisponibilidade de bens

Com a reforma da Lei de Improbidade (Lei nº 14.230/2021), a indisponibilidade de bens passou a ser a única tutela de urgência patrimonial típica prevista no corpo da lei, no *caput* e nos parágrafos do art. 16. Foram suprimidas as disposições legais referentes ao sequestro, que deixou de existir como medida cautelar típica no microssistema da improbidade administrativa.

A sistemática da Lei nº 8.429/92 implica que as medidas cautelares recairão sobre os bens que assegurem o ressarcimento integral do dano ou sobre o acréscimo patrimonial que adveio do ilícito. Nesse sentido, não abrange todo o patrimônio do agente, mas tão somente os bens suficientes e adequados para a eventual monta condenada a título de ressarcimento de danos ou de restituição do acréscimo ilícito patrimonial, bem como a multa civil. Limitar-se-á, portanto, à reparação da lesão

---

[797] STJ - AgRg na SLS: 1957 PB 2014/0309935-7, Relator: Ministro FRANCISCO FALCÃO, Data de Julgamento: 17/12/2014, CE - CORTE ESPECIAL, Data de Publicação: DJe 09/03/2015.

ao Erário ou corresponderá ao prejuízo causado, ainda que abranja os bens adquiridos antes do suposto ato de improbidade.[798]

É pacífico no STJ que provocando lesão ao Erário, pouco importa se os bens foram adquiridos anteriormente ou posteriormente, a medida pode atingi-los indistintamente.[799] No caso dos atos que causam enriquecimento ilícito ou violação aos princípios da Administração Pública, segue-se o mesmo *standard*, pois quem comete um acinte contra a coisa pública tem a obrigação de se responsabilizar com a totalidade de seus bens, pouco importando o lapso temporal em que foram adquiridos.

Tendo o bem sido alienado por um terceiro de boa-fé, adentra-se, então, em seu patrimônio para retirar o bem ou o seu valor devido, mas sem que haja a imposição de outras penalidades. Se for terceiro de má-fé, este se insere na categoria de partícipe do ato de improbidade administrativa, conforme o art. 3º da Lei nº 8.429/92, inserindo-se em todo o rol de penalidades constantes no referido diploma legal.[800]

Existindo bens que são produtos decorrentes de enriquecimento ilícito, dano ao Erário ou acinte aos princípios da Administração Pública, a medida restritiva abrangerá todos os bens penhoráveis, em razão de que a sanção dispõe que o agente público ou terceiro beneficiário perderá os bens ou valores acrescidos ao seu patrimônio.[801] A teoria geral de responsabilização civil é aplicada, com a finalidade primordial de restituir a situação anterior ao ato ilícito praticado, para assegurar o ressarcimento ao Erário e para o pagamento da multa civil, além de demonstrar a eficiência da punição para inibir outras condutas ilícitas.

---

[798] STJ. REsp nº 806.301/PR, 1ª Turma, Rel. Min. Luiz Fux, *DJ* de 03.03.2008; REsp nº 886.524/SP, 2ª Turma, Rel. Min. João Otávio de Noronha, *DJ* de 13.11.2007; REsp nº 781.431/BA,1ª Turma, Rel. Min. Francisco Falcão, *DJ* de 14.12.2006.

[799] STJ. REsp nº 762.894/GO, Rel. Min. Denise Arruda, *DJe* de 04.08.2008; REsp nº 806.301/PR, Rel. Min. Luiz Fux, *DJe* de 03.03.2008.

[800] MARTINS JÚNIOR, Wallace Paiva. *Algumas notas sobre a indisponibilidade de bens e a improbidade administrativa*. Disponível em: http://www.mpsp.mp.br/. Acesso em: 29 nov. 2015.

[801] As Turmas do Superior Tribunal de Justiça têm assinalado que a "constrição patrimonial deve alcançar o valor da totalidade da lesão ao Erário, bem como sua repercussão no enriquecimento ilícito do agente, decorrente do ato de improbidade que se imputa, excluídos os bens impenhoráveis assim definidos por lei, salvo quando estes tenham sido, comprovadamente, adquiridos também com produto da empreitada ímproba, resguardado, como já dito, o essencial para sua subsistência". REsp nº 1.319.515/ES. Relator p/Acórdão Min. Mauro Campbell Marques. *DJe* 21.09.2012.

A indisponibilidade de bens implica a impossibilidade de alienação, medida que pode se concretizar por diversas formas.[802] Ela tem a finalidade de evitar que ocorra a dilapidação patrimonial, não sendo razoável aguardar atos visíveis direcionados a sua diminuição ou dilapidação; todavia, esse ato constritivo não pode ser tomado sem preencher os requisitos exigidos. Como requisitos, deve-se atestar o *fumus boni juris* e o *periculum in mora*. O primeiro consiste na obtenção de elementos probatórios que possam atestar a certeza do fato ímprobo e sua autoria. No que se refere ao segundo, este prescinde da exatidão de prejuízos em tese causados ao Erário, ou mesmo dispensa a ocorrência de dilapidação patrimonial para que a medida seja decretada.[803] Para o Superior Tribunal de Justiça, a medida liminar de indisponibilidade de bens independe da demonstração do *periculum in mora*, sendo considerada uma tutela em que esse perigo é presumido, *juris tantum*, no que deixa clarividente sua função de proteção da *res publica*.[804] Portanto, não é uma sanção, mas uma medida de garantia destinada a assegurar o ressarcimento ao Erário.

A teor do art. 16 da Lei de Improbidade Administrativa, a tutela de urgência em comento poderá ser requerida por meio de antecedente ou incidental, independentemente da realização da representação prévia a que se refere o art. 7º da Lei nº 8.429/1992. Na hipótese de ajuizamento de ação cautelar preparatória de ação civil pública por improbidade administrativa visando a indisponibilidade de bens do Réu, o Superior Tribunal de Justiça firmou entendimento no sentido de que o prazo de trinta dias para o ajuizamento da ação principal deve ser contado a partir da data da efetivação da medida liminar, entendimento que deve ser transplantado para a nova realidade inaugurada pela Lei nº 14.230/2021, que submete a ação cautelar ao rito da tutela cautelar antecedente do CPC/15. Se a execução da liminar se desdobrar na prática de vários atos

---

[802] PAZZAGLINI FILHO, Marino; ROSA, Márcio Fernando Elias; FAZZIO JÚNIOR, Waldo. *Improbidade administrativa*. 4. ed. São Paulo: Atlas, 1999. p. 193.

[803] STJ - TP: 1629 MS 2018/0202004-7, Relator: Ministro Benedito Gonçalves, Data de Publicação: DJ 14.08.2018.

[804] "Na espécie, o acórdão recorrido sedimentou o entendimento do STJ, no sentido de que, caso o magistrado constate a existência de fortes indícios da prática de ato ímprobo capaz de lesar o Erário, é despicienda a comprovação de efetiva dilapidação patrimonial pelo réu ou da iminência de fazê-la para que haja o deferimento da medida de indisponibilidade de bens prevista no art. 7º da Lei n. 8.429/92, pois o perigo na demora encontra-se presumido nesse normativo, no qual sobreleva-se a tutela de evidência em detrimento do requisito da urgência *in concreto*. STJ - EDcl no REsp: 1366721 BA 2013/0029548-3, Relator: Ministro Og Fernandes, Data de Julgamento: 13.05.2015, S1 - Primeira Seção, Data de Publicação: DJe 03.06.2015.

e na constrição de vários bens, o prazo para promover a ação principal se inicia a partir do primeiro ato constritivo e não do momento em que se completaram integralmente todas as constrições. Inobservado o prazo descrito no *caput* do artigo 308 do Código de Processo Civil, a consequência é a perda da eficácia da medida cautelar e a extinção do processo, sem julgamento do mérito.[805] Conclui-se que enquanto não houver a efetivação de cumprimento da medida de indisponibilidade de bens, não há o que se falar em início do prazo decadencial.[806]

Mais que meras suposições subjetivas, genéricas, os argumentos que fundamentam a concessão da medida cautelar devem conduzir a crença da existência do ato ímprobo; de sua autoria; que o fato imputado seja grave; que continue a existir perigo ou acinte ao patrimônio público ou estorvo à instrução processual.

Conforme o art. 16, *caput*, da Lei nº 8.429/92 (redação dada pela Lei nº 14.230/2021), quando o ato de improbidade causar lesão ao patrimônio público ou ensejar enriquecimento ilícito é possível a representação para a indisponibilidade dos bens do Réu. Esta recairá sobre bens que assegurem o integral ressarcimento do dano, incida sobre o acréscimo patrimonial resultante do enriquecimento ilícito e o valor necessário para o pagamento da multa civil. Não se advoga a necessidade de medida de indisponibilidade de bens no caso de acinte aos princípios da Administração Pública em virtude de ausência de previsão legal. Todavia, o entendimento do Superior Tribunal de Justiça é no sentido de que a medida de indisponibilidade não está restrita somente às hipóteses dos arts. 9º e 10 da Lei nº 8.429/1992, mas, também, àquelas do art. 11, uma vez que também visa assegurar o pagamento de eventual multa civil a ser aplicada ao réu. Contudo, não se aplica o entendimento firmado para a indisponibilidade de bens que visam assegurar o pagamento de indenização por danos morais ao ente público lesado, sendo tal medida necessária apenas quando ficar constatada integralmente a realização desse dano após a instrução e a sentença na primeira instância, com a comprovação de seus requisitos.[807]

Portanto, como já pleonasticamente repetido, não cabe decisão de indisponibilidade de bens no caso de improbidade aos princípios da

---

[805] STJ - REsp: nº 1745457 PR 2018/0133689-3, Relator: Ministra Assusete Magalhães, Data de Publicação: *DJ* 27.06.2018.

[806] REsp nº 669.353/AP, Rel. Ministro Mauro Campbell Marques, Segunda Turma, julgado em 17.03.2009, *DJe* 16.04.2009.

[807] AgInt no AREsp nº 704.416/GO, Rel. Ministro Gurgel de Faria, Primeira Turma, julgado em 12.06.2018, *DJe* 06.08.2018.

Administração Pública. Entretanto, se houver acatamento ao posicionamento do Superior Tribunal de Justiça, em razão de que em grande parte dos casos não há lesão ao Erário, precisa ser realizada com uma maior parcimônia, *cum granu salis*, em relação às outras hipóteses, pois, além de sua menor danosidade, seu campo de incidência mais genérico proporciona um maior índice de arbitrariedades. Outrossim, muitas das imputações de acintes aos princípios da Administração Pública são destituídas de elementos probatórios, então, nesses casos, tomar uma medida drástica de indisponibilidade de bens deve ter como requisito um farto material probatório no sentido da realização do ato ímprobo e de sua autoria. Inclusive, existem decisões que realçam a indisponibilidade de bens para antecipar condenação em multa, uma vez que a Lei nº 8.429/92 não prevê essa hipótese de garantia antecipada.[808]

Devido ao seu caráter assecuratório, a indisponibilidade de bens deve recair sobre o patrimônio dos agentes, ainda que adquiridos anteriormente à prática do suposto ato de improbidade, de modo suficiente a garantir o integral ressarcimento de eventual prejuízo ao erário. Pelo texto do artigo 16, *caput*, e §10 da Lei nº 8.429/92, inseridos pela Lei nº 14.230/2021, em ações de improbidade apenas poderá ser formulado pedido de indisponibilidade de bens a fim de garantir a recomposição do erário ou do acréscimo patrimonial resultante de enriquecimento ilícito, estando vedada a postulação de tutela provisória visando indisponibilizar bens para garantir eventual pagamento de multa civil.

Essa modificação legislativa derrubou a tese firmada pelo STJ no julgamento do Tema nº 1.055 dos Recursos Repetitivos, no sentido de que era "possível a inclusão do valor de eventual multa civil na medida de indisponibilidade de bens decretada na ação de improbidade administrativa, inclusive naquelas demandas ajuizadas com esteio na alegada prática de conduta prevista no artigo 11 da Lei 8.429/1992, tipificador da ofensa aos princípios nucleares administrativos".

Questão tormentosa que vem à baila consiste em definir se a indisponibilidade de bens deve abranger, nos casos em que há mais deu um Réu, o patrimônio de cada um dos acionados, sob o argumento da responsabilidade solidária por ato ímprobo. Muito embora a temática não repouse em águas calmas, no Superior Tribunal de Justiça, há entendimento perfilhado no sentido de que a medida de

---

[808] TRF-1 - AI: 00594553720144010000 0059455-37.2014.4.01.0000, Relator: Desembargador Federal Hilton Queiroz, Data de Julgamento: 15.12.2015, Quarta Turma, Data de Publicação: 12.01.2016 *e-DJF1*.

indisponibilidade de bens, se deferida em desfavor de todos os Réus, não pode abarcar a totalidade do alegado dano ao Erário perante o patrimônio de cada um deles. Isso porque, embasado no artigo 7º, da Lei nº 8.429/92, a indisponibilidade recairá sobre os bens que assegurem o integral ressarcimento do dano, ou sobre o acréscimo patrimonial resultante do enriquecimento ilícito, não sendo legítimo que ela garanta o total do *quantum debeatur* perante cada um dos Réus.[809]

A reforma da Lei de Improbidade promovida pela Lei nº 14.230/2021 veio a dirimir essa e outras celeumas legislativas e jurisprudenciais referentes à decretação da medida de indisponibilidade. Na linha do novel art. 16, §5º, da Lei nº 8.429/1992, se houver mais de um réu na ação, a somatória dos valores declarados indisponíveis não poderá superar o montante indicado na petição inicial como dano ao erário ou como enriquecimento ilícito. Outrossim, o valor da indisponibilidade considerará a estimativa de dano indicada na petição inicial, permitida a sua substituição por caução idônea, por fiança bancária ou por seguro-garantia judicial, a requerimento do réu, bem como a sua readequação durante a instrução do processo (art. 16, §6º, da Lei nº 8.429/1992).

Quanto à decretação da indisponibilidade de bens de terceiros, é imprescindível a demonstração da efetiva concorrência destes para os atos ilícitos apurados ou, quando se tratar de pessoa jurídica, da instauração de incidente de desconsideração da personalidade jurídica, a ser processado na forma da lei processual (art. 16, §7º, da Lei nº 8.429/1992). Para a adequada garantia do contraditório e da ampla defesa, a desconsideração da personalidade jurídica depende da instauração do incidente regulamentado entre os arts. 133 e 137 do Código de Processo Civil de 2015.

---

[809] STJ - AgInt no REsp: 1497327 ES 2014/0300029-4, Relator: Ministro Napoleão Nunes Maia Filho, Data de Julgamento: 09.10.2018, T1 - Primeira Turma, Data de Publicação: DJe 25.10.2018. E ainda: RECURSO ESPECIAL. IMPROBIDADE ADMINISTRATIVA. RESPONSABILIDADE SOLIDÁRIA. INDISPONIBILIDADE DE BENS. LIMITE DA CONSTRIÇÃO. QUANTUM SUFICIENTE AO INTEGRAL RESSARCIMENTO DO DANO. 1. No ato de improbidade administrativa do qual resulta prejuízo, a responsabilidade dos agentes em concurso é solidária. 2. É defeso a indisponibilidade de bens alcançar o débito total em relação a cada um dos co-obrigados, ante a proibição legal do excesso na cautela. 3. Os patrimônios existentes são franqueados à cautelar, tanto quanto for possível determinar, até a medida da responsabilidade de seus titulares obrigados à reparação do dano, seus acréscimos legais e à multa, não havendo, como não há, incompatibilidade qualquer entre a solidariedade passiva e as obrigações divisíveis. 2. Recurso especial improvido (REsp nº 1.119.458/RO, Rel. Ministro Hamilton Carvalhido, Primeira Turma, DJe 29.04.2010).

A indisponibilidade dos bens na ação de improbidade, por hipótese alguma, deve recair sobre os bens impenhoráveis,[810] inclusive, sobre os valores investidos em aplicações financeiras, cuja origem remonte a verbas trabalhistas, em razão de ostentar natureza salarial, já que consistem em uma garantia do trabalhador para que não passe necessidade até conseguir outra ocupação.[811] Infelizmente, comumente ocorre a indisponibilidade de valores oriundos de verbas salariais, que não podem ser penhoradas, mesmo que parte delas esteja investida em aplicações financeiras.

Em consonância ao entendimento jurisprudencial no sentido da impossibilidade de decretação de indisponibilidade de bens impenhoráveis, a Lei nº 14.230/2021 acresceu os §§13 e 14 ao art. 16 da Lei de Improbidade Administrativa, passando a dispor a vedação da decretação de indisponibilidade da quantia de até 40 (quarenta) salários-mínimos depositados em caderneta de poupança, em outras aplicações financeiras ou em conta corrente. Outrossim, é igualmente vedada a decretação de indisponibilidade do bem de família do réu, salvo se comprovado que o imóvel seja fruto de vantagem patrimonial indevida, calcada em atos de improbidade administrativa que provocam enriquecimento ilícito (art. 9º da Lei nº 8.429/1992).

A reforma da Lei de Improbidade insculpiu, também, um rol de preferência sobre os bens penhoráveis. Nos termos do art. 16, §11, a ordem de indisponibilidade de bens deverá priorizar veículos de via terrestre, bens imóveis, bens móveis em geral, semoventes, navios e aeronaves, ações e quotas de sociedades simples e empresárias, pedras e metais preciosos e, apenas na inexistência desses, o bloqueio de contas bancárias, de forma a garantir a subsistência do acusado e a manutenção

---

[810] STJ. 1ª Turma. REsp 1164037/RS, Rel. p/ Ac. Min. Napoleão Nunes Maia Filho, julgado em 20/02/2014.

[811] RECURSO ESPECIAL. PROCESSUAL CIVIL E ADMINISTRATIVO. MEDIDA CAUTELAR DE ARRESTO. AÇÃO DE IMPROBIDADE. INDISPONIBILIDADE DE RECURSOS ORIUNDOS DE RECLAMATÓRIA TRABALHISTA. NATUREZA SALARIAL. IMPENHORABILIDADE. ART. 649, IV DO CPC. OFENSA CONFIGURADA. RECURSO ESPECIAL PROVIDO. 1. As verbas salariais, por serem absolutamente impenhoráveis, também não podem ser objeto da medida de indisponibilidade na Ação de Improbidade Administrativa, pois, sendo impenhoráveis, não poderão assegurar uma futura execução. 2. O uso que o empregado ou o trabalhador faz do seu salário, aplicando-o em qualquer fundo de investimento ou mesmo numa poupança voluntária, na verdade, é uma defesa contra a inflação e uma cautela contra os infortúnios, de maneira que a aplicação dessas verbas não acarreta a perda de sua natureza salarial, nem a garantia de impenhorabilidade. 3. Recurso especial provido. (REsp 1164037/RS, Rel. Ministro Sérgio Kukina, Rel. p/ Acórdão Ministro Napoleão Nunes Maia Filho, Primeira Turma, julgado em 20.02.2014, DJe 09.05.2014).

da atividade empresária ao longo do processo. É possível, igualmente, que o pedido de indisponibilidade de bens inclua a investigação, o exame e o bloqueio de bens, contas bancárias e aplicações financeiras mantidas pelo indiciado no exterior, nos termos da lei e dos tratados internacionais (art. 16, §2º, da Lei nº 8.429/1992).

Decretada a indisponibilidade de bens, é possível que o demandado permaneça na sua posse e administração. Tratando-se de bem imóvel, deverá ser averbado no respectivo Cartório de Registro de Imóveis. Sendo bem móvel, o requerido deverá prestar contas de sua administração ao juízo, como forma de proteger a função primordial da medida, qual seja, evitar a dissipação do patrimônio.[812]

Da decisão que decrete ou não a indisponibilidade de bens, cabe recurso de agravo de instrumento, nos termos do art. 1.015 e ss. do CPC/15.

9.14.4.1 Medidas cautelares atípicas

Além das referidas medidas típicas previstas na Lei 8.429/92, é possível a vivência de tutelas de urgência atípicas, sob a aplicação das medidas previstas no Código de Processo Civil.

Em razão do princípio da fungibilidade, o juiz deve agir de modo a evitar lesão grave ou de difícil reparação, em densificação do poder geral e irrestrito de cautela, verdadeira cláusula de proteção para a garantia da eficácia do patrimônio público lesado, desde que preenchidos os requisitos legais, que, na nova sistemática simplificadora, a tutela de urgência fora feita gênero da qual as tutelas cautelar e antecipada são espécies, conforme art. 294 do CPC/15.

A Lei nº 13.105/15 também permite que as medidas provisórias sejam pleiteadas e deferidas nos autos da ação principal. Assim, após a antecipação ou a liminar cautelar, o autor terá prazo para juntar novos documentos e formular o pedido de tutela definitiva. Ainda que os prazos sejam distintos, o pedido principal será formulado nos mesmos autos, sem necessidade da inauguração de nova relação processual.

---

[812] NEVES, José Roberto de Castro. As garantias do cumprimento da obrigação. *Revista da EMERJ*. v. 11, nº 44, Rio de Janeiro, 2008, p. 174-213.

9.15 Suspensão de liminares e sentenças

O pedido de suspensão de liminar ou de sentença tem como finalidade obstar o cumprimento do comando contido em liminar e sentença que possa produzir efeitos imediatos, que não seja, portanto, objeto de recurso dotado de efeito suspensivo.

Têm legitimidade as pessoas jurídicas de direito público, incluindo-se União, os Estados-membros, o Distrito Federal, os Municípios, suas respectivas autarquias e fundações públicas, conforme art. 5º e seu parágrafo único da Lei nº 9.469/97, que autoriza a intervenção das pessoas jurídicas de direito público quando a decisão puder gerar reflexos econômicos, podendo, inclusive, recorrer das decisões independentemente de comprovação de interesse jurídico, assumindo, nesse caso, a qualidade de parte, o que autoriza não só a interposição de recurso, mas também de requerer a suspensão da eficácia da decisão.[813]

Saliente-se a doutrina de Hely Lopes Meirelles que, ao comentar o instituto da suspensão sob a ótica do mandado de segurança, defende que a lei seja interpretada de forma racional e observando os fins a que se destina, de modo que o órgão interessado também pode requerer a suspensão, estendendo-se às pessoas e órgãos de direito privado que possam suportar os efeitos da liminar.[814]

Também é legítimo o Ministério Público, conforme o art. 4º da Lei nº 8.437/92 e o art. 15 da Lei nº 12.016/09, que conferem legitimidade ao Ministério Público para o requerimento de suspensão de execução, sob o fundamento de que os bens jurídicos protegidos correspondem ao interesse público, situação abrangida pelo art. 129 da CRFB/88.

Assim, a fim de impedir grave lesão à ordem, à saúde, à segurança e à economia públicas, autoriza-se o ajuizamento do requerimento dirigido ao Presidente do Tribunal, ao qual cabe o conhecimento do recurso possível da decisão liminar ou da sentença, com o pedido de que seja suspensa a execução ou o cumprimento da liminar.

O Supremo Tribunal Federal tem admitido que em prol do agente público afastado seja manejado o pedido de suspensão de liminar com o desiderato de fazê-lo retomar o cargo.[815] Suscite-se que em hipótese que versa acerca do afastamento de Chefe do Poder Executivo de

---

[813] STJ. AgR Pet nº 1.621/PE. Rel. Min. Nilson Naves. Corte Especial. *DJe* de 14.04.2003.
[814] MEIRELLES, Hely Lopes. *Mandado de segurança*. 27. ed. São Paulo: Malheiros, 2004. p. 88.
[815] STF. MC de Suspensão de Liminar nº 626/SP. Rel. Min. Pres. Joaquim Barbosa. *DJe* 28.12.2012.

município, o Superior Tribunal de Justiça entendeu legítimo que a ação fosse ajuizada em nome do Município.[816]

Demonstrada a necessidade de não se adentrar no mérito da questão, a análise da grave lesão prevista no art. 4º da Lei nº 8.437/92, permite o proferimento de um juízo mínimo de delibação a respeito da questão jurídica deduzida na ação principal.[817] O Superior Tribunal de Justiça, por sua vez, tem formulado precedentes de manuseio da suspensão liminar também como mecanismo de limitação do afastamento do cargo no prazo máximo de cento e oitenta dias.[818]

A doutrina tem induzido que a cognição em sede de pedido de suspensão está restrita à análise da ocorrência de lesão grave aos bens jurídicos indicados no art. 4º da Lei nº 8.437/92, grave lesão à ordem, à saúde, à segurança e à economia públicas. Para Elton Venturi, não é concedido ao Presidente do Tribunal sequer mínima delibação de mérito quando da apreciação de pedido de suspensão, haja vista que posicionamento diverso implicaria a violação de competência jurisdicional da instância ordinária, posto que é perante ela que deve ser interposto recurso próprio para o controle da legalidade da decisão.[819]

9.16 Antecipação dos efeitos da tutela de urgência

O art. 294 do CPC/15 institui que a tutela provisória pode fundamentar-se em urgência e evidência. A tutela de urgência é remédio às situações aflitivas que possivelmente causem dano a um dos sujeitos processuais.[820]

A antecipação dos efeitos da tutela, por sua vez, é espécie de medida de urgência que consubstancia instrumento de tutela jurisdicional com base em cognição sumária, não havendo garantias de que a parte inicialmente beneficiada obtenha, ao final do processo, o mesmo provimento em sentido definitivo. Proporciona tão somente medidas provisoriamente satisfativas do direito material, cujo delineamento final

---

[816] STJ. AgRg na SS nº 2.312/MA. Rel. Min. Cesar Asfor Rocha. Corte Especial. Julg.: 18.08.2010. *DJe* 02.09.2010.

[817] STF. AgR STA nº 118/RJ. Rel. Min. Ellen Gracie. *DJe* 28.02.2008.

[818] STJ. AgRg na SLS nº 1.854/ES. Rel. Min. Felix Fischer. Corte Especial. Julg.: 13.03.2014. *DJe* 21.03.2014; AgRg na SLS nº 1.397/MA. Rel. Min. Ari Pargendler. Corte Especial. Julg.: 1º.07.2011. *DJe* 28.09.2011.

[819] VENTURI, Elton. *Suspensão de liminares e sentenças contrárias ao poder público*. São Paulo: Revista dos Tribunais, 2005. p. 197.

[820] DINAMARCO, Cândido Rangel. *Instituições do direito processual civil*. 7. ed. São Paulo: Malheiros, 2013. v. I, p. 164.

e definitivo é dado com o (im)provimento jurisdicional do mérito.[821] Uma vez deferido o pedido antecipatório, a sentença de mérito absorverá os seus efeitos; se improcedente, resta cassado o provimento liminar; se procedente, converte-se em definitivo o que nasceu para ser provisório.

Não será concedida a antecipação quando houver perigo de irreversibilidade dos efeitos da decisão, sendo premente a existência de elementos que evidenciem a probabilidade do direito e o perigo de dano ou de risco ao resultado útil do processo, conforme o §3º e *caput* do art. 300 do CPC/15.

Como requisito negativo, o perigo de irreversibilidade dos efeitos da decisão impõe que a providência antecipatória não conduza a resultados inconvertíveis, impossibilitando a restituição do estado anterior.[822] Teori Albino Zavascki sustenta a exigência da reversibilidade do núcleo essencial do direito, assegurando uma melhor tutela jurisdicional. Explana que os provimentos antecipatórios irreversíveis são incompatíveis com as garantias asseguradas pelo art. 5º, LV, da CRFB/88, salientando que, excepcionalmente, é admissível a irreversibilidade, como na hipótese da possibilidade de perecimento de um direito constitucional prevalente, manifestos os requisitos positivos à concessão de tutela antecipada.[823]

O juízo da probabilidade do direito, similar ao da verossimilhança, exige a conclusão da alta probabilidade de o aduzido ser verdadeiro.[824] Paralelamente, é também requisito positivo o perigo do dano ou de risco ao resultado útil do processo, consubstanciado na existência de dano ou risco de dano quando a manutenção do estado original, durante a sucessão de atos processuais, seja capaz de trazer prejuízos de média ou de grande intensidade ao direito.[825]

Dentro das situações de urgência, há casos extremos, onde a atuação oficiosa do juiz é o único meio de preservar a utilidade do resultado do processo. As situações excepcionais foram maximizadas e salvaguardadas pela nova legislação processual, tendo sido imposto que o juiz poderá determinar as medidas que considerar adequadas

---

[821] THEODORO JUNIOR, Humberto. *Tutela jurisdicional de urgência*. Rio de Janeiro: América Jurídica, 2001. p. 5.

[822] FRIEDE, Reis. *Limites objetivos para a concessão de medidas liminares em tutela cautelar e em tutela antecipatória*. São Paulo: LTr, 2000. p. 25.

[823] ZAVASCKI, Teori Albino. *Antecipação da tutela*. São Paulo: Saraiva, 1997. p. 53, 97.

[824] MACHADO, Antônio Cláudio da Costa. *Tutela Antecipada*. 3. ed. São Paulo: Juarez de Oliveira, 1999. p. 391-392.

[825] CARNEIRO, Athos Gusmão. *Da antecipação de tutela*. 3. ed. Rio de Janeiro: Forense, 2002. p. 30.

para efetivação da tutela provisória, podendo esta ser a qualquer tempo revogada ou modificada, motivada a decisão de modo claro e preciso, conforme leitura sistêmica dos arts. 297, 296 e 298, todos do CPC/15.

O art. 304 do CPC/15 também previu a possibilidade de estabilização da tutela antecipada concedida em caráter antecedente, estando condicionada tão somente a não interposição de recurso. Se a tutela antecipada foi concedida, e o réu a ela não se opôs, a decisão se estabiliza e faz possível a extinção do processo, tornando definitiva a tutela de urgência concedida e não impugnada.

Suscite-se que, havendo contemporaneidade entre a urgência e a propositura da ação, sugere o legislador processualista que a exordial limite-se ao requerimento da tutela antecipada e à indicação do pedido da tutela final, expondo-se o conflito de interesses, o direito almejado e o perigo de dano ou do risco ao resultado útil do processo, conforme o *caput* do art. 303 do CPC/15. As mesmas exigências foram dirigidas para o pedido de prestação de tutela cautelar em caráter antecedente, conforme o art. 305, *caput* e parágrafo único, do CPC/15.

Após o deferimento da tutela de urgência antecipada e antecedente, o autor terá prazo para juntar novos documentos e formular o pedido de tutela definitiva. O pedido principal será formulado nos mesmos autos, desmerecendo a inauguração de nova relação processual e o pagamento de novas custas processuais. Trata-se de mecanismo que densifica a instrumentalidade em detrimento do formalismo. Desde a vigência do CPC/73, importantes doutrinadores defendiam a fungibilidade entre as duas tutelas, no que iniciou a unificação das teorias das medidas de urgência vigentes.[826]

9.16.1 Cabimento da tutela de urgência na ação civil de improbidade

A tutela de urgência nas ações civis de improbidade administrativa é instrumento imprescindível à construção de um *decisum* final justo e eficaz. Seja realizada por via da antecipação da tutela ou por meio de tutela antecedente, busca-se a neutralização dos efeitos do tempo sobre o processo. Nesse sentido, à efetividade da proteção judicial ao patrimônio público e à moralidade qualificada é imperiosa a

---

[826] DINAMARCO, Cândido Rangel. *A instrumentalidade do processo*. 10. ed. São Paulo: Malheiros, 2002. p. 91-92; ASSIS, Araken de. Fungibilidade das medidas inominadas cautelares e satisfativas. *Revista de Processo*, São Paulo, v. 100, p. 36-37, out./dez. 2000.

possibilidade de concessão de tutelas de urgência, desde que preenchidos os requisitos legais.

Para Fredie Didier e Hermes Zaneti Junior, a tutela de urgência nos processos coletivos não possui especificidades que justifiquem a revisão da teoria sobre o assunto, de modo que a tutela antecipada em ações coletivas segue, em regra, a regulamentação geral aplicável ao processo individual.[827]

Ademais, considerando a gravidade e a natureza das sanções previstas na Lei nº 8.429/92, a antecipação de tutela exige maior cautela, apesar de ser arrebatadoramente tida como passível de aplicação.[828]

Para Emerson Garcia, a concessão da antecipação dos efeitos da tutela na ação civil pela prática de ato de improbidade administrativa está limitada às hipóteses em que os efeitos sejam constitutivos negativos ou mandamentais, salientando que as sanções previstas no art. 12 da Lei nº 8.429/92 não podem incidir anteriormente à sentença final. Assim, a antecipação seria dirigida à desconstituição de uma relação obrigacional ou de outra espécie de ato jurídico conexo ao ato ímprobo perpetrado, incluindo-se os prejuízos por ele ocasionados, bem como para imposição de obrigação de fazer ou de não fazer, seja à cessação da prática dos atos de improbidade, ou para salvaguardar a eficácia das sanções que serão aplicadas ao final da ação.[829]

Evidentemente, a tutela de urgência trará efeitos sancionatórios indiretos, fazendo-se premente o preenchimento dos requisitos exigidos no regramento genérico processual e exigindo fundamentação exaustiva, clara e precisa. Ela não pode ser utilizada como sucedâneo para moralismos jurídicos estorvantes dos parâmetros da legalidade. O critério subjetivo de apreciação do juiz, através de voluntarismos jurídicos, configura-se extremamente pernicioso, no que afronta diversas garantias constitucionais. Para que ela possa ser deferida, seus requisitos têm que ser cristalinos, no que se impede abuso de poder.

---

[827] DIDIER JR., Fredie; ZANETI JR., Hermes. *Curso de Direito Processual Civil*: processo coletivo. 4. ed. Salvador: Juspodivm, 2009. v. IV, p. 342.

[828] Citem-se: NEIVA, José Antonio Lisbôa. *Improbidade administrativa*: legislação Comentada artigo por artigo. 4. ed. Niterói: Impetus, 2013; DECOMAIN, Pedro Roberto. *Improbidade administrativa*. 2. ed. São Paulo: Dialética, 2014; MARTINS JÚNIOR, Wallace Paiva. *Probidade administrativa*. 4. ed. São Paulo: [S. l.], 2009; ALVES, Francisco Glauber Pessoa. Tutelas sumárias e afastamento dos agentes públicos na Lei nº 8.429/92. *In*: LUCON, Paulo Henrique dos Santos; COSTA, Eduardo José da Fonseca; COSTA, Guilherme Recena. *Improbidade administrativa*: aspectos processuais da Lei nº º 8.429/92. São Paulo: Atlas, 2013.

[829] GARCIA, Emerson. *Improbidade administrativa*. Rio de Janeiro: Lumen Juris, 2011. p. 95.

Ademais, em análise detida do art. 12 da Lei de Improbidade Administrativa, à luz do microssistema que o diploma se insere, tem-se como axiomático a impossibilidade de antecipação das sanções previstas na Lei de Improbidade Administrativa. A suspensão dos direitos políticos, por exemplo, precisa de sua adequação a uma das hipóteses do art. 15 da CRFB/88, exigindo-se, como garantia constitucional, que para sua efetivação no caso de improbidade administrativa tenha a decisão transitado em julgado.[830] A possibilidade de pagamento de multa civil, mesmo desmerecendo de comprovação do prejuízo patrimonial, apenas pode ser aplicada depois do trânsito em julgado, em igual obediência à garantia constitucional.[831] No mesmo sentido está a pena de proibição de contratar com o Poder Público ou receber benefícios ou incentivos fiscais ou creditícios, direta ou indiretamente, ainda que por intermédio de pessoa jurídica da qual seja sócio majoritário, haja vista o obstáculo da Lei Maior.

Na mesma linha de raciocínio, o ressarcimento integral do dano configura-se impossível de ser obtido através de tutela antecipada. Além do trânsito em julgado, deve-se, de forma inexorável, esperar pelo resultado de perícia técnica ou qualquer outro meio que se possa determinar de forma percuciente o seu real valor. A perda de bens ou valores ilicitamente acrescidos ao patrimônio, por sua vez, é sanção a ser declarada tão somente diante do enriquecimento ilícito e dano ao Erário, precisando da força da *res judicata* para sua tutela.

No que tange à perda da função pública, pelas sérias consequências provocadas ao réu e à sociedade, além da já citada proteção constitucional, o art. 20, da Lei nº 8.429/92, apenas permite essa possibilidade diante do trânsito em julgado da sentença condenatória. Quanto ao afastamento do agente do cargo, que apresenta natureza de medida cautelar,[832] não deve ser a regra nas ações de improbidade, mas a sua exceção, em razão do princípio da presunção de inocência. O afastamento apenas pode ser

---

[830] Tal qual desenvolvido por José Jairo Gomes, a suspensão dos direitos políticos decorrente da condenação por improbidade deve ser expressamente declarada na sentença que julgar procedente a exordial. Afinal, conforme o art. 20 da Lei nº 8.429/92, a suspensão de direitos políticos só se efetiva com o trânsito em julgado da sentença condenatória. GOMES, José Jairo. *Direito Eleitoral*. 10ª ed. São Paulo: Atlas, 2014, p. 20.

[831] STJ. EDcl nos EDcl no REsp nº 1159147/MG, Rel. Ministro Mauro Campbell Marques, Segunda Turma, jul. em 15.02.2011, *DJe* 24.02.2011; AgRg no REsp nº 1122984/PR, Rel. Min. Humberto Martins, Julg. 21.10.2010, Segundo Turma, *DJe* 09.11.2010.

[832] STJ. AgRg na SLS nº 1957/PB. Rel. Min. Francisco Falcão. Corte Especial. Julg: 17.12.2014. *DJe* 09.03.2015; AgRg no AREsp nº 74388/PR. Rel. Min. Benedito Gonçalves. Primeira Turma. Julg.: 08.10.2013. *DJe* 14.10.2013; MC nº 5.214-MG. Rel. Min. Francisco Falcão. Primeira Turma. Julgado em 10.06.2003.

deferido quando houver nítidos elementos da ocorrência do ato ímprobo e de sua autoria, da atestação de sua gravidade, da real possibilidade de maior dano ao Erário ou estorvo a persecução processual, e diante de antecedentes inidôneos do réu. Essa tutela deve ainda ser mais cuidadosa e fundamentada no caso de afastamento de mandatários públicos, principalmente membros do Poder Executivo, em virtude da troca de poder e da consequente paralisação da máquina pública. Amparados pela densidade da soberania popular, esses mandatários apenas podem ser alijados do cargo diante da tautologia dos elementos probatórios contidos no processo.

Em quaisquer das hipóteses, a aplicação de antecipação de tutela exige a presença dos requisitos genéricos com certeza veemente, podendo o juiz determinar as medidas permitidas para efetivação da tutela provisória, conforme art. 297 do CPC/15.[833]

9.17 Requisitos da sentença na ação civil de improbidade administrativa

Sentença é o ato que põe fim à fase cognitiva do procedimento comum, bem como a que extingue a execução, abrangendo apenas a que analisa o mérito e não aquela meramente terminativa. Trata-se de espécie de decisão cujos efeitos nesta matéria irradiam, *a priori*, para todos os jurisdicionados, consubstanciando ato privativo da jurisdição, devendo dispor dos elementos essenciais dispostos no art. 489 do CPC/15, quais sejam, o relatório, os fundamentos e o dispositivo.

Após o recebimento da manifestação prévia do réu, o juiz poderá rejeitar a ação, julgando ou não o mérito por ato sentencial, conforme o §8º do art. 17 da Lei nº 8.429/92, revogado pela reforma da Lei de Improbidade. A rejeição da ação como decorrência da análise do mérito advém do acolhimento da manifestação do réu pela inexistência do ato de improbidade e pela improcedência da ação, possibilitando ao magistrado, pelos elementos auferidos na cognição, a certeza de sua convicção. Trata-se de uma forma de julgamento antecipado da lide, após a defesa prévia e com formação de coisa julgada material. A decisão de indeferimento da inicial em virtude da inadequação da via

---

[833] STJ. AgRg no Ag nº 1.399.175/RJ. Rel. Min. Humberto Martins. Segunda Turma. Julg.: em 16.06.2011. *DJe* 24.06.2011; MC nº 20024/SP. Rel. Min. Humberto Martins. Segunda Turma. Julg.: 11.12.2012. *DJe* 18.12.2012.

escolhida, não enseja um debruçamento sobre o mérito, representando uma carência do interesse de agir.

O STJ apontava que "o julgamento antecipado da lide, por si só, não caracteriza cerceamento de defesa, já que cabe ao magistrado apreciar livremente as provas dos autos, indeferindo aquelas que considere inúteis ou meramente protelatórias".[834] No entanto, há colisão dessa posição com a atual redação do artigo 17, §10-F, inciso II, da Lei nº 8.429/92 com as alterações promovidas pela Lei nº 14.230/2021, segundo o qual *é absolutamente nula* a decisão de mérito em ações de improbidade administrativa que *condenar o requerido sem dar-lhe a oportunidade de produzir as provas* tempestivamente especificadas.

Diante do atual panorama normativo, após a contestação, o juiz procederá ao julgamento conforme o estado do processo, observada a eventual inexistência manifesta de ato de improbidade. Demais disso, também pode o juiz, a qualquer momento do processo, verificada a inexistência de ato de improbidade, julgar a demanda improcedente.

Mesmo não sendo uma prática assente, já se defendia que, quando não houvesse elementos mínimos da prática do ato ímprobo e de sua autoria, a ação de improbidade deveria ser indeferida, inclusive antes de ser oportunizada a defesa prévia. Muitas ações desse tipo pululam no Judiciário, sem apresentar elementos probatórios mínimos, ou mesmo simplórios elementos, ocasionando sérios constrangimentos aos réus e contribuindo para o já imenso congestionamento processual.

O recebimento da ação, após a defesa prévia, entretanto, não era realizado por ato de taxionomia de sentença, sua natureza se configura como uma decisão interlocutória, citando-se o Requerido para que apresente a contestação no prazo legal, seguindo-se o rito ordinário, afinal não será dado fim ao procedimento de primeiro grau.[835]

No caso da ação civil de improbidade, comumente, um ato classificado como ímprobo, delineado na exordial, adapta-se a mais de um tipo elencado nos arts. 9º, 10 e 11, da Lei nº 8.429/92. Essa possibilidade exigirá que a sentença de improbidade especifique cada uma das subsunções, analisando todas as circunstâncias fáticas, seus elementos definidores e o aspecto subjetivo. Caso esses requisitos essenciais não se façam presentes, a sentença será nula, por padecer de vício insanável em sua constituição.

---

[834] STJ - AgRg no AREsp: 288758 SP 2013/0011244-7, Relator: Ministro SIDNEI BENETI, Data de Julgamento: 16/04/2013, T3 - TERCEIRA TURMA, Data de Publicação: DJe 02/05/2013.

[835] NEVES, Daniel Amorim Assumpção. *Manual de direito processual civil*. 4. ed. rev. atual. e ampl. Rio de Janeiro/São Paulo: Método/Forense, 2012. p. 492.

Desse modo, a sentença deverá indicar de modo preciso os fundamentos que demonstrem os elementos a que se referem os arts. 9º, 10 e 11, que não podem ser presumidos. Demais disso, ainda deverá considerar as consequências práticas da decisão, sempre que decidir com base em valores jurídicos abstratos; e considerar os obstáculos e as dificuldades reais do gestor e as exigências das políticas públicas a seu cargo (art. 17-C, incisos de I a III, da LIA). Conforme outrora alinhavado, no que toca à dosimetria da pena, a sentença também deverá considerar os critérios descritos no art. 17-C, incisos IV, V, VI e VII da LIA.

Daí a razão pela qual a Lei nº 14.230/2021 acentuou que será nula a decisão de mérito total ou parcial da ação de improbidade administrativa que condenar o réu por tipo diverso daquele definido na petição inicial; ou condenar o requerido sem a produção das provas por ele tempestivamente especificadas (art. 17, §10-F, da LIA).

Conforme Paulo Henrique dos Santos Lucon e Bruno Feire e Silva, nos atos de improbidade administrativa, o Requerente almeja que a sentença seja composta pelo momento declaratório, em reconhecimento da prerrogativa de desconstituição do ato administrativo, e pelo momento constitutivo, onde efetivamente se operam as transformações. Sem se esquecer da imposição das sanções. Vê-se, então, que a extensão da sentença de improbidade não é apenas a desconstituição dos atos que atingiram a *res publica*, mas impedir que esse estado de acinte persista e, comprovada a autoria de forma clara, impor as penalidades devidas.[836]

Na maioria dos casos, também se almeja a anulação dos atos praticados em violação à probidade e a condenação nas sanções restritivas de direitos ou ao ressarcimento dos prejuízos causados. Os capítulos condenatórios serão, portanto, dependentes e potencialmente prejudicados pelo que declara a (in)existência do ato ímprobo. Por se tratar de consequência da declaração, e plasmados na preponderância do interesse público, podem, inclusive, ser decretadas penas diversas ou além das indicadas na exordial.[837]

Portanto, a sentença em processo de improbidade administrativa parte da análise do ato e se ele se adapta aos tipos elencados

---

[836] LUCON, Paulo Henrique dos Santos; FREIRE E SIVA, Bruno. Efeitos da sentença na ação de improbidade e o princípio da proporcionalidade. *In*: JORGE, Flávio Cheim et al. *Temas de improbidade administrativa*. Rio de Janeiro: Lumen Juris, 2010. p. 423.

[837] Cite-se precedente onde restara assinalado que a aplicação de pena pelo juízo *a quo* é decorrência legal do reconhecimento da caracterização do ato de improbidade administrativa, o que não implica julgamento *extra petita*, tendo em vista que representa mera consequência lógica do julgado. (STJ. AgRg no REsp nº 1367970/RO, Rel. Min. Humberto Martins, Segunda Turma, julgado em 22.04.2014, *DJe* 05.05.2014).

normativamente na Lei de Improbidade, bem como se existe o elemento subjetivo exigido. Verificado a existência de ato de improbidade, o magistrado passa à análise da necessidade de desconstituição dos atos. Uma vez reconhecida a premência da desconstituição, passa-se a sua efetivação, que acarreta a condenação ao ressarcimento de dano em caso de lesão ao patrimônio público.[838]

Determinada a reparação do dano ou decretada a perda de bens ilicitamente havidos, também se condena ao pagamento ou reversão dos bens em prol da pessoa jurídica prejudicada pelo ato ilícito.[839] Configurado o ato de improbidade administrativa, passa-se à aplicação das penas do art. 12 da Lei nº 8.429/92, formando-se um título executivo, que decorridos sessenta dias do trânsito em julgado da sentença, sem que o autor lhe promova a execução, tem o Ministério Público o dever de promovê-la, segundo o art. 15 da Lei nº 7.347/85.

Para a produção dos efeitos mencionados anteriormente, faz-se premente a devida fundamentação, que é requisito essencial das decisões e compõe o devido processo legal constitucional, haja vista que daí decorre o exercício dos direitos de defesa e de recurso, de modo que, uma vez ausente, acarreta a nulidade do *decisum*, conforme o inciso IX do art. 93 da CRFB/88.[840] Como forma de prestigiar o princípio da individualização, na hipótese de litisconsórcio passivo, a condenação ocorrerá no limite da participação e dos benefícios diretos, vedada qualquer solidariedade entre os réus (art. 17-C, §1º, da LIA).

Os incisos do §1º do art. 489 do CPC/15 determinam que não estará fundamentada a decisão judicial que se limite à indicação, à reprodução ou à paráfrase de ato normativo, sem explicar sua relação com a causa ou a questão decidida. Também não é suficiente que se limite a empregar conceitos jurídicos indeterminados, sem explicar o motivo concreto de sua incidência no caso, ou a invocar motivos que se prestariam a justificar qualquer outra decisão. O não enfrentamento de todos os argumentos deduzidos no processo capazes de, em tese, conduzir à conclusão adotada pelo julgador também é insuficiente; assim como a mera invocação precedente ou enunciado de súmula, sem identificar seus fundamentos determinantes nem demonstrar que

---

[838] Art. 5º da Lei nº 8.429/92: "Ocorrendo lesão ao patrimônio público por ação ou omissão, dolosa ou culposa, do agente ou de terceiro, dar-se-á o integral ressarcimento do dano".
[839] Art. 18 da Lei nº 8.429/92: "A sentença que julgar procedente ação civil de reparação de dano ou decretar a perda dos bens havidos ilicitamente determinará o pagamento ou a reversão dos bens, conforme o caso, em favor da pessoa jurídica prejudicada pelo ilícito".
[840] STJ. AgRg no REsp nº 886.836/RS. Min. Rel. Mauro Campbell Marques. *DJ* 13.02.2009.

o caso sob julgamento se ajusta àqueles fundamentos; ou até mesmo o ato deixar de seguir enunciado de súmula, jurisprudência ou precedente invocado pela parte, sem demonstrar a existência de distinção no caso em julgamento ou a superação do entendimento.

No mesmo sentido, a sentença deve ser clara e precisa. A clareza diz respeito à inexistência de ambiguidades, à inteligibilidade e insuscetibilidade de interpretações ambíguas e equivocadas. A precisão, por sua vez, refere-se à certeza da decisão, haja vista que o *decisum* incerto faz a sentença inexequível.[841]

O magistrado, ao proferir ato decisório, anuncia formalmente a sua convicção, devendo, pois, manusear a linguagem apropriada, atento ao significado das palavras empregadas, evitando conotações plurais, proposições inúteis e as declarações meramente opinativas.[842] A certeza na motivação decorre do dever de ser conclusivo com razoabilidade; a certeza no dispositivo, por sua vez, decorre do fato de que, para ser eficaz, faz-se premente que inexistam dúvidas acerca do comando que faz lei em concreto. Por isso, como instrumento garantidor, quando obscura a sentença, ou mesmo contraditória ou omissa, poderá ser manuseado os embargos de declaração, recurso regulamentado pelo art. 1.022 e ss. do CPC/15

Tais requisitos, aprioristicamente, apenas são analisados se a sentença for prolatada dentro dos limites factuais do pedido. Não devem ser confundidos os fundamentos jurídicos, que representam o enquadramento jurídico, com a fundamentação legal. O magistrado está limitado pelos fatos jurídicos, não estando, todavia, ao dispositivo legal invocado, pois a sua tarefa é a verificação da subsunção do fato à norma.[843] O magistrado não está vinculado à tipificação exposta na inicial, ficando livre para não consentir com a qualificação jurídica dada ao fato na petição inicial.[844] Todavia, ele não pode se desvincular dos limites fáticos que foram apresentados, pois sua função no processo é balizada pelo princípio da legalidade, o que impede que a sentença seja desvinculada dos limites do pedido.[845]

---

[841] SANTOS, Moacyr Amaral. *Primeiras linhas de Direito Processual Civil*. 17. ed. São Paulo: Saraiva, 1998. v. III, p. 21.
[842] ARRUDA, Geraldo Amaral. *A linguagem do juiz*. 2. ed. São Paulo: Saraiva, 1997. p. 4-6.
[843] DIDIER JR., Fredie. *Curso de Direito Processual Civil*. 15. ed. Salvador: Juspodivm, 2013. p. 425-426.
[844] NEIVA, José Antonio Lisbôa. *Improbidade administrativa*: legislação comentada artigo por artigo. Niterói: Impetus, 2009. p. 116.
[845] STJ. REsp nº 439280/RS. Rel. Min. Eliana Calmon. *DJ* 16.06.2003.

Saliente-se que a sentença que julgar procedente a ação fundada nos arts. 9º e 10 condenará ao ressarcimento dos danos e à perda ou à reversão dos bens e valores ilicitamente adquiridos, conforme o caso, em favor da pessoa jurídica prejudicada pelo ilícito (art. 18, *caput*, da LIA). O juiz também poderá autorizar o parcelamento, em até 48 (quarenta e oito) parcelas mensais corrigidas monetariamente, do débito resultante de condenação pela prática de improbidade administrativa se o réu demonstrar incapacidade financeira para saldá-lo de imediato (art. 18, §4º, da LIA).

9.17.1 Sucumbência e litigância de má-fé

Ainda que não haja regra específica no que tange à ação civil de improbidade administrativa, o Superior Tribunal de Justiça tem entendido que em caso de improcedência das ações que visam tutelar os interesses sociais dos cidadãos, ressalvada a má-fé, os demandantes não ficam sujeitos aos ônus sucumbenciais, em aplicação analógica do art. 5º, LXXIII e LXXVII, da CRFB/88, e do art. 18 da Lei nº 7.347/85.[846]

Para Fernando da Fonseca Gajardoni e outros, sendo julgada procedente a ação civil de improbidade, o condenado, *a priori*, deve sofrer os efeitos da sucumbência quando a ação tiver sido ajuizada por pessoa jurídica interessada e lesada pelo ato.[847] Sendo o Ministério Público o autor da ação, não é razoável a condenação em honorários, haja vista que não integra o subsídio dos membros do órgão, o que impõe a isenção de tal condenação.[848]

Para Hugo Nigro Mazzilli, a isenção trata-se de regra processual a ser aplicada de forma restritiva, defendendo que os legitimados que não detêm personalidade jurídica, tal qual o Ministério Público, responsabilizam as entidades às quais pertencem; os demais legitimados, como as pessoas jurídicas de direito público, arcam com os ônus da sucumbência, ressalvando-se a situação especial das associações civis, em razão do art. 18 da Lei nº 8.429/92.[849] Em caso de improcedência, aduz o referido autor que, não tendo o Ministério Público personalidade jurídica,

---

[846] STJ. REsp nº 250.980/SP. Rel. Min. João Otávio de Noronha. *DJ* 06.03.2013.
[847] GAJARDONII, Fernando da Fonseca et al. *Comentários à Lei de improbidade Administrativa*: Lei 8.429, de 02 de junho de 1992. 3. ed. São Paulo: Revista dos Tribunais, 2014. p. 356-357.
[848] STJ. REsp nº 845.339/TO. Rel. Min. Luiz Fux. *DJ* 18.09.2007.
[849] "Art. 18. A sentença que julgar procedente ação civil de reparação de dano ou decretar a perda dos bens havidos ilicitamente determinará o pagamento ou a reversão dos bens, conforme o caso, em favor da pessoa jurídica prejudicada pelo ilícito".

não poderá ser condenado a pagar custas, honorários advocatícios ou quaisquer outras despesas processuais, de modo que a responsabilidade pelos encargos da sucumbência será do Estado, quando se trate de atuação do Ministério Público estadual, ou da União, quando referente à atuação do Ministério Público da União.[850]

9.18 Coisa julgada

Barbosa Moreira ensina que a coisa julgada é o instituto que torna imutável e indiscutível a própria sentença e o acórdão que decide o mérito da causa.[851] Para Ada Pellegrini Grinover, ela é a qualidade da sentença e dos seus efeitos, seja de natureza declaratória, constitutiva ou condenatória.[852]

A coisa julgada é consagrada constitucionalmente no inciso XXXVI do art. 5º da CRFB/88, sendo um instituto que tem a finalidade de garantir a segurança jurídica. Antes, tal qual exposto por Marinoni e Sérgio Cruz Arenhart, o fenômeno da coisa julgada material identificava-se com a descoberta da verdade, identificada com a clássica tese de que ela é considerada como a veracidade factual, havendo também quem a vislumbrasse como ficção ou presunção da verdade. Ocorre que a coisa julgada não se liga, ontologicamente, a esse fundamento. Trata-se de uma opção do legislador, escolhida pela conveniência, em cumprimento à exigência da estabilidade das relações sociais e, consequentemente, das decisões judiciais.[853]

O art. 6º da LINDB/42, ao determinar que a lei em vigor terá efeito imediato e geral, respeitados o ato jurídico perfeito, o direito adquirido e a coisa julgada, em seu §3º conceitua coisa julgada ou caso julgado como decisão judicial à qual não cabe mais recurso.

A coisa julgada material é a coisa julgada por excelência.[854] Expõe Nelson Nery Júnior que é a responsável pela conferência de segurança

---

[850] MAZZILLI, Hugo Nigro. *A defesa dos interesses difusos em juízo:* meio ambiente, consumidor, patrimônio cultural, patrimônio público e outros interesses. 20. ed. São Paulo: Saraiva, 2007. p. 547-553.

[851] MOREIRA, José Carlos Barbosa. Considerações sobre a chamada: relativização da coisa julgada material. In: *Temas de Direito Processual.* 9. série. São Paulo: Saraiva, 2007. p. 251.

[852] GRINOVER, Ada Pellegrini. *O processo em evolução.* Rio de Janeiro: Forense, 1998. p. 146.

[853] MARINONI, Luiz Guilherme; ARENHART, Sérgio Cruz. *Processo de conhecimento.* 7. ed. revista e atualizada. São Paulo: Revista dos Tribunais, 2006. v. 2, p. 645.

[854] ALMEIDA, Flávio Renato Correia de; TALAMINI, Eduardo. *Curso avançado de processo civil:* teoria geral do processo. 9. ed. rev., atual. e ampl. São Paulo: Revista dos Tribunais, 2007. v. 1, p. 547.

jurídica ao Estado Democrático de Direito, consubstanciando-se o apogeu dos objetivos do direito processual civil, haja vista que tem a força de criar a intangibilidade da pretensão de direito material que foi deduzida em juízo mediante a sentença de mérito transitada em julgado.[855] A coisa julgada formal, por sua vez, como conceituado por Flávio Renato Correia de Almeida e Eduardo Talamini, corresponde à preclusão definitiva dentro do processo, coincidindo com o fim da prestação jurisdicional na demanda em espécie.[856] Representa situação jurídica caracterizada pela proibição de repetir o exercício da mesma atividade jurisdicional, sobre decisão terminativa, pelas mesmas partes em eventuais demandas.[857] Refere-se, portanto, à impossibilidade de rediscutir a sentença dentro do processo em que foi proferida,[858] sendo por isso denominada de intraprocessual, ocorrendo quando tiver havido preclusão temporal, consumativa ou lógica à interposição de recurso contra a sentença ou acórdão.[859]

O Código de Processo Civil/15 determina, no art. 337, VII, que incumbe ao réu, antes de discutir o mérito, alegar a coisa julgada, conceituando no §4º que ela ocorre quando se repete ação que já foi decidida por decisão transitada em julgado. O art. 485, V, por sua vez, determina que o juiz não poderá adentrar no mérito quando verificar a existência da *res judicata*. O legislador igualmente regulamentou a matéria nos arts. 502-508, tratando da autoridade da coisa julgada material, tornando-a imutável e indiscutível a decisão de mérito, o que consubstancia, respectivamente, o efeito negativo do instituto dirigido à vedação da propositura de ação idêntica e o efeito positivo, que é a imperatividade do conteúdo.[860]

Determinou-se no art. 504 do CPC/15 que os motivos, ainda que importantes para determinar o alcance da parte dispositiva da sentença,

---

[855] NERY JUNIOR, Nelson. *Princípios do processo na Constituição Federal:* processo civil, penal e administrativo. 9. ed. rev., ampl. e atual. São Paulo: Revista dos Tribunais, 2009. p. 56.

[856] ALMEIDA, Flávio Renato Correia de; TALAMINI, Eduardo. *Curso avançado de processo civil:* teoria geral do processo. 9. ed. rev., atual. e ampl. São Paulo: Revista dos Tribunais, 2007. v. I, p. 548.

[857] MOURÃO, Luiz Eduardo Ribeiro. *Coisa julgada.* Belo Horizonte: Fórum, 2006. p. 29-35.

[858] CHIOVENDA, Giuseppe. *Instituições de Direito Processual Civil:* as relações processuais, a relação processual ordinária de cognição. 3. ed. São Paulo: Saraiva, 1969. p. 373.

[859] GONÇALVES, Marcos Vinícius Rios. *Novo curso de Direito Processual Civil.* 2. ed. rev. e atual. São Paulo: Saraiva, 2006. v. 2, p. 24.

[860] Sintetiza Sérgio Gilberto Porto que o efeito negativo da coisa julgada opera como defesa, impedindo novo julgamento do que já foi decidido em demanda anterior. O efeito positivo, por sua vez, corresponderia propriamente ao conteúdo, tornando imperativo um segundo julgamento, podendo ser fundamento de uma segunda demanda. PORTO, Sérgio Gilberto. *Coisa julgada civil.* 3. ed. rev., atual. e ampl. São Paulo: Revista dos Tribunais, 2006. p. 67-68.

e a verdade dos fatos, estabelecidas como fundamento da sentença, não fazem coisa julgada.⁸⁶¹ Esta é uma limitação objetiva do instituto, de onde se extrai que a coisa julgada atinge apenas a parte dispositiva da sentença, aquela em que se localiza a fase final da sentença.⁸⁶² Nenhum juiz decidirá novamente as questões já decididas relativas à mesma lide, salvo se, tratando-se de relação jurídica de trato continuado, sobrevier modificação no estado de fato ou de direito, hipótese em que poderá a parte pedir a revisão do que foi estatuído na sentença e nos demais casos legalmente prescritos.

O art. 506 do CPC/15 expressa que a sentença faz coisa julgada entre as partes, não prejudicando terceiros, o que também se aplica ao acórdão, no que corresponde ao limite subjetivo do instituto.⁸⁶³ No mesmo sentido, conforme exposto no art. 507, é vedado à parte discutir no curso do processo as questões já decididas e a cujo respeito se operou a preclusão. Uma vez transitada em julgado a decisão de mérito, consideram-se deduzidas e repelidas todas as alegações e as defesas que a parte poderia opor, tanto ao acolhimento quanto à rejeição do pedido, conforme art. 508.

O art. 503 do CPC/15 ainda estabelece que a decisão, em sentido lato, que julgar total ou parcialmente o mérito tem força de lei nos limites da questão principal expressamente decidida. Importante inovação trouxe o §1º e incisos, no sentido de que as questões prejudiciais decididas, expressa e incidentalmente no processo, também poderão fazer coisa julgada material, desde que sejam preenchidos os seguintes requisitos cumulativos: que a seu respeito haja contraditório prévio e efetivo, não se aplicando ao caso da revelia; que o juízo tenha

---

⁸⁶¹ Os motivos, ainda que importantes para a determinação do alcance da parte dispositiva da sentença, e a verdade dos fatos, estabelecida como fundamento da sentença, não fazem coisa julgada material, conforme estabelecido nos incisos I e II do dispositivo em referência.

⁸⁶² THEODORO JUNIOR, Humberto. *Curso de Direito Processual Civil:* teoria geral do direito processual civil e processo de conhecimento. 51. ed. Rio de Janeiro: Forense, 2010. v. I, p. 548.

⁸⁶³ Em Chiovenda, a não prejudicialidade a terceiros sofre uma limitação decorrente da natureza especial de alguns direitos. Argui o referido autor que, como ocorre com aqueles que estão sujeitos aos atos de uma mesma autoridade, as relações em que diversos titulares de direito estão sujeitos ao ato que será modificado, e, por consequência, se acham os titulares ligados por essa qualidade comum entre eles, implica que somente podem manter-se ou anular-se tais atos com respeito a todos. Ainda que sejam terceiros para a sentença em espécie e não representados no processo, a sujeição de diversas pessoas ao mesmo ato coloca-as numa condição comum, o que justifica como são prejudicadas por uma sentença proferida em relação a um qualquer entre os que se encontram na mesma condição. CHIOVENDA, Giuseppe. *Instituições de Direito Processual Civil:* as relações processuais, a relação processual ordinária de cognição. 3. ed. São Paulo: Saraiva, 1969. p. 419-420.

competência em razão da matéria e da pessoa para resolvê-la como questão principal; e que no processo não haja restrições probatórias ou limitações à cognição que impeçam a densificação da análise da questão prejudicial.

Muitos doutrinadores consideram a coisa julgada como efeito da sentença, restringindo o instituto ao efeito declaratório da decisão. Nesse sentido, em obra específica, Ovídio Baptista da Silva adverte que as sentenças podem ter múltiplas eficácias e a imutabilidade que protege a decisão judicial, qualificável como a coisa julgada material, só se refere ao efeito declaratório da sentença.[864] Ademais, a autoridade da coisa julgada não deve ser entendida tão somente como um efeito declaratório da sentença, haja vista que é instituto autônomo e o caractere declaratório da sentença está presente em qualquer tutela almejada, sendo perceptível que a coisa julgada qualifica a decisão, tornando indiscutível o que a sentença declarou. Para Didier Jr. e Zaneti Jr., tratar como sinônimos a declaração produzida pela sentença e a coisa julgada significa confundir o efeito com um elemento novo que o qualifica.[865]

Ressalte-se a possibilidade de se interpor medidas contra a coisa julgada, a exemplo da ação rescisória, regulada pelos art. 966 e ss. do CPC/15.

9.18.1 Coisa julgada nas demandas coletivas

A tutela dos interesses coletivos foi gradativamente reforçada e impulsionada na experiência nacional, passando-se da Lei nº 4.717/65 (Lei da Ação Popular), Lei nº 7.347/85 (Lei da Ação Civil Pública) até chegar à promulgação da Constituição Federal de 1988, que alavancou o processo coletivo, seguida pelo Código de Defesa do Consumidor (Lei nº 8.078/90). Tal qual observa Teori Zavascki, a Constituição vigente consagrou, com a marca de sua superioridade hierárquica, a tutela material de diversos direitos com natureza transindividual.[866] O próprio capítulo intitulado "Dos direitos e deveres individuais e coletivos" traduz ampliação ao inciso XXXV do art. 5º, de modo que a

---

[864] SILVA, Ovídio Baptista da. *Sentença e Coisa Julgada*. 4. ed. Rio de Janeiro: Forense, 2003, p. 81.

[865] DIDIER JR., Fredie; BRAGA, Paula Sarno; OLIVEIRA, Rafael Alexandria de. *Curso de Direito Processual Civil*: teoria da prova, direito probatório, teoria do precedente, decisão judicial, coisa julgada e antecipação dos efeitos da tutela. 10. ed. Salvador: Juspodivm, 2015. v. II, p. 514.

[866] ZAVASCKI, Teori Albino. *Processo coletivo:* tutela de direitos coletivos e tutela coletiva de direitos. 6. ed. São Paulo: Revista dos Tribunais, 2014. p. 31.

lei não excluirá da apreciação do Poder Judiciário lesão ou ameaça de lesão a direito individual ou coletivo.[867]

A ação coletiva é aquela cujo manuseio almeja o alcance de uma dimensão plurissubjetiva, não sendo suficiente a cumulação de sujeitos nos polos ativo e passivo. Tem-se por coletiva a ação, portanto, quando houver considerável extensão da tutela jurisdicional atingida no momento em que transitar em julgado a decisão que a acolhe, irradiando os seus efeitos para a dimensão dos interesses difusos, ou onde se concentram interesses coletivos, ou ainda no âmbito de certos grupos ocasionalmente constituídos em função de interesse comum, tal qual ocorre nos interesses individuais homogêneos.[868] Por consequência, o processo coletivo é mais equânime, participativo e realizado sob mais cooperatividade, priorizando-se a pacificação do conflito.[869]

O microssistema jurídico coletivo impõe a ampliação da tutela coletiva, de modo que os diplomas normativos existentes, cuja união consubstancia um sistema especialíssimo, são aptos a desnutrir os *gaps* normativos.[870]

Zavascki classifica os mecanismos de tutela jurisdicional em quatro grandes grupos, a fim de colimar um subsistema que delineia os modos e instrumentos de tutela, quais sejam: os mecanismos para a tutela de direitos subjetivos individuais, subdivididos entre os destinados a tutelá-los individualmente pelo seu próprio titular, regulados, em suma, no Código de Processo Civil; os destinados a tutelar coletivamente os direitos individuais, em regime de substituição processual, como as ações civis coletivas, nelas compreendendo o mandado de segurança coletivo; os mecanismos para tutela de direitos transindividuais, pertencentes a grupos ou a classes de pessoas indeterminadas, como na ação popular e as ações civis públicas, incluindo-se a ação civil de improbidade administrativa; os instrumentos para tutela da ordem jurídica, abstratamente considerada, representados pelos mecanismos

---

[867] DIDIER JR., Fredie; ZANETI JR., Hermes. *Curso de Direito Processual Civil*: teoria da prova, direito probatório, teoria do precedente, decisão judicial, coisa julgada e antecipação dos efeitos da tutela. 4. ed. Salvador: Juspodivm, 2009. p. 47.

[868] MANCUSO, Rodolfo de Camargo. *Ação popular*. 3. ed. São Paulo: Revista dos Tribunais, 1998. p. 34.

[869] *Idem*, p. 74.

[870] DIDIER JR., Fredie; ZANETI JR., Hermes. *Curso de Direito Processual Civil*: teoria da prova, direito probatório, teoria do precedente, decisão judicial, coisa julgada e antecipação dos efeitos da tutela. 4. ed. Salvador: Juspodivm, 2009. v. II, p. 49, 57-58.

de controle de constitucionalidade dos preceitos normativos e das omissões legislativas.[871]

Para a adequada aplicação do instituto da coisa julgada coletiva, deve-se utilizar o microssistema processual coletivo, decorrente da integração dos vários textos vigentes em regência dos interesses metaindividuais.[872]

No que tange aos efeitos da coisa julgada coletiva, a Lei nº 7.347/85 iniciou o tratamento da matéria no que se refere especificamente à ação civil pública. Como decorrência da própria estrutura que define a ação coletiva-gênero, consignou-se que a sentença opera efeitos *erga omnes*, haja vista que acaso a sentença se limitasse às partes em juízo, iria de encontro à essência do processo civil coletivo.[873] No entanto, conforme o art. 16 da Lei nº 7.347/85, excetua-se tal regra quando o pedido for julgado improcedente por insuficiência de provas, hipótese em que qualquer legitimado poderá intentar outra ação com idêntico fundamento, valendo-se de nova prova. O critério de nova prova exige uma hermenêutica restritiva, sob pena de reabrir-se uma nova demanda, mesmo que fundamentada em uma prova, mas que não forneça novéis elementos substanciais para o deslinde da questão.

O Código de Defesa do Consumidor/90 trouxe modificações ao tema, em virtude do inciso I do parágrafo único do art. 81 determinando que, quando o objeto de litígio for interesse difuso, a coisa julgada operará efeitos *erga omnes*, excetuando a hipótese de improcedência por ausência de provas suficientes. Tem-se que, tratando-se de direitos difusos, a coisa julgada abrange todos os integrantes da coletividade, haja vista que estão presentes interesses indivisíveis, cujos titulares não podem ser individualizados. Logo, uma vez procedente o pedido, todos os membros da coletividade poderão utilizar a sentença para satisfação de suas pretensões individuais.[874]

A improcedência por reconhecimento da inexistência do direito, por outro lado, impede a concessão da tutela coletiva, o que não impede o ajuizamento de ações individuais. Se a improcedência decorre da falta de provas, por outro lado, qualquer legitimado, apresentada nova

---

[871] ZAVASCKI, Teori Albino. *Processo coletivo:* tutela de direitos coletivos e tutela coletiva de direitos. 6. ed. São Paulo: Revista dos Tribunais, 2014. p. 23-43.
[872] MANCUSO, Rodolfo de Camargo. *Jurisdição coletiva e coisa julgada:* teoria geral das ações coletivas. São Paulo: Revista dos Tribunais, 2007. p. 114.
[873] GIDI, Antonio. *Class actions como instrumento de tutela coletiva dos direitos:* as ações coletivas em uma perspectiva comparada. São Paulo: Revista dos Tribunais, 2007. p. 279.
[874] DIAS, Francisco Barros. Coisa julgada e execução no processo coletivo. *Revista de Processo*, v. 20, n. 78, abr., 2004, p. 55.

prova, pode, mesmo coletivamente, ajuizar nova ação. Cite-se o §3º do art. 103 do CDC/90, que determina que a coisa julgada obtida nas ações coletivas não prejudica as ações de indenização por danos pessoalmente sofridos, ajuizadas individualmente ou na forma de ação coletiva, mas beneficia as vítimas e seus sucessores em caso de procedência, sendo que estes poderão promover a liquidação e a execução com base naquela decisão, consubstanciando meio para que os indivíduos se beneficiem da sentença coletiva.

O inciso II do parágrafo único do art. 81 do CDC/90, por sua vez, traz que, quando se tratar de interesse coletivo, o efeito será *ultra partes*, com abrangência ao grupo, classe ou categoria titular do interesse. Tratando-se de direitos coletivos, sendo os integrantes da coletividade determinados ou determináveis, a coisa julgada abrange apenas os indivíduos que a compõe, até porque apenas eles serão afetados. Tratando-se de direitos individuais homogêneos, no caso de procedência do pedido, esta fará coisa julgada *erga omnes*.[875]

Suscite-se que a existência de colegitimados ao ajuizamento da ação civil de improbidade, conforme art. 17, *caput*, da Lei nº 8.429/92, faz exsurgir categoria especial, cujos integrantes, concorrente e disjuntivamente, podem, de forma isolada, independentemente da instauração de litisconsórcio, ajuizar a ação, o que impõe que a coisa julgada atinja os demais colegitimados. Acaso fosse diverso, o réu seria obrigado a litigar com cada um deles, até que se operasse a prescrição da ação, o que talvez nem ocorresse diante da possibilidade de os demais colegitimados serem favorecidos com a interrupção da prescrição decorrente do ajuizamento da ação anterior.[876] O réu que conseguisse afastar a procedência da ação teria que afastá-la tantas outras vezes quantas ações fossem intentadas, ainda que com o mesmo pedido e causa de pedir.

No que tange ao limite territorial da coisa julgada, a Lei nº 9.494/97 alterou o art. 16 da Lei da Ação Civil Pública, para limitar a coisa julgada em razão da competência territorial do órgão prolator, o que não pode ser traduzido como uma mitigação da coisa julgada, tendo em vista a impossibilidade de flexibilização de sua ontologia, significando uma redução na extensão da eficácia das sentenças proferidas em sede de ação civil pública.[877] Defende Teori Zavascki que se trata de dispositivo que,

---

[875] ALVIM, Arruda. Notas sobre a coisa julgada coletiva. *Revista de Processo*, v. 7, n. 27, p. 31-57, jul./set. 2004.
[876] ARMELIN, Donaldo. *Ação civil pública:* legitimidade processual e legitimidade política. São Paulo: Revista dos Tribunais, 1979, p. 120-122.
[877] Declarado constitucional pelo Supremo Tribunal Federal, conforme ADIn nº 1576/MC, Rel. Min. Marco Aurélio. Pleno. *DJe* 16.04.1997; e aplicável de acordo com o Superior Tribunal

se analisado em literalidade, colide com as elementares do instituto da coisa julgada, defendendo a restrição de sua incidência hermenêutica, sob o argumento de que não há como quebrar, baseando-se em fundamento territorial, a qualidade da sentença ou da relação jurídica que ela certifica. Defende que o escopo almejado era a limitação da eficácia da sentença, o que implica necessariamente a limitação dos representados, de modo que seria aplicável apenas quando o direito discutido pertencesse à categoria dos direitos individuais homogêneos.[878]

Por outro lado, para Nelson Nery Jr. e Rosa Maria de Andrade Nery a modificação trata-se de verdadeira confusão entre os limites subjetivos da coisa julgada, a matéria tratada na norma, com jurisdição e competência. Arguem que qualquer sentença proferida por órgão do Poder Judiciário pode ter eficácia além do seu território, podendo ter, inclusive, a eficácia estendida para fora do seu território.[879] No mesmo sentido está Hugo Nigro Mazzilli, argumentando que a imutabilidade *erga omnes* de uma sentença não condiz com a competência do juízo que a profere. A competência é relevante para o conhecimento de quem vai decidir a ação; a imutabilidade do decidido estende-se a todo o grupo, classe ou categoria de lesados, conforme a natureza do interesse em questão, o que muitas vezes implica a transcendência dos limites territoriais do juízo que proferiu a sentença.[880]

Até mesmo porque há um parâmetro legal (art. 16 da Lei nº 9.494/97), existe limitação do âmbito de incidência da ação de improbidade em razão da competência territorial do órgão prolator. Todavia, essa limitação não pode ser obedecida quando o direito debatido for classificado como difuso ou coletivo, porque se não fosse dessa forma, a tutela pretendida se revelaria inócua por não abranger a totalidade da extensão do objeto.

Outrossim, conforme sustenta Mancuso, a jurisdição coletiva, em seu contexto geral, apresenta-se como instrumento voltado para dirimir conflitos de grande repercussão, cuja motivação decorre da omissão ou incompetência das instâncias administrativas ou pela

---

de Justiça EREsp nº 293.407/SP, Rel. Min. João Otávio de Noronha, Corte Especial, *DJe* 1º.08.2006.

[878] ZAVASCKI, Teori Albino. *Processo coletivo*: tutela de direitos coletivos e tutela coletiva de Direitos. 6. ed. São Paulo: Revista dos Tribunais, 2014. p. 64-65.

[879] NERY JUNIOR, Nelson; NERY, Rosa Maria de Andrade. *Código de Processo Civil comentado e legislação extravagante*: nota 12 ao art. 16 da Lei 7.347/85. 10. ed. São Paulo: Revista dos Tribunais, 2010. p. 1474-1475.

[880] MAZZILLI, Hugo Nigro. *A defesa dos interesses difusos em juízo*: meio ambiente, consumidor, patrimônio cultural, patrimônio público e outros interesses. 20. ed. São Paulo: Saraiva, 2007. p. 529-531.

oferta irregular ou insuficiente das medidas e programas dispostos. A jurisdição coletiva revela-se verdadeiro receptor de interesses e valores, cujo desatendimento ou mau manuseamento tem o condão de aumentar a pressão social, emergindo a via judicial como válvula de escape.[881]

9.18.2 Consequências na ação civil de improbidade e ação popular

A ação civil de improbidade, subespécie de ação civil pública, tutela um interesse público primário, bem geral da coletividade.[882] A Lei de Improbidade Administrativa, mediante outorga de legitimidade ao Ministério Público e às pessoas jurídicas interessadas para a propositura de ação civil, tem o *telos* de realizar a reparação do dano ao Erário e/ou decretar a perda dos bens havidos ilicitamente e/ou perda da função pública e/ou suspensão dos direitos políticos, bem como outras aplicações normativamente previstas.[883]

Para tanto, a ação civil de improbidade, como espécie de ação coletiva, impõe a aplicação do Código de Defesa do Consumidor/90, em razão da natureza difusa da tutela do patrimônio público. Igualmente, impõe, em razão da inexistência de qualquer tratamento da matéria na Lei nº 8.429/92, a incidência supletiva das regras da Lei da Ação Civil Pública e da própria Lei da Ação Popular.

Mesmo com a afinidade da ação civil de improbidade administrativa com a ação civil pública e a ação popular, em razão da comum pretensão de reparar danos causados ao Erário, a aplicação analógica dessas regras não pode ocorrer em sua totalidade com relação à coisa julgada. Sustenta-se, no pertinente ao regime da coisa julgada, ratificando, que esta será *erga omnes*, delimitada pela natureza do bem metaindividual, como mencionado anteriormente, quanto à extensão de seus efeitos; e quando ela for julgada improcedente por deficiência probatória, uma nova ação somente pode ser permitida se esse material probatório realmente apresentar elementos, ainda não existentes no processo, que não deixe mais nenhuma dúvida da existência e autoria

---

[881] MANCUSO, Rodolfo de Camargo. *Jurisdição coletiva e coisa julgada*: teoria geral das ações coletivas. São Paulo: Revista dos Tribunais, 2007. p. 79.

[882] MAZZILLI, Hugo Nigro. *A defesa dos interesses difusos em juízo*: meio ambiente, consumidor, patrimônio cultural, patrimônio público e outros interesses. 20. ed. São Paulo: Saraiva, 2007, p. 130.

[883] BUENO, Cassio Scarpinella; PORTO FILHO, Pedro Paulo Rezende (Org.). *Improbidade administrativa*: questões polêmicas e atuais. 2. ed. São Paulo: Malheiros, 2003. p. 221.

do ato ímprobo. Uma prova já mostrada nos autos ou de conhecimento público não pode ser exequível a propositura de uma nova ação.

O posicionamento da defesa exacerbante da moralidade acima da coisa julgada inflige avassaladoramente os direitos e garantias do investigado/réu, sendo premente a imposição de limites às novas pretensões. Como essas ações são promovidas pelo Ministério Público ou entidades estatais, eles têm acesso a todos os recursos necessários à devida instrução probatória, não podendo qualquer tipo de negligência do autor acarretar uma lesão para o Impetrado. Ação de improbidade não pode ser intentada sem um lastro probatório mínimo, nem muito menos renovada, a não ser que haja uma prova nova, que não pode ser auferida do cotejo probatório anterior e que a sua não utilização não ocorreu em razão de negligência por parte de seu(s) autor(es).

Para Fredie Didier Jr. e Hermes Zaneti Jr., o ideal é que, diante da pretensão repressivo-reparatória, primordialmente o ressarcimento ao Erário, utilize-se o regime da coisa julgada comum, o que permite que qualquer decisão de mérito favorável ou não à pretensão do autor esteja apta a tornar-se indiscutível pela coisa julgada material.[884] Tal posicionamento densifica os primados da segurança jurídica e impede que a demanda seja renovada, no caso de a primeira demanda haver sido rejeitada por insuficiência de provas, com o mesmo pedido de aplicação de sanções do ato de improbidade perquirido.

Quanto à extensão de seu âmbito de incidência, repetindo-se o que fora dito anteriormente, ela determina-se pela competência do órgão prolator quando for referente a direitos individuais homogêneos, que podem ser individualizáveis e passíveis de divisão. Com relação aos bens coletivos e difusos, em razão da indeterminabilidade e impossibilidade de divisão, trazendo a marca mais substanciosa dos direitos metaindividuais, ela terá efeitos *erga omnes*.

No que diz respeito à aplicação de penalidades, o regime aplicável à coisa julgada é o mesmo do processo civil, de modo que as sentenças terminativas, que extinguem o processo sem julgamento de mérito, trazem o efeito de preclusão comum da coisa julgada formal, e, no que tange às sentenças definitivas, que apreciam o mérito, assumem a característica de imutabilidade da coisa julgada material.

---

[884] DIDIER JR, Fredie; ZANETI JR., Hermes. *Curso de Direito Processual Civil*: processo coletivo. 4. ed. Salvador: Juspodivm, 2009. v. IV, p. 365.

REFERÊNCIAS

ABBOUD, Georges; CARNIO, Henrique Garbellini; OLIVEIRA, Rafael Tomaz de. *Introdução à teoria e à filosofia do Direito*. São Paulo: Revista dos Tribunais, 2013.

ACQUAVIVA, Marcus Cláudio. *Dicionário jurídico brasileiro*. 9. ed. São Paulo: Editora Jurídica Brasileira, 1998.

AGRA, Walber de Moura. *Curso de Direito Constitucional*. 8. ed. Rio de Janeiro: Forense, 2014.

AGRA, Walber de Moura. *Manual prático de Direito Eleitoral*. Belo Horizonte: Fórum, 2016.

ALESSI, Renato. *Instituciones de Derecho Administrativo*. Barcelona: Bosch, 1960. t. I.

ALEXY, Robert. *Teoría de los derechos fundamentales*. Madrid: Centro de Estudios Constitucionales, 1997.

ALEXY, Robert. *Teoria dos direitos fundamentais*: teoria e Direito Público. 5. ed. São Paulo: Malheiros, 2008.

ALMEIDA, Flávio Renato Correia de; TALAMINI, Eduardo. *Curso avançado de Processo Civil:* teoria geral do processo. Coordenação Luiz Rodrigues Wambier. 9. ed. rev., atual. e ampl. São Paulo: Revista dos Tribunais, 2007. v. I.

ALMEIDA, Gregório Assagra de. *Direito processual coletivo brasileiro:* um novo ramo do direito processual. São Paulo: Saraiva, 2003.

ALMEIDA, Gregório Assagra de. *Manual das ações constitucionais*. Belo Horizonte: Del Rey, 2007.

ALMEIDA, João Batista de. *Aspectos controvertidos da ação civil pública:* doutrina e jurisprudência. São Paulo: Revista dos Tribunais, 2001.

ALVARENGA, Aristides Junqueira. Reflexões sobre improbidade administrativa no Direito Brasileiro. *In*: BUENO, Cássio Scarpinella; PORTO FILHO, Pedro Paulo de. (Coord.). *Improbidade Administrativa:* questões polêmicas e atuais. São Paulo: Malheiros, 2001.

ALVES, Francisco Glauber Pessoa. Tutelas sumárias e afastamento dos agentes públicos na Lei n. 8.429/92. *In*: LUCON, Paulo Henrique dos Santos; COSTA, Eduardo José da Fonseca; COSTA, Guilherme Recena (Coord.). *Improbidade administrativa:* aspectos processuais da Lei n.º 8.429/92. São Paulo: Atlas, 2013.

ALVES, José Carlos Moreira. *A parte geral do projeto do Código Civil brasileiro*. São Paulo: Saraiva, 1986.

ALVIM, Arruda. *Manual de Direito Processual Civil*. 3. ed. São Paulo: Revista dos Tribunais, 1990. v. I.

ALVIM, Arruda. Notas sobre a coisa julgada coletiva. *Revista de Processo*, v. 7, n. 27, jul./set. 2004.

ALVIM, Eduardo Arruda. Apontamento sobre o processo das ações coletivas. *In*: MAZZEI, Rodrigo; NOLASCO, Rita Dias. (Coord.). *Processo civil coletivo*. São Paulo: Quarter Latin, 2005.

AMARAL, Francisco. *Direito Civil*: introdução. 5. ed. Rio de Janeiro: Renovar, 2003.

AMORIM FILHO, Agnelo. Critério científico para distinguir a prescrição da decadência e para identificar as ações imprescritíveis. *Revista de Direito Processual Civil*, São Paulo, v. 3, p. 95-132, jan./ jun. 1961.

ANDRADE, Marcelo Santiago de Pádua. Revelia nas ações de responsabilização por atos de improbidade administrativa. *Revista de Processo*, São Paulo, v. 33, n. 163, p. 321-341, set. 2008.

ARAÚJO, Edmir Netto de. *O ilícito administrativo*. São Paulo: Revista dos Tribunais, 1994.

ARAÚJO, Francisco Fernandes de. *Princípio da proporcionalidade*: significado e aplicação prática. Campinas: Copola, 2002.

ARMELIN, Donaldo. *Ação civil pública*: legitimidade processual e legitimidade política. São Paulo: Revista dos Tribunais, 1979.

ARRUDA, Geraldo Amaral. *A linguagem do juiz*. 2. ed. São Paulo: Saraiva, [S.d].

ASSIS, Araken de. Fungibilidade das medidas inominadas cautelares e satisfativas. *Revista de Processo*, São Paulo, v. 100, out./dez., 2000.

ÁVILA, Humberto Bergmann. Repensando o "princípio da supremacia do interesse público sobre o particular". *Revista Diálogo Jurídico*. Salvador, v. 1, n. 7, out. 2001. Disponível em: http://www.direitopublico.com.br. Acesso em: 28 abr. 2015.

ÁVILA, Humberto Bergmann. *Teoria dos princípios da definição à aplicação dos princípios jurídicos*. 9. ed. São Paulo: Malheiros, 2009.

AZEVEDO, Fábio de Oliveira. *Direito Civil*: introdução e teoria geral. Rio de Janeiro: Lumen Juris, 2009.

BADARÓ, Gustavo Henrique; BOTTINI, Pierpaolo Cruz. *Lavagem de dinheiro*: comentários à Lei nº 9.613/1998, com alterações da Lei nº 12.683/2012. São Paulo: Revista dos Tribunais, 2012.

BANDEIRA DE MELLO, Celso Antônio. *Curso de Direito Administrativo*. 14. ed. São Paulo: Malheiros, 2002.

BARBI, Celso Agrícola. *Comentários ao Código de Processo Civil*. 13. ed. Rio de Janeiro: Forense, 2008.

BARROSO, Luís Roberto; BARCELLOS, Ana Paula de. O começo da História: a nova interpretação constitucional e o papel dos princípios no Direito brasileiro. *In*: SILVA, Virgílio Afonso da (Coord.). *Interpretação constitucional*. São Paulo: Malheiros, 2005.

BARROSO, Luís Roberto. *Interpretação e aplicação da constituição*. 3. ed. São Paulo: Saraiva, 1999.

BARROSO, Luís Roberto. *O direito constitucional e a efetividade de suas normas*: limites e possibilidades da constituição brasileira. Rio de Janeiro: Renovar, 2006.

BARROSO, Luís Roberto. *Temas de Direito Constitucional*. Rio de Janeiro: Renovar, 2002. t. II.

REFERÊNCIAS

BARROS, Suzana de Toledo. *O princípio da proporcionalidade e o controle de constitucionalidade das leis restritivas de direitos fundamentais*. 2. ed. Brasília: Brasília Jurídica, 2000.

BASTOS, Celso Ribeiro. *Curso de Direito Administrativo*. São Paulo: Saraiva, 1995.

BECCARIA, Cesare. *Dos delitos e das penas:* São Paulo: Martin Claret, 2001.

BEDAQUE, José Roberto dos Santos. Tutela jurisdicional cautelar e atos de improbidade administrativa. *In*: BUENO, Cassio Scarpinella; PORTO FILHO, Pedro Paulo de Rezende (Coord.). *Improbidade administrativa:* questões polêmicas e atuais. 2. ed. São Paulo: Malheiros, 2003.

BELTRÃO, Silvio Romero. *Direitos da personalidade*. 2. ed. São Paulo: Atlas, 2014.

BERNARDES, Juliano Taveira. *Art. 16 da Lei da Ação Civil Pública e efeitos "erga omnes"*. Disponível em: http://jus.com.br/. Acesso em: 27 out. 2015.

BERTONCINI, Mateus. Direito fundamental à probidade administrativa. *In*: OLIVEIRA, Alexandre Albagli et al. *Estudos sobre improbidade administrativa*. Rio de Janeiro: Lumin Juris, 2010.

BEVILÁQUA, Clóvis. *Teoria geral do Direito Civil*. 2. ed. Rio de Janeiro: Editora Rio, 1980.

BEZERRA FILHO, Aluízio. *Lei de improbidade administrativa aplicada e comentada*. Curitiba: Juruá, 2006.

BITENCOURT, Cezar Roberto. *Código Penal comentado*. 7. ed. São Paulo: Saraiva, 2012.

BITENCOURT, Cezar Roberto. *Tratado de Direito Penal:* parte geral. 14. ed. São Paulo: Saraiva, 2009.

BITENCOURT, Cezar Roberto. *Tratado de Direito Penal:* parte especial 5. 6. ed. São Paulo: Saraiva, 2012.

BITENCOURT NETO, Eurico. *Improbidade administrativa e violação de princípios*. 2003. Dissertação (Mestrado em Direito) – Faculdade de Direito, Universidade Federal de Minas Gerais, Belo Horizonte, 2003.

BOBBIO, Norberto. *Democracia e Segredo*. Organização Marco Ravelli; tradução Marco Aurélio Nogueira. São Paulo: Editora Unesp, 2015.

BONAVIDES, Paulo. *Ciência política*. 18. ed. São Paulo: Malheiros, 2011.

BONAVIDES, Paulo. *Curso de Direito Constitucional*. 15. ed. São Paulo: Malheiros, 2004.

BORGES, Paulo César Corrêa (Org.). *O princípio da igualdade na perspectiva penal:* temas atuais. São Paulo: Editora Unesp, 2007.

BOTELHO, Tiago Resende. A desnecessidade de dano ao patrimônio público para caracterização da improbidade administrativa. *Revista Jurídica UNIGRAN*, n. 21, jan./jun., 2000.

BRANCO, Luiz Carlos. *Equidade, proporcionalidade e razoabilidade*: doutrina e jurisprudência. São Paulo: RCS, 2006.

BRITO, Edvaldo. *Improbidade administrativa:* 10 anos da Lei 8429/92. Belo Horizonte: Del Rey, 2002.

BUENO, Cassio Scarpinella. *Curso sistematizado de Direito Processual Civil*. 2. ed. São Paulo: Saraiva, 2012. T. v. 2.

BUENO, Cassio Scarpinella. O procedimento especial da ação de improbidade administrativa (Medida Provisória n. 2.088). *In*: BUENO. Cassio Scarpinella (Coord.). *Improbidade administrativa*: questões polêmicas e atuais. 2. ed. São Paulo: Malheiros, 2003.

BUENO, Pimenta. *Direito público brasileiro e análise da Constituição do Império*. Rio de Janeiro: Ministério da Justiça, Serviço de Documentação, 1958.

BULOS, Uadi Lammêgo. *Comissão parlamentar de inquérito*. São Paulo: Saraiva, 2001.

BULOS, Uadi Lammêgo. *Curso de Direito Constitucional*. 2. ed. de acordo com a EC n. 56/07. São Paulo: Saraiva, 2008.

BURLE FILHO, José Emmanuel. Principais aspectos do inquérito civil. *In*: MILARÉ, Édis (Coord.). *Ação civil pública*. São Paulo: Revista dos Tribunais, 2005.

CAETANO, Marcelo. *Princípios fundamentais do Direito Administrativo*. Rio de Janeiro: Forense, 1997.

CALAMANDREI, Piero. *Istituzioni di Diritto Processuale Civile*. 2. ed. Pádua: Cedam, 1943. v. II.

CALÇAS, Manoel de Queiroz Pereira. A nova lei de recuperação de empresas e falências: repercussão no Direito do Trabalho. Revista do Tribunal Superior do Trabalho, a. 73, n. 4, out./dez. 2007. p. 40.

CÂMARA, Alexandre Freitas. *Lições de Direito Processual Civil*. 20. ed. Rio de Janeiro: Lumen Juris, 2010. v. I.

CÂMARA, Alexandre Freitas. *Lições de Direito Processual Civil*. 11. ed. Rio de Janeiro: Lumen Juris, 2006. v. III.

CAMBI, Eduardo. Neoprocessualismo e neoconstitucionalismo. *In*: DIDIER JR., Fredie (Coord.), *Leituras complementares de processo civil*. Salvador: Juspodivm, 2008.

CANOTILHO, José Joaquim Gomes. *Direito Constitucional e teoria da Constituição*. 4. ed. Coimbra: Almedina, 2000.

CAPEZ, Fernando. *Limites constitucionais à Lei de Improbidade*. São Paulo: Saraiva, 2010.

CAPPELLETTI, Mauro. *Juízes legisladores?*. Porto Alegre: Safe, 1993.

CARDOSO, Ruth. Fortalecimento da sociedade civil. *In*: IOSCHPE, Evelyn Berg (Org.). *3º setor*: desenvolvimento nacional sustentado. Rio de Janeiro: Paz e Terra, 1997.

CARNEIRO, Athos Gusmão. *Da antecipação de tutela*. 3. ed. Rio de Janeiro: Forense, 2002.

CARNELUTTI, Francesco. *Instituições do processo civil*. Tradução Adrián Sotero de Witt Batista. São Paulo: Classic Book, 2000. v. I.

CARVALHO FILHO, José dos Santos. *Ação civil pública*: comentários por artigo (Lei nº 7.347, de 24/7/85). 5. ed. Rio de Janeiro: Lumen Juris, 2005.

CARVALHO FILHO, José dos Santos. *Improbidade administrativa*: prescrição e outros prazos extintivos. São Paulo: Atlas, 2012.

CARVALHO FILHO, José dos Santos. Manual de Direito Administrativo. 22. ed. Rio de Janeiro: Lumen Juris, 2009.

CARVALHO FILHO, José dos Santos. *Manual de Direito Administrativo*. 25. ed. São Paulo: Atlas, 2012.

CARVALHO, Isabel Freitas de. *As medidas cautelares na lei de improbidade administrativa e sua eficácia*. Dissertação (Mestrado) – Universidade de Fortaleza, Fortaleza, Unifor, 2009.

CASTRO, José Nilo de. *Direito Municipal positivo*. 5. ed. Belo Horizonte: Del Rey, 2001.

CASTRO, Nicolao Dino de. *Improbidade Administrativa*: 10 anos da Lei 8429/92. Belo Horizonte: Del Rey, 2002.

CAVALCANTI, Themítocles Brandão. *Curso de Direito Administrativo*. Rio de Janeiro: Freitas Bastos, 1961.

CAVALIERI FILHO, Sérgio. *Programa de responsabilidade civil*. 6. ed. São Paulo: Malheiros, 2005.

CHAVES, Cristiano; ROSENVALD, Nelson. *Curso de Direito Civil:* Parte Geral e LINDB. 13. ed. São Paulo: Atlas, 2015. v. I.

CHAVES, Raul. *Crimes de responsabilidade*. Bahia: Artes Gráficas, 1960.

CHIOVENDA, Giuseppe. *Instituições de Direito Processual Civil*. Campina: Bookseller, 1998.

CHIOVENDA, Giuseppe. *Instituições de Direito Processual Civil*: as relações processuais, a relação processual ordinária de cognição. 3. ed. São Paulo: Saraiva, 1969

CHIOVENDA, Giuseppe. *La acción en el sistema de los derechos*. N. 11. Bogotá: Temis, 1986.

CIAVARELI, Miguel Ângelo Nogueira dos Santos. *Imunidade jurídica:* penais, processuais, diplomáticas, parlamentares. São Paulo: Juarez de Oliveira, 2003.

CINTRA, Antonio Carlos de Araújo; GRINOVER, Ada Pellegrini; DINAMARCO, Cândido Rangel. *Teoria geral do processo*. 25. ed. São Paulo: Malheiros, 2009.

CLÈVE, Clèmerson Merlin. *Medidas provisórias*. 2. ed. São Paulo: Max Limonad, 1999.

CLÈVE, Clèmerson Merlin. Declaração de inconstitucionalidade de dispositivo normativo em sede de juízo abstrato e efeitos sobre os atos singulares praticados sob sua égide. *Revista Trimestral de Direito Público*, n. 17, 1997.

COAF – Conselho de Controle de Atividades Financeiras. *Lavagem de dinheiro:* legislação brasileira. Brasília: UNDCP, 1999.

COELHO, Sacha Calmon Navarro. *Teoria e prática das multas tributárias*. Rio de Janeiro: Forense, 1992.

COLIN, Ambroise; CAPITANT, Henri. *Cours élémentarie de Droit Civil français*. 8. ed. Paris: Libr. Dalloz, 1935.

CONSELHO DA JUSTIÇA FEDERAL. *Uma análise crítica da lei dos crimes de lavagem de dinheiro*. Centro de Estudos Judiciários, Secretaria de Pesquisa e Informação Jurídicas. Brasília: CJF, 2002.

COPETTI, André. *Direito Penal e estado democrático de Direito*. Porto Alegre: Livraria do Advogado, 2000.

CORRÊA TELES, José Homem. *Doutrina das ações*. Rio de Janeiro: Jacintho Ribeiro dos Santos, 1918.

COSTA, José Armando da. *Contorno jurídico da improbidade administrativa*. 3. ed. Brasília: Brasília Jurídica, 2005.

COSTA, Susana Henriques da. A tutela do patrimônio público e da moralidade administrativa por meio da ação civil pública e da ação de improbidade administrativa. In: MAZZEI, Rodrigo; NOLASCO, Rita Dias (Coord.). *Processo civil coletivo*. São Paulo: Quartier Latin, 2005.

COSTA, Susana Henriques da. *Comentários à lei de ação civil pública e lei de ação popular*. São Paulo: Quartier Latin, 2006.

COSTA, Susana Henriques da. *O processo coletivo na tutela do patrimônio público e da moralidade administrativa*. São Paulo: Quartier Latin, 2009.

CRETELLA JÚNIOR, José. *Administração indireta brasileira*. Forense: Rio de Janeiro, 2000.

CRETELLA JÚNIOR, José. *Comentários à Constituição brasileira de 1988*. Rio de Janeiro: Forense Universitária, 1989. v. II.

CRETELLA JÚNIOR, José. *Controle jurisdicional do ato administrativo*. 4. ed. Rio de Janeiro: Forense, 2001.

CRETELLA JÚNIOR, José. *Curso de Direito Administrativo*. 18. ed. rev. e atual. Rio de Janeiro: Forense, 2002.

CRETELLA JÚNIOR, José. *Curso de direito romano:* o direito romano e o direito civil brasileiro. Rio de Janeiro: Forense, 1994.

CRETELLA JÚNIOR, José. Sintomas Denunciadores do "desvio de poder". *Revista da Faculdade de Direito da USP*, v. 71, 1976.

CRUZ, Ana Paula Fernandes Nogueira. O Ministério Público e a tutela preventiva dos interesses metaindividuais: o papel do inquérito civil. *Revista de Direitos Difusos*, Rio de Janeiro, v. 4, n. 18, mar./abr. 2003.

CUNHA JÚNIOR, Dirley da. *Curso de Direito Administrativo*. 7. ed. Salvador: Juspodivm, 2009.

DALLARI, Dalmo de Abreu. *Elementos de teoria geral do Estado*. São Paulo: Saraiva, 1995.

DANTAS, Ivo. *Princípios constitucionais e interpretação constitucional*. Rio de Janeiro: Lumen Juris, 1995.

DECOMAIN, Pedro Roberto. *Improbidade administrativa*. 2. ed. São Paulo: Dialética, 2014.

DELGADO, José Augusto. *Improbidade administrativa*: questões polêmicas. São Paulo: Malheiros, 2003.

DELGADO, José Augusto. *O princípio da moralidade administrativa e a Constituição Federal de 1988*. São Paulo: Revista dos Tribunais, 1992. v. 680, p. 35-38.

DIAS, Francisco Barros. Coisa julgada e execução no processo coletivo. *Revista de Processo*, v. 20, n. 78, abr. 2004.

DIDIER JR., Fredie; BRAGA, Paula Sarno; OLIVEIRA, Rafael Alexandria de. *Curso de Direito processual civil*: teoria da prova, direito probatório, ações probatórias, decisão precedente, coisa julgada e antecipação dos efeitos da tutela. 10. ed. Salvador: Juspodivm, 2015. v. 2.

DIDIER JR., Fredie; BOMFIM, Daniela Santos. A colaboração premiada como negócio jurídico processual atípico nas demandas de improbidade administrativa. A&C – Revista de Direito Administrativo & Constitucional, Belo Horizonte, ano 17, n. 67, p. 116, jan./mar. 2017.

DIDIER JR., Fredie. *Curso de Direito Processual Civil*: teoria geral do processo e processo de conhecimento. 7. ed. Florianópolis: Editora Podium, 2007.

DIDIER JR., Fredie; ZANETI JR., Hermes. *Curso de Direito Processual Civil:* processo coletivo. 4. ed. Salvador: Juspodivm, 2009. v. IV.

DÍEZ-PICAZO, Luis. *La prescripción en el Código Civil*. Barcelona: Bosch, 1964.

DINAMARCO, Cândido Rangel. *A instrumentalidade do processo*. 10. ed. São Paulo: Malheiros, 2002.

DINAMARCO, Cândido Rangel. *Instituições do Direito Processual Civil*. 7. ed. São Paulo: Malheiros, 2013. v. I.

DINAMARCO, Cândido Rangel. *Instituições de Direito Processual Civil*. São Paulo: Malheiros, 2001. v. II.

DINAMARCO, Cândido Rangel. *Vocabulário do processo civil*. São Paulo: Malheiros, 2009.

DINIZ, Maria Helena. *Curso de Direito Civil Brasileiro*. 32. ed. São Paulo: Saraiva, 2015. v. I.

DINIZ, Maria Helena. *Prescrição no novo Código Civil:* uma análise interdisciplinar. São Paulo: Saraiva, 2005.

DI PIETRO, Maria Sylvia Zanella. *Discricionariedade administrativa na Constituição de 1988*. 2. ed. São Paulo: Atlas, 2001.

DI PIETRO, Maria Sylvia Zanella. *Direito Administrativo*. 28. ed. São Paulo: Atlas, 2015.

DI PIETRO, Maria Sylvia Zanella. Natureza jurídica dos bens das empresas estatais. *Revista da Procuradoria Geral do Estado de São Paulo*, São Paulo, n. 30, dez. 1988.

DIMOULIS, Dimitri; MARTINS, Leonardo. *Teoria geral dos direitos fundamentais*. São Paulo: Revista dos Tribunais, 2007.

DONNINI, Rogério. Prevenção de danos e a extensão do princípio neminem laedere. *In*: DONNINI, Rogério; NERY, Rosa Maria de Andrade. *Responsabilidade civil*: estudos em homenagem ao professor Rui Geraldo Camargo Viana. São Paulo: Revista dos Tribunais, 2009.

DONNINI, Rogério. *Responsabilidade civil pós-contratual no direito civil, no direito do consumidor, no direito do trabalho, no direito ambiental e no direito administrativo*. São Paulo: Saraiva, 2011.

DOLINGER, Jacob. Evolution of principles for resolving conflicts in the field of contracts and torts. *Recueil des Cours*, v. 283, 2000.

DWORKIN, Ronald. *Freedom's law:* the moral Reading of the American Constitution. Cambridge: Harvard University Press, 1996.

DWORKIN, Ronald. *Taking rights seriously*. Cambridge: Harvard University Press, 1997.

ENGISCH, Karl. *Introdução ao pensamento jurídico*. 7. ed. Lisboa: Calouste Gulbenkian, 1996.

ENTERRÍA, Eduardo Garcia de; FERNÁNDEZ, Tomás-Ramon. *Curso de derecho administrativo*. Madrid: Civitas, 2002.

FAGUNDES, Miguel Seabra. *O controle dos atos administrativos pelo poder judiciário*. 7. ed. atualizada por Gustavo Binenbojm. Rio de Janeiro: Forense, 2005.

FAGUNDES, Miguel Seabra. *O contrato jurisdicional dos atos administrativos*. São Paulo: Saraiva, 1982.

FARIAS, Edilson Pereira de. *Liberdade de expressão e comunicação*. São Paulo: Revista dos Tribunais, 2004.

FAZZIO JÚNIOR, Waldo. *Improbidade Administrativa:* doutrina, legislação e jurisprudência. 2. ed. São Paulo: Atlas, 2014.

FAZZIO JÚNIOR, Waldo. *Improbidade administrativa e crimes de prefeitos:* comentários, artigo por artigo, da Lei 8.429/92 e do DL 201/67. 3. ed. São Paulo: Atlas, 2003.

FELDENS, Luciano. *Tutela Penal de Interesses Difusos e Crimes do Colarinho Branco:* por uma relegitimação da atuação do Ministério Público: uma investigação à luz dos valores constitucionais. Porto Alegre: Livraria do Advogado, 2002.

FERNANDES, Antonio Scarance. *Processo penal constitucional*. 3. ed. São Paulo: Revista dos Tribunais, 2002.

FERRARESI, Eurico. *Improbidade Administrativa:* Lei 8.429/1992 comentada artigo por artigo. Rio de Janeiro/ São Paulo: Forense/ Método, 2011.

FERRAZ, Antônio Augusto Mello de Camargo. Apontamentos sobre o inquérito civil. *Justitia,* n. 54, v. 157, jan./ mar. 1992.

FERRAZ, Antônio Augusto Mello de Camargo. Interesse social e interesse difuso: considerações. *In*: MILARÉ, Edis (Coord.). *A ação civil pública após 20 anos:* efetividade e desafios. São Paulo: Revista dos Tribunais, 2005.

FERRAZ DAL POZZO, Antônio Araldo; NEVES DAL POZZO, Augusto. *Improbidade administrativa:* questões polêmicas. São Paulo: Malheiros, 2003.

FERRAZ, Sérgio. Aspectos processuais na lei sobre improbidade administrativa. *In*: FERRAZ, Sérgio. *Improbidade administrativa:* questões polêmicas e atuais. 2. ed. São Paulo: Malheiros, 2003.

FERRAZ, Sérgio; DALLARI, Adilson Abreu. *Processo administrativo*. São Paulo: Malheiros, 2001.

FERRAZ, Sérgio. *Improbidade administrativa*: questões polêmicas. 2. ed. São Paulo: Malheiros, 2003.

FERREIRA, Pinto. *Comentários à Constituição brasileira*. São Paulo: Saraiva, 1989.

FERREIRA, Pinto. *Teoria geral do estado*. 2. ed. Rio de Janeiro: José Lonfino, 1957.

FERREIRA, Wolgran Junqueira. *Responsabilidade dos prefeitos e vereadores*: Decreto-Lei nº 201/67, comentários, legislação, jurisprudência de acordo com a Constituição Federal de 1988. 7. ed. São Paulo: Edipro, 1996.

FIGUEIREDO, Lúcia Valle. *Curso de Direito Administrativo*. 5. ed. São Paulo: Malheiros, 2001.

FIGUEIREDO, Marcelo. *O controle da moralidade na Constituição*. São Paulo: Malheiros, 1999.

FIGUEIREDO, Marcelo. *Probidade administrativa:* comentários à Lei 8.429/92 e legislação complementar. 4. ed. São Paulo: Malheiros, 2000.

FIORE, Edgard. *O contraditório no inquérito civil*. São Paulo: Revista dos Tribunais, 2003.

FLORES, Patrícia Teixeira Rezende; PÉCORA, Andréa. Princípio da Publicidade: Restrições. *In*: Sérgio Gilberto Porto. *As garantais do cidadão no processo civil:* relações entre Constituição e processo. Porto Alegre: Livraria do Advogado, 2003.

FRAISSE, Régis. *Le Conseil constitutionnel exerce un controle conditionné, diversifié et module de proportionnalité*. Numéro Spécial n.46. Paris: Petites Affiches, 2009.

FRANÇA, Limongi. Enriquecimento sem causa. *Enciclopédia Saraiva de Direito*. São Paulo: Saraiva, 1987.

FRANCO SOBRINHO, Manoel de Oliveira. *O controle da moralidade administrativa*. São Paulo: Saraiva, 1974.

FRAZÃO, Ana. Função social da empresa: repercussões sobre a responsabilidade civil de controladores e administradores de S/As. Rio de Janeiro: Renovar 2011. P. 263.

FREIRE, Antônio Manuel Peña. *La garantía en el Estado constitucional de derecho*. Madrid: Trotta, 1997.

FREITAS, Juarez. Do princípio da probidade administrativa e de sua máxima efetivação. *Revista de Informação Legislativa*, Brasília, ano 33, n. 129, p. 51-65, jan./mar 1996.

FREITAS, Juarez. Do princípio da probidade administrativa e de sua máxima efetivação. *Genesis – Revista de Direito Administrativo Aplicado*, Curitiba, ano 2, n. 8, p. 40-65, abr. 1996.

FREITAS, Juarez. Princípio constitucional da moralidade e o direito fundamental à boa administração. *In*: JORGE, Flávio Cheim; RODRIGUES, Marcelo Abelha; ALVIM, Eduardo Arruda (Coord.). *Temas de improbidade administrativa*. Rio de Janeiro: Lumen Juris, 2010.

FRIEDE, Reis. *Limites objetivos para a concessão de medidas liminares em tutela cautelar e em tutela antecipatória*. São Paulo: LTr, 2000.

FRISCHEISEN, Luiza Cristina Fonseca. Princípio do promotor natural. *In*: VIGLIAR, José Marcelo Menezes; MACEDO JR, Ronaldo Porto (Org.). *Ministério Público II:* Democracia. São Paulo: Atlas, 1999.

GADELHA, Cynthia Teixeira. *Medidas cautelares típicas na ação de improbidade administrativa*. Fortaleza, UFC, 2003. Dissertação (Mestrado em Direito) – Faculdade de Direito, Universidade Federal do Ceará, Fortaleza, 2003.

GAGLIANO, Pablo Stolze. FILHO, Rodolfo Pamplona. *Novo curso de Direito Civil*. 11. ed. São Paulo: Saraiva, 2009.

GAJARDONI, Fernando da Fonseca et al. *Comentários à Lei de Improbidade Administrativa*. 3. ed. São Paulo: Revista dos Tribunais, 2014.

GARCIA, Emerson; ALVES, Rogério Pacheco. *Improbidade administrativa*. 8. ed. São Paulo: Saraiva, 2014.

GARCIA, Mônica Nicida. *Responsabilização do agente público*. Belo Horizonte: Fórum, 2004.

GASOS, Iara Leal. *A omissão abusiva do poder de polícia*. Rio de Janeiro: Lumen Juris, 1994.

GASPARINI, Diogenes. *Direito Administrativo*. 4. ed. São Paulo: Saraiva, 1995.

GIACOMUZZI, José Guilherme. *A moralidade administrativa e a boa-fé da administração pública*. 2. ed. São Paulo: Malheiros, 2013.

GIDI, Antonio. *Class actions como instrumento de tutela coletiva dos direitos:* as ações coletivas em uma perspectiva comparada. São Paulo: Revista dos Tribunais, 2007.

GIGLIO, Wagner D. *Justa causa*. 7. ed. São Paulo: Saraiva, 2000.

GIORGI, Jorge. *Teoria de las obligaciones* en el Derecho moderno. Madrid: Editorial Reus, 1977. v. 9.

GODINHO, Jorge Alexandre Fernandes. *Do crime de branqueamento de capitais:* introdução e tipicidade. Coimbra: Livraria Almedina, 2001.

GÓES, Gisele. A prescrição e a Lei nº 11.280/06. *In*: NOGUEIRA, Gustavo (Org.). *A nova reforma processual*. Rio de Janeiro: Lumen Juris, 2006.

GOMES, José Jairo. *Direito Eleitoral*. 10. ed. rev. atual. e ampl. São Paulo: Atlas, 2014.

GOMES, Orlando. *Direitos reais*. 16. ed. Rio de Janeiro: Forense, 2010.

GONÇALVES, Carlos Roberto. *Direito Civil brasileiro*. 9. ed. São Paulo: Saraiva, 2011. v. 1: parte geral.

GONÇALVES FILHO, João Gilberto. O direito a uma tutela efetiva e tempestiva na ação civil pública. *In*: ROCHA, João Carlos de Carvalho; HENRIQUES FILHO, Tarcísio Humberto Parreiras; CAZETTA, Ubiratan (Coord.). *Ação civil pública*: 20 anos da Lei 7.347/85. C. Belo Horizonte: Del Rey, 2005.

GONÇALVES, Marcos Vinícius Rios. *Novo curso de Direito Processual Civil*. 2. ed. rev. e atual. São Paulo: Saraiva, 2006. v. 2.

GRAU, Eros Roberto. *Ensaio e discurso sobre a interpretação/aplicação do direito*. 4. ed. São Paulo: Malheiros, 2006.

GRAU, Eros Roberto. *O direito posto e o direito pressuposto*. São Paulo: Malheiros, 1996.

GRINOVER, Ada Pellegrini. Ação de improbidade administrativa: decadência e prescrição. *In*: CHEIM, Jorge, Flávio; RODRIGUES, Marcelo Abelha; ALVIM, Eduardo Arruda (Coord.). *Temas de improbidade administrativa*. Rio de Janeiro: Lumen Juris, 2010.

GRINOVER, Ada Pellegrini. *O processo em evolução*. Rio de Janeiro: Forense, 1998.

GRINOVER, Ada Pellegrini. *Os processos coletivos nos países de* Civil Law *e* Common Law: uma análise de direito comparado. São Paulo: Revista dos Tribunais, 2008.

GUASP, Jaime. *La pretensión procesal*. 2. ed. Madrid: Civita, 1985.

GUERRA, Evandro Martins. *Os controles externo e interno da Administração Pública e os Tribunais de Contas*. Belo Horizonte: Fórum, 2003.

GUERRA, Marcelo Lima. *Estudos sobre o processo cautelar*. São Paulo: Malheiros, 1997.

HABERMAS, Jürgen. *Entre fatos e normas:* contribuições para uma Teoria do Discurso do Direito e da Democracia. Tradução William Rehg. New York: MIT Press, 1998.

HARADA, Kiyoshi. *Dicionário de direito público*. 2. ed. São Paulo: MP, 2005.

HARADA, Kiyoshi. Improbidade administrativa. *BDA*, 19 set. 2000.

HASSEMER, Winfried. *Direito Penal libertário*. Belo Horizonte: Del Rey, 2007.

HAURIOU, Maurice. *Précis de droit administratif et de droit public général*: à l>usage des étudiants en licence et en doctorat ès-sciences politiques. 4e éd. Paris: Larose, 1900-1901.

JARDIM, Antônio Silva. *Direito Processual Penal:* estudos e pareceres. Rio de Janeiro: Forense, 1987.

JORGE, Flávio Chein. A tutela da probidade administrativa: crime de responsabilidade ou ação civil de improbidade administrativa. *Revista de Processo*, São Paulo, n. 131, p. 258-267, jan. 2006.

JUSTEN FILHO, Marçal. *Curso de Direito Administrativo*. 11. ed. São Paulo: Revista dos Tribunais, 2015.

KRAMER, Evane Beiguelman. *Improbidade administrativa*: questões polêmicas. São Paulo: Malheiros, 2003.

KRELL, Andréas J. A recepção das teorias alemãs sobre Conceitos Jurídicos Indeterminados e o Controle da Discricionariedade no Brasil. *Interesse Público*, n. 23, 2004.

KRELL, Andréas J. *Discricionariedade e proteção ambiental*: o controle dos conceitos jurídicos indeterminados e a competência dos órgãos ambientais. Porto Alegre: Livraria do Advogado, 2004.

LANDI, Guido; POTENZA, Giuseppe. Manuale di diritto amministrativo. 6. ed. Milão: Dott A. Giuffré, 1978.

LARENZ, Karl. *Derecho Civil:* parte general. Tradução Miguel Izquierdo y Macías-Picavea. Madrid: Edersa, 1978.

LEAL, Antônio Luiz da Câmara. *Da prescrição e da decadência*. 3.ed. Rio de Janeiro: Forense, 1978.

LEITE, José Rubens Morato. *Dano ambiental:* do individual ao coletivo extrapatrimonial. São Paulo: Revista dos Tribunais, 2000.

LEWANDOWSKI, Enrique Ricardo. Comentários acerca da indisponibilidade liminar de bens prevista na Lei 8.492, de 1992. *In*: BUENO, Cássio Scarpinella; PORTO FILHO, Pedro Paulo de Rezende (Coord.). *Improbidade administrativa:* questões polêmicas e atuais. 2. ed. São Paulo: Malheiros, 2003.

LIMA, Alberto Jorge C. de Barros; LIMA NETO, Manoel Cavalcante de. Improbidade Administrativa: Estrutura Jurídica dos tipos e controle judicial – uma perspectiva dogmática para proteção dos direitos fundamentais. *Revista Eletrônica do Mestrado em Direito da UFAL: Constitucionalização dos Direitos Humanos Fundamentais*, v. 6, n. 1, 2015.

LIMBERGER, Thêmis. *Atos da administração lesivos ao patrimônio público:* os princípios constitucionais da legalidade e moralidade. Porto Alegre: Livraria do Advogado, 1998.

LISBOA, Roberto Senise. *Contratos difusos e coletivos:* consumidor, meio ambiente, trabalho, agrário, locação. 2. ed. São Paulo: Revista dos Tribunais, 2000.

LOBO, Arthur Mendes. A ação prevista na lei de improbidade administrativa: competência, legitimidade, interesse de agir e outros aspectos polêmicos. *Revista Processo*, São Paulo, v. 32, n. 148, jun. 2007.

LÔBO, Paulo. *Direito Civil:* parte geral. 4. ed. São Paulo: Saraiva, 2013.

LOCKE, John. *Segundo tratado sobre o governo civil.* São Paulo: Abril Cultural, 1978. Coleção Os Pensadores.

LOTUFO, Renan. *Código Civil comentado:* parte geral. São Paulo: Saraiva, 2003. v. 1.

LOURIVAL, Serejo. *Comentários ao código de ética da magistratura nacional.* Brasília: Enfam, 2011.

LUCON, Paulo Henrique dos Santos; FREIRE E SIVA, Bruno. Efeitos da sentença na ação de improbidade e o princípio da proporcionalidade. *In*: JORGE, Flávio Cheim et al (Org.). *Temas de improbidade administrativa.* Rio de Janeiro: Lumen Juris, 2010.

MACHADO, Antônio Cláudio da Costa. *Tutela antecipada.* 3. ed. São Paulo: Juarez de Oliveira, 1999.

MAMEDE, Gladston. Direito empresarial brasileiro: falência e recuperação de empresas. São Paulo: Atlas, 2006. v. 4, p. 607.

MANCUSO, Rodolfo de Camargo. A ação civil pública como instrumento de controle judicial das chamadas políticas públicas. *In*: MILARÉ, Edis (Coord.). *Ação civil pública:* Lei 7.347 – 15 anos. São Paulo: Revista dos Tribunais, 2001.

MANCUSO, Rodolfo de Camargo. *Ação civil pública:* em defesa do meio ambiente, do patrimônio cultural e dos consumidores – Lei 7.347/1985 e legislação complementar. 13. ed. São Paulo: Revista dos Tribunais, 2014.

MANCUSO, Rodolfo de Camargo. *Ação popular.* 3. ed. São Paulo: Revista dos Tribunais, 1998.

MANCUSO, Rodolfo de Camargo. *Interesses difusos:* conceito e legitimação para agir. São Paulo: Revista dos Tribunais, 1988.

MANCUSO, Rodolfo de Camargo. *Jurisdição coletiva e coisa julgada:* teoria geral das ações coletivas. São Paulo: Revista dos Tribunais, 2007.

MARINELA, Fernanda. *Direito Administrativo.* 7. ed. Niterói: Impetus, 2013.

MARINONI, Luiz Guilherme; ARENHART, Sérgio Cruz. *Comentários ao Código de Processo Civil.* São Paulo: Revista dos Tribunais, 2000.

MARINONI, Luiz Guilherme; ARENHART, Sérgio Cruz. Processo de conhecimento. 7. ed. revista e atualizada. São Paulo: Revista dos Tribunais, 2006. v. 2,

MARINONI, Luiz Guilherme; MITIDIERO, Daniel. *Código Processual Civil:* comentado artigo por artigo. 3. ed. São Paulo: Revista dos Tribunais, 2011.

MARQUES, José Frederico. *Tratado Direito Processual Penal.* São Paulo: Saraiva, 1980. v. II.

MARQUES, Silvio Antonio. *Improbidade administrativa:* ação civil e cooperação jurídica internacional. São Paulo: Saraiva, 2010.

MARTINS, Fernando Rodrigues. *Controle do patrimônio público.* São Paulo: Revista dos Tribunais, 2000.

MARTINS JÚNIOR, Wallace Paiva. *Algumas notas sobre a indisponibilidade de bens e a improbidade administrativa*. Disponível em: http:www.mpsp.mp.br/. Acesso em: 29 nov. 2015.

MARTINS JÚNIOR, Wallace Paiva. Alguns meios de investigação da improbidade administrativa. *Revista dos Tribunais*, n. 727, p. 325-344, abr. 2012.

MARTINS JUNIOR, Wallace Paiva. Probidade administrativa. 2. ed. São Paulo: Saraiva, 2002.

MARTINS JÚNIOR, Wallace Paiva. *Probidade administrativa*. 4. ed. São Paulo: Saraiva, 2009.

MASCARENHAS, Paulo. *Improbidade administrativa e crime de responsabilidade de Prefeito*. 2. ed. São Paulo: De Direito, 2001.

MATTOS, Mauro Roberto Gomes de. *O limite da improbidade administrativa*. Niterói: Impetus, 2009.

MATTOS, Mauro Roberto Gomes de. Princípio do fato consumado no Direito Administrativo. *Revista Direito Administrativo*, Rio de Janeiro, n. 220, p. 195-208, abr./ jun. 2000.

MATTOS NETO, Antônio José. Responsabilidade Civil por Improbidade Administrativa. *Revista de Direito Administrativo*, Rio de Janeiro, n. 210, p. 159-170, out./ dez. 1997.

MAZZA, Alexandre. *Manual de Direito Administrativo*. São Paulo: Saraiva, 2011.

MAZZEI, Rodrigo R.. A intervenção móvel da pessoa jurídica na ação popular e ação de improbidade administrativa. *Revista Forense*, Rio de Janeiro, v.104, n. 400. nov./dez. 2008.

MAZZILLI, Hugo Nigro. *A defesa dos interesses difusos em juízo*: meio ambiente, consumidor, patrimônio cultural, patrimônio público e outros interesses. 20. ed. São Paulo: Saraiva, 2007.

MAZZILLI, Hugo Nigro. *O acesso à justiça e o Ministério Público*. 3. ed. rev. ampl. e atual. São Paulo: Saraiva, 1998.

MAZZILLI, Hugo Nigro. *O inquérito civil*. São Paulo: Saraiva, 1999.

MAZZILLI, Hugo Nigro. *O inquérito civil*. 3. ed. São Paulo: Saraiva, 2008.

MAZZILLI, Hugo Nigro. Pontos controvertidos sobre o inquérito civil. *Revista da Fundação Escola*, Brasília, ano 7, n. 14, p. 44, jul./ dez. 1999.

MAZZILLI, Hugo Nigro. *Regime Jurídico do Ministério Público:* análise da Lei Orgânica Nacional do Ministério Público, aprovada pela Lei n. 8.625, de 12 de fevereiro de 1993. 2. ed. São Paulo: Saraiva, 1995.

MEDAUAR, Odete. *Direito Administrativo moderno*. 19. ed. São Paulo: Revista dos Tribunais, 2015.

MEDEIROS NETO, Xisto Tiago de. *Dano moral coletivo*. 2. ed. São Paulo: Ltr, 2007.

MEDEIROS, Sérgio Monteiro. *Lei de improbidade administrativa*. São Paulo: Juarez de Oliveira, 2003.

MEIRELLES, Hely Lopes. *Direito Administrativo brasileiro*. 41. ed.. São Paulo: Malheiros, 2015.

MEIRELLES, Hely Lopes. *Mandado de segurança:* ação popular, ação civil pública, mandado de injunção, "habeas data", ação direta de inconstitucionalidade, ação declaratória de constitucionalidade e arguição de descumprimento de preceito fundamental. 24. ed. São Paulo: Malheiros, 2002.

MEIRELLES, Hely Lopes. *Mandado de segurança*. 27. ed. São Paulo: Malheiros, 2004.

MELLO, Celso Antônio Bandeira de. *Curso de Direito Administrativo*. 32. ed. São Paulo: Malheiros, 2015.

MELLO, Celso Antônio Bandeira de. *Discricionariedade e controle jurisdicional*. 2. ed. São Paulo, 2007.

MELLO, Celso Antônio Bandeira de. *Elementos de Direito Administrativo*. 3. ed. São Paulo: Malheiros, 1992.

MELLO, Oswaldo Aranha Bandeira de. *Infrações e sanções administrativas*. São Paulo: Revista dos Tribunais, 1985.

MELLO, Oswaldo Aranha Bandeira de. *Princípios gerais de Direito Administrativo*. 2. ed. Rio de Janeiro: Forense, 1979. v. I.

MENDES, Gilmar Ferreira; BRANCO, Paulo Gustavo Gonet. *Curso de Direito Constitucional*. 7. ed. São Paulo: Saraiva, 2012.

MENDES, Gilmar Ferreira; COELHO, Inocêncio Mártires; BRANCO, Paulo Gustavo Gonet. *Curso de Direito Constitucional*. 5. ed. São Paulo: Saraiva, 2010.

MENDES, Gilmar Ferreira. *Direitos fundamentais e controle de constitucionalidade:* estudos de direito constitucional. São Paulo: Celso Bastos / Instituto Brasileiro de Direito Constitucional, 1998.

MENDRONI, Marcelo Batlouni. *Tópicos essenciais da lavagem de dinheiro*. São Paulo: Revista dos Tribunais, v. 787, p. 479-489, maio 2001.

MILARÉ, Édis. *A ação civil pública na nova ordem constitucional*. São Paulo: Saraiva, 1990.

MIRABETE, Júlio Fabbrini. *Juizados especiais criminais*. 4. ed. São Paulo: Atlas, 2000.

MIRANDA, Gustavo Senna. Tutela Repressiva da Improbidade Administrativa: Princípios e Microssistema. *In*: OLIVEIRA, Alexandre Albagli; CHAVES, Cristiano; GHIGNONE, Luciano. *Estudos sobre improbidade administrativa*. Rio de Janeiro: Lumen Juris, 2010.

MIRANDA, Jorge. *Manual de Direito Constitucional*. 2. ed. Coimbra: Coimbra Editora, 1998.

MIRANDA, Jorge. *Teoria do Estado e da Constituição*. Rio de Janeiro: Forense, 2002.

MIRANDA, Pontes de. *Comentários à Constituição de 1967*. Rio de Janeiro, Forense, 1987. v. 4.

MIRANDA, Pontes de. *Comentários ao Código de Processo Civil*. 3. ed. Rio de Janeiro: Forense, 1996.

MIRANDA, Pontes de. *Tratado das ações*. Atualizado por Vilson Rodrigues Alves. Campinas: Bookseller, 1998.

MIRANDA, Pontes de. *Tratado de direito privado*. Rio de Janeiro: Borsoi, 1955. t.VI.

MONTENEGRO FILHO, Misael. *Curso de Direito Processual Civil*. 9. ed. São Paulo: 2013. v. II: Teoria geral dos recursos, recursos em espécie e processo de execução.

MONTENEGRO FILHO, Misael. *Curso de Direito Processual Civil*. 4. ed. São Paulo: Atlas, 2007. v. III Medidas de urgência, tutela antecipada e ações cautelares, procedimentos especiais.

MONTESQUIEU. *O espírito das leis*. Tradução Jean Melville. São Paulo: Martin Claret, 2002.

MORAES, Alexandre de. *Constituição do Brasil interpretada*. 2. ed. São Paulo: Atlas, 2003.

MORAES, Alexandre de. *Direito Constitucional*. 17. ed. São Paulo: Atlas, 2005.

MORAES, Alexandre de. *Direito Constitucional*. 21. ed. São Paulo: Atlas, 2007.

MORAES, Alexandre de. Ministério Público e o combate à corrupção: breves comentários à Lei de Improbidade Administrativa. *In*: Doutrina. *Ministério Público de São Paulo*. Disponível em: http://www.mpsp.mp.br/. Acesso em: 16 set. 2015.

MORAES, Germana de Oliveira. *Controle jurisdicional da Administração Pública*. 2. ed. São Paulo: Dialética, 2004.

MOREIRA, José Carlos Barbosa. A justiça no limiar do novo século. *Revista Forense*. n. 312, 1992.

MOREIRA, José Carlos Barbosa. Considerações sobre a chamada relativização da coisa julgada material. *In*: MOREIRA, José Carlos Barbosa. *Temas de Direito Processual*. 9. série. São Paulo: Saraiva, 2007.

MOREIRA NETO, Diogo de Figueiredo. *Curso de Direito Administrativo*: parte introdutória, parte geral e parte especial. Rio de Janeiro: Forense, 2009.

MOREIRA NETO, Diogo de Figueiredo. *Manual de Direito Administrativo*. 15. ed. Rio de Janeiro: Lumen Iuris, 2006.

MOREIRA NETO, Diogo de Figueiredo. *Mutações de Direito Administrativo*. Rio de Janeiro: Renovar, 2001.

MORUS, Thomas. *A utopia*. Tradução Luís de Andrade. Rio de Janeiro: Nova Fronteira, 2011.

MOURA, Maria Thereza Rocha de Assis. *Justa causa para a ação penal*. São Paulo: RT, 2001.

MOURÃO, Luiz Eduardo Ribeiro. *Coisa julgada*. Belo Horizonte: Fórum, 2006.

MUKAI, Toshio. A inconstitucionalidade da lei de improbidade administrativa: Lei Federal nº 8.429/92. *BDA*, nov. 1999.

NEIVA, José Antonio Lisbôa. *Improbidade administrativa*: legislação comentada artigo por artigo. 5. ed. Niterói: Impetus, 2013.

NEIVA, José Antonio Lisbôa. *Lei de improbidade administrativa comentada*. 3. ed. São Paulo: Atlas, 2006.

NERY JUNIOR, Nelson. A ação civil pública. *Revista de Processo*, n. 31, 1983.

NERY JUNIOR, Nelson. *Ação civil pública*. São Paulo: Revista dos Tribunais, 1996.

NERY JUNIOR, Nelson; NERY, Rosa Maria de Andrade. *Código de Processo Civil comentado e legislação processual civil extravagante em vigor*. 7. ed. São Paulo: Revista dos Tribunais, 2004.

NERY JUNIOR, Nelson; NERY, Rosa Maria de Andrade. *Código de Processo Civil comentado e legislação extravagante*: nota 12 ao art. 16 da lei 7.347/85. 10. ed. São Paulo: Revista dos Tribunais, 2010.

NERY JUNIOR, Nelson. *Princípios do processo na Constituição Federal*: processo civil, penal e administrativo. 9. ed. rev., ampl. e atual. São Paulo: Revista dos Tribunais, 2009.

NEVES, Daniel Amorim Assumpção. *Manual de Direito Processual Civil.* 4. ed. rev., atual. e ampl. Rio de Janeiro: Forense; São Paulo: Método, 2012.

NEVES, Daniel Amorim Assumpção. Manual de processo coletivo. São Paulo: Método, 2012.

NEVES, Daniel Amorim Assumpção. O inquérito civil como uma cautelar preparatória probatória *Sui Generis. In*: MAZZEI, Rodrigo; NOLASCO, Rita Dias (Coord.). *Processo civil coletivo.* São Paulo: Quartier Latin, 2005.

NEVES, Daniel Amorim Assumpção; REZENDE OLIVEIRA, Rafael Carvalho. *Manual de improbidade administrativa:* direito material e processual. 3. ed. São Paulo: Método, 2015

NEVES, José Roberto de Castro. As garantias do cumprimento da obrigação. *Revista da EMERJ,* v. 11, n. 44, Rio de Janeiro, 2008.

OLIVEIRA, Carlos Alberto Alvaro de. *Do formalismo no processo civil.* 2. ed. São Paulo: Saraiva, 2003.

OLIVEIRA, José Roberto Pimenta. *Improbidade administrativa e sua autonomia constitucional.* Belo Horizonte: Fórum, 2009.

OLIVEIRA, José Roberto Pimenta. *Os princípios da razoabilidade e da proporcionalidade no Direito Administrativo brasileiro.* São Paulo: Malheiros, 2006.

OLIVEIRA, Rafael Carvalho Rezende. *Curso de Direito Administrativo.* 2. ed. rev., atua. e ampl. Rio de Janeiro: Forense; São Paulo: Método, 2014.

OLIVEIRA, Regis Fernandes. *Infrações e sanções administrativas.* 2. ed. São Paulo: Revista dos Tribunais, 2005.

ORTIZ, Carlos Alberto. Improbidade administrativa. *Cadernos de Direito Constitucional e Eleitoral,* v. 28, 2008.

OSÓRIO, Fábio Medina. *Direito administrativo sancionador.* 5. ed. São Paulo: Revista dos Tribunais, 2015. p. 114-116.

OSÓRIO, Fábio Medina. *Improbidade administrativa.* 2. ed. amp. e atual. Porto Alegre: Síntese, 1998.

OSÓRIO, Fábio Medina. Observações acerca dos sujeitos de improbidade administrativa. *Revista dos Tribunais,* São Paulo, n. 750, v. 87, abr. 1998.

OSÓRIO, Fábio Medina. *Teoria da improbidade administrativa:* má gestão pública, corrupção e ineficiência. 2. ed. rev. atual. e ampl. São Paulo: Revista dos Tribunais, 2010.

PACÍFICO, Luiz Eduardo Boaventura. *O ônus da prova no Direito Processual Civil.* São Paulo: Revista dos Tribunais, 2000.

PAZZAGLINI FILHO, Marino. *Inquérito civil:* caderno de doutrina e jurisprudência. São Paulo: Associação Paulista do Ministério Público, 1999. v. 34.

PAZZAGLINI FILHO, Marino. *Lei de improbidade administrativa comentada.* São Paulo: Atlas, 2007.

PAZZAGLINI FILHO, Marino; ROSA, Márcio Fernando Elias; FAZZIO JÚNIOR, Waldo. *Improbidade administrativa:* aspectos jurídicos da defesa do patrimônio público. 2. ed. São Paulo: Atlas, 1997.

PEDROSO, Fernando de Almeida. *Prova penal.* Rio de Janeiro: AIDE, 1994.

PEREIRA, Caio Mário da Silva. *Instituições de Direito Civil*. 23. ed. Rio de Janeiro: Forense, 2010. v. 1.

PERLINGIERI, Pietro. *Introdução ao Direito Civil Constitucional*. 3. ed. Rio de Janeiro: Renovar, 2002.

PESSOA, Robertônio. *Curso de Direito Administrativo*. Brasília: Consulex, 2000.

PIOVESAN, Flávia. *Proteção judicial contra omissões legislativas:* ação direta de inconstitucionalidade por omissão e mandado de injunção. São Paulo: Revista dos Tribunais, 1995.

PITOMBO, Antônio Sérgio Atieri de Moraes. *Lavagem de dinheiro:* a tipicidade do crime antecedente. São Paulo: Revista dos Tribunais, 2003.

PORTO, Sérgio Gilberto. *As garantias do cidadão no processo civil:* relações entre Constituição e Processo. Porto Alegre: Livraria do Advogado, 2003.

PORTO, Sérgio Gilberto. *Coisa julgada civil*. 3. ed. rev., atual. e ampl. São Paulo: Revista dos Tribunais, 2006.

PORTUGAL. *Relatório do Provedor de Justiça à Assembleia da República*. Lisboa: Provedoria de Justiça – Divisão de Documentação, 2006. v. I.

PRADO, Francisco Octavio de Almeida. *Improbidade administrativa*. São Paulo: Malheiros, 2001.

PROENÇA, Luis Roberto. *Inquérito civil:* atuação investigativa do Ministério Público a serviço da ampliação do acesso à Justiça. São Paulo: Revista dos Tribunais, 2001.

QUERALT, Joan J. *El principio non bis in idem*. Madrid: Tecnos, 1992.

QUEIRÓ, Afonso Rodrigues. A teoria do desvio de poder em direito administrativo. *Revista de Direito Administrativo*, Rio de Janeiro, n. 7, p. 52-80, jan./mar. 1947.

REALE, Miguel. As diretrizes fundamentais do Projeto do Código civil. Comentários sobre o projeto do Código Civil brasileiro. *Série Cadernos do CEJ*, v. 20. Disponível em: http://www.cjf.jus.br/. Acesso em: 04 jan. 2016.

REIS, Alberto dos. *Código de Processo Civil anotado*. Coimbra: Coimbra Editora, 1952

REZEK NETO, Chade. *O princípio da proporcionalidade no estado democrático de direito*. São Paulo: Lemos & Cruz, 2004.

RIVERO, Jean. *Droit Administratif*. Paris: Dalloz, 2011.

RIZZARDO, Arnaldo. *Ação civil pública e ação de improbidade administrativa*. Rio de Janeiro: GZ, 2009.

RIZZARDO, Arnaldo. *Parte geral do Código Civil*. 3. ed. Rio de Janeiro: Forense, 2005.

ROCHA, Carmen Lúcia Antunes. *Princípios constitucionais da Administração Pública*. Belo Horizonte: Del Rey, 1994.

ROCHA, João Carlos de Carvalho; HENRIQUES FILHO, Humberto Parreiros; CAZETTA, Ubiratan (Coord.). *Ação civil pública:* 20 anos de Lei n. 7.347/85. Belo Horizonte: Del Rey, 2005.

ROCHA, Ibraim José das Mercês. Natureza jurídica do inquérito civil público: um breve estudo do seu ocaso e o Ministério Público do Trabalho. *Boletim de Direito Administrativo*, São Paulo, v. 18, n. 7, jul. 2002.

RODRIGUES, Geisa de Assis. Ação popular. *In*: DIDIER JR, Fredie. *Ações constitucionais*. 2 ed. rev., atual. Salvador: Juspodivm, 2007.

ROSA, Alexandre; GUIZZO NETO, Affonso. *Improbidade administrativa e lei de responsabilidade fiscal*: conexões necessárias. Florianópolis: Habitus, 2001.

ROSS, Alf. *Direito e justiça*. São Paulo: Edipro, 2003.

RUGGIERO, Roberto de. *Instituições de Direito Civil*. Campinas: Bookseller Editora e Distribuidora, 1999. v. 1.

SÁ, José Adônis Callou de Araújo. *Ação civil pública e controle de constitucionalidade*. Belo Horizonte: Del Rey. 2002.

SANTOS, Alexandre Silva Medeiros. Sobre o novo regime de prescrição da LIA: diálogo com o professor Tiago Martins. *Conjur*. Disponível em: https://www.conjur.com.br/2021-dez-26/opiniao-regime-prescricao-lei-improbidade#:~:text=Conforme%20o%20novo%20artigo%2023,essa%20realidade%20que%20devemos%20lidar. Acesso em: 07 jan. 2022.

SANTOS, Carlos Frederico Brito dos. *Improbidade administrativa*. Rio de Janeiro: Forense, 2007.

SANTOS, Ernane Fidelis dos. *Improbidade administrativa*: os 10 anos da Lei 8429/92. Belo Horizonte: Del Rey, 2002.

SANTOS, Márica Walquiria Batista dos. Sanções Administrativas. Suspensão temporária e declaração de inidoneidade. *In*: DI PIETRO, Maria Sylvia Zanella (Coord.). *Temas polêmicos sobre licitações e contratos*. 5. ed. São Paulo: Malheiros, 2006.

SANTOS, Moacyr Amaral dos. *Primeiras linhas de Direito Processual Civil*. São Paulo: Saraiva, 1977. v. II.

SANTOS, Moacyr Amaral dos. *Primeiras linhas de Direito Processual Civil*. 17. ed. São Paulo: Saraiva, 1998. v. III.

SARMENTO, George. *Improbidade administrativa*. Porto Alegre: Síntese, 2002.

SAVIGNY, Friedrich Carl Von. *Sistema de Direito romano atual*. Ijuí: Unijui, 2005. t. IV.

SCHMITT, Carl. *Teoria de la constitución*. Madri: Alianza, 1996.

SHIMURA, Sergio. *Tutela coletiva e sua efetividade*. São Paulo: Método, 2006.

SILVA, De Plácido e. *Vocabulário jurídico*. 10. ed. Rio de Janeiro: Forense, 1987. v. I.

SILVA, De Plácido e. *Vocabulário jurídico*. Rio de Janeiro: Forense, 1996. v. III.

SILVA, José Afonso da. *Curso de direito constitucional positivo*. 36. ed. São Paulo: Malheiros, 2013.

SILVA, Luís Virgílio Afonso da. *O proporcional e o razoável*. São Paulo: Revista dos Tribunais, 2002. n. 798.

SILVA, Ovídio Baptista da. *Sentença e coisa julgada*. 4. ed. Rio de Janeiro: Forense, 2003.

SILVA, Paulo Márcio da. *Inquérito civil e ação civil pública:* instrumento da tutela coletiva. Belo Horizonte: Del Rey, 2000.

SOBRANE, Sérgio Turra. *Improbidade administrativa.* São Paulo: Atlas, 2010.

SOBRINHO, Mário Sérgio. O crime organizado no Brasil. *In*: FERNANDES, Antonio Scarance; ALMEIDA, José Raul Gavião; MORAES, Maurício Zanoide de (Coord.). *Crime organizado:* aspectos processuais. São Paulo: Revista dos Tribunais, 2009.

SOUZA, Motauri Ciocchetti de. *Ação civil pública e inquérito civil*. 2. ed. São Paulo: Saraiva, 2005.

SOUZA, Paulino José Soares de. *Ensaio sobre o Direito Administrativo.* Rio de Janeiro: Serviço de Documentação do Ministério da Justiça e Negócios Interiores - Departamento de Imprensa Nacional, 1960.

SPALDING, Alessandra Mendes. *Legitimidade ativa nas ações coletivas.* Curitiba: Juruá, 2006

STEINMETZ, Wilson Antônio. *Colisão de direitos fundamentais e princípio da proporcionalidade.* Porto Alegre: Livraria do Advogado, 2001.

STRECK, Lenio Luiz. *Hermenêutica Jurídica e(m) crise:* uma exploração hermenêutica da construção do Direito. 8. ed. Porto Alegre: Livraria do Advogado, 2009.

STRECK, Lenio Luiz. *Jurisdição constitucional e hermenêutica:* uma nova crítica do Direito. Porto Alegre: Livraria do Advogado, 2002.

STRECK, Lenio Luiz. *Verdade e consenso:* constituição, hermenêutica e teorias discursivas. 4. ed. São Paulo: Saraiva, 2012.

STRENGER, Irineu. *Curso de direito internacional privado.* Rio de Janeiro: Forense, 1978.

TÁCITO, Caio. Do direito individual ao direito difuso. *Revista de Direito Administrativo*, v. 157, jul./ set. 1984.

TÁCITO, Caio. O desvio do poder no controle dos atos administrativos, legislativos e jurisdicionais. *Revista de Direito Administrativo*, Rio de Janeiro, v. 228, p. 1-12, abr./jun. 2002.

TÁCITO, Caio. O poder de polícia e seus limites. *Revista de Direito Administrativo*. Rio de Janeiro, v. 27, jan./ mar. 1952.

TARUFFO, Michele. *Las garantias fundamentales de la justicia civil em el mundo globalizado*: páginas sobre justiça civil. Tradução Maximiliano Aramburo Calle. Madrid: Marcial Pons, 2009.

TARUFFO, Michele. Il Significato Costituzionale deii'Obbligo di Motivazione. In: DINAMARCO, Cândido Rangei; GRINOVER, Ada Pellegrini; WATANABE, Kazuo (coord.). *Participação e processo*. São Paulo: Revista dos Tribunais, 1988.

TAVARES, André Ramos. *Curso de Direito Constitucional*. 11. ed. rev. e atual. São Paulo: Saraiva, 2013.

TAVARES, André Ramos. Direito constitucional da empresa. São Paulo: Método, 2013. p. 100.

TAVARES, Juarez. O Ministério Público e a tutela da intimidade na investigação criminal. *Revista Brasileira de Ciências Criminais*, jan./ mar. 1993.

TEMER, Michel. *Elementos de Direito Constitucional*. 14. ed. São Paulo: Malheiros, 1998.

TESHEINER, José Maria. Aplicação do direito objetivo e tutela de direitos subjetivos nas ações transindividuais e homogeneizantes. *Revista Brasileira de Direito Processual – RBDPro*, Belo Horizonte, ano 20, n. 78, abr./jun. 2012

THEODORO JÚNIOR, Humberto. *As novas reformas do Código de Processo Civil*. 2. ed. Rio de Janeiro: Forense, 2007.

THEODORO JÚNIOR, Humberto. *Comentários ao novo Código Civil*. Rio de Janeiro: Forense, 2003. v. 3, t. 2.

THEODORO JÚNIOR, Humberto. *Curso de Direito Processual Civil*: teoria geral do direito processual civil e processo de conhecimento. Rio de Janeiro: Forense, 1999. v. I.

THEODORO JÚNIOR, Humberto. *Curso de processo civil*. 20. ed. Rio de Janeiro: Forense, 1997. v. II.

THEODORO JÚNIOR, Humberto. *Processo cautelar*. 24. ed. São Paulo: Universitária de Direito, 2008.

THEODORO JÚNIOR, Humberto. *Tutela jurisdicional de urgência*. Rio de Janeiro: América Jurídica, 2001.

TOLOMEI, Carlos Young. A noção de ato ilícito e a teoria do risco na perspectiva do novo Código Civil. In: TEPEDINO, Gustavo (Coord.). *A parte geral do novo Código Civil*: estudos na perspectiva civil-constitucional. 2. ed. Rio de Janeiro: Renovar, 2003.

TOURINHO, Rita. *Discricionariedade administrativa*. 2. ed. Curitiba: Juruá, 2009.

TUCCI, Rogério Lauria. Ação civil pública: abusiva utilização pelo Ministério Público e distorção pelo Poder Judiciário: aspectos polêmicos da ação civil pública. *Genesis Revista de Direito Processual Civil*, ano 91, jan./ mar. 2002

TUCCI, Rogério Lauria. Ação civil pública: falta de legitimidade e interesse do Ministério Público. *Revista dos Tribunais*, n. 745, 1997.

VELLOSO FILHO, Carlos Mário. A indisponibilidade de bens na Lei 8.492, de 1992 In: BUENO, Cássio Scarpinella; PORTO FILHO, Pedro Paulo de Rezende (Coord.). *Improbidade administrativa*: questões polêmicas e atuais. 2. ed. São Paulo: Malheiros, 2003.

VENOSA, Sílvio de Salvo. *Direito Civil*. 7. ed. São Paulo: Atlas, 2007. v. 1.

VENTURI, Elton. *Suspensão de liminares e sentenças contrárias ao poder público*. São Paulo: Revista dos Tribunais, 2005.

VERÇOSA, Haroldo Malheiros Duclerc. Contratos mercantis e a teoria geral dos contratos: o Código Civil de 2002 e a crise do contrato. São Paulo: Quartier Latin, 2010.

VHOSS, Moser. A reforma do código de processo penal e a instituição de procedimento de defesa preliminar do réu em momento precedente ao recebimento da denúncia. *In Revista de Doutrina 4ª Região*. Porto Alegre: 30 jun. 2004. Disponível em: http://revistadoutrina.trf4.jus.br/. Acesso em: 09 out. 2015.

VIGLIAR, José Marcelo Menezes. *Ação civil pública*: Lei n. 7.347/85 e legislação posterior, ação civil pública para defesa: meio ambiente, da pessoa portadora de deficiência, da criança e do adolescente, do consumidor, do patrimônio publico e combate a improbidade administrativa. 4.ed. São Paulo: Atlas, 1999.

VIGLIAR, José Marcelo Menezes. *Tutela jurisdicional coletiva*. São Paulo: Atlas, 2001.

VIGORITI, Vicenzo. Mauro Cappelletti e altri: davvero impossible la class action in Itália?. *Revista de Processo*, n. 131, 2006.

VITTA, Heraldo Garcia. *A sanção no Direito Administrativo*. São Paulo: Malheiros, 2003.

X, Philippe. *Le Controle de proportionnalité dans les jurisprudences constitutionnelle et administrative françaises*. Préface Charles Debbasch. Paris: Economica, 1990.

WALD, Arnoldo; MENDES, Gilmar Ferreira. Competência para Julgar a Improbidade Administrativa. *Revista de Informação Legislativa*, n. 138, abr./jun. 1998.

WAMBIER, Luiz Rodrigues. *Curso avançado de Processo Civil:* processo cautelar e procedimentos especiais. 4. ed. São Paulo: Revista dos Tribunais, 2002.

WAMBIER, Luiz Rodrigues. *Curso avançado de processo civil*. 7. ed. São Paulo: RT, 2005. v. I.

WAMBIER, Teresa et al. *Primeiros comentários ao Novo CPC:* artigo por artigo. São Paulo: RT, 2015.

YARSHELL, Flavio Luiz. *Antecipação da prova sem o requisito da urgência e direito autônomo à prova*. São Paulo: Malheiros, 2009.

ZANCANER, Weida. *Da Convalidação e da Invalidação dos atos administrativos*. São Paulo: Malheiros, 1996.

ZAVASCKI, Teori Albino. *Antecipação da tutela*. São Paulo: Saraiva, 1997.

ZAVASCKI, Teori Albino. Defesa de direitos coletivos e defesa coletiva de direitos. *Revista Jurídica*: órgão nacional de doutrina, jurisprudência, legislação e crítica judiciária, v. 43, n. 212, p. 16-33, jun. 1995 |

ZAVASCKI, Teori Albino. *Processo coletivo:* tutela de direitos coletivos e tutela coletiva de direitos. 6. ed. São Paulo: Revista dos Tribunais, 2014.

ZENKNER, Marcelo. *Ministério público e efetividade do processo civil*. São Paulo: Revista dos Tribunais, 2006. v. 3.

Esta obra foi composta em fonte Palatino Linotype, corpo 10
e impressa em papel Pólen Bold 70g (miolo) e Supremo 250g (capa)
pela Gráfica Formato.